Klaus Jünschke
Bettina Paul (Hrsg.)

Wer bestimmt denn unser Leben?

Beiträge zur Entkriminalisierung von Menschen ohne Aufenthaltsstatus

Mit herausgegeben von PRO ASYL

von Loeper Literaturverlag

Die Deutsche Bibliothek - CIP Einheitsaufnahme
Ein Titeldatensatz für diese Publikation ist bei
Der Deutschen Bibliothek erhältlich

Gehen Sie uns "ins Netz"!
Besuchen Sie uns im Internet unter
www.vonLoeper.de

Gerne senden wir Ihnen ausführliche Informationen zu unserem Verlagsprogramm zu

Originalausgabe
1. Auflage 2005

Gesamtherstellung und Vertrieb:
Ariadne Buchdienst,
Kiefernweg 13, 76149 Karlsruhe
Tel. (0721) 70 67 55
Fax (0721) 78 83 70
E-Mail: Info@vonLoeper.de
Internet: www.vonLoeper.de

ISBN-3-86059-411-7

INHALT

VORWORT: EINIGE ANMERKUNGEN ZUR "KRIMINOLOGIE" DER ILLEGALEN

Fritz Sack

1. KRIMINOLOGISCHE VERLEGENHEIT

Als mich die beiden VeranstalterInnen der Kriminologischen Studienwoche vor etlichen Monaten darum baten, diese einwöchige intensive Beschäftigung mit der Lage und den Problemen von "Menschen in der Illegalität" einzuleiten, bzw. - wie die treffendere und weniger "vorverurteilende" französische Bezeichnung lautet - den "Menschen ohne Papiere" (les sans papiers), habe ich mich umstandslos dazu bereit erklärt. Sehr bald aber habe ich die Leichtfertigkeit meiner spontanen Zusage erkennen müssen. In zweifacher Hinsicht bin ich gleichsam einer Respektlosigkeit erlegen. Zum einen in personeller Hinsicht: Respektlos habe ich mich insofern verhalten, als mir meine eigene professionelle und wissenschaftliche Ignoranz in Bezug auf den Gegenstand dieser Studienwoche etwas Zurückhaltung und Zögern bei der Übernahme der Aufgabe hätten auferlegen sollen, die ersten *five minutes* des anspruchsvollen Unternehmens zu gestalten. Umso mehr lag Zurückhaltung nahe, als die Verantwortung für Idee, Konzept, Themen, Referate und Referenten, schließlich auch für die Durchführung dieses Studienangebots ausschließlich in den Händen ihrer beiden Leiter, Frau Dr. Paul und Herrn M.A. Jünschke, gelegen hat und liegt.

Die zweite Respektlosigkeit, die mir angesichts der etwas unbedachten Spontaneität meiner Bereitschaft, die Studienwoche mit einigen Vorwegbemerkungen auf den Weg zu bringen, unterlaufen ist, erschließt sich bei einem auch nur oberflächlichen Blick in die verfügbaren Wissensbestände der Disziplin, unter deren institutionellen Schirmherrschaft diese kommende Woche stattfindet. Kriminologische Texte gleich welcher Art - ob Lehrbücher, Zeitschriften, Forschungspublikationen - wird man vergeblich nach Stichworten, Kapiteln oder Verweisen über die Gruppe der "Illegalen" und deren Existenz durchforsten können. Ebenso würde man enttäuscht werden, wenn man darauf setzte, wenigstens im gesprochenen Text von Studium und Lehre der Kriminologie mit dem Gegenstand vertraut gemacht zu werden. Literarische und curriculare Fehlanzeige - so muss man nach meiner Kenntnis das Verhältnis der Kriminologie zum Gegenstand dieser Studienwoche charakterisieren.

Dieser "Entschuldigung" für die nicht gedeckte Inanspruchnahme einer direkten Sachkompetenz in Sachen Illegalität möchte ich gleichwohl einige Überlegungen mehr allgemeiner Art folgen lassen, die mir aus Anlass dieser thematischen Begrüßung gekommen sind. Sie unternehmen den Versuch, das Potential und die Möglichkeiten abzutasten, die die Kriminologie bereitstellen könnte, um ihr bisheriges Versäumnis einer Beschäftigung mit der Illegalität und den "Illegalen" auszuräumen bzw. nachzuholen. Was, in anderen Worten, könnte das Ergebnis sein, wären die Fragen, würde sich die Kriminologie ihres theoretischen und empirischen Instrumentariums zur Analyse der in Illegalität lebenden Menschen bedienen? Ich möchte diese gleichsam virtuelle Erprobung bzw. diesen kriminologischen Möglichkeitsraum unter die Alternative "Kolonisierung" oder "Subversion" stellen. Damit möchte ich gleichzeitig zwei antagonistische Varianten und "Grammatiken" kriminologischer Analyse und Verfahren skizzieren.

2. DIE KOLONISIERUNG EINES THEMAS DURCH DIE KRIMINOLOGIE?

Ich beginne mit dem Stichwort der "Kolonisierung", um es allerdings ebenso knapp und schnell wieder zu verlassen. Von einer kolonisierenden Vereinnahmung der Illegalität und der Gruppe der illegal Lebenden durch die Kriminologie ließe sich reden, wenn letztere die "Illegalen" nach Art und Muster beschreiben, erfassen und analysieren würde, wie sie es über Jahrzehnte hinweg mit den Kriminellen und GesetzesbrecherInnen der Gesellschaft getan hat. In aller, fast karikierenden, gleichwohl nicht entstellenden und keineswegs überholten Kürze sei es auf den folgenden Nenner gebracht. Die Kriminologie des größten Teils des 20. Jahrhunderts - nachdem sie sich im letzten Viertel des 19. Jahrhunderts paradigmatisch so aufgestellt hatte - bestand im Wesentlichen in dem zuerst intuitiven und impliziten, später kontrollierten Vergleich der Gruppe der RechtsbrecherInnen mit der der Gesetzestreuen. Die Merkmale und Kategorien dieses Vergleichs bezog die Kriminologie aus ihren sogenannten "Bezugswissenschaften" - von der Biologie, über die Anthropologie, die Psychologie bis hin zur Ökonomie und Soziologie: der atavistisch zurückgebliebene und oft biologisch deformierte "geborene" Verbrecher gehört dazu genauso wie der aus defizitärem Sozialisationsmilieu hervorgegangene Kriminelle.
Dieses Modell ließe sich natürlich auch auf die in rechtlicher Illegalität in der Gesellschaft lebenden Mitglieder anwenden. Die reine und formale "Logik" dieser Variante kriminologischer Analyse auf die "Illegalen" anzuwenden, läge so nahe wie sie absurd klingt. In die Sprache der Kriminologie und des Strafrechts übersetzt, handelt es sich bei den "illegalen" Mitgliedern der Gesellschaft jenseits jeden rechtlichen Zweifels um solche, die strafbewehrte rechtliche Regeln verletzt haben, also zur Gruppe derjenigen gehörend, die die Kriminologie in ihren Labors und Werkstätten zu untersuchen und zu analysieren pflegt, indem sie damit eine parallele Gruppe von "Legalen" kontrastiert. Nun, solche kriminologisch orientierten Merkmalsprofile von "Illegalen" - im Vergleich mit ihrer legalen Kontrastgruppe - gibt es nicht, obwohl es gewiss in anderen sozialwissenschaftlichen Subdisziplinen, die sich etwa mit Prozessen der Migration und solchen der sozialen oder sozialökologischen Segregation beschäftigen, qualitative Studien gibt, die auf Interviews mit "Illegalen" basieren (vgl. Alt 2003; Anderson 2003). Übrigens und nebenbei bemerkt, würde ein solcher Vergleich vermutlich alles andere als jenes Profil der "Kriminellen" zutage fördern, das man aus der ordinären Kriminologie nur zur Genüge kennt: eine überrepräsentative Anhäufung von Angehörigen aus den unteren sozialen Schichten geringen ökonomischen, sozialen und kulturellen Kapitals. Eher, legt man den entsprechenden Kontext der Herkunft der "Illegalen"

zugrunde, hätte man damit zu rechnen, auf ein persönliches Profil und gesellschaftliches Milieu zu stoßen, das gerade nicht durch Mangel an personalen und sozialen Ressourcen charakterisiert ist (siehe Düvell in diesem Band).
Dieser Sachverhalt vor allem mag es sein, warum es uns absurd erscheint, die "Illegalen" und Papierlosen, obwohl sie sich, solange sie bei uns leben, dauerhaft im Status strafrechtlicher Regelverletzung befinden, als Kandidaten und Gegenstand kriminologischer Forschung zu behandeln, wie wir es mit den meisten anderen strafrechtlichen Normbrüchen tun. Allerdings ließe sich dieser Grund der kriminologischen Fehlanzeige in Bezug auf die "Illegalen" nicht aus der Basislogik der so genannten "ätiologischen" Kriminologie[1] herleiten, sondern aus Erwägungen und Befunden "sekundärer" Art. Bei den "Illegalen" handelt es sich nicht um "normale" oder typische Kriminelle oder RechtsbrecherInnen, nicht um "reale", eigentliche oder "echte", sondern lediglich um "nominelle" und "unechte" RechtsbrecherInnen - eine Problematik, die so alt ist wie die Kriminologie selbst und dort in der Frage kulminiert: "What is Crime?". Diese Frage lässt sich hier indessen nicht weiter verfolgen.
Ergibt sich die Unzuständigkeit der Kriminologie für die Welt der "Illegalen" schon aus inhaltlichen und theoretischen Erwägungen, so offenbart sich auf der rein methodologischen und empirischen Ebene geradezu eine Hilflosigkeit der Kriminologie gegenüber diesem potentiellen und nach dem Buchstaben des Gesetzes "legitimen" kriminologischen Gegenstand aus der Welt der sozialen Wirklichkeit. Diese methodische "Sprachlosigkeit" der Kriminologie gegenüber der Welt der Illegalität tritt unmittelbar zu Tage, wenn man sich vergegenwärtigt, auf welche Weise die Kriminologie ihrer angezielten Empirie üblicherweise habhaft wird, wie sie sich den Zugang zu ihrem eigenen Gegenstand zu erschließen pflegt. "Kriminalität" ist nach dem praktizierten Forschungs- und Theorieverständnis der Kriminologie gleichbedeutend mit der Gesamtheit der Verletzungen der durch die Strafgesetze so definierten Verbote. Die Feststellung darüber gebührt den dazu autorisierten Instanzen strafrechtlicher Sozialkontrolle, letztlich und prinzipiell den Gerichten. Die nationale und vor allem kriminalpolitisch wichtigste Buchführung darüber liegt jedoch in Form der jährlichen "Polizeilichen Kriminalstatistik", vom Bundeskriminalamt besorgt und publiziert, in den Händen der Frontinstitution der Kriminalitätskontrolle, bei der Polizei. Das auch bildet die zentrale "Sündenregistratur der Kriminologie", wie dies Heinrich Popitz (1968) vor nunmehr fast vierzig Jahren in einem unvermindert aktuellen, lesenswerten und zur Pflichtlektüre eines jeden Kriminologen und jeder Kriminologin gehörenden Essay[2] treffend gesagt hat. Ihre Untersuchungspopulation bzw. - in der Sprache von Methodologie und wissenschaftlicher Wahrheitsfindung - die "Experimentiergruppe" (im Gegensatz zur

[1] Als "ätiologische" Kriminologie bezeichnet man jene traditionelle Variante der Kriminologie, die der "Ursachen" der Kriminalität dadurch versucht Herr zu werden, dass man ihre Täter nach Strich und Faden vermisst.

[2] Dieser Essay "Über die Präventivwirkung des Nichtwissens" ist verdienstvollerweise in der "kleinen Reihe" zur "Juristischen Zeitgeschichte" (hg. von Th. Vormbaum) gerade neu erschienen.

"Kontrollgruppe") bezieht die Kriminologie aus der Hand und den Revieren der Polizei, unabhängig davon, ob sie sich mit ihrer Analyse auf der Ebene kollektiver oder individueller Sachverhalte bewegt (siehe dazu eingehend den Beitrag von Lehne in diesem Band). Aus diesen Rahmen- und Werkstattbedingungen kriminologischer Forschung und Analyse ergibt sich fast zwangsläufig die Konsequenz, dass ihr der Zugang bzw. der Weg in die Welt der "Illegalen" über ihre Routineverfahren verwehrt und versperrt ist.

Indessen hat sich ja bekanntermaßen die Kriminologie eine Alternative zur offiziellen "Sündenregistratur" geschaffen, die zwar in der deutschen Kriminologie noch längst nicht die Verbreitung wie im Ursprungsland USA, wie in einigen anderen europäischen Ländern, allen voran Großbritannien, erlangt hat, aber einen zweiten Pool "bekannt gewordener Straftaten" darstellt. Die Rede ist von dem systematischen Einsatz der Instrumente der empirischen Sozialforschung, die seit mehr als zwei bis drei Jahrzehnten Eingang auch in die Kriminologie gefunden haben. Konkret geht es um die zum Teil periodisch und regelmäßig, zum Teil auch nur sporadisch eingesetzten Surveys, Erhebungen und Befragungen der Bevölkerung oder Gruppen von ihr über den Umfang und die Verteilung von Straftaten, wobei die so genannten *Victim Surveys* den größten Raum beanspruchen. Auch hierüber ist an dieser Stelle inhaltlich nicht weiter zu berichten[3], da es mir lediglich um den prozeduralen Aspekt dieser Methode aus dem Arsenal kriminologischer Forschung geht: der Zugriff auf die schriftlich, mündlich (*Face-to-Face*) oder telefonisch nach ihrer Opfer- oder Tätererfahrung zu befragenden Personen erfolgt üblicherweise über die staatlichen Ordnungsämter oder die privaten Telefonverzeichnisse - beides Grundlagen dieses nicht-staatlichen Pools "bekannt gewordener Straftaten", in dem die "Illegalen" unter uns wohl nicht aufzufinden sind.

So lässt sich insgesamt festhalten, dass die Kriminologie, so sehr definitionsgemäß die "Illegalen" Teil ihres Gegenstands ausmachen, in methodischer Hinsicht zu zahnlos ist, um sich Zugang zu diesem sozialen Segment der sie ausdrücklich interessierenden Wirklichkeit zu verschaffen. So sehr deshalb Ort und Institution dieser Studienwoche, das Hamburger Institut für Kriminologische Sozialforschung und dessen Kontaktstudium Kriminologie, zu Befangenheit und Umsicht gegenüber der Vereinnahmung und Kolonisierung des Problems der "Illegalen" durch diesen lange Zeit hindurch hegemonialen ätiologischen Diskurs der Kriminologie auf den ersten Blick raten mögen, so schnell sollte man sich von diesem Argwohn der disziplinären "Viktimisierung" des Gegenstands wieder freimachen.

Diese gleichsam "disziplin-immanente" Immunisierung gegen eine Transformation der Probleme der "Illegalen" in solche der Kriminalität, findet seine "externe" Verstärkung durch die hier versammelten Beiträge aus der Studienwoche. Ein schneller und gezielter Blick darauf sollte letzte Zweifel traditionell kriminologischer Behandlung des Themas verscheuchen. Konzeption und Durchführung dieses Kon-

[3] Genaueres über diesen alternativen, nicht-offiziellen Pool bekannt gewordener Straftaten enthält jedes kriminologische Lehrbuch oder Lexikon - eine besonders gelungene und detailliert informierte Darstellung findet sich in dem Lehrbuch von Karl-Ludwig Kunz: Kriminologie (2004, insbesondere S. 276ff.).

taktstudiums - ich wiederhole es - lagen ganz in den Händen zweier WissenschaftlerInnen, die ihre wissenschaftliche Qualifikation in den Sozialwissenschaften erworben haben, ihren Blick auf "Abweichung" und "Kriminalität", erst recht natürlich auf die "Illegalität", deshalb mit der Linse und Optik dieser Herkunftsdisziplin ausstatten. Dies lässt sich sehr schnell am Programm selbst, an den einzelnen Themen, vor allem aber an den gewonnenen Referenten und Referentinnen ablesen. Unter letzteren finden Sie wohl keine "gestandenen" KriminologInnen der zuvor skizzierten Orientierung, mit Frau Marth und Frau Bakker zwar zwei Diplom-Kriminologinnen - allerdings Hamburger Bauart, wozu gleich noch einige erläuternde Anmerkungen zu machen sind -, im Übrigen Vertreter/innen einer Reihe wissenschaftlicher Disziplinen, darunter Jura, Medizin, Pädagogik und sogar Theologie. Diese sollen der Diskussion nicht nur den Eigensinn ihrer jeweiligen wissenschaftlichen und professionellen Herkunft beigeben, sondern sie sind gleichsam auch ein Stück Gewähr gegen eine etwaige kriminologische Engführung dieser Studienwoche. Einer solchen Gefahr soll auch die Tatsache entgegen wirken, dass sich unter den ReferentInnen und ExpertInnen auch eine Reihe von Personen befinden, die Umgang und Erfahrungen mit "Illegalen" und deren Leben in der Bundesrepublik nicht nur aus der Distanz der Forschenden und WissenschaftlerInnen vorzuweisen haben, sondern die als professionelle PraktikerInnen und gleichsam "teilnehmende" BeobachterInnen aus dem institutionellen und lebensweltlichen Alltag von "Illegalen" zu berichten und zu diskutieren vermögen.

Nicht zuletzt haben die beiden VeranstalterInnen und die Zulassungsgremien für diese Studienwoche in ihren Entscheidungen ein TeilnehmerInnenprofil realisiert, das gegen jeglichen Anflug kriminologischer Engstirnigkeit gefeit machen sollte. Auch hier streut die Kompetenz über mehrere Disziplinen hinweg, finden sich u.a. acht SozialpädagogInnen neben fünf PsychologInnen, zwei SoziologInnen, vier JuristInnen, drei Polizisten, treffen PraktikerInnen aus diversen Institutionen der Betreuung, Kontrolle und Vermittlung aufeinander, deren gemeinsamer Nenner sich kaum aus der Sprache und den Interessen der Kriminologie wird nähren lassen.

Alle diese Argumente und Erwägungen zusammengenommen - von der theoretischen und methodischen Minderausstattung einer Mainstream-Kriminologie für den ihr eigenen Zugriff auf die Welt und Bewohner der rechtlichen Illegalität über die inhaltliche und personale Struktur des einwöchigen Programms bis hin zu dem professionellen und praktischen Profil der Adressaten und TeilnehmerInnen dieses spezifischen Kontaktstudiums - graben jedem Verdacht und jeder Versuchung das Wasser ab, hier könnte sich eine Kriminologie, die nichts anderes als die individuelle Tat und den einzelnen Täter ins Visier nimmt, eines neuen forschungsträchtigen Teilbereichs bemächtigen und gleichsam eine neue "Kolonie" ihrer disziplinären Domäne etablieren.

3. Die Subversion der Kriminologie durch ihren Gegenstand

Wenn nicht dies, wie denn lässt sich das Verhältnis der Kriminologie zu dem Gegenstand der "Illegalen" anders verstehen und bestimmen? Hierzu möchte ich einige Überlegungen anstellen, die auf einen inversen Wirkungszusammenhang zwischen der Disziplin und seinem Gegenstand hinauslaufen: nicht die Frage also, was macht die Kriminologie aus der Welt der "Illegalen", sondern umgekehrt, was widerfährt der Kriminologie, wenn sie sich auf die Illegalität einlässt? In Vorwegnahme dieses Gedankens habe ich eingangs von bestimmten subversiven Konsequenzen für die Kriminologie gesprochen, die aus einer zu großen Annäherung der Disziplin an diesen Gegenstand resultieren könnte. Dies möchte ich im Folgenden ein wenig detaillierter erläutern.

Ich komme zunächst auf die methodologische Hilflosigkeit der Kriminologie gegenüber der Wirklichkeit der "Illegalen" zurück und möchte als erste Anmerkung auf den äußerst restriktiven Rückgriff der Kriminologie auf das Methodenarsenal der verschiedenen Sozialwissenschaften hinweisen. Jüngst haben zwei englische Kriminologen in einem Plädoyer für eine Art "kulturalistischer Kriminologie" die einseitige Überbetonung unterkomplexer quantitativer Methoden und Analysen in der Kriminologie kritisiert und eine stärkere Verwendung qualitativer, etwa ethnographischer Methoden zur Analyse alltags- und lebensweltlicher Zusammenhänge und Milieus gefordert (Hayward/Young 2004)[4]. Dabei geht es um Formen "aufsuchender", zum Teil auch investigativer Sozialforschung, um Forschungsmethoden, die weder staatlich noch institutionell "mediatisiert" sind, etwa solche nichtverdeckter und nicht-konspirativer teilnehmender Beobachtung. Es dürfte unmittelbar evident sein, dass eine solche methodische Hinwendung der Kriminologie zu diesen sozialwissenschaftlichen Methoden geradezu unerlässlich und geboten wäre, wollte sich die Kriminologie der Welt der "Illegalen" nähern und annehmen.

Schon diese methodologische Erweiterung würde für die Kriminologie, ohne dass sie ihren Gegenstand zu verlassen hätte, eine Grenzüberschreitung und Lernzumutung bedeuten, die an ihre eigene Identität rütteln würde. Nicht wenige VertreterInnen des Faches mögen gar subversive Tendenzen am Werke sehen. Solche Vermutungen verwandeln sich in Gewissheit, wenn man sich die "paradigmatischen" Kritik - "Zäsur" oder "Wende" schien es nur für einen Augenblick - vor Augen führt, die die Kriminologie seit den sechziger Jahren des vergangenen Jahrhunderts - etwas pathetisch ausgedrückt - "heimgesucht" hat. Einige grobe Striche auf diese Konturen der "kritischen Kriminologie" erscheinen mir an dieser Stelle angebracht.

[4] Die Autoren geißeln in ihrem Aufsatz "the distance between the world out there ... and the academy", die "becomes wider and wider ..." und schreiben das Motto des bekannten Chicago-Soziologen Robert Park aus den 20er Jahren den heutigen Kriminologen und Kriminologinnen ins Stammbuch: "go out and get your hands dirty in real research" (S. 262).

So sehr sich die traditionelle, ätiologische Kriminologie darum bemühte, Kriminalität auf den individuellen Täter und seine biologischen, genetischen, psychologischen Merkmale zu reduzieren und zurückzuwerfen, so wenig vermochte sie sich die Erfahrung, Befunde und Spuren von Wissenschaft und gesundem Menschenverstand vom Halse zu schaffen, die hartnäckig und unübersehbar in auch jedem Täter die Gesellschaft mit ihren Strukturen widerspiegelten, insbesondere denen der Sozialisation und der Verteilung der in der Gesellschaft erarbeiteten und verfügbaren Ressourcen an den diversen "Kapital" sorten. An der ebenso folgenreichen wie trivialen Tatsache, dass kein Mensch als Verbrecher auf die Welt kommt, kam schließlich auch die Lehre vom "geborenen Verbrecher" nicht vorbei. Selbst der paradigmatische Stichwortgeber der ätiologischen Kriminologie, der italienische Psychiater und Gefängnisdirektor C. Lombroso, konnte im Laufe seines von Auflage zu Auflage anschwellenden Lehrbuchs nicht umhin, den Ursachenkatalog der Kriminalität um soziale und gesellschaftliche Faktoren zu erweitern, um bald nach der vorigen Jahrhundertwende bereits jene Allerweltsformel der Kriminalitätserklärung auf den Weg zu bringen, die später als "multifaktorieller" bzw. "Mehrfaktorenansatz" über Jahrzehnte, über Lehrbücher und Sprachen hinweg buchstäblich zum kriminologischen Mantra werden sollte. Neben den favorisierten individuellen Merkmalen und Faktoren des kriminellen - und pathologischen - Täters wurden dann auch die sozialen Merkmale des Täters in den Ursachentrog hineingenommen, von der Familienstruktur bis hin zu allen sozialen, ökonomischen und kulturellen Parametern und Koordinaten, die den gesellschaftlichen Ort eines Mitglieds der Gesellschaft zu bestimmen erlauben.

Freilich war diese Berücksichtigung und Einverleibung des Sozialen und der Gesellschaft in das theoretische und methodologische Gefüge der Kriminologie kaum mehr als ein blasser Abglanz der Einsicht des belgischen Astronomen und Statistikers A. Quetelet aus der Mitte des 19. Jahrhunderts, wonach jede Gesellschaft mit der gleichen Regelmäßigkeit, mit der sie ein jährliches finanzielles Budget zu entrichten habe, auch ein solches der "Galeeren und Schafotte" aufbringen müsste. Und ebenso vermochte die Hinzunahme der sozialen "kriminogenen" Faktoren nicht der Einsicht und Forderung des großen französischen Widersachers von Lombroso, des Anthropologen A. Lacassagne, Rechnung zu tragen, wonach "jede Gesellschaft die Verbrecher hat, die sie verdient" (vgl. hierzu Sack 2002).

Kriminalität als Produkt, gar "Verdienst" der Gesellschaft zu analysieren und zu entziffern, ja: zu enttarnen, erforderte eine völlig andere Perspektive auf sie, nötigte zu neuen Fragestellungen und zu gänzlich anderen Forschungen - und auch zu anderen zu erforschenden Akteuren. Auch dies kann hier nur in gröbster und "terribler" Vereinfachung geschehen. Es war schon ein "paradigmatischer" Aufbruch in eine "andere Kriminologie", als zu Beginn der 60er Jahre des vorigen Jahrhunderts einige amerikanische Kriminologen eine Feststellung trafen, von der einer von ihnen (St. Cohen) noch Jahre später und Augen reibend sich und die VertreterInnen der kriminologischen Zunft nur fragen konnte, wie sie diese Trivialität so lange in ihrer Arbeit haben unterdrücken und kaschieren können: die Tatsache nämlich, dass *Kriminalität das ist, was andere als solches erfolgreich definieren.*

So oder so ähnlich lautete die damals von zahlreichen AutorInnen formulierte Quintessenz einer Position, die unter verschiedenen Varianten in die Welt und Werkstatt der Kriminologie Einzug gehalten hat: Labeling-Ansatz, Definitionsansatz, Etikettierungstheorie, Sozialer Kontroll-Ansatz[5].

Lassen Sie mich zwei Gesichtspunkte dieser kritischen Wende innerhalb der Kriminologie besonders hervorheben. Der eine betrifft die zentrale Frage nach der Bedeutung und dem Status des Merkmals "kriminell" und aller seiner sprachlichen Ableitungen und Formen. Während die traditionelle Kriminologie bis zum energischen Einspruch seitens der kritischen Kriminologie das Adjektiv "kriminell" als eine inhärente Eigenschaft der so definierten Handlung und ihres Trägers, in philosophischer Terminologie: als "ontologische" und vorgegebene Größe behandelt hat, hat letztere die konsequente "Ent-Ontologisierung" der Kriminalität auf ihre theoretischen und empirischen Fahnen geschrieben. Kriminalität ist danach keine absolute und gleichsam naturwissenschaftlich gegebene Größe und Wirklichkeit, sondern sie ist ein soziales "Konstrukt" bzw. Produkt, das konstituiert und hergestellt wird durch das Handeln und die Entscheidung einer ganzen Reihe von gesellschaftlichen Akteuren und Institutionen - Institutionen, die alleine befugt und autorisiert sind, rechtlich verbindlich und sozial folgenreich ein Handeln oder seinen Träger bzw. Autor als "kriminell" festzustellen. In diesem Sinne lässt sich davon sprechen, dass die Verwendung des Adjektivs "kriminell" durch die Justiz und ihre Instanzen nicht schlicht ein Akt der Beschreibung, sondern einen solchen der Zuschreibung darstellt - das Recht vollzieht in anderen Worten mit seinem Urteil keine deskriptive, sondern eine askriptive Funktion, es stellt nicht schlicht fest, sondern entscheidet, was ist.

Die zweite Bemerkung, die es zu machen gilt und die sich aus dem zuvor Gesagten ergibt, richtet sich auf die Rolle des Staates in diesem Prozess der Konstituierung der Wirklichkeit der Kriminalität. David Matza, einer der wichtigsten Wegbereiter der kritischen Kriminologie, hat die "Leistung" der traditionellen Kriminologie auf die äußerst ironische, fast schon sarkastische Pointe gebracht, dass es ihr gelungen ist, aus ihrer Analyse der Kriminalität die Rolle und Funktion des Staates und seiner Institutionen sozialer Kontrolle völlig aus dem Blick zu nehmen und von der wissenschaftlichen Tagesordnung fernzuhalten. Auf diese Verkürzung hat auch der oben bereits erwähnte Heinrich Popitz mit Nachdruck verwiesen und der Kriminologie vorgeworfen, dass sie damit "Realitäten" "verdopple", die "zu untersuchen wären" (vgl. Popitz, Anm. 2, S. 22, 23). Theoretisch allgemeiner noch und nicht eingegrenzt auf Fragen der Kriminalität und sozialen Kontrolle im engeren Sinne, spricht der Gesellschaftstheoretiker Pierre Bourdieu von der "staatlichen Benennungsmacht" als einem zentralen Mechanismus der Etablierung und Durchsetzung gesellschaftlicher Ordnung.

---

[5] Ich selbst habe mich um die Rezeption und die ersten anderthalb Jahrzehnte theoretischer und empirischer Diskussion des Ansatzes wiederholt bemüht (vgl. Sack 1978).

Die vorstehenden Überlegungen möchte ich schließlich auf einen Begriff bringen, der die beiden Lager der Kriminologie und ihr Forschungsprogramm auf einen treffenden, kontrastbetonten und merkfähigen Begriff bringt. Der traditionellen Kriminologie geht es um die Analyse der "Kriminalität" gemäß ihrem offiziell und amtlich festgestellten Umfang, ihrer deliktischen Struktur sowie ihrer sozialen Verteilung nach den diversen Parametern ihrer "Bezugsdisziplinen". Die kritische Kriminologie interessiert sich im Wesentlichen, wenn nicht sogar ausschließlich, für die Prozesse der "Kriminalisierung", wobei sie systematisch zwischen der Ebene der primären Kriminalisierung im Sinne der Setzung und Genese von Normen und der sekundären Kriminalisierung, der Durchsetzung und Anwendung der Normen unterscheidet. Damit ist die kritische Kriminologie in ihrer Aufgabe auf jenen oben erwähnten Prozess der "De-Ontologisierung" ausgerichtet. Eine sehr folgenreiche Implikation dieser Orientierung verdient zum Abschluss dieser theoretischen und methodologischen Erörterung besonders erwähnt und herausgehoben zu werden. Die kritische Kriminologie trägt einer Tatsache Rechnung, die ihrer traditionellen Vorläuferin vermutlich nicht bloß entgangen, sondern von ihr möglicherweise absichtsvoll ignoriert, weil anderweitig honoriert worden ist. Von Kriminalisierung statt von Kriminalität zu reden, bedeutet auch, Kriminalität nicht als feste und unveränderliche Größe zu betrachten, sondern gezielt in Rechnung zu stellen, dass die kriminelle Realität auch anders ausfallen könnte als die gerade vorgefundene, bedeutet, Kriminalisierung als eine politische Größe und Resultante zu betrachten. Eine derartige Perspektive, das dürfte unmittelbar auf der Hand liegen, sprengt die überkommenen Grenzen der Kriminologie in sehr radikaler Weise. Sie demaskiert die entpolitisierende, keineswegs nur latente, sondern durchaus manifeste Funktion der traditionellen Kriminologie und rückt das System der strafrechtlichen Sozialkontrolle in den Mittelpunkt ihres theoretischen und empirischen Interesses. Diese politische Funktion der Kriminologie kollidiert natürlich mit dem Selbstverständnis von Wissenschaft, das sich - Foucault zum Trotz - unvermindert politikungebundener Erkenntnis verpflichtet weiß, auch wenn richtig ist, dass der totalisierende Absolutheitsanspruch von Wahrheit inzwischen auf der Strecke geblieben und das lange gültige Privileg der Wissenschaft auf Erkenntnisvorsprung als fraglos gegebenes verspielt ist. Das bedeutet indessen nicht Resignation und Auslieferung an die je gegebene gesellschaftliche und politische Realität, vielmehr bedeutet es geschärfte Wachsamkeit gegenüber interessierten Einseitigkeiten, politischen Indienstnahmen, gesellschaftsstrukturellen Vorentscheidungen, bedeutet es mehr denn je auf den Eigensinn von Wissenschaft gegenüber einer Welt der Politik zu pochen, die sich ihrerseits zunehmend wissenschaftlicher Instrumente und Rhetorik bedient und den Charakter von Wissenschaft als Antidot zu sich zu leugnen die Tendenz hat.

Für die wissenschaftsmarginale Welt der Kriminologie hätte der erste Schritt in eine Erkenntnis suchende und sichernde Existenz in einer entschiedenen Distanznahme zum Strafrecht zu bestehen - allen nationalen Varianten voran die deutsche Kriminologie, deren Status als Hilfsdisziplin des Strafrechts leider noch immer nicht ein Stück ihrer Geschichte ist, sondern weiterhin gelebte Gegenwart, auch wenn sie inzwischen gelernt hat, insbesondere den empirischen Part von Wissenschaft als Mimikry zum Selbstschutz zu nutzen. Ein Blick in andere Länder, insbesondere in jene, denen eine gelebte und gewachsene, nicht nur eine kodifizierte und top-down Rechtsstaatlichkeit eigen ist, offenbart eine institutionelle kriminologische Wirklichkeit, der gegenüber die einschlägige deutsche Situation als die eines Entwicklungslandes zu kennzeichnen ist. Als geographisch nächstes und eindrucksvollstes Land und Beispiel in dieser Hinsicht mag auf England verwiesen sein, dessen Kriminologie erst im zweiten Drittel des vorigen Jahrhunderts entstand, in den letzten drei Jahrzehnten einen derart rapiden Aufstieg genommen hat, der seinesgleichen sucht[6].

Am Beispiel der "Illegalen" lässt sich geradezu exemplarisch der wissenschaftliche Mehrwert für die Kriminologie ablesen und demonstrieren, wenn sie von der "Ontologie der Kriminalität" auf die "Politik der Kriminalisierung" umschalten würde. Statt diesen Gedanken weiter in seinen einzelnen Aspekten theoretisch und abstrakt zu erläutern, sei der Leser und Leserin auf den Beitrag dieses Bandes von Helmut Dietrich hingewiesen. Am Beispiel der rechtlichen und richterlichen Behandlung der Aktivität von Schleusern zu Zeiten des kalten Krieges und der Periode danach findet geradezu eine "Umwertung der Werte" statt, indem was einst als angemessene Risikoprämie für die Hilfe aus "Feindesland" in "Freundesland" gegolten hat, nunmehr als kriminell erworbenes und unlauter "erpresstes" Geld genommen wird. Eklatanter und augenfälliger lässt sich die Perspektivendifferenz zwischen den beiden "Paradigmen" kriminologischer Analyse kaum vor Augen führen. "Kriminell" nicht als inhärentes Attribut und als gegebene Eigenschaft eines Handelns und seines Täters, sondern als Produkt von Prozessen der Zuschreibung und der Etikettierung durch andere - dieser grundlegende "konstruktivistische" Sachverhalt der "kriminellen" Wirklichkeit. Die Erprobung kriminologischer Analyse am Beispiel der "Illegalen" der Gesellschaft erweist sich schließlich für die Disziplin als eine Art trojanisches Pferd, das der traditionellen Kriminologie ihre Grenzen markiert und ihre politischen "Kollateral"schäden sichtbar macht.

LITERATUR

Hayward, Keith J./Young, Jock (2004): Cultural Criminology: Some Notes on the Script, in: Theoretical Criminology 8 (3), S. 259-273.

Kunz, Karl-Ludwig (2004): Kriminologie. Eine Grundlegung, 4. völlig überarbeitete und aktualisierte Aufl., Bern u.a.

Maguire, Mike/Morgan, Rod/Reiner, Robert (Hg.) (2002): The Oxford Handbook of Criminology, Oxford.

[6] Eines der eindrucksvollsten Belege dieser Entwicklung ist das nunmehr bereits in dritter Auflage erschienene Kompendium der Kriminologie *"The Oxford Handbook of Criminology"*, (Maguire/ Morgan/Reiner 2002). Vergleichbares in deutscher Sprache suchte man vergebens.

Popitz, Heinrich (1968): Über die Präventivwirkung des Nichtwissens - Dunkelziffer, Norm und Strafe, Tübingen (Neu erschienen in 2003: Über die Präventivwirkung des Nichtwissens. Bd. 8 der "kleinen Reihe" zur "Juristischen Zeitgeschichte", hg. von Thomas Vormbaum. Mit einer Einführung von Fritz Sack und Hubert Treiber, Berlin.)

Sack, Fritz (2002): Einführende Anmerkungen zur Kritischen Kriminologie, in: *Anhorn, Roland/Bettinger, Frank* (Hg.): Kritische Kriminologie und Soziale Arbeit. Impulse für professionelles Selbstverständnis und kritisch-reflexive Handlungskompetenz, Weinheim und München, S. 27-45.

Sack, Fritz (1978): Probleme der Kriminalsoziologie, in: Handbuch der empirischen Sozialforschung, Bd. 12, Stuttgart, S. 192-492 (zuerst 1968).

EINLEITUNG

Klaus Jünschke, Bettina Paul

Ganze Wirtschaftszweige profitieren in Deutschland von den illegal eingereisten oder hier in die Illegalität gerutschten Menschen. Die Baubranche, das Hotel-, Gaststätten- und Reinigungsgewerbe sowie die Landwirtschaft, sind ohne die belastbaren billigen Arbeitskräfte nicht mehr denkbar. In Millionen privaten Haushalten sind illegale Putzkräfte stunden- oder tageweise zugange; vielen ist die "Perle" soviel wert, dass sie zur "Ehren-Familienangehörigen" wird, besonders wenn es um deren Pflege geht. So bedeutend der Beitrag der "Illegalen" für das private Wohlergehen und die Steigerung des Bruttosozialprodukts in der Bundesrepublik ist, die Politik verschließt vor einer Lösung der sich daraus ergebenen Probleme nach wie vor die Augen.

Das seit dem 1. Januar 2005 gültige Zuwanderungsgesetz ist von vielen als längst überfällige Überwindung einer Lebenslüge der Bundesrepublik Deutschland wahrgenommen worden - endlich sei es zur Anerkennung der Tatsache gekommen, dass Deutschland ein Einwanderungsland ist. Das ist leider nicht richtig, wie schon der ausführliche Name dieses Gesetzes deutlich macht: "Gesetz zur Steuerung und Begrenzung der Zuwanderung und zur Regelung des Aufenthalts und der Integration von Unionsbürgern und Ausländern (Zuwanderungsgesetz - ZuwG)."

"Nicht anders als die Polizeiverordnung von 1938 und die Ausländergesetze von 1965 und 1991" geht das Aufenthaltsgesetz, das das Kernstück des Zuwanderungsrechts bildet, "von einer selbstverständlichen Ausgrenzung der Ausländer aus der deutschen Gesellschaft aus." (Heinhold 2004, S.7)[1] Damit ist das Zuwanderungsgesetz ein repressives Gesetz - mit den bekannten Folgen der Entrechtung und Illegalisierung von Migrantinnen und Migranten.

Um diese andauernde Kriminalisierung ganz unterschiedlicher Gruppen in den Blick von Wissenschaft und Praxis zu bringen und interdisziplinär zu reflektieren, wurde vom 27. September bis 1. Oktober 2004 an der Universität Hamburg die Studienwoche "Menschen in der Illegalität. Lebensbedingungen Papierloser als Herausforderung für die Kommunen" durchgeführt. Im Kern der Kriminologischen Studienwochen steht die Auseinandersetzung mit den Zusammenhängen von Gesellschaftsstruktur und "abweichendem Verhalten", der Strafgesetzgebung und dem Handeln der Instanzen sozialer Kontrolle, der Problematik von allen Beteiligten eines Konfliktes in ihren sozialen Zusammenhängen und der Analyse kriminalpolitischer Entwicklungen, Forderungen und Programme.

---

[1] Heinhold, Hubert (2004): Das Zuwanderungsgesetz. Eine Einführung, in: AusländerRecht 2005. Karlruhe, S. 7-16.

Wir haben mit dieser Studienwoche mehrere inhaltliche Ziele verfolgt: die Bewegung der Menschen in die "Illegalität" als Teil der weltweiten Migration verstehbar zu machen; ihre prekären Lebensumstände in Deutschland unter der ständigen Bedrohung entdeckt und abgeschoben zu werden, wahrnehmbar zu machen; herauszuarbeiten, wie aus humanitären Problemen ordnungspolitische werden und schließlich individuelle und strukturelle Lösungsvorschläge in einem Forum interdisziplinärer Praktiker und Praktikerinnen zur Diskussion zu stellen.
Wie die Beispiele der Städte Freiburg und München zeigen, in denen es Beschlüsse der Stadträte für die Umsetzung sozialer Rechte von illegalisierten Menschen gibt, existieren durchaus Perspektiven für politische Lösungen, die auch entsprechende Änderungen im Zuwanderungsgesetz nach sich ziehen könnten. Mit diesem Buch hoffen wir, dazu beitragen zu können, dass es auch in anderen Städten und Gemeinden der Bundesrepublik dazu kommt, dass die Probleme und Nöte der Illegalisierten öffentlich diskutiert werden und einen pragmatischen Niederschlag in der Kommunalpolitik finden. Wie aus den Beiträgen von Jörg Alt und Philip Anderson ersichtlich wird, ist ein Dialog der Nichtregierungsorganisationen, der Kirchen und Gewerkschaften, der LokalpolitikerInnen und der lokalen Verwaltungen notwendig, in dem auch gegenseitige Feindbilder überwunden werden, damit soziale Rechte - wie Schulbesuch, Gesundheitsversorgung, Lohn für geleistete Arbeit - garantiert werden.

Für das Zustandekommen und die Durchführung der Studienwoche haben wir allen Referentinnen und Referenten zu danken: Jörg Alt, Philip Anderson, Yolanda Bakker, Ulrich Bielefeld, Rüdiger Bredthauer, Dragica Brügel, Fanny Dethloff, Helmut Dietrich, Franck Düvell, Mitgliedern des Flüchtlingsrats Hamburg, Sigrid Gòmez Schlaikier, Martin Link, Sonja Marko, Dörte Marth, Krystyna Michalski, Frauen von Mujeres sin Fronteras, Gisela Nuguid, Fritz Sack, Sigrid Töpfer und Klaus Weber, sowie dem Organisations-Team des Instituts für Kriminologische Sozialforschung (IKS): Ursula Kisse, Heinke Heise, Brigitte Sievers, Maxi Stork und Gesa Thomas. Für die finanzielle Unterstützung der Studienwoche haben wir der Hamburger Stiftung zur Förderung von Wissenschaft und Kultur zu danken.

Hamburg im Februar 2005 *Klaus Jünschke und Bettina Paul*

KONTEXT UND HINTERGRÜNDE

ÜBER DIE KRIMINALISIERUNG VON MINDERHEITEN UND MIGRANTINNEN

Klaus Jünschke, Bettina Paul

Moderne Gesellschaften sind keine ethnisch homogenen Gesellschaften. Und obwohl alle Menschen in modernen Gesellschaften vor dem Gesetz gleich sind, zeigt uns ein Blick in die Gefängnisse ein Bild von Ungleichheit: In jedem westlichen Land sind Angehörige von Minderheiten und/oder MigrantInnen sowohl als Tatverdächtige in den Kriminalstatistiken und in den Untersuchungsgefängnissen als auch als Verurteilte in den Strafanstalten überrepräsentiert (vgl. Tonry 1997, S. vii). Je nach Land handelt es sich dabei um ganz verschiedene Minderheitenangehörige oder MigrantInnen. In den USA sind es Afro-AmerikanerInnen und Latino/as, die in den Gefängnissen überrepräsentiert sind, in Australien und Kanada die jeweiligen UreinwohnerInnen - Aborigines bzw. IndianerInnen - und in einigen europäischen Ländern, wie England und Frankreich, Menschen aus früheren Kolonien. In den Niederlanden sind es MarrokanerInnen und in Schweden auch Menschen aus arabischen Ländern. In der Bundesrepublik Deutschland sind es die MigrantInnen türkischer und jugoslawischer Herkunft, die in der polizeilichen Kriminalstatistik und in den Gefängnissen überrepräsentiert sind.

In allen Ländern gibt es unterschiedlich viele Gruppen von Minderheiten und MigrantInnen. Im jeweiligen Land sind sie unterschiedlich auffällig. So sind z.B. in den Niederlanden die MarokkanerInnen stärker überrepräsentiert als Personen aus der Türkei und in Großbritannien MigrantInnen aus der Karibik stärker kriminalisiert als Einwanderer aus Bangladesh (vgl. Tonry 1997, S. 12).

Unterschiedlich ist auch von Land zu Land die Inhaftierungsrate: 2004 waren von 100.000 Menschen in den USA 686 in Haft - zum Vergleich: in Russland sind es 638, in Deutschland 98, aber in Dänemark, Norwegen und Finnland nur 59 (vgl. World Prison Population List 2004). Auch die Inhaftierungsrate der Minderheiten und MigrantInnen ist sehr unterschiedlich. So berichtet Loic Wacquant, dass seit 1989 die Mehrheit der Gefangenen in den USA afro-amerikanisch ist (Wacquant 2000b, S. 4). Am 31. März 2000 waren von den 83.083 Gefangenen in der Bundesrepublik 60.872 Strafgefangene und Sicherungsverwahrte, 18.784 Untersuchungsgefangene und 1.960 Gefangene in Abschiebungshaft. Der Rest waren Gefangene in sonstigen Haftformen und in militärischem Strafarrest (Bundesministerium 2001, S. 414). In Strafhaft waren 14.235 Inhaftierte ohne deutschen Pass, das entspricht einem Anteil von 23,4% (Bammann 2002, S. 95).

Relativ jung sind Ansätze zur Differenzierung der Menschen mit Migrationshintergrund nach ihrem Aufenthaltsstatus: *"Die Thematisierung, Zuwanderung und Kriminalität' stellt auf mögliche Folgen des unterschiedlich sicheren Aufenthaltsstatus für Lebensverhältnisse, Integration und Kriminalität ab anstatt auf Nationalitätenzugehörigkeit."* (Bundesministerium 2001, S. 307)

Aber der darin zum Ausdruck kommende Konflikt globaler sozialer Ungleichheit wird gleich wieder entpolitisiert, in dem die Kriminalität dieser Gruppen auf einen "starken inneren Kulturkonflikt" (Bundesministerium 2001, S. 306) bezogen wird (vgl. auch Ha 1999, S. 170).

Vorherrschend war in der Bundesrepublik jahrzehntelang aufgrund der Weigerung, die Anwesenheit von MigrantInnen als Einwanderung wahrzunehmen und zu akzeptieren, Sichtweisen, die nur zwischen Deutschen und AusländerInnen unterschied bzw. zwischen Deutschen und Nichtdeutschen. Die "Ausländerkriminalität" war ein Resultat dieser dichotomen Weltsicht. Die wissenschaftliche Auseinandersetzung mit diesem Phänomen war und ist vor allem durch zwei Hauptbetrachtungsweisen geprägt. Das ätiologische Paradigma nimmt den Straftäter ins Visier und fragt: Sind Ausländer krimineller als Deutsche? Und weshalb sind sie so oder werden sie so? Beim etikettierungstheoretischen Paradigma gilt das Interesse dem Zusammenhang von wirtschaftlichen Verhältnissen, Sozialstruktur und Kriminalpolitik. Eine der Fragestellungen hierbei lautet: Werden AusländerInnen durch das Strafrecht häufiger kriminalisiert als Deutsche? Und weshalb ist das so? (vgl. Cremer-Schäfer 1998, S. 22).

Im Folgenden skizzieren wir die Geschichte dieser Auseinandersetzung. Es geht dabei nicht um einen chronologischen, vollständigen Gang durch die Geschichte der Kriminologie, sondern lediglich um den Nachweis, dass der Beginn des Diskurses über die Verknüpfung von Minderheiten, Migration und Kriminalität nicht erst in der Anwerbung von so genannten "Gastarbeitern" im Jahre 1955 gesehen werden kann. Was wir mit diesem kursorischen und durchaus selektiven Gang durch die Geschichte von Kriminalisierungsvorgängen und ihrer Reflexion zunächst deutlich machen wollen, ist, dass bevor die Kriminologie auf der Bühne der Geschichte erschien, bevor es einen deutschen Staat gab, in den vormodernen Gesellschaften schon seit Jahrhunderten Bilder von "Verbrechermenschen" konstruiert wurden - vor allem mit den Angehörigen von Minderheiten.

1. KRIMINALISIERUNGEN BEI DER ENTSTEHUNG MODERNER GESELLSCHAFTEN

"Die Konzepte für Ordnung und Norm ... befördern das ‚Ordentliche' in dem sie den Blick für das ‚Unordentliche' schärfen; sie benennen, umschreiben und stigmatisieren Teile der Realität, denen das Recht zu existieren versagt wird - bestimmt für Isolation, Exil oder Auslöschung." (Baumann 1998, S. 7)

Welche Menschen bzw. Gruppen von Menschen in einer Gesellschaft als zugehörig gelten und welche nicht, das wird in historischen Entwicklungen bestimmt, in denen Ordnungen und Normen durchgesetzt werden. In den Blick genommen werden diese Prozesse durch die historische Kriminalitätsforschung, die sich in der Bundesrepublik erst Anfang der 1990er Jahre entwickelt hat (vgl. Schwerhoff 2000, S. 21f.). Durch sie wird die Bedeutung der Strafverfolgungspraxis bei der Entstehung unserer modernen Gesellschaften reflektiert:

"Unbestritten kann die gerichtliche Verfolgung von Dieben und Räubern jedoch als die Speerspitze eines allgemeinen Kriminalisierungs- und Marginalisierungsprozesses angesehen werden, der vom ausgehenden Mittelalter bis zum Ende des Ancien Régime einen immer größeren und heterogeneren Kreis von Menschen erfasste. Zum einen zeigten sich hier die Auswirkungen sozioökonomischer Krisenphänomene (Bevölkerungsanstieg, Teuerung, Hungerkrisen), die am Ausgang des 16. und vor allem im 18. Jahrhundert viele Menschen sozial entwurzelten. Zum anderen wurde die soziale Ausgrenzung von den Obrigkeiten, nicht zuletzt mit den Mitteln von Kriminalpolitik und Justiz, aktiv betrieben; zur ‚Formierung einer frühmodernen Gesellschaft' (van Dülmen) gehörte damit gleichsam als negatives Pendant die Ausgrenzung. Pauperisierung und obrigkeitliche Repression konnten so eine unheilvolle Dynamik in Gang setzen. Im Zuge dieser Entwicklung wurde die Bettelei, letztlich sogar die fahrende Lebensweise insgesamt, das Vagantentum, unter Kriminalitätsverdacht gestellt." (Schwerhoff 2000, S. 41)

Dieser Kriminalitätsverdacht und die Zuweisung einer sozialen Rolle, die ihre Möglichkeiten, den Lebensunterhalt mit legalen Aktivitäten zu verdienen, extrem eingeschränkte, hat die Sinti und Roma bis heute nicht verlassen. *"Als eine ethnisch unterscheidbare Gruppe wurden die umherziehenden Sinti seit ihrem Auftauchen im 15. Jahrhundert besonders argwöhnisch betrachtet, als ‚Zigeuner' und ‚Tartaren' diskriminiert und zunehmend mit drakonischen Strafandrohungen belegt."* (Schwerhoff 2000, S. 41) Historische Zeugnisse aus dem 18. Jahrhundert belegen, wie die Roma und Sinti zu Prototypen des amoralischen gemeinschaftsschädlichen Übeltäters stilisiert wurden (vgl. Fricke 1996). Und auch die jüdische Minderheit war zu diesem Zeitpunkt längst unter andauernden Kriminalitätsverdacht geraten:

"In den Auseinandersetzungen zwischen Christen und Juden dominieren eindeutig Schuldsachen sowie der immer wiederkehrende Vorwurf, man sei von dem Juden in irgendeiner Weise betrogen worden. Unnachgiebig verfolgt wurden während der ganzen Zeit auch stets sexuelle Beziehungen zwischen jüdischen Männern und christlichen Frauen, wohl vor allem darum, um in diesem exemplarischen Bereich die Trennung der beiden sozialen Gruppen konsequent aufrechtzuerhalten." (Wernicke 2000, S. 388)[1]

2. VON DER SOZIALRAUM- ZUR TÄTERORIENTIERUNG

Die erste Kriminalstatistik, die 1827 in Frankreich von Justiz-Staatssekretär Jacques Guerry de Champneuf (1802-1866) veröffentlicht wurde, war eine Gerichtsstatistik für das Jahr 1825 (Kerner 1993, S. 295). In seinem "Essai sur la statistique morales de la France" von 1833 überprüfte Guerry die Thesen, dass Kriminalität durch Armut und mangelnde Bildung verursacht wird. Die Bedeutung der Chancenstruktur eines Wohnorts für das Kriminalitätsaufkommen war darin erstmals

[1] Juden waren aber nicht nur Objekte von Pogromen und Repression. Weitgehend unbekannt ist, welche Rolle durch die folgenden Jahrhunderte jüdische Räuberbanden spielten (vgl. Reinicke 1983).

thematisiert (Albrecht 1993, S. 226f.). Zu den frühen "Kriminalstatistikern" zählte neben Guerry der Belgier Lambert Adolf Jacques Quetelet (1796-1874), der als der eigentliche Begründer der modernen Sozialstatistik gilt. Sein zweibändiges Werk "Physik sociale", das 1835 erschien, wurde in Deutschland erst 1938 unter dem Titel "Über den Menschen und die Entwicklung seiner Fähigkeiten" veröffentlicht.
Da die frühen Kriminal- und Moralstatistiker ihre Daten auf bestimmte Gebiete bezogen - Regionen, Städte, Stadtteile -, lenkten sie die Aufmerksamkeit auf den gesellschaftlichen Kontext, in dem es zu strafbaren Handlungen kommt. Diese Ansätze wurden *"durch die mit Darwin verknüpfte Tradition der Kriminologie Lambrososcher Prägung mit ihrer starken Betonung der Person des Täters verdrängt."* (Albrecht 1993, S. 227f.) Der italienische Mediziner und Anthropologe Cesare Lombroso (1836 - 1909) vertrat die Lehre vom "geborenen Verbrecher", das heißt Verbrechen waren für ihn Resultat der physiologischen und psychologischen Eigenschaften des Täters. *"Das biologische Modell verschaffte dem Staat und der Gesellschaft einen legitimatorischen Gewinn und Nutzen, der nicht hoch genug veranschlagt werden kann: die Frage der Kriminalität war damit beim Täter und seinen Parametern verortet und nicht länger bei der Gesellschaft und ihren Strukturen."* (Dinges/Sack 2000, S. 26)
Dieser Zusammenhang zwischen der historischen Entstehung von Antisemitismus, Antiziganismus und Rassismus und der Konstruktion des "Geborenen Verbrechers" ist unseres Wissens noch nicht untersucht. In der Kriminalisierung von Minderheiten und MigrantInnen begegnet er uns immer wieder.

3. DIE KRIMINALBIOLOGIE BEGINNT SICH DURCHZUSETZEN

Als zu Beginn des 20. Jahrhunderts die "kriminologische Frühforschung" (Rebmann 1998, S. 45) sich den Minderheiten und dem auffälligen Verhalten von AusländerInnen im Deutschen Kaiserreich zuwandte, lebten hier erst wenige AusländerInnen. Bei der Reichsgründung im Jahr 1871 wurden 206.755 AusländerInnen in Deutschland (0,5% der Bevölkerung) gezählt und 1910 waren es 1.259.873 oder 1,9% der Bevölkerung (Kubink 1993, S. 149). *"In sozialer Hinsicht waren die ausländischen Arbeitskräfte kaum in das Alltagsleben der deutschen Arbeiterschaft integriert; ihre meist kurzen Aufenthaltszeiten in Deutschland, die Konzentration auf wenige Branchen, die Sprachbarrieren und nicht zuletzt die ghettoartige Unterbringung in Massenquartieren sowie häufige Stellenwechsel bewirkten eine weitgehende Separation."* (Kubink 1993, S. 149) Es galt als *"eine bekannte, statistisch erwiesene Tatsache, dass in jedem Land die Ausländer, d.h. die staatsfremden Personen, eine relativ stärkere kriminelle Betätigung aufweisen als die Bürger des eigenen Staates."* (Roesner 1933, S. 82) Aber die statistisch festgestellte Auffälligkeit von AusländerInnen wurde schon in der Erläuterung der Reichskriminalstatistik für 1911 mit dem Verweis auf das Überwiegen des männlichen Geschlechts und der Altersklassen mit höherer Kriminalitätsbelastung relativiert (vgl. Mayr 1917).

Aus diesen beiden in Günter Kaisers Kriminologie-Lehrbuch zitierten Quellen (Kaiser 1976, S. 238) wird allerdings nicht ersichtlich, ob sie ihre Aussagen auch auf das Verhalten von Deutschen im Ausland anwenden würden: In den Jahren 1904 bis 1906 ermordeten deutsche Soldaten in Deutsch-Südwest-Afrika über 75.000 und in den Jahren 1905-1908 in Deutsch-Ost-Afrika 200.000 Menschen (Reed-Anderson 2004, S. 46f.). Die Entstehung eines aggressiven türkischen Nationalismus und der Genozid an den Armeniern 1915, dem 1,4 Millionen Menschen zum Opfer fielen, unter dem Schutz des Bündnisses mit dem Deutschen Reich im Ersten Weltkrieg dringen erst jetzt langsam in das Weltbewusstsein (vgl. Hosfeld 2005).

Damit soll allerdings nicht der Eindruck erweckt werden, als führe eine lineare Entwicklung von Cesare Lomobrosos "L'uomo delinquente" (1876) zu den Zwangssterilisierungen, der Euthanasie und den Genocid an den Europäischen Juden und den Roma und Sinti. Lombroso war schon zu seiner Zeit umstritten. Auch der Kölner Kriminalpsychiater Gustav Aschaffenburg, der 1903 "Das Verbrechen und seine Bekämpfung" schrieb, wandte sich darin gegen Lombrosos Behauptung des "geborenen Verbrechers", den man an äußeren Merkmalen erkennen könne. "Rassenkriminalität" (Liszt 1907, S. 5) war damals allerdings ein gebräuchlicher Begriff.

Die seit 1882 geführte Reichskriminalstatistik differenzierte die Verurteilten unter anderem auch nach der Religionszugehörigkeit. Und so wie heute noch über "Ausländerkriminalität" gesprochen und geforscht wird, wurde damals über die "jüdische Kriminalität" diskutiert (vgl. Liszt 1907; Roos 1909/10; Wassermann 1907, 1909/10). *"Daß die Kriminalität der jüdischen Bevölkerung im Deutschen Reich durch eigenartige Züge von der der christlichen sich abhebt, ist eine längst bekannte und durch die Reichskriminalstatistik scharf beleuchtete Tatsache."* (Liszt 1907, S. 3) Quantitativ stellte sich das wenig dramatisch dar. In der Reichskriminalstatistik 1910 wurden 546.418 verurteilte Personen gezählt. Davon waren 538.591 Christen (Evangelische 308.810 und Katholische 228.229) und nur 5.535 Juden, also ca. 1% aller Verurteilten (Lehmann 1914, S. 185). Franz von Liszt ging in seinen Überlegungen davon aus, dass sich die im Allgemeinen geringere Zahl der verurteilten Juden durch die Faktoren Bildung und Wohlstand erklären würde. So konnte er berichten, dass es von 1882 bis 1901 bei einer Vielzahl von Delikten zu keiner einzigen Verurteilung eines Juden kam, z.B. bei *"Hoch- und Landesverrat, Unzucht unter Missbrauch eines Vertrauensverhältnisses, Mord, Tötung auf Verlangen, Kindestötung. Aussetzung, wegen Schlägerei, Vergiftung, Menschenraub, Entführung"* (Liszt 1907, S. 4). Gleichwohl ergab seine Analyse der Kriminalstatistik auch Angaben, die den Antisemitismus dieser Zeit spiegelten: *"Wenn wir die durchschnittliche Kriminalität der Christen in den Jahren 1892 bis 1901 gleich 100 setzen, so beträgt die jüdische Kriminalität 1.400 bei strafbarem Eigennutz (d.h. sie ist relativ 14mal so stark wie die der Christen), 1.300 bei Wucher, 1.100 bei Vergehen gegen das geistige Eigentum, 890 bei betrügerischen Bankrott."* (Liszt 1907, S. 4)

Thomas Piehler berichtet in seiner Studie "Der unterschiedliche Umfang der registrierten Kriminalität der Arbeitsmigranten", dass diese Bemühungen "die Kriminalität der Juden aufzuhellen" von den Nationalsozialisten später dankbar aufgegriffen worden seien (Piehler 1991, S. 34). *"In der Kriminologie im ‚Dritten Reich' haben sich somit in den Anfängen der Kriminologie angelegte Gefahren eines naturwissenschaftlich geprägten Positivismus realisiert, der über seine Voraussetzungen und Folgen nicht reflektierte. Die damalige Kriminologie hat diese Gefahren nicht erkannt und es versäumt, ihnen entgegenzuwirken."* (Dölling 1989, S. 223)

4. DIE WEIMARER REPUBLIK UND DAS "DRITTE REICH"

Ein Teil der Gründe, warum die Nationalsozialisten erfolgreich die Unterstützung der deutschen Bevölkerung gewinnen konnten, liegt darin, dass die nationalsozialistische Gesellschaft keinen vollständiger Bruch mit der Vergangenheit bedeutete (Johnson 2002, S. 1023). In der Weimarer Republik gab es zwar weiterhin Wissenschaftler (Gustav Aschaffenburg, Karl Birnbaum, Hans von Hentig), die die sozioökonomischen Verhältnisse beim Zustandekommen von Kriminalität berücksichtigten oder mit Hilfe der Psychoanalyse verdeutlichten, dass Strafe kontraproduktiv sein kann (Alexander/Staub 1929, S. 96f.), aber die Bedeutung dieser kriminalsoziologischen Ansätze wurde mehr und mehr durch kriminalbiologische zurückgedrängt.

1925 gründete der Gefängnisarzt Theodor Viernstein den Bayrischen Kriminalbiologischen Dienst. Er differenzierte Gefangene in seinen Forschungen nach "rassisch wertvoll" und "rassisch schädlich" und behauptete, dass die Hälfte der Gefängnisinsassen unverbesserlich seien (Johnson 2002, S. 1024). 1927 kam es zur Gründung der Kriminalbiologischen Gesellschaft (Dölling 1989, S. 196). 1937 wurde der kriminalbiologische Dienst im gesamten Reichsgebiet eingerichtet (Dölling 1989, S. 217).

Aber es waren nicht nur Kriminologen und Psychiater, die zu dieser Entwicklung beitrugen. Auch wenn es Ethnologen gab, die wichtige Argumente gegen den Rassismus lieferten und deutlich machten, dass "Rasse als Erklärungsfaktor für soziale Unterschiede bedeutungslos ist (vgl. Hauck 2003, S. 47) - Ethnologen, und die schon 1905 gegründete Deutsche Gesellschaft für Rassenhygiene, lieferten mit ihren wissenschaftlichen Werken ebenfalls die moralische Rechtfertigung *"den Anderen, den Fremden, unbesehen als Untermenschen zu behandeln"* (Hauck 2003, S. 45). Ein Beispiel hierfür ist das zweibändigen Standardwerk von Erwin Bauer, Eugen Fischer und Fritz Lenz "Grundriss der menschlichen Erblichkeitslehre und Rassenhygiene", das 1932 erschien und eine der zentralen wissenschaftlichen Legitimationsgrundlagen für die NS-Rassenpolitik wurde (Hauck 2003, S. 45).

Sowenig wie 1933 der Weg nach Auschwitz vorgezeichnet war (Bergmann 2002, S. 113), sowenig ging es 1933 schon um die massenhafte Tötung von Straftätern und Straftäterinnen. Hatte Viernstein in den Mitteilungen der Kriminalbiologischen Gesellschaft 1928 noch darauf hingewiesen, *"dass die Lehre vom geborenen Verbrecher in der Hand von dogmatischen Vertretern der staatlichen Ordnung zu einer furchtbaren Waffe gegen die persönliche Freiheit der Individuen werden kann"* (zitiert nach Dölling 1989, S. 207), so hatte er sich zehn Jahre später genau in diese Richtung entwickelt:

"In diesem gewaltigen Umbau des Denkens und Handelns zu neuen Grundlagen der Gemeinschaftsbeziehungen erhält zwangsläufig die Kriminalbiologie eine ihre gerichtshelferische Ausgangsrolle übersteigende Bedeutung, weil sie ein wissenschaftlich begründete Behandlung gerade jener abgrenzbaren Bevölkerungsschicht an die Hand gibt, die z.T. nicht allein sozial abträglich, sondern gleichzeitig auch erb- und rassenwertlich schädlich ist und insoweit einer planmäßigen Ausschaltung zugeführt werden muß." (Viernstein 1938, zitiert nach Dölling 1989, S. 206f.) Schon in Aschaffenburgs "Das Verbrechen und seine Bekämpfung" von 1904 ging es um Zusammenhänge von Volkszugehörigkeit und Kriminalität. Im Nationalsozialismus erfolgte eine biologistische Radikalisierung dieses Ansatzes. Die Konzeption der "unverbesserlichen Kriminellen" wurde auf ganze Gruppen von Menschen, auf ganze Völker, übertragen. Gerade in Texten über Juden, Roma und Sinti wurde das immer wieder deutlich, wie die folgenden zwei Beispiele zeigen. Der Kammergerichtsrat Paterna 1936 findet sich im "Handwörterbuch der Kriminologie" mit den Worten: *"Die Neigung der Zigeuner zur Begehung von kriminellen Handlungen ist allgemein bekannt ... Der Grund für die kriminelle Veranlagung der Zigeuner ist in ihrer rassisch bedingten Wesensart zu suchen."* (zitiert nach Dölling 1989, S. 210) In dem Machwerk von Johann von Leers "Das Judentum in der Rechtswissenschaft" heißt es über die Juden, sie seien "die Inkarnation des Urbösen auf dieser Erde" und "Judentum ist Erbverbrechertum" (Dölling 1989, S. 211).

1942 wurde die Strafverfolgung gegen Polen, Juden, Russen und "Zigeuner" in den besetzten Ostgebieten von der Justiz an die SS übertragen. Reichsjustizminister Thierak begründete dies in einem Brief an Martin Bormann: *"Ich gehe hierbei [der Überlassung an die SS, Anm. d. Verf.] davon aus, dass die Justiz nur in kleinem Umfang dazu beitragen kann, Angehörige dieses Volkstums auszurotten."* (zitiert nach Dölling 1989, S. 220) Noch bis 1941 war die Politik der Nationalsozialisten gegen die Juden uneinheitlich gewesen: es gab Maßnahmen, um Auswanderungen zu erzwingen, die Errichtung von Arbeitslager und Ghettos, Umsiedlungs- und Mordaktionen (Bergmann 2002, S. 114). Am 20. Januar 1942 fand die so genannte Wannsee-Konferenz statt, zu der Reinhard Heydrich, Chef des Reichssicherheitshauptamtes zur "Gesamtlösung der Judenfrage im deutschen Einflussgebiet in Europa" eingeladen hatte. Im Protokoll dieser Konferenz wird die Zahl von 11 Millionen Juden genannt, die ermordet werden sollten. Über die Hälfte davon sind ermordet worden. Opfer systematischer Mordaktionen waren auch körperlich und geistig Behinderte, Sinti und Roma, Homosexuelle, "Asoziale" und GegnerInnen des NS-Regimes (Bergmann 2002, S. 116).

5. Fremdarbeiter- und Gastarbeiteranwerbung ohne Aufarbeitung der Vergangenheit

"Wir wissen heute in voller Übersicht, was nach 1945 geschehen ist: dem größten geschichtsbekannten Verbrechen mit Millionen und aber Millionen Opfern, die umgebracht worden sind wie Insekten, folgte auf dem Territorium der Bundesrepublik Deutschland das größte Wiedereingliederungswerk für Täter, das es je gegeben hat. Von wenigen Ausnahmen abgesehen, sind sie letztlich nicht nur straffrei davongekommen, sondern konnten ihre Karrieren auch unbeschadet fortsetzen. Wir haben die unglaubliche Tatsache zu verzeichnen, dass die Eliten des militärisch-industriell-bürokratischen Blocks personell bis tief hinein in die sechziger Jahre die gleichen waren wie vor 1945." (Giordano 2002, S. 15)

Dies galt nicht zuletzt auch für die Instanzen sozialer Kontrolle. Um nur ein Beispiel zu nennen: Der ehemalige Kriminaldirektor im Bundeskriminalamt (BKA), Dieter Schenk, konnte in seiner Studie zur Geschichte des BKA nicht nur nachweisen, dass es von NS-Verbrechern aufgebaut worden ist. Er belegt darin auch, dass bis in die 60er Jahre die Mehrheit der leitenden Beamten eine "braune Weste" hatte.

"Sie hatten Erschießungen von jüdischen Frauen und Kindern verantwortet, waren Einsatzgruppenleiter der SS-Mörderbanden in Litauen und Russland gewesen oder in der Geheimen Feldpolizei an der Erschießung von Geiseln und angeblichen Partisanen beteiligt. Andere hatten vor 1945 mitgewirkt Homosexuelle, Zigeuner und "Asoziale" in Konzentrationslager einzuweisen, bei Exekutionen selbst Hand angelegt oder waren Einsatzführer an der ‚Grube'." (Schenk 2001, Klappentext)

In seinem berühmten Vortrag "Was bedeutet: Aufarbeitung der Vergangenheit?" von 1959 erklärte Theodor Adorno, die Kriminologie habe *"in Deutschland den modernen Standard überhaupt noch nicht erreicht."* (Adorno 1982, S. 25) Zu dieser Zeit, zwischen 1958 und 1960, untersuchte Norbert Elias eine kleine englische Vorortgemeinde. Die Bewohnerinnen und Bewohner dieser Gemeinde trennten sich in die Gruppe der alteingesessenen und die Gruppe der später zugezogenen, die von den Etablierten als Außenseiter behandelt wurden. In der Gruppe der neu zugewanderten BewohnerInnen wurde eine höhere Delinquenzrate registriert. En miniature konnte Elias mit seinen Kollegen ein universal-menschliches Thema studieren: *"Immer wieder lässt sich beobachten, dass Mitglieder von Gruppen, die im Hinblick auf ihre Macht anderen, interdependenten Gruppen überlegen sind, von sich glauben, sie seien im Hinblick auf ihre menschlichen Qualitäten besser als die anderen."* (Elias 1990, S. 7) Und genau hier hat Norbert Elias die Möglichkeiten zur Lösung dieses Konfliktes verortet: *"In der Tat, je mehr sich Menschen der emotionalen Gleichsetzung von hoher Macht mit hohem menschlichen Wert bewusst werden, desto größer ist die Chance einer kritischen Einschätzung und aktiven Veränderung."* (Elias 1990, S. 46)

Die globale Relevanz der Ergebnisse seiner Studie ist, dass unterschiedliche soziale Gruppen gerade nicht aufgrund ethnischer Herkunft, Nationalität oder religiöser Anschauungen das soziale Zusammenleben gestalten. Auch wenn es vordergründig

so scheinen mag - *"im wesentlichen handelt es sich immer darum, dass eine Gruppe eine andere von Macht- und Statuschancen ausschließt."* (Elias 1990, S. 305, vgl. aber auch Sauter 2002, S. 71) Die Bedeutung der Gruppenzugehörigkeit hat Adorno in seinem Vortrag "Erziehung nach Auschwitz" (1966) hervorgehoben, als er erklärte, dass das Allerwichtigste gegenüber der Gefahr einer Wiederholung des Holocaust sei, *"der blinden Vormacht aller Kollektive entgegenzuarbeiten, den Widerstand gegen sie dadurch zu steigern, dass man das Problem der Kollektivierung ins Licht rückt."* (Adorno 1982, S. 95)
Aber genau davon gab es kein Bewusstsein, als die angeworbenen Arbeiterinnen und Arbeiter ab Dezember 1955 in die Bundesrepublik kamen. Sie mögen als Guiseppe F. und Maria M. oder später als Ayse T. und Ali Z. in ihren Dörfern und Städten aufgebrochen sein - in der Bundesrepublik kamen sie als "AusländerInnen" an. Max Frischs Worte: *"Man hat Arbeitskräfte gerufen, und es kamen Menschen"* (Vorwort in Seiler 1965, S. 7) - beschreiben treffend die entlarvte Gastfreundschaft, die nur für die begrenzte Dauer des Arbeitsaufenthalts galt, nicht aber für ein gemeinsames Leben in Deutschland. Dabei war es zu dieser Zeit gerade mal zehn Jahre her, dass mit dem Sieg über das "Dritte Reich" auch die zehn Millionen Zwangsarbeiterinnen und -arbeiter befreit wurden, die zur Arbeit "im Reich" gezwungen worden waren. Die wenigen überlebenden Opfer dieses Kriegsverbrechens werden erst seit 2004 für die von ihnen geleistete Arbeit minimal entschädigt.[2] Aber schon in den 1950er Jahren muss die Bezeichnung der zur Arbeit angeworbenen Menschen als "Fremdarbeiter" - wie im Nationalsozialismus - mit einem gewissen Unwohlsein verbunden gewesen sein, denn seit 1962 wurden sie in der Öffentlichkeit "Gastarbeiter" genannt (vgl. Bingemer et al. 1972, S. 16). In der Schweiz und Österreich ist man dagegen bei dem Begriff "Fremdarbeiter" geblieben.

Die Zahl der in der Bundesrepublik angeworbenen so genannten FremdarbeiterInnen bzw. GastarbeiterInnen entwickelte sich nicht sprunghaft. Erst am 10. September 1964 kam es zu der bekannten Feier, bei der der Portugiese Armando Rodrigues de Sá als Millionster Gastarbeiter bei seiner Ankunft auf dem Köln-Deutzer Bahnhof ein Moped geschenkt bekam.
Nicht nur die Einreisenden, auch die Strafanzeigen gegen Ausländer wurden von Anfang an gezählt. Die Bundesrepublik hatte die von den Nationalsozialisten 1938 eingeführte Dokumentation der Kriminalitätsentwicklung durch die Polizeiliche Kriminalitätsstatistik (PKS) beibehalten, obwohl sie eine reine Tatverdächtigenstatistik darstellt - in ihrer Präsentation, Interpretation und Instrumentalisierung dagegen wird sie als Verlaufsstatistik gehandhabt. So gab das BKA 1959 in der PKS bekannt, dass 1958 von 1.122.001 ermittelten Tatverdächtigen im Bundesgebiet 22.068 Nichtdeutsche waren - ca. 2% aller Tatverdächtigen (Kaiser 1976, S. 239).

---

[2] Vgl. auf URL: www.ns-zwangsarbeiterlohn.de Ca. 1,6 Millionen ehemalige NS-ZwangsarbeiterInnen sollen bis Ende 2005 die ihnen zugesprochenen Entschädigungszahlungen erhalten haben.

In dieser Zeit lebten erst ca. 200.000 "GastarbeiterInnen" in der Bundesrepublik (Kaiser 1976, S. 237). Aber schon zu diesem Zeitpunkt kam es zu den ersten Studien über "die Ausländerkriminalität". Bei diesen ersten mangelhaften Studien (vgl. Lehne in diesen Band) ging es im Wesentlichen um den Umfang und die Art der Straftaten von Nichtdeutschen nach den Daten der Polizeilichen Kriminalstatistik. Sie kamen zum Ergebnis, dass die so genannten "Gastarbeiter" durchschnittlich weniger straffällig waren als die Deutschen, aber bei Gewalttaten wurde eine überproportionale Belastung festgestellt (vgl. Kaiser 1976, S. 240f.; Kubink 1993, S. 152 ff.; Piehler 1991, S. 19f.; Rebmann 1998, S. 46 ff.). Kaiser berechnete 1965 für verschiedene Nationalitäten die Kriminalitätsbelastungsziffern (Delikte pro 100.000 Einwohner). Danach waren polizeilich registriert: 1,4% SpanierInnen, 2,2% ItalienerInnen, 3,2% GriechInnen, 3,5% TürkInnen, aber 4,5% Deutsche (vgl. Rebmann 1998, S. 48).

In den Medien war das Echo dieser kleinen Zahlen dramatisch. In der 1972 erschienenen Studie "Der Gastarbeiter in der Presse" von Manuel Delgado wurde die Presseberichterstattung über die ausländischen ArbeitnehmerInnen von Mai 1966 bis Ende August 1969 untersucht. Fast jeder dritte Bericht, in dem "Gastarbeiter" erwähnt wurden, gehörte zur Sparte der Kriminalitätsberichterstattung. Als es 1966/67 zur ersten wirtschaftlichen Rezension kam, konnte man die Folgen der Stimmungsmache lesen, "Ausländer raus" hieß es auf den Titelblättern (vgl. Kubink 1993, S. 158f.). Ein Zitat aus dem damals noch tatsächlich linksliberalen Hamburger Wochenmagazin bietet einen Hinweis auf die Hintergründe für den gesellschaftlichen Bedarf für das Konzept der "Ausländerkriminalität". Der Beitrag trägt die Überschrift "Südländer töten häufiger. Ausländerkriminalität in der Bundesrepublik":

"Ausländer sind kriminell anfälliger als Einheimische, und die Fremden, besonders die aus dem Süden, neigen eher zu Gewalttaten. Diese festgefügte Volksmeinung findet bei den Kriminalstatistikern Unterstützung. ‚Immer' ist die Beteiligung von Ausländern an der Straffälligkeit ‚größer gewesen, als es ihrem Bevölkerungsanteil entsprach', ermittelte Alfred-Johannes Rangol, Rechtspflege-Referent im Statistischen Bundesamt. Aber: ‚Das war in jeder Zeitepoche so und unter jedem Regime.'"... ..."Vor unkritischen Schlussfolgerungen warnen freilich gerade die Urheber der Statistik. Rechtspflegereferent Rangol: ‚Darin muss noch keine Diskriminierung liegen. Daß Südländer häufiger töten als Nordländer, haben schon Untersuchungen aus den Jahren 1922 bis 1926 ergeben.'" (Der Spiegel, 18.09.1972, o. S.)

Wissenschaftlich interpretiert wurde die Kriminalität der so genannten "GastarbeiterInnen" in den 60er Jahren hauptsächlich mit der Kulturkonflikt-These. In Übernahme der Forschungen von Thomas Sellin aus den USA (1938) ging man davon aus, dass Ausländer mit ihrer fremden Kultur in Konflikte mit der deutschen Kultur geraten würden und dadurch leichter anfällig für abweichendes Verhalten wären (vgl. Kubink 1993, S. 160). Von einem Außenwertkonflikt wurde gesprochen, wenn Ausländer im Aufnahmeland weiterhin den Normen ihrer eigenen Kultur folgen, von einem Innenwertkonflikt, wenn sie sich im Aufnahmeland weder für die Normen des Heimatlandes noch für die Normen des Gastlandes entscheiden bzw. die beiden Wertvorstellungen nicht sinnvoll verarbeiten konnten (vgl. Piehler 1991, S. 20f.). Letzteres findet sich heute noch z.B. im Ersten Periodischen Sicherheitsbericht wieder, wo von einem "inneren Kulturkonflikt" bei ausländischen Jugendlichen die Rede ist (Bundesministerium 2001, S. 306).

Zur Erklärung der so genannten "Ausländerkriminalität" ist die Kulturkonflikt-These dadurch obsolet geworden, dass beim näheren Hinsehen immer wieder festgestellt wurde, dass die so genannte Gastarbeitergeneration eher durch besonders konformes Verhalten auffiel. Umgekehrt hätte bei einer hohen Kriminalität von Zuwanderern aus dem "Kulturkonflikt" folgen müssen, dass die Auffälligkeit ihrer Kinder und Enkel deutlich geringer sein müsste. Tatsächlich war es gerade umgekehrt. Forschungen zum so genannten "Kulturkonflikt" von Georg Auernheimer haben ergeben, dass für die ausländischen Jugendlichen der Kulturkonflikt kein zentrales Problem ist: *"Entfremdungserfahrungen durch das Sinnloswerden traditioneller Werte, Normen, Rituale etc. sind überhaupt nicht zu leugnen. Sie beeinträchtigen allerdings die Persönlichkeitsentwicklung nur in Verbindung mit der Erfahrung der Diskriminierung seitens der Aufnahmegesellschaft und der dadurch bedingten Marginalität sowie in Verbindung mit struktureller Benachteiligung und kultureller Verarmung."* (Auernheimer 1988, S. 193)

Arno Pilgram fiel der reaktionäre Charakter der Kulturkonflikthese auf, weil sie *"gegen das neue Ideal der sich von lokalen Bindungen, von Standesnormen und Geschlechterrollen befreienden Arbeitskraft, die sich an den Erfordernissen und Chancen des Marktes orientiert"* opponiert (Pilgram 2003, S. 306). Vielleicht muss man den Begriff "Gastarbeiter" nur ganz wörtlich nehmen, um klarer zu sehen. Wer Menschen nur solange nutzen möchte, wie ihre Arbeitskraft benötig wird, für den dient die Vokabel "Kultur" nur zur "Einteilung der Menschheit in kollektive, unüberwindliche und irreduzible Gebilde." (Finkielkraut 1989, S. 92)

6. Die "zweite Generation"

Ende 1973 nach dem Ölschock, der Konjunkturschwäche und dem Anstieg der Arbeitslosigkeit, verhängte die SPD-FDP-Bundesregierung den Anwerbestopp. Damals zählte die ausländische Wohnbevölkerung knapp vier Millionen Menschen (Beauftragte 1995, S. 113). Von den seit 1955 angeworbenen 14 Millionen GastarbeiterInnen blieben die meisten wie geplant nur einige Jahre - elf Millionen kehrten zurück. Millionen reagierten nicht auf die Rückkehrbemühungen, blieben und holten sogar ihre Familien nach. Ab 1979 stiegen die Zahlen für die ausländische Wohnbevölkerung auf über die vier Millionen, 1990 auf über fünf Millionen und 1992 auf über sechs Millionen (Beauftragte 1995, S. 113).

An den Hochschulen entwickelte sich Anfang der 1970er Jahre die so genannte "Gastarbeiterforschung" und mit dem Anwachsen der Zahl der ausländischen Schülerinnen und Schüler die theoretische und praktische "Ausländerpädagogik".

Zehn Jahre später bilanzierte Hartmut M. Griese: *"Gastarbeiterprobleme sind in. Alle wissenschaftlichen Bemühen und Publikationen, sowie die ganze ‚Ausländerpädagogik' haben jedoch m. E. nur zur Qualifikation der Wissenschaftler und Pädagogen, nicht der Ausländer, geführt."* (Griese 1984, S. 5) In diesen Jahren stieg die Zahl der ausländischen Jugendlichen in Untersuchungs- und Strafhaft, deshalb wurde die so genannte "zweite Generation" der ArbeitsmigrantInnen als Kriminalitätsrisiko entdeckt (vgl. Pilgram 2003, S. 306). Dieser Begriff von der "zweiten Generation" ist nicht unwidersprochen hingenommen worden. Uli Bielefeld kritisiert seine Ungenauigkeit, da damit die sehr unterschiedlichen Biographien und Erfahrungen der Jugendlichen nicht zum Ausdruck kommen (Bielefeld 1988, S. 41). Sauter weist im Rückblick auf den ethnozentristischen Charakter des Begriffs hin, da er ausschließlich für die Jugendlichen mit Migrationshintergrund gebraucht wird (Sauter 2001, S. 289).

Uwe Dörmann, wissenschaftlicher Direktor im BKA, sah 1975 die Kinder der "GastarbeiterInnen" ein *"explosives Reservoir bilden, eine Gefahr, nicht zuletzt im Hinblick auf die Kriminalitätsentwicklung."* (zitiert nach: Rebmann 1998, S. 54)

In den folgenden Jahren kam es zu einer Reihe von Studien (Albrecht/Pfeiffer 1979; Autorengruppe Ausländerforschung 1981; Bielefeld/Kreissl/Münster 1982; Hamburger/Seus/Wolter 1981), die sich darin einig waren, dass die Ursache der Delinquenz von Jugendlichen und Heranwachsenden mit Migrationshintergrund in "sozialen Mängellagen" zu suchen sei. Aus den Interviews von Bielefeld, Kreissl und Münster wurde deutlich, dass latent kriminalisierbare Situationen zum Alltag ausländischer Jugendlicher in Deutschland gehören (Bielefeld 1981, S. 159). Hamburger, Seus und Wolter schrieben in der Vorbemerkung ihrer Studie von ihrer Hoffnung, *"dass aus dieser Studie praktische Folgerungen gezogen werden, die den Jugendlichen nützen, insbesondere, dass ihnen die Ausweisung - nicht zu Unrecht ‚soziale Hinrichtung' bezeichnet - erspart bleibt."* (Hamburger 1981, S. 3) Am Ende plädieren sie für eine "völlige Entkategorisierung des Begriffs Ausländerkriminalität": *"Der formale Status Ausländer, ebenso wie die zunehmende Einführung des Begriffs Ausländer im Rahmen differenzierter Statistiken, sind nur vorgeblich von informativem Wert. Im Kern schreiben sie einen dominanten Status fest, der nicht unbedingt eine reale Grundlage haben muß."* (Hamburger 1981, S. 183) Mit ihrer Forderung der Entkategorisierung verbanden sie die Forderung nach Entkriminalisierung der Jugendlichen und Heranwachsenden. Aber die sich hier andeutende Möglichkeit zur Eröffnung einer Debatte über den Zusammenhang von Kriminalität und Staat (vgl. Sack 1999, S. 14) realisierte sich nicht.

Arno Pilgram sieht in der "These von der sozialen Mängellage" eine Reaktion auf die evident werdende Krise der Vollbeschäftigung und der Integration über den Arbeitsmarkt. *"Auch die ‚Mängellagenthese' ist wie die ‚Kulturkonfliktthese' ein moralisch restaurativer Versuch, wenngleich es nun um die Bewahrung der wohlfahrtsstaatlichen Modernisierung geht."* (Pilgram 2003, S. 306f.) In den folgenden Jahren wurden die sozialen, rechtlichen und politischen Forderungen aus den genannten Untersuchungen über die Delinquenz von Jugendlichen mit Migrationshintergrund nicht umgesetzt. Fritz Sack rät daher, der "Zurichtung" der Gruppe der jugendlichen Straftäter für Zwecke der punitiven und repressiven Transformation der Gesellschaft nachzugehen. *"Und natürlich damit auch jene ausserkriminellen Faktoren blosslegen, die diesen Prozess der gesellschaftlichen inneren Aufrüstung in Gang bringen und halten."* (Sack 1999, S. 34)

Noch zwanzig Jahre nach den ersten gründlichen Studien über die Kriminalisierung der ausländischen Jugendlichen verweisen die Publikationen der Beauftragten der Bundesregierung für Migration, Flüchtlinge und Integration auf ihre Benachteiligung in allen sozialen Bereichen. Und immer noch ist es notwendig, darauf hinzuweisen, dass dafür nicht die Ausländer selbst verantwortlich sind:

- *"Kriminologie auf der Ebene der Familie anzusetzen, heißt Ursache und Wirkung zu vertauschen;*
- *Kriminalpolitik auf die Familie zu focussieren, bedeutet Verantwortung für gesellschaftliche Probleme aus dem öffentlichen Bereich von Politik und Staat in den Raum von Individuum und Familie zu verschieben;*
- *Kriminologie und Kriminalpolitik auf der Ebene der ausländischen Familie anzusetzen, ist gleichbedeutend mit Ausländerpolitik im Gewande von Wissenschaft." (Sack 2000, S. 71)*

Die Markierung von MigrantInnen als "gefährlich fremd" muss auch in ihrer Funktion für die Abwehr von Menschen bewertet werden, die für sich einen Platz in der "Festung Europa" suchen. Die Maßnahmen der unmittelbaren Zurückweisung an der Grenze, der Zurückschiebung und Ausweisung, des Aufgriffs der sich illegal aufhaltenden Personen, des Aufenthaltsverbots, der Schubhaft und der Abschiebung, die in der zweiten Hälfte der 90er Jahre Rekordwerte erreichten (Pilgram 2003a, S. 22), benötigen zu ihrer Absicherung Feindbilder. *United for Intercultural Action*, ein von der EU finanziertes und europaweites, antirassistisches Netzwerk, dokumentierte bis zum Juni 2004 eine Liste von 5017 toten Flüchtlingen, die bei dem Versuch, nach Europa zu kommen, um`s Leben kamen (vgl. online auf URL: www.unitedagainstracism.org).

7. FLÜCHTLINGE UND "ILLEGALE"

In Auseinandersetzungen mit den ersten Studien zur so genannten "Gastarbeiterkriminalität" Anfang der 1960er Jahre wurde u.a. bemängelt, dass bei der Gruppe der Nichtdeutschen auch illegal eingereiste Täter erfasst wurden, obwohl diese nicht zur Wohnbevölkerung gehören (Rebmann 1998, S. 47). 1985 überschritt die Zahl der als "Illegale" eingestuften Tatverdächtigen in der PKS 30.000 Personen. Im Jahr der Veränderung des Grundrechts auf Asyl, 1993, wurden rund 90.000 gezählt, um dann bis 1996 auf über 135.000 anzusteigen. Die Zahl der illegalen Tatverdächtigen sank in den folgenden Jahren wieder und fiel im Jahr 2003 unter 100.000. Im Durchschnitt waren in den vergangenen zehn Jahren jeder fünfte nichtdeutsche Tatverdächtige ein "Illegaler". Die Zahl der unter den nichtdeutschen Tatverdächtigen erfassten Asylbewerber stieg von 15.000 im Jahr 1984 auf über 100.000 im Jahre 1991 und erreichte mit 225.000 im Jahr 1993 den Höhepunkt.

2003 wurden weniger als 75.000 Asylbewerber unter den nichtdeutschen Tatverdächtigen gezählt (Bundeskriminalamt 2004, S. 121).
Wenn man sich die Zusammensetzung der Gruppe der "Sonstigen" unter den nichtdeutschen Tatverdächtigen ansieht - u.a. nicht anerkannte AsylbewerberInnen mit Duldung und Flüchtlinge - und ihre kontinuierlich steigende Zahl von etwas über 30.000 im Jahre 1984 auf fast 180.000 im Jahre 2003, dann wird deutlich, dass die Kriminalisierung von Nichtdeutschen seit Anfang der 1990er Jahre am allerwenigstens die ausländischen SchülerInnen, StudentInnen, ArbeitnehmerInnen und Gewerbetriebenden meinte, sondern vor allem die Nichtdeutschen, deren aufenthaltsrechtlicher Status prekär oder gar nicht vorhanden war. Angesichts einer solchen Entwicklung (siehe auch eingehend Lehne in diesem Band) sollte man meinen, es sei zutreffend, was Matthias Rebmann in seiner Arbeit über die "Ausländerkriminalität" schreibt: *"Das Interesse der kriminologischen Wissenschaft richtet sich nun zunehmend auf Asylbewerber, Touristen/Durchreisende und Illegale, da diese Gruppen im Laufe der Zeit immer mehr ausländische Tatverdächtige stellten. Insofern wurde eine Wende von der ‚Gastarbeiterkriminalität' hin zu einer Zuwanderungskriminalität' konstatiert."* (Rebmann 1998, S. 59)
Der unglaublichen Kampagne in den Medien von der angeblichen "Asylantenflut" entspricht auf der Seite der Sozialwissenschaften im Allgemeinen und der Kriminologie im Besonderen keine auch nur annähernd angemessene Auseinandersetzung. Die Zahl der Studien über die Lebensverhältnisse von Flüchtlingen und "Illegalen" sowie die Kriminalität von Flüchtlingen und "Illegalen" ist bis heute bescheiden geblieben.[3] Und soweit sie es gibt, sind sie von MigrationsforscherInnen (vgl. z.B. Alt 2003; Anderson 2003; Kühne 2000) und nicht von KriminologInnen verfasst. Soweit es Auseinandersetzungen mit der Kriminalität der Asylbewerber gibt, wie in dem vielzitierten Beitrag von Monika Traulsen "Gefährlich oder gefährdet? Zur Kriminalität der Asylbewerber", wird unmissverständlich festgestellt: *"Die schweren Deliktsarten nehmen einen relativ geringen Raum unter den Delikten der Asylbewerber ein. Auf die von der Öffentlichkeit vielbeachteten Rauschgiftdelikte entfallen nur 3,8%, darunter auf illegalen Handel und Schmuggel 2,3 %."* (Traulsen 1990, S. 417)
Angesichts der Pogrome in Hoyerswerda und Rostock-Lichtenhagen und der Brandanschläge von Lübeck und Solingen und der vielen anderen bis heute andauernden Angriffe auf Flüchtlinge durch Neonazis und verhetzte Jugendliche ist wenigstens das Interesse am Thema "AusländerInnen als Opfer von Kriminalität" gestiegen und hat seinen Niederschlag in einer Reihe von Studien gefunden (vgl. Rebmann 1998, S. 64, Bundesministerium 2001, S. 311f.). *"Wie es einen nachweislichen Zusammenhang zwischen staatlicher Strafpraxis und der Verbreitung von Selbstjustiz gibt (Steinert 1980), so ist auch ein positiver Zusammenhang zwischen*

[3] Zurzeit wird ein Forschungsvorhaben über "Unerwünschte Einwanderer als Opfer und ‚Bedrohung' an EU-Außengrenzen" am Max-Planck-Institut für ausländisches und internationales Strafrecht in Freiburg durchgeführt (Albrecht/Ewald 2001).

rassistischen und fremdenfeindlichen Übergriffen und rigoroser staatlicher Zuwanderungsregulierung anzunehmen." (Pilgram 2003a, S. 24)
Michael Tonry geht davon aus, dass die Angehörigen von Minderheiten und die MigrantInnen in allen westlichen Ländern auch unter den Opfern von Straftaten aus dem Bereich der Alltagskriminalität überrepräsentiert sind (vgl. Tonry 1997, S. vii). Dass dies in den Medien nicht annähernd deutlich wird, hängt auch damit zusammen, dass sich das Bundeskriminalamt bis heute bei der Aufnahme der Daten von Kriminalitätsopfern weigert, auch hier die Nationalität bzw. den Aufenthaltsstatus zu registrieren. Zur Rechtfertigung wird angeführt, die polizeilichen Sachbearbeiter sollten nicht überfordert werden (vgl. Bundeskriminalamt 2003, S. III). Wenn aber die Auswertung von Kriminalstatistiken schon darauf verweist, dass die Delikte, wegen denen Flüchtlinge und "Illegale" anzeigt werden, in der Regel zum Bagatellbereich zählen, gleichzeitig aber die Nichtdeutschen als Opfer überrepräsentiert sind, sollte man ein Engagement für die Entkriminalisierung dieser Gruppen feststellen können. Tatsächlich können wir das Gegenteil wahrnehmen. Die Stichworte sind uns allen nur allzu gut bekannt: Organisierte Kriminalität, Drogenhandel, Menschenhandel (vgl. LeBreton in diesem Band), Schleuserbanden (vgl. Dietrich in diesem Band) - damit werden Flüchtlinge und "Illegale" in Zusammenhang gebracht und identifiziert. Dass es gerade die staatlichen Maßnahmen sind, die solche Entwicklungen provo- und produzieren, wird ungern zur Kenntnis genommen.
Wir leben in einer Zeit, in der wir sehr viel über die Wirkungen sozialer Ungleichheit und sozialer Benachteiligungen wissen. In den in Mode gekommenen kriminalpräventiven Runden Tischen bleibt es in der Regel aber bei symbolischer Politik mit Projekten, die möglichst nichts kosten sollen, weil die öffentlichen Kassen leer seien. Weder die Millionäre noch die Transnationalen Unternehmen zahlen noch Steuern. Aber diese Entbindung des Unternehmertums (der wirtschaftlich Starken) von lokalen sozialen Bindungen und nationalen Kontrollen wird nicht als kriminalitätsrelevante Entwicklung problematisiert, sondern vielmehr in individuellen kriminellen Regelverletzern eine Gefährdung der freien Wirtschaft erblickt (vgl. Pilgram 2003b, S. 307).
Es bleibt aber nicht nur der Zusammenhang von Globalisierung, Staat und Kriminalität undiskutiert, wir erleben zurzeit auch die Wiederkehr des "geborenen Verbrechers" in der Kriminologie und der Politik. *"Das bedeutet, dass man auf eine immer bessere Feinsteuerung sozialer Verhaltensweisen durch biowissenschaftliche Fortschritte setzt, gleichgültig, ob verhaltenstechnologischer, pharmakologischer oder - als Fernziel - eugenischer Art".* (Strasser 2005, o.S.)
Das kann nur möglich werden, weil auch über die verschiedenen Varianten der "Ausländerkriminalität" über Jahrzehnte ein Bild von Kriminellen gezeichnet wurde, die "anders" sind als "wir" - die vermeintlich normgetreuen Menschen.

8. AUSBLICK

Zygmunt Baumann hat in dem *Law-and-Order*-Wahn - wie viele andere Soziologen - ein Substitut für den ernsthaften Versuch gesehen, sich der Herausforderung einer ständig wachsenden existentiellen Unsicherheit zu stellen (Baumann 1998:19). Den Weg dieses neuen strafrechtlichen *Common Sense* nach Europa hat der Soziologe Loic Wacquant (2000) brillant nachgezeichnet. Die Entscheidung in den USA, die Armen als Gegenstück zum Sozialabbau zu kriminalisieren, hat dazu geführt, dass sich innerhalb von zwei Jahrzehnten die Zahl der Gefängnisinsassen vervielfachte. Angesichts dieser Entwicklung sieht Wacquant Europa vor eine historische Entscheidung gestellt: *"Wegschluss der Armen und polizeiliche und strafrechtliche Kontrolle der von den Umwälzungen auf dem Arbeitsmarkt und dem entsprechenden Abbau sozialer Schutzmaßnahmen destabilisierter Bevölkerungsschichten einerseits ... offensive Wiederherstellung der sozialen Leistungsfähigkeit des Staates andererseits."* (Wacquant 2000, S. 149) Da wir in einer Weltgesellschaft leben, kann das nur bedeuten, dass diese Lösung international sein muss.

LITERATUR

Adorno, Theodor W. (1982) Erziehung zur Mündigkeit, Frankfurt a.M.

Albrecht, Günter (1993): Kriminalgeographie, Städtebau und Kriminalität, in: *Kaiser, Günther/ et al.* (Hg.): Kleines Kriminologisches Wörterbuch, Heidelberg, S. 226-236.

Albrecht, Peter-Alexis/Pfeiffer, Christian (1979): Die Kriminalisierung junger Ausländer. Befunde und Reaktionen sozialer Kontrollinstanzen, München.

Alexander, F./Staub, H. (1929): Der Verbrecher und seine Richter. Ein psychoanalytischer Einblick in die Welt der Paragraphen, Wien.

Alt, Jörg (2003): Leben in der Schattenwelt. Problemkomplex "illegale" Migration, Karlsruhe.

Anderson, Philip (2003): "Dass Sie uns nicht vergessen..." Menschen in der Illegalität in München, München.

Auernheimer, Georg (1988): Der sogenannte Kulturkonflikt. Orientierungsprobleme ausländischer Jugendlicher, Frankfurt a.M.

Autorengruppe Ausländerforschung (1981): Zwischen Getto und Knast. Jugendliche Ausländer in der Bundesrepublik, Reinbek bei Hamburg.

Bammann, Kai (2002): Die rechtliche Situation ausländischer Inhaftierter im Spannungsfeld von Strafvollzugsrecht und Ausländerrecht, in: *Kawamura-Reindl et al.* (Hg.): Migration, Kriminalität und Kriminalisierung, Freiburg, S. 95-115.

Baumann, Zygmunt (1998): Vom gesellschaftlichen Nutzen von Law and Order, in: Widersprüche 18 (17), S.7-21.

Beauftragte der Bundesregierung für die Belange der Ausländer (1995): Bericht der Beauftragten der Bundesregierung für die Belange der Ausländer über die Lage der Ausländer in der Bundesrepublik Deutschland. Dezember 1995, Bonn.

Bergmann, Werner (2002): Geschichte des Antisemitismus, München.

Bielefeld, Ulrich (1988): Inländische Ausländer. Zum gesellschaftlichen Bewusstsein türkischer Jugendlicher in der Bundesrepublik, Frankfurt a.M.

Bielfeld, Ulrich/Kreissl, Reinhard/Münster, Thomas (1982): Junge Ausländer im Konflikt. Lebenssituationen und Überlebenssituationen, München.

Bingemer, Karl/Meistermann-Seeger, Edeltrud/Neubert, Edar (1972) (Hg.): Leben als Gastarbeiter. Geglückte und missglückte Integration, 2. Aufl., Opladen.

Bundeskriminalamt (2004): Polizeiliche Kriminalstatistik 2003, Wiesbaden.

Bundeskriminalamt (2003): Zur Entwicklungsgeschichte der PKS, in: Bundeskriminalamt: Polizeiliche Kriminalstatistik 2002, Wiesbaden, S. I-IV.

Bundesministerium des Innern/Bundesministerium der Justiz (Hg.) (2001): Erster Periodischer Sicherheitsbericht, Berlin.

Cremer-Schäfer, Helga (1998): Weshalb Arme so leicht kriminell werden müssen, in: Neue Kriminalpolitik 10 (4), S. 33-37

Dietrich, Helmut (1998): Feindbild "Illegale", in: Mittelweg 36, S. 4-25.

Dinges, Martin/Sack, Fritz (2000): Unsichere Großstädte? In: *Dinges, Martin/Sack, Fritz* (Hg.): Unsichere Großstädte? Vom Mittelalter bis zur Postmoderne. Konstanz, S. 9-66.

Dölling, Dieter (1989): Kriminologie im "Dritten Reich", in: *Dreier, Ralf/Sellert, Wolfgang* (Hg.): Recht und Justiz im "Dritten Reich", Frankfurt, S. 194-225.

Elias, Norbert/Scotson, John L. (1990): Etablierte und Außenseiter, Frankfurt a.M.

Finkielkraut, Alain (1989): Die Niederlage des Denkens. Reinbek bei Hamburg.

Fricke, Thomas (1996): Zigeuner im Zeitalter des Absolutismus. Bilanz einer einseitigen Überlieferung, München.

Giordano, Ralph (2002): 100 Jahre deutscher Rassismus, in: *Kölner Appell gegen Rassismus* (Hg.): Köln International. Ein Stadtbuch gegen Rassismus, Antisemitismus und Rechtsextremismus, Köln, S. 9-18.

Griese, Hartmut M. (Hg.) (1984): Der gläserne Fremde. Bilanz und Kritik der Gastarbeiterforschung und Ausländerpädagogik, Opladen.

Ha, Kien Nghi (1999): Ethnizität und Migration, Münster.

Hamburger, Franz/Seus, Lydia/Wolter, Otto (1981): Zur Delinquenz ausländischer Jugendlicher. Bedingungen der Entstehung und Prozesse der Verfestigung. Bundeskriminalamt, Wiesbaden.

Hauck, Gerhard (2003): Die Gesellschaftstheorie und ihr Anderes. Wider den Eurozentrismus der Sozialwissenschaften, Münster.

Hosfeld, Rolf (2005): Operation Nemesis. Deutschland und der Völkermord an den Armeniern, Köln.

Johnson, Eric A. (2002): Rezension zu "Inventing the Criminal: A History of German Criminology", von *Wetzell, Richard F.* (2000), Chapell Hill, in: Journal of Social History 35 (4), S. 1023-1025.

Kaiser, Günther (1976): Kriminologie. Eine Einführung in die Grundlagen. Heidelberg, Karlsruhe.

Kerner, Hans-Jürgen (1993): Kriminalstatistik, in: *Kaiser, Günther et al* (Hg.): Kleines Kriminologisches Wörterbuch, 3. Aufl., Heidelberg, S. 294-301.

Kubink, Michael (1993): Verständnis und Bedeutung von Ausländerkriminalität. Eine Analyse der Konstitution sozialer Probleme, Pfaffenweiler.

Kühne, Peter/Rüßler, Harald (2000): Die Lebensverhältnisse der Flüchtlinge in Deutschland, Frankfurt a.M.

Lamnek, Siegfried (1997): Neue Theorien abweichenden Verhaltens. München.

Lehmann, Otto (1914): Reichskriminalstatistik 1910, Monatsschrift für Kriminologie und Strafrechtsreform, 10, S. 178-185.

Liszt, Franz von (1907): Das Problem der Kriminalität der Juden (Sonderdruck aus der Festschrift der Juristischen Fakultät der Universität Gießen zur dritten Jahrhundertfeier), Gießen.

Mayr, Georg von (1917): Statistik und Gesellschaftslehre. Moralstatistik mit Einschluss der Kriminalstatistik, Tübingen.

Piehler, Thomas (1991): Der unterschiedliche Umfang der registrierten Kriminalität der Arbeitsmigranten. Eine kriminologische Interpretation der statistischen Diskrepanzen im Nationalitätenvergleich, Pfaffenweiler.

Pilgram, Arno (2003a): Sicherheit von/vor Fremden, in: Neue Kriminalpolitik 15 (1), S. 21-25.

Pilgram, Arno (2003b): Migration und Innere Sicherheit, in: Fassmann, Heinz/Stacher, Irene (Hg.): Österreichischer Migrations- und Integrationsbericht. Wien, S. 305-339.

Rebmann, Matthias (1998): Ausländerkriminalität in der Bundesrepublik Deutschland. Eine Analyse der polizeilich registrierten Kriminalität von 1986 bis 1995, Freiburg.

Reed-Anderson, Paulette (2004): "Ein Platz an der Sonne" - Deutsche Hegemonie auf dem Afrikanischen Kontinent, in: *AntiDiskriminierungsBüro (ADB) Köln* (Hg.): The Black Book. Deutschlands Häutungen. Frankfurt a.M./London, S. 41-49.

Reinicke, Helmut (1983): Gaunerwirtschaft. Die erstaunlichen Abenteuer hebräischer Spitzbuben in Deutschland, Berlin.

Roesner, E. (1933): Ausländer, in: HWKrim 1, S.82-96.

Roos, JR.B. de (1909/10): Über die Kriminalität der Juden, Monatsschrift für Kriminologie und Strafrechtsreform, 5, S. 193ff.

Sack, Fritz (2000): Einige Thesen zum Thema "Ausländerkriminalität", in: *Freundenbergstiftung* (Hg.): Junge Türken als Täter und Opfer von Gewalt - Tagungsdokumentation. Fachkonferenz der Freudenberg-Stiftung in Weinheim vom 28.06. 2000, S. 67-71.

Sack, Fritz (1999): Jugendgewalt - Schlüssel zur Pathologie der Gesellschaft? In: Schweizerischer Nationalfonds, Programmabteilung NFP 40 (Hg.): Gewalttätige Jugend - ein Mythos? Bulletin Nr. 4, Bern.

Sauter, Sven (2002): Die Herstellung ethnischer Heterogenität, in: Neue Kriminalpolitik 14 (2), S. 71-75.

Sauter, Sven (2001): Gefährliche Fremdheit. Bedrohungsphantasien und Rettungsmotive in der bundesdeutschen Ausländerforschung, in: *Althoff, Martina et al.* (Hg.): Integration und Ausschließung. Kriminalpolitik und Kriminalität in Zeiten gesellschaftlicher Transformation, Baden-Baden, S. 278-298.

Schenk, Dieter (2001): Auf dem rechten Auge blind. Die braunen Wurzeln des BKA, Köln.

Schwerhoff, Gerd (2000): Kriminalitätsgeschichte im deutschen Sprachraum, in: *Blauert, Andreas/Schwerhoff, Gerd* (Hg.): Kriminalitätsgeschichte. Beiträge zur Sozial- und Kulturgeschichte der Vormoderne, Konstanz, S. 21-67.

Seiler, Alexander J. (1965): Siamo Italiani, Zürich.

Sellin, Thomas (1938): Cultural Conflict and Crime, New York.

Steinert, Heinz (1980): Kleine Ermutigung für den kritischen Strafrechtler, sich vom "Strafbedürfnis der Bevölkerung" (und seiner Produzenten) nicht einschüchtern zu lassen, in: *Lüderssen, Klaus/Sack, Fritz* (Hg.): Seminar Abweichendes Verhalten IV. Frankfurt a.M., S.302-357.

Strasser, Peter (1994): Verbrechermenschen. Zur kriminalwissenschaftlichen Erzeugung des Bösen. Frankfurt/Main.

Strasser, Peter (2005): Das neue Kontrolldenken in der Kriminologie, Vortrag gehalten am 10. Mai 2004 am Institut für Kriminologische Sozialforschung, Universität Hamburg, erscheint in: Kriminologisches Journal 37 (1).

Tonry, Michael (Hg.) (1997): Ethnicity, Crime and Immigration. Comparative and Cross-National Perspectives, Chicago.

Traulsen, Monika (1990): Gefährdet oder gefährlich? Zur Kriminalität der Asylbewerber, in: Kriminalistik 43, S. 415- 419.

Wacquant, Loic (2000a): Elend hinter Gittern, Konstanz.

Wacquant, Loic (2000b): "Bequeme Feinde". Politik der Einsperrung, in: Neue Kriminalpolitik 12, S. 4-7.

Wacquant, Loic (2001): Logiken urbaner Polarisierung. Der Blick "von unten", in: Berliner Journal für Soziologie, Heft 4, S. 479-489.

Walter, Michael/Trautmann, Sebastian (2003): Kriminalität junger Migranten - Strafrecht und gesellschaftliche (Des-) Integration, in: *Raithel, Jürgen/Mansel, Jürgen* (Hg.): Kriminalität und Gewalt im Jugendalter, Weinheim und München, S. 64-86.

Wassermann, Rudolf (1907): Beruf, Konfession und Verbrechen. Eine Studie über die Kriminalität der Juden in Vergangenheit und Gegenwart, München.

Wassermann, Rudolf (1909/1910): Die Kriminalität der Juden in Deutschland in den letzten 25 Jahren. Monatsschrift für Kriminologie und Strafrechtsreform 10, S. 609ff.

Wernicke, Steffen (2000): Von Schlagen, Schmähen und Unendlichkeit, in: Blauert, Andreas/Schwerhoff, Gerd (Hg.): Kriminalitätsgeschichte. Beiträge zur Sozial- und Kulturgeschichte der Vormoderne. Konstanz, S. 379- 404.

WEITERE QUELLEN

Albrecht, Hans-Jörg/Ewald, Uwe (2001): Unerwünschte Einwanderer als Opfer und "Bedrohung" an EU-Außengrenzen (Deutschland, Großbritannien, Ungarn), Projektantrag des Max-Planck-Instituts für ausländisches und internationales Strafrecht, Freiburg i. B.

World Prison Population List (2004). Online auf URL: www.homeoffice.gov.uk /rds/pdfs2/r188.pdf [Stand 2005-01-12].

ILLEGALE MIGRATION: SOZIALES KONSTRUKT DER NEUZEIT, CHARAKTERISTIKUM VON UNGERECHTIGKEIT UND AUSDRUCK POLITISCHEN VERSAGENS

Franck Düvell

Dieser Beitrag hebt jene Aspekte hervor, die wesentlich sind für die Analyse und das Verständnis von Wanderungsprozessen. Der Titel zeigt bereits die drei Themen an, die diesen Aufsatz durchziehen: die Diskursebene, Fragen der Ethik sowie die politischen Implikationen. Dies wird auf der normativen Ebene, vor dem Hintergrund des europäischen Einigungsprozesses sowie der Globalisierung reflektiert. Auch einige Kritikpunkte, die am gegenwärtigen Umgang mit irregulärer Migration zu machen sind, werden darin deutlich.

1. EINFÜHRUNG

Migration ist, anders ausgedrückt, die geographische Mobilität von Menschen. Es ist nicht möglich über illegale Migration zu schreiben, ohne über Migration im Allgemeinen nachzudenken, weil die irreguläre Migration eine Form der Migration ist. Sie unterscheidet sich nur in einem Punkt von der Migration im Allgemeinen, und das ist ihre Rechtsform, sie ist ausländerrechtlich illegal. Andererseits werden bestimmte Formen der Migration, beispielsweise Flucht und Vertreibung, aber auch der Handel mit Menschen und moderne Formen der Sklaverei nicht angesprochen. Dies erfordert eine gesonderte Betrachtung.
Die Vereinten Nationen (1997, S. 27) haben festgestellt, dass irreguläre Migration die am schnellsten anwachsende Form der Migration ist und die Sopemi-Berichte[1] der OECD lassen erkennen, dass diese Zunahme mit der Abnahme der regulären Migration sowie der Asylmigration korreliert. Escribano (2000, S. 4) schlussfolgert, dass "legale Migranten durch illegale Migranten ersetzt werden". Dem ist hinzuzufügen, dass die Zunahme der irregulären Migration gleichfalls korreliert mit der zunehmenden Regulierung und Beschränkung von Migration.
Die Entstehung massenhafter irregulärer Migration in den 1980er Jahren und deren Anstieg in den 1990er Jahren basiert auf einem komplexen Zusammenhang neuer Migrationen - Stichwort: Zusammenbruch des Ostblocks (Castles/Miller 1993); neuen sozio-ökonomischen Rahmenbedingungen - Stichwort: Globalisierung; neuen Migrationspolitiken - Stichwort: Ende der Arbeitsmigration, Einschränkung des Asylrechts; und neuen Migrationsdiskursen - Stichwort: Asylpanik. Zu den Voraussetzungen und Rahmenbedingungen sind ebenso die Verwerfungen, die aus diesen Prozessen resultieren sowie die sozialen Proteste gegen die Konsequenzen

[1] Siehe hierzu die Jahresberichte des "Continous Reporting System on Migration (Sopemi)", online auf URL: www.oecd.org.

dieser Prozesse hinzuzunehmen. Und schließlich gehören diesem Kontext auch die Politiken an, die mit den zahlreichen Veränderungen nicht Schritt halten können, hinterher hinken und zahlreiche Lücken hinterlassen.
Migration, und insbesondere unkontrollierte sowie illegale Migration gelten heute als bedeutende internationale politische Herausforderungen. Im Allgemeinen wird die internationale Migration, also die Wanderung von Menschen über die Grenzen von Nationalstaaten hinweg, als eine Abweichung von der Norm, als ein Problem oder gar als eine Gefahr betrachtet. In zahlreichen Politikdokumenten europäischer und internationaler Institutionen rangiert die illegale Migration gleichrangig neben Drogenhandel, Waffenhandel, Organisierter Kriminalität und Terrorismus.

2. DIE NORMATIVEN UND HISTORISCHEN DETERMINANTEN IRREGULÄRER MIGRATION

Im Folgenden werden zwölf Punkte aufgeführt, die es erlauben sollen, das Phänomen irregulärer Migration normativ und historisch einzuordnen.

1. Sobald ein junger Mensch ins gehfähige Alter kommt, ist er oder sie geographisch mobil. Der Mensch ist prinzipiell eine "migrierende Spezies" (Massey et al. 1998, S. 1). Die Wanderung von Menschen ist "normales" anthropologisches Verhalten (Davis 1974; Kubat/Nowotny 1981). Historisch betrachtet ist Migration ein soziales Kontinuum (Hoerder 2003), oder, wie Enzensberger es erklärt (1993), ohne diese geographische Mobilität hätte sich der Mensch niemals von seiner Wiege in Afrika über den ganzen Globus ausbreiten können. Insgesamt sind weltweit mindestens eine Milliarde Menschen über größere Distanzen geographisch mobil, die großen Wanderungen innerhalb der Flächenstaaten China und Indien sowie das wanderungsbedingte Wachstum von Städten, also die Land-Stadtwanderung mitgerechnet (Düvell 2002). Die offiziellen Zahlen der UN, sie lagen Ende der 1990er Jahre bei 120 Millionen Menschen (Zlotnik 1998), Tendenz steigend, berücksichtigen diese Formen der Mobilität allerdings nicht und lassen Migration als ein relativ marginales menschliches Verhalten erscheinen.

2. Migranten sind keineswegs, wie gerne angenommen wird, nur junge alleinstehende Männer. MigrantInnen können Männer oder Frauen sein, Kinder, Jugendliche, Erwachsene oder Alte, Alleinstehende oder Familien, Hochgebildete und Ungebildete jeglicher sozialen Herkunft. MigrantInnen stammen aus allen gesellschaftlichen Schichten und sozialen Gruppen. Was sich allerdings feststellen lässt, ist, dass in bestimmten historischen Perioden, in bestimmten Ländern oder auf bestimmten Arbeitsmärkten spezifische Gruppen von MigrantInnen dominieren. Schon längst hat die Wissenschaft die "Feminisierung der Migration" (Lianos 2001, S. 3) anerkannt. Dies gilt auch für irreguläre MigrantInnen. Was sie jedoch vom Bevölkerungsdurchschnitt unterscheidet, ist ihr in der Regel höheres Bildungsniveau und ihre höhere Risikobereitschaft.

3. Migration ist ein globales Phänomen, alle Staaten sind heute potentiell Entsendestaaten, Transitstaaten und Empfängerstaaten, und zwar entweder simultan oder in historisch aufeinander folgenden Perioden. Dazu nur zwei Beispiele, die traditionellen Herkunftsstaaten der nordeuropäischen ArbeitsmigrantInnen, Spanien, Portugal und Griechenland sind heute allesamt Einwanderungsstaaten. Die Türkei und Polen, traditionell Auswandererstaaten sich heute gleichzeitig Auswanderungs-, Transit- und Einwanderungsstaaten. Nahezu alle Staaten dieser Erde weisen heute sowohl Merkmale auf, die bestimmte Bevölkerungsgruppen zur Emigration verleiten, als auch Merkmale, die Menschen aus anderen, beispielsweise benachbarten Staaten, attraktiv erscheinen und zur Immigration reizen. Die bisher gepflegten Vorstellungen von *Push and Pull* Faktoren, von Entsender- und Empfängerstaaten müssen dekonstruiert werden, und mit ihnen auch eine Reihe bequemer Vorstellungen.

4. Ebenso ist auch illegale Migration ein globales Phänomen. Aus allen Staaten, die das Ziel von MigrantInnen sind, gibt es Berichte über irreguläre Migration[2]. Menschen ohne legale Aufenthaltsrechte, und darum handelt es sich, gibt es in Indonesien, Nigeria, Costa Rica und der Türkei ebenso wie in den so genannten Industrienationen. Insbesondere Staaten, die die Tatsache, dass sie Ziel von geographisch mobilen Menschen sind, nicht anerkennen und deshalb keine rechtlichen Vorraussetzungen schaffen, dies gilt für die Türkei, bis vor wenigen Jahren für Spanien, und teilweise eben auch für die Bundesrepublik, lassen Wanderungsbewegungen in einem außergesetzlichen Zustand hängen. Irreguläre Migration ist kein Charakteristikum der reichen Staaten. Die Summe aus den Zahlenangaben aller verfügbaren Berichte indiziert, dass es weltweit mindestens 22 bis 44 Millionen irreguläre MigrantInnen gibt (Düvell 2002). Dies ist keine absolute Zahl, sie soll lediglich illustrieren, von welchem Ausmaß das soziale Phänomen irregulärer Migration ist.

5. Illegale Migration ist eng und untrennbar verbunden mit der Herausbildung der modernen Nationalstaaten nach dem Ende des ersten Weltkrieges und dem Zusammenbruch der alten Flächenstaaten und Empires (Caestecker 2000). Bis zur Mitte des 19. Jahrhunderts hat es keine systematischen und anhaltenden Wanderungsbeschränkungen gegeben (Hammar 1992). Über die ganze Menschheitsgeschichte hinweg konnten sich Menschen mehr oder weniger frei von politischen Beschränkungen auf dem Globus bewegen (der Aspekt unfreier Bewegung, Sklaverei und Deportation, verdient eine gesonderte Betrachtung). Erst die Bildung der modernen Nationalstaaten in der Neuzeit hat dies geändert. Diese Nationalstaaten waren eine Antwort auf die großen Wanderungsprozesse des 18. und 19. Jahrhunderts, der Flucht vor Junkertum und Knechtschaft, Landlosigkeit und Verarmung sowie den Härten des Manchesterkapitalismus. Im revolutionären Europa wurde dies zunächst toleriert, konnte doch auf diese Art ein Teil des sozialen Konfliktpotentials entweichen. Allerdings gingen Europa auch 50 Millionen Arbeitskräfte verloren.

[2] Eine wichtige Informationsquelle sind die von der University of California verbreiteten *Migration News* (zu finden auf ULR: http://migration.ucdavis.edu/ [Stand 2005-01-27].

Der Kapitalismus am Übergang vom Handels- zum Industriekapital korrespondierte mit einer neuen Idee von Staat, dem Nationalstaat, in dessen Zentrum die Idee vom Staatsvolk stand. Dieser moderne Staat sollte solche unkontrollierten Absetzbewegungen aufhalten, die Arbeiterklasse einhegen und ihre geographische Mobilität einschränken.[3] Heute, im Zeitalter der Globalisierung, argumentieren Harvard-Ökonomen, dass dies nur eine spezifische historische Periode war, dass die politische Organisierung von menschlichen Gemeinschaften in Nationalstaaten nur eine vorübergehende Erscheinung war und neuen universellen und integrativen sozialen Organisationsformen weichen werden (vgl. Pritchett 2003).

6. Ein Charakteristikum des Nationalstaates ist die Grenze. Äußere und innere Grenzen und damit zusammenhängende Identitätskonstruktionen bestimmen den rechtlichen und sozialen Status von Wandernden. Die wichtigste Funktion von internationalen Grenzen ist die Exklusivität, die sie definiert, die Abgrenzung zwischen Innen und Außen, die Mitgliedschaft in einer politischen Gemeinschaft sowie die Ausgrenzung derer, die zufällig auf der anderen Seite der Grenze stehen. Grenzen sind aus der Perspektive der politischen Philosophie willkürlich, ihre Rationalität ist zweifelhaft (vgl. Cole 2000) und häufig werden sie erst nachträglich im Rahmen von Identitätsbildungs- und *Nation Building Processes* legitimiert. Grenzen separieren allerdings nicht nur die Bevölkerungen von Staaten, sie setzen diese auch in spezifische und differenzierte Beziehungen zueinander (vgl. Luhmann 1982; Rigo 2004). Die wenigsten Grenzen sind physische Grenzen, vielmehr handelt es sich um imaginäre Grenzen. Grenzen sind deshalb auch nicht fix sondern veränderlich, sie werden errichtet, verschoben und aufgehoben. Tatsächlich hat sich die Zahl der Staaten, und mit ihnen die Zahl der Grenzen, seit dem Ende des Zweiten Weltkrieges auf nahezu 200 vervierfacht. In den vergangenen 15 Jahren ließ sich dies insbesondere in Osteuropa beobachten. Ebenso gilt jedoch auch im Umkehrschluss, dass Grenzen, aufgrund ihrer Flüchtigkeit und Willkür, überdacht und reformuliert werden können, als eine prinzipielle Strategie, sich der negativen Auswirkungen von Grenzziehungen anzunehmen.

7. Die Idee des Nationalstaates ist untrennbar verknüpft mit der Idee des Staatsvolkes, der/die BürgerIn auf der einen und der/die Fremde, der/die AusländerIn, der Nicht-Mitglieder auf der anderen Seite. Das daraus resultierende moderne Völkerrecht von 1930 billigt jedem Staat das Recht zu, darüber zu bestimmen, wer unter welchen Bedingungen das Staatsgebiet betreten darf (Völkerbund 1930, zitiert in: Klos 1998, S. 88). Dies wird mit Hilfe von Ausländer- und Zuwanderungsgesetzen reguliert. Das heißt, erst die modernen Ausländer- und Einwanderungsgesetze - die ersten wurden 1849 in Frankreich und den Niederlanden erlassen - konstruieren das Subjekt der legalen und *vice versa* das der illegalen MigrantInnen.

[3] Dies lässt sich sehr schön aus Max Webers Studie 1892 über die ostelbischen Junker herauslesen (Weber 1993).

Politik und Migration bilden die beiden Pole einer strategischen Interaktion: MigrantInnen reagieren auf Migrationspolitik und Migrationspolitik reagiert auf Migration. Politik und Legislative haben einen entscheidenden Einfluss darauf, welche Form Migration annimmt. Die Politik entscheidet, welche MigrantInnen angenommen werden, welche Rechte sie bekommen und wie lange sie (legal) bleiben dürfen. Es sind jeweils politische Entscheidungen, ob beispielsweise ein Legalisierungsprogramm aufgelegt wird. Das Beispiel der kurdischen Bürgerkriegsflüchtlinge aus dem Libanon in Deutschland illustriert dies eindrücklich. Als Bürgerkriegsflüchtlinge erhielten sie ein befristetes Aufenthaltsrecht, doch inzwischen ging das Leben weiter, Kinder wurden geboren, es wurde geheiratet, Ausbildungen wurden begonnen und Existenzen gegründet. Was zunächst als Übergangslösung gedacht war, wurde zum Dauerzustand. Die Frage war, ob dieser veränderten Situation Rechnung getragen werden würde und ein Daueraufenthaltsrecht gewährt werden würde. Doch das Bundesinnenministerium entschied sich für die Rückführungsoption. Diese politische Entscheidung beraubte mehrere Tausend Menschen ihres legalen Aufenthaltsstatus und trieb einige dazu, abzutauchen.

8. Heutzutage wird der Begriff der illegalen Migration mit solcher Selbstverständlichkeit und Regelmäßigkeit verwendet, dass darüber in Vergessenheit gerät, dass dies nicht immer so war. Die Geschichte der Idee der illegalen Migration ist eine der Neuzeit, sie wurde in den ersten modernen Republiken, den USA und Frankreich geboren. Vor den 1930er Jahren hat es diese Idee nicht gegeben, stattdessen war von unerwünschter Migration oder von lästigen AusländerInnen die Rede (und gemeint waren bestimmte Individuen wie politische und Gewerkschaftsaktivisten oder bestimmte Gruppen, wie Juden oder Chinesen) (vgl. Düvell 2005). Erstmalig lässt sich die systematische Verwendung des Konzeptes "illegale Migration" von der britischen Regierung für die jüdische Einwanderung nach Palästina nachweisen (vgl. Bauer 1994). In Deutschland wurde die Idee der illegalen Migration erstmals in den 1970er Jahren zur Anwendung gebracht, und zwar zurzeit der Einführung des Anwerbestopps (vgl. Cyrus/Vogel 2000), davor war, wie auch in Frankreich oder den Niederlanden, im allgemeinen Sprachgebrauch von spontaner Migration die Rede. Dies waren MigrantInnen, die außerhalb der Anwerbeprogramme kamen und unbürokratisch registriert und damit regularisiert wurden. Verbreitung fand der Begriff der "illegalen Migration" beispielsweise durch die Veröffentlichungen und Aktivitäten der OECD (*Organisation for Economic Cooperation and Development*), der IOM (*International Organisation for Migration*) und anderer internationaler intergovernementaler Institutionen. Das Konzept "illegale Migration" wird häufig mit Flüchtlingen und Asylsuchenden gleichgesetzt, beziehungsweise verwechselt. Zudem ist der Begriff hochgradig politisch aufgeladen und ideologisiert und hat eine stigmatisierende Funktion. Es handelt sich vielmehr um eine Art Kriegsruf, als wissenschaftliche Kategorie taugt er überhaupt nicht und sollte deshalb auch nicht verwendet werden. Die Popularität und Selbstverständlichkeit, mit der heute von "illegaler Migration" gesprochen wird, ist ein Ergebnis der politischen Prozesse in den 1990er Jahren. Die internationale Staatengemeinschaft vermochte

keinen vernünftigen Umgang mit der Zunahme von Migration im Zuge des *Take Off* der Globalisierung zu finden und verfiel zunächst in einen Abwehrreflex. Illegale Migration ist ein legales und soziales Konstrukt, dieser Aspekt ist deshalb zu betonen, weil Konstrukte auch wieder dekonstruiert werden können.

9. Die politische Ökonomie der Migration, und insbesondere der irregulären Migration, ist ein weiteres höchst komplexes Feld. Es ist eine weit verbreitete Annahme, dass Migration, und insbesondere irreguläre Migration, eine Form der unlauteren Konkurrenz darstellt, lohndrückerische Funktionen hat, einheimische Arbeitskräfte verdrängt, eine Belastung der öffentlichen Haushalte ist und die gewerkschaftliche Organisierung unterminiert (siehe beispielsweise Jahn/Straubhaar 1998). Tatsächlich ist keine dieser Annahmen empirisch verifiziert. Die überwiegende Mehrheit der bekannten Studien kommt zu der Schlussfolgerung, dass das Gegenteil der Fall ist, dass irreguläre Migration - wie Migration allgemein -überwiegend positive Auswirkungen auf die wirtschaftliche Entwicklung hat, und zwar sowohl in den Herkunfts- wie auch den Zuwanderungsstaaten (siehe beispielhaft Gieseck et al. 1995). Auch lassen sich, das belegen Beispiele aus den USA, irreguläre MigrantInnen sehr wohl gewerkschaftlich organisieren (vgl. Haus 2002). Etwa die Hälfte der wirtschaftlichen Gewinne aus der Migration sind allerdings der aufenthaltsrechtlichen Ausgrenzung geschuldet, das zeigen Studien aus den USA (vgl. Rivera-Batiz 1999). Demnach wären irreguläre MigrantInnen nicht etwa unfaire WettbewerberInnen auf dem Arbeitsmarkt, sondern vielmehr die Opfer von Ausgrenzung und Ausbeutung.
Es ist allgemein bekannt, dass ein Wesenszug der Globalisierung darin besteht, aus Gründen der Kostenersparnis zahllose Industrien vor allem in die so genannte Zweite und Dritte Welt auszulagern. Eine Reihe von Industrien können jedoch nicht ausgelagert werden, dazu zählen Dienstleistungen, Hausarbeit, die Bauindustrie, die Landwirtschaft und die Nahrungsmittelverarbeitung sowie die Prostitution. Nun sind es bezeichnenderweise gerade diese Industrien, die in hohem Maße und ebenfalls aus Gründen der Kostenersparnis auf irreguläre ausländische Arbeitskräfte setzen. Auch dies ist ein Wesenszug der Globalisierung. Aus der Sicht nüchtern kalkulierender ÖkonomInnen wird irreguläre Migration, wie auch Migration, nicht selten positiv beurteilt. Demnach gäbe es sogar so etwas wie ein "ökonomisch optimales Level an illegaler Migration", so fassen der Direktor des Hamburger Weltwirtschaftsinstitutes, Straubhaar und seine Kollegin Boswell (2003, S. 1) die Diskussion unter ÖkonomInnen zusammen.

10. Die Ethik der Migrationskontrolle, und es ist, wie angedeutet, letztere, die Ausgrenzung und Illegalität erst hervorbringt, ist ein komplexes und separates Thema. Der britische Moralphilosoph Gary Smith (2002, S. 6) hat resümiert, dass "das 20. Jahrhundert durch einen unvorstellbaren Verlust an Ethik Geschichte gemacht [hat]". Das trifft auch und in besonderem Maße auf das Migrationsgeschehen zu. Die Figur der "illegalen MigrantInnen" ist in besonderer Weise charakteristisch für diesen Ethikverlust. Die Einwanderungs- und Migrationspolitik beraubt jene

Menschen, die sich außerhalb staatlicher Regularien bewegen in dramatischer Weise ihrer politischen und sozialen Rechte. Irreguläre MigrantInnen sind nicht mehr länger Subjekte politischer Gemeinschaften, sie werden "entpolitisiert" (Rajaram/Grundy-Warr 2004). Was ihnen bleibt ist das nackte Leben (vgl. Agamben 2002). Irreguläre MigrantInnen, und mit ihnen viele Flüchtlinge, werden einem Status der Informalität und Brutalität überlassen. Nicht akzeptiert als politische Mitglieder einer Gemeinschaft werden sie von dem Schutz zahlreicher Regelwerke, die ausschließlich den legalen Mitgliedern dieser Gemeinschaft dienen, ausgeschlossen. Selbst die Einhaltung der grundlegenden Menschenrechte, die allein von der Exekutive eines Nationalstaates durchgesetzt werden, solange transnationale Institutionen, die diese universellen Rechte von Menschen wahrnehmen könnten, nicht existieren, können von irregulären MigrantInnen kaum eingeklagt werden. Aus diesem Grunde finden sie sich unmittelbar konfrontiert mit der Gewalt von Marktgesetzen, aber auch, wie Rajaram und Grundy-Warr (2004) analysieren, der Gewalt des Staates in Form von Internierungscamps, Abschiebegefängnissen und Abschiebungen.
Der politische Liberalismus, die dominante politische Philosophie der transatlantischen Welt - man denke beispielsweise an Rawls (1971) "Theorie der Gerechtigkeit" - scheitert regelmäßig daran, die Ausgrenzung von Menschen auf der Grundlage von migrationspolitischen Begründungen moralisch zu rechtfertigen (siehe insbesondere Carens 1987; Chang 2003). Die Anerkenntnis der Willkürlichkeit des Ortes der Geburt, die moralische Gleichheit von Menschen sowie die individuelle Autonomie sind Wesenszüge des politischen Liberalismus. Deshalb vermag er die Ungleichbehandlung von Menschen, wenn es um Freiheit und Chancen geht, nicht zu legitimieren. Cohen (2003) bestreitet, dass Migrationskontrollen etwas anderes als rassistisch sein können: weil sie rational nicht zu rechtfertigen sind, seien sie nur irrational zu begründen.
Aus der Perspektive der politischen Philosophie, wie im übrigen auch aus der Perspektive zahlreicher Ökonomen (beispielsweise Krugman/Obstfeld 1997; Simon 1989) und Entwicklungssoziologen (vgl. Hamilton/Whalley 1984), ist der Freiheit der Bewegung ein primäres soziales Gut.

11. Bei den irregulären Migrantinnen und Migranten, die ich interviewt habe, kam ein spezifisches Gerechtigkeitsempfinden zum Ausdruck. Sie argumentierten typischerweise: *"Wir glauben, dass wir ein Recht haben, in diesem Land zu bleiben"* (türkischer Migrant in GB). *"Menschen sollten frei sein, zu leben wo sie wollen, es sollte keine Grenzen geben"* (Peruanerin in Barcelona, zitiert in: Anderson 2000, S. 32). "*Migration sollte legalisiert werden*" (irakische Migrantin in GB). "*Leute, die hier bleiben und etwas erreichen wollen, sollte diese Gelegenheit gegeben werden*" (polnische Migranten in GB). *"Allen Leuten sollte erlaubt werden, frei in jedes Land zu reisen, in das sie wollen"* (polnischer Geschäftsmann in GB). *"Man sollte ein Recht haben, hier zu sein, zu bleiben und zu arbeiten, ohne Bedingungen"* (türkischer Migrant in GB).

Diese Zitate illustrieren einen geradezu kantischen Konflikt zwischen Legalismus und Moralismus, andere, die Aussagen, die hier nicht alle wiedergeben werden können, addieren Ideen des politischen Liberalismus, beispielsweise den Respekt vor der Autonomie des Individuums sowie der Common Sense Philosophie.
Migration *per se*, wird sie einmal dekodiert, offenbart eine ganze Reihe von Forderungen und Erwartungen: "lasst uns kommen", "lasst uns auf diese Art unsere Probleme lösen", "lasst uns hier sein", "lasst uns bleiben", "lasst uns mit unseren Familien zusammen leben", "lasst uns in Frieden und Sicherheit leben", "lasst uns arbeiten und unseren Lebensunterhalt verdienen" und "lasst uns hier unsere Kinder aufziehen und ausbilden". Migrantinnen und Migranten nehmen ihre Wünsche und Erwartungen selbst in die Hand, insbesondere irreguläre MigrantInnen stellen keine Anträge, sondern realisieren ihre Vorstellungen mittels der Migration. Eingedenk der Probleme, die auf diesem Wege gelöst werden sollen - Arbeitslosigkeit, Armut, Verfolgung etc. - wird der Selbsthilfecharakter, die Selbsthilfebewegung Migration offenkundig. Die Zuwanderungsbeschränkungen werden nicht zuletzt deshalb regelmäßig und millionenfach gebrochen, weil sie von Migranten als ungerecht und unvernünftig angesehen werden.

12. Irreguläre Migration offenbart einen Konflikt zwischen den Aspirationen geographisch mobiler Menschen und institutionellen Zielen (Shrestha 1987). Einige Autoren - und Max Weber war der erste - interpretieren Migration und insbesondere irreguläre, selbstbestimmte Migration als einen "autonomen Prozess" (vgl. Rodriguez 1996), als eine "Abstimmung mit den Füßen" (Fischer/Straubhaar 1994, S. 130), als eine Form des Protestes (Hirschman 1970), als "älteste Aktion gegen Armut" (Galbraith, zitiert in: Harris 2002, S. 119), als "soziale Befreiung" (Gurrieri 1986) oder als Ausdruck einer globalen sozialen Gerechtigkeitsbewegung (vgl. Jordan/Düvell 2002). MigrantInnen zieht es an Orte, an denen sie zu finden hoffen, was sie an ihrem gegenwärtigen Aufenthaltsort nicht oder nur in einem unbefriedigenden Maße vorfinden. Mit ihrer Wanderung reagieren MigrantInnen auf die globale Ungleichverteilung sozialer Ressourcen. Und sie unterlaufen das gegenwärtige System der geographischen Zonierung der Erde, die Grenzen und Wanderungspolitiken, die diese Zonierung aufrechterhalten. MigrantInnen sind ebenso sehr Subjekt, wie Objekt der sie umgebenden Verhältnisse, dies wird regelmäßig übersehen. An anderer Stelle habe ich das Bild einer umherziehenden, extrem mobilen und extrem rechtlosen Arbeiterbewegung benutzt, die, im globalen Maßstab, vergleichbar mit einem Arbeitnehmer, der, nachdem er bei einem ungeliebten Arbeitgeber wegen der unbefriedigenden Löhne gekündigt hatte, sich aufmachte, einen anderen Arbeitgeber zu suchen, der bessere Bedingungen bietet (vgl. Düvell 2001). Die Kündigung, das Weggehen, ist eine Form des Protestes gegen die Bedingungen und drückt zugleich den Wunsch nach etwas Besserem aus.
Wird Migration in gewissem Umfang auch als eine Form des Protestes sowie als Erwartungshaltung interpretiert, so erscheinen Zuwanderungs- und Ausländerpolitik aus dieser Perspektive auch als eine Form des Umgang mit einem sozialen Konflikt, die typischerweise immer die Wahl hat zwischen zweierlei Optionen: Repression

oder Integration. Bislang hat die internationale Staatengemeinschaft auf die Karte "Bekämpfung der illegalen Migration" gesetzt, mit wenig Erfolg, wie das Ausmaß irregulärer Migration zeigt, und es gibt wenig Anzeichen für eine integrative, humane und konsensuale Politik, wie sie Kofi Annan (2004) kürzlich in einer Rede vor dem Europaparlament angemahnt hat.

3. Die Wechselbeziehungen zwischen europäischem Einigungsprozess und irregulärer Migration

Der europäische Einigungsprozess ist auf sehr widersprüchliche Art und Weise mit der Konstruktion von illegaler Migration verbunden. Auf der einen Seite wird der Abbau von Grenzen und Grenzkontrollen zwischen den Mitgliedstaaten sowie die Integration nach Innen mit einer Verschärfung der Abgrenzung und des Auf- und Ausbaus der Grenzen nach außen verknüpft. Das Palma Dokument von 1989 (Coordinators' Group 1989), das Schengener Abkommen und schließlich die Einführung eines Gebietes der Freiheit, Sicherheit und des Rechts mit dem Vertrag von Amsterdam (1999) verknüpfen die Freizügigkeit im Inneren mit der strengeren Kontrolle nach außen sowie der von Ausländern im Inneren. Aus allen Mitgliedstaaten der EU liegen Berichte vor, die zeigen, inwiefern aufgeblähte und hochkomplizierte Einwanderungs- und Ausländergesetze und -verordnungen "Illegalität" geradezu produzieren. Dies wurde vielfach als ein Prozess der "Irregularisierung" (Engbersen 2001) und, bis hin zur UN (United Nations 2002, S. 8), als "Kriminalisierung" (Guiraudon 2002) von Migration kritisiert.
Auf der anderen Seite reflektiert der Einigungs- und insbesondere der jüngste Erweiterungsprozess die Ausweitung von Rechten bis hin zum Recht auf Bewegungsfreiheit auf zuvor ausgegrenzte Gruppen. Innerhalb der nächsten sieben Jahre werden beispielsweise polnische Bürger, die viele Jahre lang geradezu das idealtypische Stereotyp vom ‚illegalen Ausländer' repräsentierten, gleichberechtigte Mitglieder der europäischen Gemeinschaft sein. Dies wird beispielsweise von den Medien in Großbritannien als eine Form von Entkriminalisierung und Legalisierung interpretiert (siehe u.a. *Guardian*, 25.02.2004, "an amnesty in all but name"). Politische Integration, und insbesondere die Aufhebung der Exklusivität nationaler Grenzen, die es den Mitgliedern einer politischen Gemeinschaft erlaubt, ohne allzu große Umstände Mitglied einer anderen Gemeinschaft zu werden, dort zu leben und zu arbeiten, illustrieren, dass es realistische Alternativen zu den bisherigen Organisationsformen und Mitgliedschaftssystemen gibt.

4. Dilemmas, Paradoxon und Defizite globaler Integration

Migration und damit auch irreguläre Migration findet heute unter den Bedingungen der globalen ökonomischen, politischen und kulturellen Integration, kurz Globalisierung genannt, statt und sie muss auch vor diesem Hintergrund analysiert und interpretiert werden.

Die Globalisierung basiert auf dem Abbau von Hemmnissen für den freien Fluss von Kapital, Waren, Technologie und Information. Insbesondere die Politik der Deregulierung ist ein charakteristisches Element der mit der Globalisierung einhergehenden neoliberalen Wirtschaftspolitik, welche den Abbau von Rechtssicherheiten auf dem Arbeitsmarkt beinhaltet. Sie hat die Vorraussetzungen für irreguläre Beschäftigungsverhältnisse, einschließlich der Beschäftigung von irregulären MigrantInnen, enorm erweitert. Die städtischen und ländlichen Schattenökonomien sowie die hohe Nachfrage nach billiger Arbeitskraft zählen zu den strukturellen Vorraussetzungen irregulärer Migration (vgl. Jordan/Düvell 2002). Die Globalisierung schafft auch die technischen Vorraussetzungen für schnelles und sicheres Reisen. Sie entwurzelt viele Menschen und beraubt sie ihrer traditionellen Lebensweisen. Gleichzeitig schafft sie globale, grenzüberschreitende Kommunikationsnetze, soziale Gemeinschaften sowie auch globale Arbeitsmärkte. Schlussendlich propagiert sie die erhöhte Flexibilität und Beweglichkeit von Arbeitskräften. Produktionsnetzwerke und Kommunikationsnetzwerke korrespondieren, ob intendiert oder nicht, mit sozialen Netzwerken. So entstehen Migrationskanäle, innerhalb derer sich Menschen bewegen. Die Möglichkeiten und die Gelegenheiten für grenzüberschreitende, globale Mobilität von Menschen haben enorm zugenommen. Es ist heute möglich, sich über Telefon oder im Internet über die offenen Arbeitsplätze, freien Wohnungen, die allgemeinen Lebensbedingungen, ja per Webcam sogar über das aktuelle Wetter und das Geschehen auf der Straße an vielen Orten der Welt zu informieren. Zahllose legale und informelle Dienstleister, vom Reisebüro bis hin zum Menschenschmuggler, vom Arbeitsvermittler bis hin zum modernen Sklavenhändler bilden die Infrastruktur für globale Mobilität. Und je mehr Menschen global mobil sind, desto größer ist die Chance, dass Migrationswillige einen davon in ihrem Bekanntenkreis haben und befragen können, wie sie zum Beispiel an einen bestimmten Ort kommen und wo sie dort Arbeit und Unterkunft finden. Mit der Globalisierung einher geht eine kontinuierliche Zunahme internationaler Migration. Zygmunt Bauman (1998) hat sehr treffend festgestellt, die Welt ist in Bewegung, politisch, kulturell und physisch.

Gleichzeitig stellen wir aber eine Zunahme der Kontrolle und der Beschränkung der Bewegung von Menschen fest. Einzelne Nationalstaaten, selbst Staatenbündnisse sehen angesichts der Internationalität des Migrationsgeschehens allerdings die Grenze ihrer Reichweite erreicht. International sind sich die führenden Mächte im Prinzip einig, dass Herkunftsstaaten, Transitstaaten und Zielstaaten zu einem umfassenden System der Migrationskontrolle zusammengefasst werden müssen. Das Leitmotiv internationaler Migrationspolitik und -forschung lautet, dass internationale Migrationsbewegungen eine ebenso internationale Migrationspolitik erfordern. Mittlerweile hat ein internationales Migrationsregime Kontur angenommen (vgl. Düvell 2002). So wurde das Konzept der Migrationskontrolle inzwischen von der Idee des "Migrationsmanagements" abgelöst. Doch die Analyse zeigt, dass die vorgegebene "regulierte Offenheit" (Ghosh 2000) vielmehr eine regulierte Geschlossenheit ist (vgl. Düvell 2003). Tatsächlich wohnt den globalen Migrationspolitiken an zentraler Stelle das Konzept der Unterscheidung von erwünschter und unerwünschter Migration inne. Angesichts der dramatischen, potentiell lebensbedrohlichen Konsequenzen für die Abgewiesenen, die damit auf ihre womöglich aussichtslose Lage zurückgeworfen werden, erscheint der Begriff der Selektion nicht gänzlich unangebracht. Als Kriterium der Auswahlverfahren dient in der Regel die Nachfrage auf dem Arbeitsmarkt. Die andere Seite dieser Politik besteht in der Idee der Bekämpfung von unerwünschter Migration und als solche werden typischerweise Flüchtlingsströme sowie illegale Wanderungen aufgefasst. Bauman (1998, S. 88) sieht hierin eine "Hierarchie der Migration", Freizügigkeit für die Eliten, die Wohlhabenden und die Hochgebildeten, Beschränkungen für die aus ökonomischen oder politischen Gründen Unerwünschten.

Die Ausweitung von Wanderungsbeschränkungen erscheint wie ein Paradoxon im Kern des Globalisierungsprozesses. Sie steht in einem prinzipiellen Widerspruch zum Gedanken der Deregulierung. Insofern erfordert dieses Paradoxon eine Erklärung. Mit der Zunahme der Anzahl der Nationalstaaten hat auch die Zahl der internationalen Grenzen zugenommen. Diese haben, wie eingangs angedeutet, auch eine ökonomische Funktion: sie stellen eine Differenz zwischen solcherart separierten Bevölkerungen her, die trefflich in Differenzen des Einkommens- und Lebensstandards übersetzt werden können (zum Konzept einer Politik der Differenz vgl. Moulier-Boutang 1998; Papastergiadis 2000). Die Lohndifferenz zwischen den USA und Mexiko (1:8) oder Deutschland und Polen (1:5 bis 1:10) illustrieren dies eindrücklich. Die derzeit vorherrschende Interpretation der Idee der freien Marktwirtschaft, wie sie beispielsweise von der OECD und dem IWF vertreten wird, hat ein Interesse an der Erhaltung einer geographisch, geschlechtlich und ethnisch aufgeteilten Menschheit (vgl. Düvell 2004). Insofern zielt die derzeitige Migrationspolitik darauf ab, Grenzen zu erhalten, zu kontrollieren, ja sogar neue Grenzen zu errichten. Ob solch eine Politik vernünftig ist, wird allerdings von zahlreichen Ökonomen bezweifelt, die statt dessen in den Synergieeffekten, die beispielsweise mit der Freigabe der Migration zu erwarten wären, einen weitaus größeren Nutzen für das Wohl der Menschheit als ganzer sehen (vgl. Hamilton/Whalley 1984).

So oder so hat sich die Migration weltweit einen Weg durch diese Barrieren gebahnt, die Entstehung unserer heutigen multi-kulturellen Gesellschaften (vgl. Castles 2000) ist ebenso wie die massenhafte irreguläre Migration der beste Beleg dafür. Doch je mehr Staaten versuchen, die geographische Mobilität von Menschen zu beschränken, desto mehr werden diese in den Untergrund abgedrängt, sozusagen illegalisiert und kriminalisiert. Erst die Einführung von Migrationsbeschränkungen, insbesondere seit den Anwerbestopps in Europa zu Beginn der 1970er Jahre, bei gleichzeitiger Zunahme von internationalen Wanderungsbewegungen hat die Vorraussetzungen für die gegenwärtige irreguläre Migration geschaffen (vgl. Miller 1995; Soysal 1994).

Eine Reihe von Autoren vertritt die Auffassung, dass geistige Unbeweglichkeit (z.B. Pritchett 2003), politisches und staatliches Versagen (z.B. Lomnitz 1988) und inadäquate Wirtschaftspolitik, also ein Missverhältnis zwischen den sozialen und wirtschaftlichen Realitäten und deren politischer Organisierung die eigentlichen Ursachen für irreguläre Formen von Migration sind. Andere gehen soweit, in der

Lücke zwischen Migrationsbeschränkungen und der nur partiellen Durchsetzung solche Gesetze Vorsatz zu vermuten (vgl. Cornelius et al. 1994). Demnach ist irreguläre Migration nicht etwa auf etwaige kriminelle Energien der Akteure zurückzuführen sondern auf vorsätzliches oder fahrlässiges Systemversagen. Inzwischen kommen immer mehr Gelehrte zu dem Schluss, dass Migration nicht etwa außer Kontrolle geraten sei, sondern vielmehr von einer Natur ist, die jenseits dessen liegt, was kontrollierbar ist (vgl. Bagwhati 2003).

Diese Situation wird häufig als ein Dilemma beschrieben: auf der einen Seite die Migration, die real, praktisch und auch aus ethischer Sicht nicht einzuschränken ist, auf der anderen Seite die traditionellen Vorstellungen von normalerweise sesshaften Bevölkerungen, umgrenzten Nationalstaaten und Wanderungsbeschränkungen, die versagen, und vor allem eines bewirken - die Illegalisierung von menschlicher geographischer Mobilität. Im Zeitalter der Globalisierung, die die Beschleunigung der Bewegung von Kapital, Ideen und Menschen über größere Entfernungen mit sich bringt, aber auch angesichts des anthropologischen Charakters von Migration, erweisen sich die bisherigen Systeme politischer, sozialer und ökonomischer Mitgliedschaft als inadäquat. Diese alten Systeme sind exklusive Systeme und von daher nicht in der Lage, geographisch mobilen Bevölkerungen gerecht zu werden. Vielmehr wird ein Konflikt zwischen sesshaften und mobilen Bevölkerungen konstruiert und letztere werden einseitig benachteiligt, ausgegrenzt und bekämpft. Dennoch ist dies ein Kampf gegen Windmühlenflügel, eine Sisyphus-Aufgabe und eine nicht zu gewinnende Situation, in die sich die internationale Gemeinschaft hineinlaviert hat. Die aber Entrechtung und damit ungeheueres Unrecht und ungeheures Leid produziert.

5. Resümee

Irreguläre Migration ist ein inhärentes Charakteristikum der globalen ökonomischen Integration und insbesondere ihrer politischen Defizite und Fehlentwicklungen. Sie ist ein historisch spezifisches signifikantes strukturelles Phänomen am Ausgang des 20. Jahrhunderts. Sie ist darüber hinaus ein Beleg für die Unzulänglichkeiten der Struktur und der Institutionen unserer politischen Gemeinschaften und ein Charakteristikum der damit einher gehenden sozialen Ungerechtigkeiten unseres Zeitalters. Es ist allerdings vorhersehbar, dass die Einschränkung menschlicher Bewegungsfreiheit, ebenso wie die Ungleichbehandlung von Frauen oder die Sklaverei, früher oder später auf der Müllhalde der Geschichte landen wird.

Literatur

Amsterdam treaty (1999): Treaty Establishing the European Union. Online auf URL: http://europa. eu.int/eur-lex/eng/treaties/livre545.html.

Anderson, Bridget (2000): Doing the Dirty Work? The Global Politics of Domestic Labour. London.

Annan, Kofi (2004): A Europe Open to Well Managed Migration will be Fairer, Richer, Stronger, Says Secretary-General in Brussels Address, Press Release SG/SM/9134. Online auf URL: www.un.org/news/press/docs/2004/sgsm9134. doc.htm [Stand 2004-04].

Bauer, Yehuda (1994): Illegal Immigration', in: Encyclopaedia of Zionism and Israel, Vol. I, o.O., S. 532.

Bauman, Zygmunt (1998): Globalisation. The Human Consequences. Cambridge.

Bhagwati, Jagdish (2003): Borders beyond Control. Foreign Affairs 82 (1), S. 98-104.

Boswell, Christina/Straubhaar, Thomas (2003): The Back Door: Temporary Migration and Illegal Employment of Workers, Online auf URL: www.ilo.org /public/english/bureau/inst/download/boswell.pdf [Stand 2004-03-08].

Caestecker, Frank (2000): Alien policy in Belgium, 1840-1940. The creation of guest workers, refugees and illegal aliens. New York.

Carens, Joseph H. (1987): Aliens and Citizens - the Case for Open Borders, in: Review of Politics 49, S. 251-73.

Castles, Stephen (2000): Ethnicity and Globalization. London.

Castles, Stephen/Mark J. Miller (1993): The Age of Migration. London.

Chang, Howard (2003): Immigration and the workplace: Immigration Restrictions as Employment Discrimination, in: Chicago Kent Law Review 78 (1), S. 291-328.

Cohen, Steve (2003): No one is Illegal. Asylum and Immigration Control, Past and Present. Stoke on Trent.

Cole, Phillip (2000): Philosophies of Exclusion. Liberal Political Theory and Immigration, Edinburgh.

Coordinators' Group (1989): The Palma Document. Free Movement of Persons. A Report to the European Council by the Coordinators', Madrid.

Cornelius, Wayne/Martin, Philip/Hollifield, James F. (1994): Introduction: The ambivalent Quest for Immigration Control, in: *Cornelius, Wayne/Martin, Philip/ Hollifield, James F.* (Hg.): Controlling Immigration: a Global Perspective, Stanford, S. 3-42.

Cyrus, Norbert/Vogel, Dita (2000): Immigration as a Side Effect of other Policies - Principles and Consequences of the German Non-Immigration Policy, IAPASIS, first report. Oldenburg. Online auf URL: www.iue.it/RSCAS/research/IAPSIS /welcome.shtml.

Davis, Kingsley (1974): The Migrations of Human Populations. Scientific American 231 (2), S. 94-105.

Düvell, Franck (Hg.) (2005): The Irregular Migration Dilemma. Illegal Immigration in Europe. Houndsmill (im Erscheinen).

Düvell, Franck (2004): Globalisation of Migration Control. A Tug-War between Restrictionists and the Human Agency? In: *Henke, Holger* (Hg.): Crossing Over: Comparing Recent Migration in Europe and the United States. New York, Oxford, Mass (im Erscheinen).

Düvell, Franck (2003): The Globalisation of Migration control, in: Open democracy - Free Thinking for the World, 12.6.2003. London. Online auf URL: www.opendemocracy.net.

Düvell, Franck (2002): Globalisierung der Migrationskontrolle, in: Düvell, Franck (Hg): Die Globalisierung des Migrationsregimes - Zur neuen Einwanderungspolitik in Europa, Materialien 7, Berlin, S. 45-168.

Düvell, Franck (2001): Migration, Arbeit, Illegale und soziale Gerechtigkeit. Papier vorgelegt auf der Tagung: Gewerkschaften, Migration, Frauen. Hamburg am 3. Nov. 2001.

Engbersen, Godfried (2001): Panopticum Europe and the Criminalisation of Undocumented Immigrants. Paper presented to the 6th International Metropolis Conference, Rotterdam, on Nov. 26th -30th 2001.

Enzensberger, Hans-Magnus (1993): Die große Wanderung: Dreiunddreißig Markierungen. Frankfurt.

Escribano, Gonzalo/Jerch, Martin/Lorca, Alejandro (2000): The Impact of Migration from the Mediterranean on European Security, Madrid.

Fischer, Peter A./Straubhaar, Thomas (1996): Is Migration into EU Countries Demand Based? In: *Corry, Dan* (Hg.): Economics and European Union Migration Policy, London, S. 11-46.

Ghosh, Bimal (2000): Towards a new international regime for orderly movements of people, in: *Ghosh, Bimal*: Managing Migration. Time for a New International Regime? Oxford, S. 2-26.

Gieseck, Arne/Heilemann, Ulrich/Loeffelholz, Hans Dietrich von (1995): The Economic Implications of Immigration into the Federal Republic of Germany, 1992-1992, in: International Migration Review 29, S. 693-709.

Guiraudon, Virginie (2002): Controlling the EU Border By Proxy? The Delegation of Migration Control in Practice, Paper presented at the 13th International Conference of Europeanists. March 14th-16th 2002, Chicago.

Gurrieri, Pippo (1986): Emigrazione e liberazione sociale, Ragusa.

Hamilton, Bob/Whalley, John (1984): Efficiency and Distributional Implications of Global Restrictions on Labour Mobility, in: Journal of Development Economics 14, S. 61-75.

Hammar, Tomas (1992): Laws and Policies Regulating Population Movements: A European Perspective, in: *Kritz, Mary. M./Lin L., Lim/Zlotnik, Hania*: International Migration Systems: A Global Approach, Oxford, S. 245-262.

Harris, Nigel (2002): Thinking the Unthinkable. The Immigration Myth Exposed, London.

Haus, Leah (2002): Unions, Immigration and Internationalization: New Challenges and Changing Coalitions in the United States and France, New York.

Hirschman, Albert O. (1970): Exit, voice and loyalty: responses to decline in firms, organizations, and states, Cambridge, Massachusetts.

Hoerder, Dirk (2003): Cultures in Contact. World Migrations in the second Millennium, Durham/London.

Jahn, Andreas/Straubhaar, Thomas (1998): A Survey of the Economics of Illegal Migration, in: South European Society and Politics 3 (3), S. 16-42.

Jordan, Bill/Düvell, Franck (2002): Irregular Migration: the Dilemmas of Transnational Mobility, Cheltenham.

Klos, Christian (1998): Rahmenbedingungen und Gestaltungsmöglichkeiten der europäischen Migrationspolitik, Konstanz.

Krugman, Paul R./Obstfeld, Maurice (1997): International Economics. Theory and policy, Reading, Massachusetts.

Kubat, Daniel/Hoffmann-Nowotny, Hans-Joachim (1981): Migration: Towards a New Paradigm, in: International Social Science Journal 33 (2), S. 307-29.

Lianos, Theodore P. (2001): Illegal migrants to Greece and their Choice of Destination, in: International Migration 39 (2), S. 3-28.

Lomnitz, Larissa Adler (1988): Informal Exchange networks in Formal Systems: A Theoretical Model, in: American Anthropologist 90 (1), S. 42-55.

Luhmann, Nicklas (1982): Territorial Borders as System Boundaries, in: *Strassoldo, Raimondo/Delle, Giovanni* (Hg.): Cooperation and Conflict in Border Areas, Milano, S. 230-255.

Massey, Douglas et al. (1998): Worlds in Motion. Understanding International Migration at the End of the Millennium, Oxford.

Miller, Mark (1995): Illegal Migration, in: *Cohen, Robin* (Hg.): The Cambridge Survey of International Migration, Cambridge, S. 537-540.

Moulier Boutang, Yves (1998): De l'esclavage au salariat. Économie histoire du salariat bride. Paris.

Papastergiadis, Nikos (2000): Turbulence of Migration: Globalization, Deterritorialization and Hybridity, London.

Pritchett, Lant (2003): The Future of Migration: Irresistible Forces meet Immovable Ideas. Paper presented at the Conference "The Future of Globalization: Explorations in Light of the Recent Turbulence", Yale University, Center for the Study of Globalization, 10th Okt. 2003. Online auf URL: http://ksghome.harvard.edu /~.lpritch.academic.ksg/future_talk.doc [2004-08-18].

Rajaram, Prem Kumar/Grundy-Warr, Carl (2004): The Irregular Migrant as Homo sacer: Migration and Detention in Australia, Malaysia and Thailand, in: International Migration 42 (1), S. 33-64.

Rawls, John (1971): A Theory of Justice, Oxford.

Rigo, Enrica (2004): Citizens and Foreigners in the Enlarged Europe. Working paper, Florence.

Rivera-Batiz, Francisco I. (1999): Undocumented Migrants in the Labor Market: An Analysis of the Earnings of Legal and Illegal Mexican Immigrants in the United States, in: Journal of Population Economics 12 (1), S. 91-116.

Rodriguez, Nestor (1996): The Battle for the Border: Notes on Autonomous Migration, Transnational Communities and the State, in: Social Justice 23 (3), S. 21-37.

Shrestha, Nanda R. (1987): International Policies and Migration Behaviour: a Selective Review, in: World Development 15 (3), S. 329-345.

Simon, Julian L. (1989): The economic Consequences of Immigration, Oxford.

Smith, Gary (2002): Erbschaft unserer Zeit, in: *Agamben, Giorgio*: Homo Sacer. Die souveräne Macht und das nackte Leben, Frankfurt, S. 6.

Soysal, Yasemin (1994): Limits of Citizenship: Migrants and Post national Membership in Europe, Chicago.

United Nations (2002): Specific Groups and Individuals: Migrant Workers. Report of the Special Rapporteur, Gabriela Rodriguez Pizarro, submitted pursuant to Commission on Human Rights resolution 2002/62. E/CN.4/2003/85 Geneva.

United Nations (1997): International Migration Policies. Population Division. Population Newsletter No. 63, New York.

Weber, Max (1993): Landarbeiterfrage, Nationalstaat und Volkswirtschaftspolitik. Schriften und Reden 1892-1899, in: *Mommsen, Wolfgang J.* (Hg.): Max Weber Gesamtausgabe, Abteilung 1, Band 2.

Zlotnik, Hania (1998): The Dimensions of International Migration, Paper presented at the Technical Symposium on International Migration and Development, UN Task Force on Basic Social Services for All, Den Haag.

SCHLEUSERTUM - FLUCHTHILFE: FAHNDUNGSPRAXIS UND SOZIALE REALITÄT

Helmut Dietrich

Ein Schleuser verspricht jemandem, er werde ihn wunschgemäß illegal über die Grenze bringen, der zu leistende Vorschuss beträgt 10.000 DM. Das Geschäft misslingt. Später schafft der Flüchtling mit einer anderen Möglichkeit den Weg über die Grenze. Da meldet sich der Schleuser: Er verlangt seinen vereinbarten Vorschuss und zieht mit seinem Anspruch vor Gericht. Und er erhält Recht. Die Richter gelangen zu dem Schluss, *"dass ein solcher Vertrag nicht allgemein gegen die guten Sitten verstößt. [... es ist] nicht in jedem Fall anstößig, eine Hilfeleistung, selbst für einen Menschen in einer Notlage, von einer Vergütung abhängig zu machen ... Fluchthilfevergütungen von 15.000 Mark oder 13.000 Mark je ,geschleuster' Person"* erscheinen den Richtern *"im Hinblick auf hohe Unkosten des Fluchthelfers nicht als überhöht."* Dieser Prozess fand im Jahr 1980 statt. Bei dem Gericht handelte es sich um die Revisionsinstanz des Bundesgerichtshofs, verhandelt wurden die Umstände einer Schleusung aus der DDR (BGH 1980; FFM 1998, S. 111ff.).

Die Fluchthilfe aus der DDR ist nicht mein Thema. Aber das Beispiel macht eines klar: Die Hilfe zum heimlichen Grenzübertritt, die die Strafverfolgungsbehörden in den Industriestaaten inzwischen mit Haftstrafen von bis zu fünfzehn Jahren ahnden, ist ein noch sehr junges Delikt.[1] Ihre Kriminalisierung ist zeit- und gesellschaftsgebunden. Galt die Fluchthilfe zur Zeit der Blockkonfrontation als ein probates Mittel, mit dem die Bewegungsfreiheit und die Menschenrechte unter universalistischer Zielsetzung auszuweiten waren, so haben die Regierungen dieselbe Praxis heute zu einem Inbegriff der globalen kriminellen Gefahren erklärt, die den partikularistischen Besitzstand der Industriestaaten bedrohen. Diese sind seit Beginn der 1990er Jahre dazu übergegangen, gemeinsame Außengrenzen zu definieren und sie als Barrieren gegen unerwünschte Migrationsbewegungen aufzurüsten. Dadurch haben sie einen stetigen Bedarf an Hilfe zur heimlichen Grenzüberschreitung erzeugt. Angesichts der neuen Nachfragesituation ist - sagen wir es neutral - ein kommerzieller und humanitärer Service entstanden, dessen Umrisse genauso im Dunkeln liegen wie das Ausmaß der heimlichen Einwanderung selbst.[2]

---

[1] Historisch besehen, stammen die Anfänge dieser Deliktausformung aus den 80er und 90er Jahren des 19. Jahrhunderts. Damals begann das Deutsche Reich an seiner Ostgrenze mit der Kriminalisierung bestimmter Aspekte der Ost- und Transitmigration, die auch für den Komplex des Delikts der Schleusung bis heute prägend ist (siehe Just 1988). Die Bekämpfung der ostjüdischen Migration nach Westen sowie der Flucht aus Nazideutschland stellen die weiteren Eckpunkte bei der historischen Entwicklung des Delikts dar.

[2] 1998 bekannte der damalige Präsident des Grenzschutzpräsidiums Ost, dass der Grenzschutz und die Landespolizeien nach jahrelangen Fahndungen gegen Schleuser nicht zu wesentlichen Erkenntnissen vorgestoßen seien: *"Aussagekräftige Untersuchungen über Kommunikations- und Aufbaustrukturen, über Hierarchien und Arbeitsteilungen liegen nur bedingt vor. Gleiches gilt für Sozialschädlichkeit der*

Dieser "graue" Dienstleistungssektor ist es, den die hiesigen Strafverfolgungsbehörden, die politische Klasse und die Medien mit dem Kampfbegriff des "verabscheuungswürdigen Schleusertums" belegen. Das skandalträchtige Feindbild lässt sich mit einfachen Mitteln in den Vordergrund der öffentlichen Wahrnehmung schieben. Die grundlegenden sozialen Realitäten der Migration verschwinden dahinter. Sie seien deswegen hier vorab skizziert und zu dem in Beziehung gesetzt, was man je nach Sichtweise Fluchthilfe oder Schleusertum nennt.
Die Personen, die heutzutage ohne die nötigen Papiere Grenzen überschreiten und sich dabei helfen lassen, kommen zum Teil aus den traditionellen Auswanderungsländern - wie beispielsweise aus dem Raum, den einst Jugoslawien umfasste, oder aus Marokko. Früher konnten diese frei in die westeuropäischen Staaten einreisen. Selbst die Arbeitsaufnahme wurde unverzüglich regularisiert. Seit 1992 gilt jedoch die Visapflicht gegenüber den (ehemaligen) jugoslawischen und marokkanischen Staatsangehörigen. Deswegen bleibt denjenigen, die keine Familienzusammenführung beantragen können, nur die heimliche Einreise, und sie werden sich dabei vielleicht gegen Bezahlung helfen lassen. Neben dieser anhaltenden Einwanderung aus der nahen Peripherie Westeuropas schaffen es seit Ende der 1980er Jahre vermehrt auch Flüchtlinge aus den Armuts- und Kriegsgebieten dieser Welt bis nach Westeuropa. Ihnen ist die legale Einreise in der Regel gänzlich versperrt. Obwohl immer aufwändigere Überwachungsanlagen an den Außengrenzen installiert und die Zwänge größer werden, schreckt das offensichtlich viele MigrantInnen und Flüchtlinge nicht von ihrem Vorhaben ab. Sie nehmen große Risiken in Kauf: Als *Boat People* im Mittelmeer müssen sie damit rechnen umzukommen. Auf dem illegalen Weg über Land können sie sich auf gewalttätige Übergriffe einstellen. In Grenzgebieten, wo sie sich nicht auskennen, begeben sie sich vielleicht in tiefe persönliche Abhängigkeiten von kommerziellen Fluchthelfern. Und später, wenn es ihnen gelingt, ihren Aufenthalt halbwegs zu legalisieren, werden sie eventuell wieder abgeschoben. Wenn wir von den heutigen Migrationsbewegungen sprechen, haben wir diese enormen Gewalttätigkeiten mit zu bedenken - aber auch die Entschlossenheit und den Wagemut, mit denen die Menschen trotzdem aufbrechen.
Die Visarestriktionen sind aber nicht nur ein Hindernis für die Armutsmigration, sondern auch für bildungsbürgerliche und wirtschaftlich aufstrebende Eliten aus aller Welt. Ihre Angehörigen können nicht in jedem Fall die enormen finanziellen Voraussetzungen erfüllen, die für einen Visa-Antrag nötig sind. Auch kann es passieren, dass ein Visumsantrag aus unerklärlichen Gründen abgelehnt wird und deswegen in der gesamten Europäischen Union kein Einlass mehr möglich ist. In dem Maß, wie die Angehörigen dieser Eliten auf Reisen und Aufenthalte in den Industriestaaten angewiesen sind, mögen auch sie zur Dienstleistung Fluchthilfe greifen. Manche Investitionen in diesen Sektor können angesichts der erwarteten langfristigen Einkommen ganz beträchtlich ausfallen. Wer es sich leisten kann, kommt mit dem Flieger und einem professionell gefälschten Pass.

Kausalbeziehungen zwischen Schleuserkriminalität, Sozialbetrug, illegale Arbeitnehmerüberlassung, Lohndumping und Folgekriminalität. Viele Zahlenfriedhöfe, wenig Folgerungen!" (Walter 1998, S. 476)

Die allermeisten Fluchtbewegungen bleiben, auch wenn sie letztlich auf weite soziale Netze und diverse Dienstleistungen angewiesen sind, familiäre oder gar individuelle Unternehmungen. Dieser Atomisierung widerspricht die öffentliche Wahrnehmung, die die Bewegung großer Gruppen als repräsentativ ansieht, zu der es ganz vereinzelt auch kommt. Ein Beispiel dieser Ausnahmen sei hier zitiert: Am 31.12.1996 landete auf dem Flughafen in Frankfurt am Main ein Flugzeug der Turkmenistan Airlines, ein Charterflug mit 89 Passagieren an Bord. Gleiches passierte am 15.02.1997 auf dem Londoner Flughafen mit 43 Passagieren und am 16.02.1997 auf dem Flughafen Amsterdam mit 173 Passagieren. Die Eingeflogenen waren allesamt Flüchtlinge, in ihrer Mehrzahl TamilInnen. Sie stellten sofort Asylanträge. Die Flugzeuge waren in Ashgabad, der Hauptstadt Turkmenistans, gestartet. Für die Tickets hatten die Flüchtlinge mehr als für entsprechende Linienflüge bezahlt. Die westeuropäischen Regierungen ließen die Maschinen im Rahmen der *Carrier Sanctions* beschlagnahmen und schrieben eine Fahndung nach den Organisatoren der Charterflüge aus.
Zur Transitsituation derjenigen, die man *Refugees in Orbit* oder "gestrandete" Flüchtlinge nennt, haben wir in der Berliner Forschungsgesellschaft Flucht und Migration (FFM) mehrere Jahre recherchiert. In Warschau, Bukarest und Kiev haben wir mit vielen Flüchtlingen gesprochen, um herauszubekommen, was die größten Hindernisse auf dem Weg in die Festung Europa sind. Dabei hat das existierende kommerzielle Schleusertum nur selten im Mittelpunkt unseres Interesses gestanden. Wichtiger war uns die Frage, ob sich von Westeuropa aus neue Einreisemöglichkeiten erschließen lassen: Unser Ziel war es, die Lage im Transit in zahlreichen Gruppen und Netzwerken in Westeuropa bekannt zu machen, damit neue Unterstützungs- und Anlaufstrukturen entstehen könnten. So sind im Laufe der FFM-Recherchen unsere Veröffentlichungen entstanden, die größtenteils in der FFM-Heftreihe "Gegen die Festung Europa" ihren Platz gefunden haben. Zum Thema Fluchthilfe werde ich im Folgenden eine Interviewpassage und diverse Erfahrungen vorstellen.
Die kommerzielle Fluchthilfe nahmen die Flüchtlinge, die darauf angewiesen waren, als ein notwendiges Übel wahr. Die FFM interviewte im März 1996 einen Flüchtling aus Iranisch-Kurdistan in einer deutschen Großstadt. Er war aus dem Iran über die Türkei nach Kiev geflüchtet und berichtete zu der Rolle der Schleuser:
"In Kyiv habe ich insgesamt fast eineinhalb Jahre gelebt, bis ich das Geld zusammen und die Kontakte hergestellt hatte, um weiter zu ‚reisen'. Das Leben in Kyiv ist für uns Flüchtlinge sehr teuer, denn ständig wird man von der Polizei kontrolliert und inhaftiert. Und sie lassen einen erst raus, wenn man 5 bis 20 Dollar bezahlt, als Buß- oder Bestechungsgeld, das ist gar nicht zu unterscheiden. Die Polizisten wissen, daß wir Flüchtlinge sparen müssen oder gespart haben, um weiterzukommen. Deshalb benutzen sie uns regelrecht als Einkommensquelle, unter dem Vorwand eines fehlenden Visums oder unerlaubter Einmietung in Privatwohnungen erpressen sie uns. Ich konnte dort nur überleben, weil ich von meinen Freunden aus Deutschland Geld überwiesen bekam. - Es dauerte lange, bis ich einen vertrauenswürdigen Schlepper gefunden hatte. Die Passage nach Deutschland kostete

fast 4.000 Dollar, und man muß sicher sein, daß der Schlepper oder seine Mittelsmänner nach der Bezahlung nicht einfach verschwinden. Dann sitzt man wieder für Jahre fest, bis man wieder genug Geld zusammen hat.
Der Schlepper, an den ich mich dann nach vielen Überprüfungen wandte, benutzte Bestechungsgelder, fälschte Pässe und ging auf Fußwegen über die grüne Grenze. Freunde hatten ihn mir als zuverlässig empfohlen. Ich bekam einen anscheinend ziemlich gut gemachten holländischen Paß. Dann fuhr ich zusammen mit anderen im Zug nach Uzhorod nahe der slowakischen Grenze. Dort wurde ich zusammen mit ca. 10 anderen Flüchtlingen in einem Haus untergebracht; es war eine sehr nette Frau, die dort lebte und uns einige Tage versorgte. Denn wir mussten warten, bis sicher war, daß der bestochene Grenzoffizier auch wirklich Dienst hatte. Dann, an einem Nachmittag, gingen wir in kleinen Gruppen bzw. einzeln zum Bahnhof. Die Ausreise klappte, wir saßen im Zug. Allerdings wird auch die Einreise in die Slowakei scharf kontrolliert. Mein Paß wurde genau untersucht, und die slowakischen Grenzpolizisten mißtrauten mir. Einer konnte etwas deutsch und sprach mich an. Mein Glück war, daß ich viele Jahre zuvor mal in Deutschland war und deshalb ein paar Brocken sprechen konnte. Außerdem hatte ich mir westeuropäische Kleidung besorgt. Damit konnte ich dann ihre Zweifel zerstreuen, und sie ließen mich passieren. Bis Prag kam ich ohne große Probleme, im Zug war nur eine flüchtige Kontrolle, als wir die Grenze nach Tschechien überquerten.
In Prag war ich dann wieder einige Tage bei einer Anlaufadresse, zusammen mit anderen Flüchtlingen, allerdings nicht denselben wie am Anfang. In einem Kleinbus wurden wir dann zu zehnt in einen Ort nahe der deutschen Grenze gefahren. In einem Park oder Waldstück mussten wir warten. Dann kamen zwei Personen, die uns zu Fuß zwei Stunden über Wiesen und Wälder führten. Sie haben das gut gemacht, kannten sich aus, und haben uns immer gewarnt, wenn eine Straße zu überqueren war, ein Haus in der Nähe war oder Autos vorbeigefahren sind. Auf der deutschen Seite mußten wir dann noch über zwei Stunden im Wald warten, in der Nähe einer Straße. Dort sind immer wieder Busse der deutschen Grenzpolizei ziemlich nahe an uns vorbeigefahren, doch im Wald konnten sie uns nicht sehen. Endlich kam unser Transportwagen, ein anderer Kleinbus. Wir hatten Glück, wir begegneten keinen Polizeistreifen und konnten fast eine Stunde ungestört fahren."

(FFM 1997, S. 131ff. Siehe auch die Fluchthilfe-Berichte in FFM 1998, S. 27ff.)

Der Flüchtling war darauf bedacht, die Gefahren selbst einzuschätzen: Würde sich der Schleuser mit dem Geld davonmachen? Konnte er als Flüchtling selbst auf die Art der Grenzkontrolle aktiv reagieren? Gab es an der grünen Grenze im Wald gute Verstecke? Solcherart Selbstbewusstsein auch in schwierigsten Lagen versuchten wir herauszuarbeiten, um die subjektiven Seiten des Migrationsgeschehens verstehen zu können.

Die Beobachtungen und Befragungen, die wir im Rahmen unserer Sozialforschung zur Festung Europa machen konnten, weisen im Großen und Ganzen auf folgenden Sachverhalt hin: Die Flüchtlinge und MigrantInnen, die eine kommerzielle Fluchthilfe in Anspruch nehmen, wissen in der Regel, was sie tun und worauf sie sich einlassen. Meine Ausgangsthese lautet daher: Die primären Subjekte dieser Praxis sind die Flüchtlinge und MigrantInnen selbst, auch wenn sie sich für einen begrenzten zeitlichen und räumlichen Horizont in die Hände anderer begeben. Sie sind die Vorausblickenden, die sich trotz allem auf den Weg machen. Sie haben ein Ziel der gesellschaftlichen Zukunft vor Augen, nämlich eine Welt, in der auch sie ihren Platz finden. Sie nehmen an den weltweiten sozialen Auseinandersetzungen teil, die immer stärker in der großen Frage aufscheinen, ob und wie Zonierungen des Reichtums und der Armut durch geografische Mobilität überschritten werden können.

Bei den Schleppern, Schleusern und Fluchthelfern handelt es sich dagegen um sekundäre Phänomene. Ihre Geschäfte ergeben sich gewissermaßen am Wegesrand. Dabei gibt es schmutzige Geschäfte und faire Geschäfte, es gibt Geschäfte mit Risiken und Geschäfte mit Garantien. Häufig ist es so, dass man zwischen Fluchthelfern und Flüchtlingen nicht einmal klar unterscheiden kann. So verschaffen sich Flüchtlinge, wenn sie in einem Transitland stranden, nach und nach eine gewisse Expertise über die Landes- und Grenzverhältnisse. Als Fluchthelfer verdienen sie sich ein kleines Einkommen, bis sie dann selber weiterreisen können. Fluchthilfe ist in diesem Fall ein Teil der Migrationsbewegung selbst.

Ein ganz anderes Verständnis vom Migrationsgeschehen weist die Programmatik auf, mit der die Regierungen der Industriestaaten die Fluchthilfe kriminalisieren. Da setzt man voraus, dass das "kriminelle Schleusertum" die Migrationsbewegungen fest im Griff habe. Wenn man es zerschlagen könnte, wären dadurch die Migrationsbewegungen ganz wesentlich eingedämmt. Die Arbeitshypothese, die diesem Ansatz zugrunde liegt, lässt sich daher folgendermaßen zusammenfassen: Die Schlepper und Schleuser sind die Akteure, die Flüchtlinge dagegen nur ohnmächtige Opfer.

So spalten die Regierungen und Strafverfolgungsbehörden das Migrationsgeschehen manichäisch auf: in superreiche Kriminelle, die kaum zu fassen seien, und ohnmächtige Habenichtse, die der Bevölkerung drohen zu Leibe zu rücken, wenn sie nicht an den Grenzen abgewehrt würden. Die übermächtigen Banden schädigten die hiesige Volkswirtschaft dadurch, dass die von ihnen Eingeschleusten später in der "Schwarzarbeit" landeten oder staatlich alimentiert werden müssten. So wird die beschworene Migrationsgefahr zu einem doppelgesichtigen Ungeheuer. Die eine Seite zeigt die Banden in ihrer Übermacht, die andere die Massen in ihrer Ohnmacht. Bei dieser aufspaltenden Dämonisierung verschwinden die MigrantInnen und Flüchtlinge aus den sozialen Zusammenhängen und Widersprüchen. Sie werden zu Figuren, die aus jeder Gesellschaft gänzlich ausgeschlossen scheinen.

Ich werde versuchen, diese Sozialtechnik der Behörden als Migrationsabwehr zu entschlüsseln. Welche Praxis drückt sich in der benannten Bedrohungsvision aus? Wie konstruieren Polizeien, Staatsanwaltschaften und Gerichte aus dem sozialen Migrationsgeschehen, das doch eher diffus und horizontal verläuft, hierarchische Organisationsstrukturen und ohnmächtige Massen - oben die bösen Banden und unten die Opfer? Wie lösen sie aus den Migrationsnetzen kriminelle Banden heraus, die dann juristisch haftbar gemacht werden? Wie eskamotieren sie den sozialen Inhalt der Migrationsbewegungen?
Im Folgenden werde ich die entsprechenden Selbstzeugnisse der Regierung, der Legislative und der Strafverfolgungsbehörden in Deutschland kritisch darstellen und auswerten. Das sind im Wesentlichen die Gesetzestexte, die Jahresberichte des BGS, die Pressemeldungen aus den Innenministerien und die programmatischen und strategischen Erklärungen der deutschen und der EU-Exekutivorgane.[3] Im zweiten Schritt werde ich mehrere Fahndungstechniken beschreiben und drittens abschließend diskutieren, ob bei den Strafverfolgungsbehörden auf diesem Feld derzeit ein Umbruch stattfindet.

1. DEFINITIONEN, BEHÖRDEN, DATEN

Wie ist das Delikt der Fluchthilfe strafrechtlich normiert? Gehen wir von den Definitionen aus, wie sie in Deutschland und in allen anderen Mitgliedsstaaten der EU gebräuchlich sind. Die „Einschleusung“ war bereits im deutschen Ausländergesetz von 1990 kriminalisiert. Die maßgebliche Verschärfung erfolgte dann 1994 mit der Novellierung dieses Gesetzes im Rahmen eines sogenannten Verbrechensbekämpfungsgesetzes, also unter dem Bezug auf die Bekämpfung der Organisierten Kriminalität, und fand Eingang ins Aufenthaltsgesetz von 2005. Seit 1994 sind für diese Delikte bis zu fünf beziehungsweise zehn Jahre Freiheitsstrafe vorgesehen. Die Dauer der Haft für die Hilfsleistung zur „illegalen Einreise“ übersteigt damit bei weitem die Strafzumessung für das Delikt der „illegalen Einreise“ selber, die übrigens strafrechtlich kaum geahndet, sondern polizeilicherseits mit der Rück- oder Abschiebung bestraft wird.
Im Ausländergesetz (§§ 92 a und 92 b) wie auch im neuen Aufenthaltsgesetz (§§ 96 und 97) heißt es zusammengefasst, dass es strafbar ist, einen Ausländer, der nicht die Staatsangehörigkeit eines Mitgliedsstaates der Europäischen Gemeinschaft oder eines anderen Vertragsstaates des Abkommens über den europäischen Wirtschaftsraum besitzt, dabei zu unterstützen, unter Zuwiderhandlungen gegen Rechtsvorschriften über die Einreise und den Aufenthalt von Ausländern in das europäische Hoheitsgebiet eines der Vertragsstaaten des Schengener Übereinkommens vom 19. Juni 1990 ohne die entsprechende Erlaubnis in einen dieser Vertragsstaaten

[3] Damit ist bereits die Quellenlage zur Fluchthilfe umrissen. Sie ist außerordentlich dürftig. Auch die Analysen von *Think Tanks*, internationalen Organisationen und der auf diesem Feld spärlich vertretenen akademischen Forschung nutzen im Wesentlichen nur die offiziellen Daten und Angaben (vgl. Armando Abou Chabaké 2000; Müller-Schneider 2000, S. 125-167).

einzureisen und sich dort ohne entsprechende Erlaubnis aufzuhalten. Geschieht diese Hilfe in organisierter Form - hier bildet die Definition der Organisierten Kriminalität die Referenz -, so gilt dies als strafverschärfend. Im Aufenthaltsgesetz von 2005 gibt es zudem die Tatbestände des „Einschleusen[s] mit Todesfolge", des Gebrauchs von Waffen bei der Schleusung und „einer das Leben gefährdenden, umenschlichen oder erniedrigenden Behandlung oder der Gefahr eine schweren Gesundheitsschädigung" - allesamt Aspekte, die auch vorher ohne diese explizite Definition sicherlich strafverschärfend wirkten, nun aber im Gesetzestext das Bild des skrupellosen Schleusertums abrunden. Im Zentrum der Deliktdefinition steht der Gewinn, der mit der Beihilfe zur illegalen Grenzüberschreitung gemacht wird, und nicht das Abhängigkeitsverhältnis der Geschleusten von den Schleusern. Im engeren juristischen Sinn ist diese Definition deswegen problematisch, weil der Straftatbestand der Unterstützung unterschiedlichste Handlungen umfassen kann und nicht eingrenzbar ist. Beispielsweise ist das Vermögen, das für einen Visumsantrag nachgewiesen werden muss, in der Regel fiktiv, es wird durch Verwandte oder Kredite für einen Kontoauszug des/der Antragstellenden zusammengetragen. Dennoch kommt es in diesem Bereich zu keinen Ermittlungen. Dagegen kann die Bewirtung heimlich Eingereister zuhause unter Umständen zur strafbaren Handlung werden. Bei der Frage, ob es beim Bekannt werden einer solchen "Tat" zu einer umfangreicheren Ermittlung kommt, entscheidet die Polizei in der Regel nach dem rassistischen Kriterium, ob es sich um eine Gastfreundschaft Nichtdeutscher oder Deutscher handelt. Pfarrhäuser wurden bislang verschont, Haushalte von Landsleuten der Eingereisten gelten grundsätzlich als verdächtig.

Neben dieser ausländerrechtlichen Kriminalisierung gibt es eine weitere, ziemlich gängige Definition des "Schleppens und Schleusens", bei der nicht so sehr der Grenzübertritt und der nicht genehmigte Aufenthalt, sondern die Abhängigkeit von den Schleusern vor und nach dem Grenzübertritt im Mittelpunkt steht. Demnach beginnt das Delikt mit der Köderung von potentiellen MigrantInnen im Herkunftsland und endet mit der Zwangsausbeutung der Geschleusten im Zielland. Der Kampf gegen Schlepper und Schleuser wird so mit dem zivilgesellschaftlichen Engagement gegen Zwangsverhältnisse wie erzwungene Prostitution und Sklavenhandel verknüpft. Eine Liaison zwischen Polizei und Nichtregierungsorganisationen ist dabei beabsichtigt. Es sind vor allem Lobbygruppen aus den USA und einige internationale Organisationen wie die *International Organisation for Migration* (IOM), die diese Definition unter der Bezeichnung des *Trafficking* vorantreiben. In Deutschland hat diese Perspektive im Strafgesetzbuch Eingang gefunden, und zwar mit dem Strafbestand des Menschen- und Frauenhandels. In quantitativer Hinsicht sind Strafverfahren wegen dieser Delikte ziemlich selten geblieben. Polizeien, die eine Einschleusung verfolgen, beschränken sich zumeist auf das im Ausländergesetz definierte Delikt, erweitert höchstens um nicht genehmigten Aufenthalt und nicht genehmigte Arbeitsaufnahme.

Doch zurück zur ausländergesetzlichen beziehungsweise aufenthaltsgesetzlichen Kriminalisierung und zum Gewinn, der mit der kommerziellen Hilfe gemacht werden kann. Die Strafverfolgungsbehörden gehen davon aus, dass es sich um Einnahmen

handelt, die abgeschöpft und zentralisiert werden und daher astronomische Höhen erreichen. Nur große, diversifizierte Unternehmen seien in der Lage, diese Gelder zu waschen und zu reinvestieren. Das "Schleusertum" gilt daher als eine der Möglichkeiten, mit denen die so genannte Organisierte Kriminalität (OK) aus dem Ausland nach Westeuropa vordringen kann. Damit dockt die Vorstellung des Schleusungsdelikts an eine OK-Phantomwelt an, die allerdings empirischen Untersuchungen in keiner Weise standhält.[4]
Unter dem Vorzeichen des Alarmismus angesichts übermächtiger OK-Gefahren etablierte die Regierung neue Arbeitsbereiche zur Schleusungsbekämpfung bei den Strafverfolgungsbehörden und richtete den BGS auf diese neue Aufgabe aus. Der sichtbarste Schritt war die Verlegung großer Einheiten des BGS an die neue deutsche Ostgrenze. Weniger sichtbar war die bundesweite Zentralisierung der Fahndung. Das Innenministerium installierte bei der Bundesgrenzschutzdirektion Koblenz eine "Zentralstelle zur Bekämpfung der illegalen Einreise von Ausländern", die seit 1992 eine Falldatei "Schleuser und Geschleuste" (FDS) betreibt (Hellenthal 1994, S. 5). Inzwischen wird die FDS vom BKA im Auftrag des BGS geführt und *"dient der Bekämpfung der Schleusertätigkeiten (i.S. der §§ 92a und b AuslG) und der hiermit zusammenhängenden Straftaten (unerlaubte Einreise, unerlaubte Beschäftigung von Ausländern, unerlaubter Aufenthalt etc.). Die Datei ermöglicht u.a. täterbezogene Sofortauskünfte, die Beobachtung der Schleuserkriminalität und die Erstellung kriminalpolizeilicher Analysen und Statistiken."* (Heesen 2000, S. 228) Zur Eingabe und zur Abfrage sind derzeit die Bundesgrenzschutzdirektion, die Bundesgrenzschutzämter sowie die Landespolizeien Baden-Württemberg, Nordrhein-Westfalen und Sachsen berechtigt (vgl. BMI 2004).
Der vorläufigen Richtlinie "Informationsaustausch Schleuser", die dem Aufbau der FDS zugrunde lag, ist zu entnehmen, dass der BGS nicht nur mit den Strafverfolgungsbehörden, sondern auch mit den Auslandsvertretungen, dem Bundesamt für die Anerkennung ausländischer Flüchtlinge (BAFl)[5], den Arbeitsämtern und den Sozialbehörden zusammenarbeitet. Die nichtpolizeilichen Behörden werden mit der vorläufigen Richtlinie zur aktiven Meldepflicht bei dem FDS-Zentrum verpflichtet. Die Unterlagen beispielsweise des BAFl, die ja auch die Asyl-Anhörungen zu den Reisewegen beinhalten, zieht das FDS-Zentrum zur Fahndung heran (BGS-Direktion 1997).
Ein umfangreiches Berichtswesen über das strafrechtlich verfolgte Schleusertum setzt in Deutschland 1994/95 ein. Die Art der Zahlenaufbereitung wird in den folgenden Jahren zum Standard in Westeuropa. Internationale Organisationen und

[4] Jüngst haben Kriminologen anhand von Fragebögen versucht, die Strafverfolgung gegen OK und Schleusungsdelikte in Westeuropa zu evaluieren. Ihre Erkenntnis war, dass diese angenommenen Aktivitäten, wenn sie denn existierten, auch mit aufwändiger Überwachung nicht wirklich einzudämmen seien. Aus den Einzelfällen könne man keine Rückschlüsse auf ihre Repräsentativität und auf die Gesamtlage ziehen. Auch sei die Datenqualität in diesem Bereich so schlecht, dass man daraus nicht auf die Auswirkungen der Kontrollmaßnahmen schließen könne (Levi 2004, S. 451). Von den 845 Ermittlungsverfahren, die in Deutschland wegen OK im Jahr 1996 geführt wurden, wurden nur 26 Verfahren der Schleuserkriminalität zugeordnet (Severin 1997, S.13).
[5] Seit 01.01.2005 Bundesamt für Migration und Flüchtlinge (BAMF).

internationale Zusammenschlüsse der Grenzpolizeien beginnen ab 1997/98 mit internationalen Datensammlungen nach den allmählich standardisierten Kriterien. Ab 2000/01 werden dann, gestützt auf diese Datensammlungen, auf den unterschiedlichsten staatlichen, überstaatlichen und nichtstaatlichen Ebenen Aktionspläne gegen das Schleusertum verabschiedet (vgl. EU Rat 2002). Derzeit verankern die Industriestaaten im Rahmen der Vereinten Nationen die Kriminalisierung des Schleusertums im Völkerrecht. Internationale strafverfolgende Kooperationen und polizeilich-militärische Interventionen beispielsweise in internationalen Gewässern sollen dadurch möglich werden.

Was die praktische polizeiliche Zusammenarbeit über die Staatsgrenzen hinweg betrifft, so lassen sich deren Anfänge im Informellen feststellen. Zwischen Landespolizeien und dem BGS sowie grenzüberschreitend zwischen deutschen, polnischen und tschechischen Polizeien und Staatsanwaltschaften entstanden schon frühzeitig Arbeitsgruppen zur Fahndung gegen das "Schleusertum". Die Fahndungstätigkeiten jenseits der festgelegten Dienstwege entziehen sich strukturell jeglicher Kontrolle. Auf EU-Ebene haben die Polizeien gegen das "Schleusertum" zunächst unter dem Dach der OK-Bekämpfung praktisch zusammengearbeitet. In den letzten zwei, drei Jahren bildeten sich aber eigenständige polizeiliche EU-Strukturen der Zusammenarbeit auf diesem Gebiet heraus. Außerdem ist Europol mit der Fahndung nach kommerzieller Fluchthilfe beauftragt. Es lenkt nationale Polizeien gleichzeitig auf bestimmte Fährten gegen Schleusergruppen (vgl. Europol 1998). Europol und die grenzüberschreitend arbeitenden polizeilichen Arbeitsgruppen scheinen ähnlich wie beim Drogenhandel erkannte Schleusungswege über längere Zeit zu überwachen.

In welchem Maß die Polizeien dabei in die "Graubereiche" der Delikte selber eindringt, lässt folgendes Beispiel erahnen: Am 19. Juni 2000 wurden im britischen Fährhafen Dover bei der Kontrolle eines Tomatentransporters 58 Leichen entdeckt. Sie waren in dem Container an einer Kohlendioxidvergiftung gestorben. Der Fahrer hatte vergessen, die Lüftung einzuschalten. Bei der parlamentarischen Untersuchung des Massentods der ChinesInnen entstand der begründete Verdacht, dass es sich um eine polizeilich überwachte "kontrollierte Lieferung" gehandelt hatte. Die ChinesInnen waren zuvor aus Deutschland in die Tschechische Republik abgeschoben worden und auf ihrem erneuten Weg durch Westeuropa wahrscheinlich überwacht worden (Die Zeit 27/2000). In Dover wurde der Container-LKW *"zufällig gestoppt, weil die Fährgesellschaft gemeldet hatte, der Fahrer habe die Passage bar bezahlt - was ungewöhnlich ist ... Die Rotterdamer Wasserschutzpolizei hatte die Menschenschmuggler um den flüchtigen Gürsel Ö., die die Chinesen in einem Hafenschuppen versteckt hatten, lange beschattet. Der Hauptverdächtige hatte bis April 1999 eine halbjährige Gefängnisstrafe wegen Menschenschmuggels in Holland verbüßt. Nur einen Tag vor dem Todestransport war aber die Observation eingestellt worden. Es sei ‚nur eine orientierende Beobachtung' gewesen, so die Erklärung der Polizei. Auch die französischen Behörden hatten Gürsel Ö. im Visier. Am 13. Dezember 1999 lag den Niederländern Frankreichs Auslieferungsersuchen vor - er war dort bereits wegen Menschenschmuggels verurteilt worden. Erst fünf Monate später, im Mai 2000, wurde dem französischen Ersuchen stattge-*

geben. Und erst am 27. Juni (vier Tage nach der Tragödie) wurde Ö. zur Fahndung ausgeschrieben. ... In der Zwischenzeit konnte Gürsel Ö. wieder zwei Menschentransporte organisieren. Er hatte den Schuppen in Rotterdam angemietet und einen Lastwagen bar gekauft." (SZ 11.11.2000) Es war *"bekannt, dass die Polizei über alle Schritte von Ö. informiert war, weil an seinem Auto ein Peilsender angebracht war."* (SZ 14.12.2000)

Die Fahndungsgruppen, die der BGS und die Polizeien gegen die kommerzielle Fluchthilfe aufgebaut haben, sind eng mit den Einheiten verbunden, die die Organisierte Kriminalität im Visier haben. Bei der Fahndung benutzen sie - neben der Kontrolle des Grenzraums - dieselben Methoden wie gegen die OK: Hauptsächlich beschäftigen sie sich mit dem Abhören transnationaler Telefongespräche ausgewählter eingekreister *Communities* sowie mit der Überwachung von Geldflüssen zwischen den Industrieländern und den Peripherien. Auch die Anzeigenfreudigkeit der Kreditinstitute ist in die Fahndung eingebunden. Im Jahr 2003 teilten die Banken dem BKA 5.229 Hinweise auf vermutete Organisierte Kriminalität mit, sie verdächtigten aber nur in 1,4% der Fälle Schleusungsdelikte (BKA 2004a, S. 13). In jedem Fall ist der Aufwand gigantisch. Die Zahl der verdächtigen Anhaltspunkte, die sich daraus ergeben und dann zu Überprüfungen der Reisepapiere und Einreiseumstände von Verdächtigen führen, ist dagegen offensichtlich sehr gering.

Diese Schlüsse finden sich bestätigt, wenn man die größeren Justizprozesse besucht und die Anklageschriften studiert. Das belastende Ausgangsmaterial befindet sich in der Regel auf CDs: Es sind die aufgezeichneten Telefongespräche in einem Umfang, der die Vorstellungskraft des einfachen Prozessbesuchers rundweg übersteigt. Den AnwältInnen stehen meist nur ausgewählte übersetzte und transkribierte Passagen zur Verfügung. Als Belastungszeugen sind in den Prozessen meistens einige Geschleuste geladen, die zuvor zu Stationen ihrer Reise polizeilich befragt worden sind. Viele erkennen erst mit der Ladung zum Prozess, in welchem konkreten Belastungszusammenhang die Befragung stattgefunden hat, und widerrufen das Polizeiprotokoll. Die großen Prozesse, die wir als FFM besucht haben, begannen stets als Anklagen gegen angebliche OK-Teilstrukturen. Im Laufe der Prozesse stellte sich mit großer Regelmäßigkeit heraus, dass die angenommenen OK-Banden nebulös im Ausland vermutet wurden und eigentlich nur anhand wiederholter nicht identifizierter Namen aus den Telefonüberwachungen konstruiert worden waren. In den beobachteten Prozessen kam folgende Wirklichkeit zum Vorschein: die infrage stehenden Fluchtbewegungen und auch die Fluchthilfe waren kleinteilig improvisiert worden. Aus Südasien etwa dauerte der übliche Fluchtweg über drei Monate. Von Strecke zu Strecke gab es immer wieder neue Anlaufpunkte, aber auch Scheitern und ein Neuanlauf über andere Wege kam häufiger vor. Kriminalisiert wurden grundsätzlich Gefälligkeiten, bei denen sich die Gastgeber die Auslagen bezahlen ließen. Da mit den besagten Paragraphen des Ausländergesetzes auch die Hilfe zum heimlichen Aufenthalt unter Strafe gestellt ist, konzentrierten sich die Richter schließlich auf Vorwürfe der Unterbringung und der Hilfe zur Weiterfahrt im Inland (vgl. Staatsanwaltschaft Frankfurt/Oder 1997; Landgericht Frankfurt/Oder 1998).

Welche qualitativen Aufschlüsse kann man aus den polizeilichen Statistiken zur "Schleusungskriminalität" gewinnen? Die Grundlage der Statistiken bilden die grenzpolizeilichen "Aufgriffe" von illegal Eingereisten (BMI 1997; BMI 1998; BGS 1996/97; 1998; 1999; 2000/2001; 2002; BGS-Amt Frankfurt/Oder 1997).

Wenn man die (grenz-)polizeilichen Zahlen der illegal Eingereisten, der Geschleusten und der Schleuser auf eine jährliche Durchschnittsgröße umrechnet, erhält man folgendes Bild:

Abbildung 1: Grenzpolizeiliche Angaben zur Schleusungskriminalität

aufgegriffene illegal Eingereiste pro Jahr:	25.000 Personen
davon mutmaßlich Eingeschleuste pro Jahr:	5.000 Personen
mutmaßliche Schleuser pro Jahr:	1.800 Personen

Ihren Höhepunkt mit über 30.000 Festnahmen illegal Eingereister erreichten diese Zahlen um 1998, derzeit sinken sie auf unter 20.000. Anfangs lag der Schwerpunkt der "Aufgriffe" an der deutsch-polnischen, dann an der deutsch-tschechischen Grenze. Inzwischen werden mehr illegal Eingereiste an den deutschen Binnengrenzen der EU (vor der Osterweiterung) als an der deutschen Ostgrenze festgestellt. Die Zahlen geben keine Auskunft über Verhaftungen oder gar Verurteilungen, sondern lediglich über "Aufgriffe" und über Schleusungsmutmaßungen. Die BGS-Statistiken besagen nicht, ob der BGS, das BKA oder die Länderpolizeien die entsprechenden Fahndungen geführt haben. Auch kann man aus den Statistiken nicht folgern, wo tatsächlich die meisten heimlichen Einreisen und Schleusungen erfolgen. Dass es aus grenzpolizeilicher Sicht an der deutsch-polnischen Grenze ruhiger geworden ist, mag auch daran liegen, dass die Bundesregierung die Kontrollintensität erklärtermaßen auf andere Grenzregionen verlagert hat und dadurch in Sachsen und Bayern mehr illegal Eingereiste und Schleusungen festgestellt werden.

Wer wird als Schleuser festgenommen? Die übergroße Mehrheit wohnt direkt im deutsch-polnischen oder deutsch-tschechischen Grenzgebiet. 15 bis 35 % sind jeweils Deutsche und PolInnen. Tschechische Staatsbürger bilden den größten Anteil. Aus der Beobachtung von Einzelverfahren und aus der Auswertung der Urteile lässt sich erkennen, dass viele Geringverdienende oder Arbeitslose unter den Schleusern sind. Ihr organisatorischer Beitrag ist relativ schlicht. Vor Gericht erhalten sie als Deutsche häufig Geldstrafen, als PolInnen und TschechInnen einige Monate Haft (vgl. Kriminologische Zentralstelle 2002). Neben diesem eher diffusen sozialen Spektrum geriet Ende der 1990er Jahre der gesamte Berufsstand der Taxifahrer in den ostdeutschen Grenzgebieten in die Zielfahndung. In manchen Städten waren es mehr als ein Drittel aller Taxifahrer, gegen die der BGS ein Verfahren wegen Schleusung angestrengt hat. Ihnen wurde nicht etwa vorgeworfen, Personen über die Grenze gebracht, sondern Fahrgäste im Inland befördert zu haben, die über keine Einreisepapiere verfügten (FFM 1998, S. 101ff.). In den Gerichtsverfahren in den Grenzregionen findet man Hinweise darauf, dass die Strafverfolgungsbehörden verunsichert sind: Ist angesichts der lokalen Häufung der Schleusungsdelikte die "Rechtstreue der Bevölkerung" in Gefahr? (Oberlandesgericht Dresden 1997, S. 9ff). Neben dem generalpräventiven Vorgehen gegen den Berufsstand der Taxifahrer in den Grenzgebieten gibt es auch bundesweite ortsunabhängige Rasterfahndungen, in denen vor allem Daten von *Community*-Angehörigen über das Ausländerzentralregister und über die Computersätze anderer Behörden gezielt abgeglichen werden (BMI 1997, S. 6). Damit sollen Serien von Passfälschungen und Verhaltensmuster bei sogenannten "intelligenten Schleusungen" erkannt werden (Kepura 2000, S. 33).

Nun zur wichtigsten Frage, die an das Datenmaterial zu stellen ist: Wer sind die festgenommenen Geschleusten? Sie werden in den Statistiken nach ihrer nationalen Herkunft aufgeschlüsselt. Laut BGS-Jahresberichten finden sich seit 1996 unter den ersten Plätzen in Deutschland durchgängig (ex-)jugoslawische, afghanische und irakische Staatsangehörige. Seit 1998 gibt es Statistiken über die Geschleusten in allen Industrieländern, auch hier werden dieselben Herkunftsländer am häufigsten genannt (Morrison 2000, S. 27)[6].

Abbildung 2: Anzahl geschleuster Personen in den Industrienationen

Zielland/ Jahr	Herkunftsländer der Geschleusten nach Häufigkeit (Personenzahl in Klammern)				
	1. Stelle	**2. Stelle**	**3. Stelle**	**4. Stelle**	**5. Stelle**
D/1996	JUG (1.200)	RO (665)	AFGH (477)	Irak (662)	(keine Angaben)
D/1997	JUG (1.140)	RO (1.086)	AFGH (995)	Irak (781)	(keine Angaben)
Industriest/ 1998	Irak	JUG	AFGH	Albanien	RO
D/1998	JUG	AFGH	RO	Irak	Türkei
Großbrit/ 1998	JUG	Sri Lanka	Albanien	RO	Pakistan
Ungarn/ 1998	JUG	RO	AFGH	Bangla-desch	Irak

Quelle für D/1996 und D/1997 ist der Jahresbericht des BGS 1996/97, S. 10f.

Im Jahr 2000 fiel die EU-Visapflicht für BulgarInnen, im Jahr 2002 für RumänInnen. Damit verschwanden diese schlagartig aus den grenzpolizeilichen Statistiken. Nach den Kriegen der NATO beziehungsweise der USA und ihrer Verbündeten um das Kosovo (1999), in Afghanistan (2001/02) und im Irak (2003) sank die Zahl der heimlich Einreisenden und Geschleusten aus diesen Ländern um ungefähr die

[6] Laut dem Zentrum, das die Industriestaaten unter dem Namen IGC zur Koordination ihrer Asylpolitik eingerichtet haben.

Hälfte. Stattdessen sind nun mehr und mehr russische StaatsbürgerInnen in den Statistiken aufgeführt - es handelt sich vor allem um die Flüchtlinge aus dem Krieg in Tschetschenien.

Es gibt also eine erstaunliche Konstante in den letzten zehn Jahren: Nach der Liste der Herkunftsländer wurden am meisten Personen aus (Ex-)Jugoslawien, Afghanistan und dem Irak nach Westeuropa wie generell in die Industriestaaten als Geschleuste polizeilich festgestellt. Diese Erkenntnis ist in mehrfacher Hinsicht brisant:

Flüchtlinge aus diesen Ländern führen seit langem weltweit die Asylstatistik an, sowohl was die Antragstellung wie auch was die Anerkennung betrifft. Sie waren bis zu den Kriegseinsätzen, die die mächtigsten Staaten dieser Welt in ihren Herkunftsländern führten, praktisch nicht abschiebbar, auch wenn ihr Asylantrag abgelehnt wurde. Deswegen verkörpern sie geradezu idealtypisch die Unerwünschten. Dabei sollte man sich vor Augen halten, dass sie nur einen verschwindenden Teil der gesamten Immigration darstellen, den die Industriestaaten Jahr für Jahr zu verzeichnen haben. Es ist also zu schlussfolgern, dass die Strafverfolgung des "Schleusertums" in erheblichem Ausmaß darauf angelegt ist, Asylflüchtlingen den Zugang zum Anerkennungsverfahren in Deutschland und Westeuropa zu verwehren. Diese Ausrichtung ist den verantwortlichen Asylbehörden durchaus nicht unbekannt. Im Dezember 1998 schätzte das BAFl, dass die Hälfte der AsylantragstellerInnen in Deutschland eingeschleust worden sind (Morrison 2000, S. 25).

Haben die Strafverfolgungsbehörden bei Flüchtlingen und MigrantInnen aus Jugoslawien/Kosovo, aus Afghanistan und aus dem Irak/Kurdistan mit besonderem Eifer grenzkriminelle Handlungen aufzuspüren versucht? Wurden hier mit außerordentlichem Aufwand so genannte Schleuserbanden konstruiert und identifiziert, während ukrainische oder Moskauer Migrationsnetze eher unbehelligt blieben? Zu denken gibt jedenfalls, dass seit zwei, drei Jahren in der EU eine Diskussion über die Liberalisierung der Visarestriktionen eingesetzt hat - gegenüber Mittel- und Osteuropa, gegenüber der Ukraine und Russland. In Strategiepapieren ist die Rede davon, dass eine "freundliche" Schengenpolitik gegenüber den neuen Nachbarn im Osten erfunden werden müsste. Empfohlen wird, in naher Zukunft multiple Visa auf höchst einfachem Weg direkt an der Grenze auszustellen, die die Inhaber wie Checkkarten nutzen könnten. Voraussetzung ist, dass das Schengen-Computersystem SIS II und ein dichtes Kontrollnetz eingeführt ist, mit dem überprüft werden kann, ob die Visa-Inhaber sich "ordnungsgemäß" verhalten und nach Vorschrift auch wieder ausreisen. Damit könnten auch Negativlisten erstellt werden, in denen in ganz anderem Umfang als bisher und auf der Grundlage sozialstaatlicher Daten Menschen von dem Zugang zu den neuen Visa ausgeschlossen werden könnten (vgl. Apap/Tchorbadjiyska 2004).

Obwohl auch die Länder an der südlichen Mittelmeerküste wie die osteuropäischen Staaten neue Pässe auf biometrischer Grundlage einführen werden, wird den Menschen aus dem Süden keine Hoffnung auf entsprechende Visa-Erleichterungen gemacht, im Gegenteil. In den sogenannten Ländern "mit hohem Migrationsrisiko" führen internationale Organisationen mit dem Stereotyp des "skrupellosen Schleusertums" regelrechte "Informations"-Kampagnen, um potentielle Flüchtlinge und

MigrantInnen von ihrem Aufbruch abzuhalten. Das gilt als Präventionsinstrument bei der Migrationssteuerung. Die EU misst dem Ansatz hohen Wert bei. 1998 heißt es im EU-Strategiepapier zur Migrations- und Asylpolitik: "Es scheint die These nicht zu gewagt, die annimmt, dass ein großer Teil aller illegalen Migranten von ihrem Vorhaben Abstand genommen hätte, wenn sie vor Beginn ihrer Reise anstatt der Versprechungen der Schlepperorganisationen ein zutreffendes Bild der sie erwartenden Realität besessen hätten." (EU Rat 1998) Die ersten "Informations"-Kampagnen führte zu Beginn der 1990er Jahre die IOM im Auftrag einiger Industriestaaten in Rumänien und Albanien durch (IOM 1992, S. 8). Ein Beispiel aus den letzten Jahren: Die IOM verteilte zu Beginn des US-Angriffs auf Afghanistan 30.000 Radios in dem Land und erstellte ein tägliches Hörprogramm. Mit den Sendungen wollte die IOM verhindern, dass die Menschen während der US-Bombardierungen massenweise flüchteten (vgl. IRIN 2001; IOM 2002). Um damals sicher außer Landes zu kommen, war es allerdings ratsam, auf Fluchthilfe zurückzugreifen. Die afghanischen Grenzregionen waren für Flüchtlinge außerordentlich gefährlich (vgl. Dietrich 2003).

2. ENTSTEHT EINE NEUDEFINITION DES DELIKTS?

Rekapitulierend möchte ich festhalten: In Deutschland wie in Westeuropa begann Anfang der 1990er Jahre die Kriminalisierung der Fluchthilfe unter dem Vorzeichen der Bekämpfung der Organisierten Kriminalität. Fahndungspolitisch hatte diese Verortung zur Folge, dass in Großstädten, auf Länderebene, beim BKA und beim BGS Arbeitsgruppen zum Thema Schleusung unter dem Dach der OK-Abteilungen entstanden. Deren Arbeitsweise lässt sich damit kennzeichnen, dass bestimmte *Communities* eingekreist und anhand der Überwachung von Geldflüssen und Telefonaten durchleuchtet wurden. So entstand eine Konzentration auf bestimmte Nationalitäten, die sich in entsprechenden Lageberichten widerspiegelten. Im Zentrum der Fahndung standen zunächst *Communities* aus Ost- und Südosteuropa, die pauschal mit der sogenannten OK in Verbindung gebracht wurden. Spätestens seit Mitte der 1990er Jahre rücken die KosovarInnen, irakischen KurdInnen und AfghanInnen in das Visier der Schleusungsbekämpfung. Doch was haben diese mit dem verkündeten Feindbild der OK zu tun? Vielleicht gab es noch eine gewisse Koinzidenz dieser beiden Stränge bei der Fahndung nach Staatsangehörigen aus Jugoslawien/Kosovo. Denn vorherrschend war die Annahme, dass eine Balkanroute entstanden sei, auf der alle Gefahren dieser Welt - Waffen, Drogen und eben auch Menschen - geschmuggelt würden.
Doch was haben Flüchtlinge aus Irak/Kurdistan und Afghanistan bzw. ihre Schleuser, mit dem OK-Feindbild zu tun? Ihre *Communities* weisen keine großen Unternehmen in der Schattenwirtschaft auf. Auch zahlenmäßig sind die heimlichen Einreisen aus diesen Ländern ganz und gar nicht bedeutsam, wenn man sie etwa mit der Einwanderung aus der ehemaligen Sowjetunion vergleicht. Und doch war der Aufwand, mit dem das deutsche Innenministerium Fluchthelfern von IrakerInnen nachgespürt hat, im internationalen und auch im historischen Vergleich der 1990er

Jahre ohne Beispiel. Auf die fliehenden IrakerInnen hatte der damalige Innenminister Manfred Kanther Ende 1997 sein Wort von den "kriminell organisierten Wanderungsbewegungen" gemünzt (vgl. Kanther 1997). Das deutsche Innenministerium war damals geradezu besessen davon, exemplarisch die Route der IrakerInnen zu zerschlagen. Ende 1997 hob die Bundesregierung ihr Irak-Fahndungsvorhaben auf die Ebene der EU, und im Januar 1998 verabschiedete der Rat der EU seinen ersten flüchtlingspolitischen Aktionsplan unter dem Namen "Influx of migrants from Iraq and neighbouring regions". Im Oktober 1999 beschloss der EU-Rat dann weitere flüchtlingspolitische Aktionspläne nach diesem Muster, darunter gegenüber Kosovo/Albanien und Afghanistan.

Ein Eindruck drängt sich angesichts dieser großen politisch-polizeilichen Operationen gegenüber irakischen KurdInnen und AfghanInnen auf: Mit der Fahndung gegen die OK haben diese Maßnahmen im Grunde nichts zu tun. Zwar hat der Kampf gegen das Schleusertum Methoden und Techniken von den polizeilichen OK-Einheiten übernommen. Aber ansonsten handelt es sich offensichtlich um einen Etikettenschwindel.

Tatsächlich baut das BKA seit wenigen Jahren Stellen seiner OK-Einheiten ab (vgl. BKA 2004b, S. 13). Ob die Entwicklung auf Landesebene und innerhalb der EU ähnlich verläuft, ist zu untersuchen. Sicher ist jedoch, dass zugleich neue polizeiliche Sicherheitsdispositive entstehen, und zwar unter dem Label des Antiterrorismus. Auch hier spielt die Überwachung von transnationalen Geldflüssen und Telefonaten eine überragende Rolle. So mag es kaum überraschen, dass inzwischen unerwünschte Flüchtlinge und MigrantInnen weniger mit organisierter Kriminalität aus dem Osten/Südosten assoziiert werden, sondern mehr und mehr mit "terroristischen" Gefahren aus dem Süden. Allen Ernstes gehen die Innenministerien Deutschlands, Frankreichs, Großbritanniens, Italiens und Spaniens auf ihren Konferenzen davon aus, dass die Boat People im Mittelmeer von denselben Netzwerken geschleust würden wie islamistische Terroristen und ihr Umfeld in Europa. Sie haben bereits Fahndungsgruppen gebildet, die das transmediterrane Schleusertum gemeinsam mit dem islamistischen Terrorismus bekämpfen sollen.

Welche Folgen wird dies haben? Werden dieselben Methoden, die gegen islamistische Terroristen legitim erscheinen, auch gegen die transmediterrane Migration zum Einsatz kommen? Otto Schily, Giuseppe Pisanu und andere Innenminister von EU-Staaten haben extraterritoriale und extralegale Flüchtlingslager vorgeschlagen, aus denen EU-Beamte Flüchtlinge in deren Herkunftsstaaten abschieben lassen könnten. Eine neue Generation von Kontrolltechnologien wird jetzt in den antiterroristischen Feldzügen eingesetzt - und zugleich im Kampf gegen das Schleusertum und die irreguläre Migration erprobt. Noch beunruhigender als der Einsatz dieser Technologien ist, dass sich ein herrschendes "präventives" Denken gegenüber den Migrationsbewegungen herausbildet. Wie bei der Strategie des *"Enduring Freedom"* entsteht eine geradezu fanatische Überzeugung, dass die Industriestaaten durch Frühwarnsysteme und vorausberechneten Schaden an entscheidenden Orten vorweg intervenieren könnten, damit die unerwünschten Migrationsbewegungen schon an ihrem Ursprungsort oder auf jeden Fall fernab im Transit aufgehalten werden.

Mit der Verschiebung von der OK-Bekämpfung zum Antiterrorismus hat sich die Flüchtlingsabwehr gegen den Osten/Südosten zur Abwehr gegen den Süden gewandelt. Und die These, die allmächtigen transnationalen Verbrecherbanden hätten das Migrationsgeschäft fest in ihrem Griff, halten selbst die Strafverfolgungsbehörden nicht mehr so richtig aufrecht. Angesichts von Flüchtlingen, die sich an der südlichen Mittelmeerküste schlicht und einfach ein Holzboot kaufen, um damit nach Italien oder Spanien überzusetzen, macht es keinen Sinn mehr, von ohnmächtigen Schleusungsopfern zu sprechen. Dass sie Leib und Leben für ihre Zukunft einsetzen - das ist es, was hier in Europa Angst macht. Diese Entschlossenheit und dieses Wissen um die Erreichbarkeit anderer Kontinente ist es auch, die in den letzten Jahren vielerorts die Verhandlungsposition der Flüchtlinge gegenüber ihren Fluchthelfern gestärkt hat. Tatsächlich sind manche Preise von Booten, Schleusungen und anderen Dienstleistungen zurückgegangen, auf die Flüchtlinge in Not und bei Bedarf zurückgreifen.

In menschenrechtlicher und zivilgesellschaftlicher Hinsicht steckt hier langfristig die Hoffnung: Es gilt, die Rechte und die Kräfte der Flüchtlinge und MigrantInnen zu stärken. Wenn sie Zugang zur sicheren Schifffahrt erlangen, wenn sie nicht fürchten müssen, von Wegelagerern aller Art ausgenommen zu werden, wenn die Grenzabschottungen abgebaut werden, dann wird das skrupellose wie das faire Geschäft der kommerziellen Fluchthilfe an Bedeutung verlieren.

LITERATUR

Apap, Joanna/Tchorbadjiyska, Angelina (2004): What about the Neighbours? The Impact of Schengen along the EU's External Borders. CEPS Working Document No. 211.

Armando Abou Chabaké, Tarek (2000): Irreguläre Migration und Schleusertum. Im Wechselspiel von Legalität und Illegalität, in: Husa, *Karl/Parnreiter, Christof/ Stacher, Irene* (Hg.): Internationale Migration - die globale Herausforderung des 21. Jahrhunderts? Frankfurt a.M./Wien, S. 123-143.

BGH (Bundesgerichtshof) (1980): Entscheidung vom 21.02.1980, in: Neue Juristische Wochenschrift (29), S. 1574ff.

BKA (Bundeskriminalamt) (2004a): Financial Intelligence Unit (FIU) Deutschland. Jahresbericht 2003. Wiesbaden.

BKA (Bundeskriminalamt) (2004b): Bundeslagebild Organisierte Kriminalität 2003. Kurzfassung, Wiesbaden.

BMI (Bundesministerium des Inneren) (1997): Pressereferat 09.09.1997.

BMI (Bundesministerium des Inneren) (1998): Jahresbericht 1997 zur Kriminalitätslage in der Bundesrepublik Deutschland. Bonn.

BMI (Bundesministerium des Inneren) 2004: Falldatei Schleuser und Geschleuste, in: Lexikon der Innenpolitik. Online auf URL: http://www.bmi.bund.de /nn_121572/ sid_6FB3818247E0CB4EDA5EB8B849DCA4CC/nsc_true/Internet/Navigation/DE/ Service/Lexikon/GenericDynCatalog,lv2=121690,lv3=132676.html [2004-10-16].

Dietrich, Helmut (2003): Im Windschatten der Bomber. Kriegsziel Flüchtlingsbekämpfung: Kosovo, Afghanistan und Irak, in: Fantômas. Magazin für linke Debatte und Praxis. Sonderbeilage zu ak - analyse und kritik (3), S. 13-17.

Europol (1998): Bericht über die Tätigkeiten der EUROPOL-Drogenstelle. 1. Januar - 30. Juni 1998, 24.09.1998.

FFM (Forschungsgesellschaft Flucht und Migration)(1997): Ukraine. Vor den Toren der Festung Europa. Die Vorverlagerung der Abschottungspolitik (=Hefte der FFM 5).

FFM (Forschungsgesellschaft Flucht und Migration) 1998: Die Grenze. Flüchtlingsjagd in Schengenland, hg. v. FFM; Flüchtlingsrat Niedersachsen; pro asyl, Hildesheim.

Heesen, Dietrich/Hönle, Jürgen (2000): Bundesgrenzschutzgesetz BGSG mit VwVG und UZwG. Kommentar für Studium und Praxis, 3. Aufl., Hilden/Rhld.

Hellenthal, Markus (1994): Die aktuelle Entwicklung der illegalen Zuwanderung nach Deutschland insbesondere mit Blick auf die Schleuserkriminalität und andere Felder der grenzbezogenen organisierten Kriminalität und die Gegenmaßnahme des Bundesgrenzschutzes in einer neuen Organisationsstruktur, in: Die Polizei 86 (1), S. 1-12.

IOM (International Organisation for Migration) (1992): Full Round of Consultations, Niagara-on-the-Lake, 29. - 30.06.1992: Note on Migration Information Activities. Genf.

IOM (International Organisation for Migration) (2002): Press Briefing Notes - 8 January 2002. Chauzy, Jean Philippe, IOM Spokesperson: AFGHANISTAN - Afghan Emergency Information Program, Online auf URL: http://usinfo.state.gov /regional/nea /sasia/afghan/text/0108radio.htm [2002-07-21].

IRIN (Integrated Regional Information Network) (2001): AFGHANISTAN: IOM to launch humanitarian radio project, IRIN News, December 12th. Online auf URL: http://www.charityadvantage.com/usaim/iominthenews3.asp [Stand 2002-07-21].

Just, Michael (1988): Ost- und südosteuropäische Amerikawanderung 1881 - 1914. Transitprobleme in Deutschland und Aufnahme in den Vereinigten Staaten, Stuttgart.

Kriminologische Zentralstelle (2002): Forschungsprojekt "Zur Verurteilungspraxis deutscher Gerichte auf dem Gebiet der Schleuserkriminalität". Ausgewählte Ergebnisse der Bundeszentralregisterauswertung bzgl. der Urteilsjahrgänge 1995-1999 [Stand Februar 2002].

Levi, Michael/Maguire, Mike (2004): Reducing and preventing organised crime: An evidence-based critique, in: Crime, Law and Social Change 41(5), S. 397-469.

Müller-Schneider, Thomas (2000): Zuwanderung in westliche Gesellschaften. Analyse und Steuerungsoptionen, Opladen, S. 125-167.

Kepura, Jürgen (2000): Passfälschung und Schleusungskriminalität. Ein lehrreicher Fall aus der Praxis, in: Kriminalistik 54 (1), S. 27ff.

Morrison, John (2000): Traffickers often refugees' last resort to reach Europe. Report, UNHCR Genf.

Severin, Klaus (1997): Illegale Einreise und internationale Schleuserkriminalität. Hintergründe, Beispiele und Maßnahmen, in: Aus Politik und Zeitgeschichte. Beilage zur Wochenzeitung "Das Parlament". 07.11.1997, S. 11-19.

Walter, Bernd (1998): Schlepper - Schleuser - Menschenhändler. Der grenzpolizeiliche Alltag an den Ostgrenzen, in: Kriminalistik 52 (7), S. 471-477.

Schmoller, Kurt (1997): Manuskript Symposion an der Europa-Universität Viadrina in Frankfurt/Oder am 18.11.1997 zum Thema "Organisierte Kriminalität im Grenzgebiet".

WEITERE QUELLEN

BGS (Bundesgrenzschutz) 1996/97; 1998; 1999; 2000/2001; 2002: Jahresbericht.

BGS-Amt Frankfurt/Oder (1997): Schleusungen 1995-1997. Auskunft an FFM, 31.10.1997.

BGS-Direktion (1997): Zentralstelle Unerlaubte Einreise Schleusung. Auswerteprojekt Einschleusung irakischer Staatsangehöriger nach Deutschland [Stand: 1.7.1997].

EU (Europäische Union) Rat (1998): Strategiepapier zur Migrations- und Asylpolitik, Dokument 9809/2/98, REV 2, 19.11.1998.

EU (Europäische Union) Rat Justiz und Inneres (2002): Gesamtplan zur Bekämpfung der illegalen Einwanderung und des Menschenhandels, Dokument 6621/1/02 REV 1, 28.02.2002.

Kanther, Manfred (1997): Tischvorlage. Top 12: Zustrom von Einwanderern aus Irak. hier: Entwurf eines Sofort-Aktionsprogramms. Rat Justiz und Inneres 04./05.12.1997.

Oberlandesgericht Dresden (1997:) Urteil. 1 Ss 39/97.

Landgericht Frankfurt (Oder) (1998): Beschluss 25 Kls 11/98.

Staatsanwaltschaft Frankfurt (Oder) (1997): 120 Js 143/97.

INDIVIDUELLER KONTEXT DER ILLEGALITÄT

Krystyna Michalski

"Was das Individuum betrifft, so ist ohnehin jedes ein Sohn [und eine Tochter] seiner [ihrer] Zeit, so ist auch die Philosophie ihre Zeit in Gedanken erfaßt."

G.W.F. Hegel

Wir sind alle Kinder unserer Zeit. Und zu jeder Zeit gab und gibt es Bewegungen - die Namen dafür variieren, heute z.B. nennt man sie Migration. Wir bewegen uns immer auf der Suche nach einem besseren Leben, egal in welcher Form, ob nun in philosophischer Freiheit wie Thomas Mann, Berthold Brecht oder Heinrich Heine, die ins Exil gingen oder ob es ökonomische Gründe sind, wie damals bei den ArbeiterInnen aus Schlesien, die ins Ruhrgebiet gekommen sind. Diese Polen, Ende des 19. und Anfang des 20. Jahrhunderts, waren die ersten "GastarbeiterInnen", die gerufen wurden, die man also angeworben hat. Ab 1955 fand dies eine Fortführung in der Anwerbung von ArbeitnehmerInnen aus Italien und den anderen Ländern rund um das Mittelmeer bis zum Anwerbestopp 1973.

Ich selbst komme aus einem binationalen Elternhaus, meine Mutter ist Deutsche und mein Vater Pole, daher genieße ich das Privileg der doppelten Staatsbürgerschaft. Meine Eltern sind mit uns Kindern 1972 im Rahmen der Familienzusammenführung in die Bundesrepublik eingewandert. Dies war seinerzeit Bestandteil der Osteuropapolitik der damaligen Bundesregierung. Unsere Einwanderung - die natürlich offiziell so nicht genannt wurde - war politisch gewollt und passte in das damalige "politische Konzept"; in der Amtssprache nannte man uns "Spätaussiedler". Ich habe daher auch einen Migrationshintergrund, der mich und meine Sicht auf das Thema prägt. Ebenso prägend ist meine frühere Tätigkeit als Migrationssozialberaterin. Die Menschen, die ich im Folgenden kurz vorstelle, um den individuellen Kontext der Illegalität deutlich zu machen, habe ich persönlich in dieser Beratungsarbeit kennen gelernt.

1. WIE INDIVIDUELL SIND DIE INDIVIDUELLEN KONTEXTE?

Um für das Thema der individuellen Kontexte zu sensibilisieren, eignet sich die Methode des "Assoziationssterns", denn durch sie wird sichtbar, wie vielfältig diese Kontexte sein können und zugleich wie sehr die eigenen Motive und Ideen denen der MigrantInnen ähneln können. In der kriminologischen Studienwoche "Menschen in der Illegalität" führten wir zur Einstimmung den Assoziationsstern durch. Hierfür wurden die TeilnehmerInnen der Studienwoche in kleine so genannte "Murmelgruppen" eingeteilt. Jede Gruppe sollte nun überlegen, welche Beweggründe Menschen aus anderen Ländern haben könnten, die sie dazu bringen könnten, ein Leben in Deutschland ohne gültigen Aufenthaltsstatus zu führen. Jede Gruppe einigte sich auf maximal zwei Motive.

Die Motive für ein Leben ohne gültigen Aufenthaltstatus in Deutschland, die anderen zugeschrieben werden, lasen sich wie folgt:

- familiäre Erwartungen im Herkunftsland
- Liebe, Familienzusammenführung
- persönliche Beziehungen
- Sprache lernen
- bessere und günstigere Ausbildungsmöglichkeiten
- Arbeitssuche, bessere Zukunft (für Kinder)
- Sexuelle Diskriminierung
- Perspektivlosigkeit
- Idealisierung der Lebenssituation in Deutschland
- persönliche Perspektive
- Unterstützung der Familie im Herkunftsland
- Versorgung der eigenen Familie
- Krieg, Bürgerkrieg
- politische Verfolgung
- bessere Lebensbedingungen
- politische Verfolgung

Anschließend sollten die TeilnehmerInnen Gründe zusammentragen, die für sie selbst ausschlaggebend sein könnten, um im Ausland ohne gültigen Aufenthaltsstatus zu leben. Diese Motive waren:

- Netzwerk vorhanden
- Netzwerke
- Sonne
- Ökonomische Absicherung
- neue Perspektiven
- Freundschaften
- Drohende Strafverfolgung
- Perspektivlosigkeit im Heimatland
- LIEBE
- Heirat
- Lebensqualität
- Liebe
- Lebensqualität

Die Motive beider Fragen waren Gegenstand der folgenden Diskussion. Welche Stichworte stehen den Erwartungshaltungen entgegen? Welche Erfahrungen aus der eigenen Beratungspraxis oder dem eigenen Hintergrund z.B. werden sichtbar? Wie individuell sind diese Motive und von welchen Faktoren kann eine Entscheidung für ein Leben in der Illegalität abhängen, waren weitere Fragen, die im Zentrum der Diskussion standen. Je nach der eigenen Sicht auf das Thema, dem eigenen Hintergrund, sahen die TeilnehmerInnen in ihren Interpretationen der Motive durchaus sehr identische bzw. sich deckende Aspekte, wie z.B. die Ebene der persönlichen Beziehungen, die ausschlaggebend sind, die Liebe, die Familienzusammenführung, aber auch die Lebensqualität und Perspektivlosigkeit im Herkunftsland.

Trotz ähnlicher Motivebenen hat jede/jeder eigene Gründe oder sind ganz eigene Faktoren ausschlaggebend von denen die Entscheidung abhängt, sich in ein Leben in der Illegalität zu begeben oder darin zu verbleiben. Auch die Berichte derjenigen, denen ich in meiner Beratungsarbeit begegnete, fanden sich in den Ergebnissen der Kleingruppenarbeit wieder. Sie erzählten mir von ihren persönlichen Motiven, die sie auf den Weg zu einem scheinbar besseren Leben bewegten. Bei einer näheren Betrachtung jedoch stand die Entscheidung für ein Leben ohne gültigen Aufenthaltsstatus in einem mehr oder weniger engen Zusammenhang zu der jeweiligen ökonomischen und gesellschaftspolitischen Situation des jeweiligen Herkunftslandes. Und daher komme ich zurück auf die Frage, wie individuell der individuelle Kontext wirklich ist. Meine Assoziation zum einleitenden Zitat von Hegel schließt sich an die Etymologie des Wortes "Philosophie" an. Philosophie bedeutet die offene Suche nach der Wahrheit, die Liebe zur Weisheit. Für mich heißt dies, dass jeder Mensch in seiner/ihrer Einzigartigkeit und Unvergleichbarkeit immer im Kontext zu der jeweiligen Zeit, den Geschehnissen und der Gegenwart dieser Zeit steht bzw. lebt und die offene Suche nach der Wahrheit ebenso von dem jeweiligen Zeitgeist und den Normen der Zeit abhängig ist. Wenn man sich also mit dem "individuellen Kontext der Illegalität" befasst, so muss man sich auch mit den Ursachen, das heißt in der heutigen Zeit der wirtschaftlichen Globalisierung und den einhergehenden Kosten der Arbeit, auseinandersetzen. Ein individueller Kontext ist zwar in der individuellen Entscheidung des Individuums vorhanden, er hängt jedoch mit der Lebenssituation im Herkunftsland zusammen und diese wiederum von den ökonomischen und gesellschaftspolitischen Strukturen des Landes.

2. Beispiele für die Motive aus der Beratungsarbeit

Im Folgenden beschränke ich mich auf die Motivation und den Entscheidungshintergrund der Betroffenen, wie sie mir in meiner Beratungsarbeit begegnet sind. Die nachfolgenden Beispiele haben jedoch nur exemplarischen Charakter, viele weitere Beweggründe müssen hinzu gedacht werden. So gibt es z.B. viele Menschen, die sich in der Illegalität befinden und die sich nicht trauen, eine Beratungsstelle aufzusuchen und deren Kontexte hier wiederum ausgeklammert sind.

Mit beispielhaften Biographien von Menschen, die in der Bundesrepublik illegalisiert wurden, bzw. die illegal nach Deutschland einreisten, möchte ich zeigen, wie verschieden die Beweggründe für die Entscheidung zur Migration sein können und welche Mischung aus ökonomischen, sozialen, politischen und privaten Gründen darin zu erkennen ist:

- *Eine ältere Frau aus Russland*
... reiste als Besucherin mit Visumspflicht nach Deutschland ein. Sie wollte aufgrund ihres hohen Alters bei ihrer Tochter leben, da sie nicht mehr in der Lage war, allein in Russland zu leben. Sie blieb in Deutschland ohne einen legalen Aufenthaltsstatus zu haben.

- *Eine Studentin aus Aserbaidschan*
... schaffte es nicht, ihr Studium innerhalb der Regelstudienzeit abzuschließen und wurde aufgefordert, die Bundesrepublik zu verlassen. Ihr Antrag auf Verlängerung der Aufenthaltsbewilligung wurde abgelehnt. Aus Scham gegenüber ihrer Familie, dass sie die in sie gesetzten Hoffnungen nicht erfüllt haben könnte, kehrte sie nicht in ihr Herkunftsland zurück.

- *Eine Frau aus Ecuador*
... reiste gleichfalls legal ein. Sie kam als Touristin im Auftrag und finanziert von ihren Angehörigen (und dem erweiterten Kreis), um in Deutschland Geld zu verdienen. Als ihr Visum abgelaufen war, blieb sie immer noch, um weiterhin Geld nach Hause schicken zu können.
Sie kam in die Beratungsstelle, weil sie in einem Restaurant gearbeitet hatte, bei dem eine Razzia durch das Arbeitsamt durchgeführt wurde und sie danach Existenzängste bekam. Sie wäre gern zurückgegangen, aber ihre Papiere waren abgelaufen. Gemeinsam mit der ecuadorianischen Botschaft konnte ihr geholfen werden, so dass sie ausreisen konnte. Sie war zu diesem Zeitpunkt bereits zwei Jahre illegal in Deutschland und konnte die Unsicherheit nicht mehr aushalten.

- *Ein Mann aus Tunesien*
... reiste mit einer Reisegruppe nach Deutschland ein und blieb. Er war homosexuell und hoffte, in einer deutschen Großstadt seine Sexualität offen ausleben zu können. Er wollte hier einen Partner finden und nicht mehr, wie noch in seinem Leben in Tunesien, wegen seiner sexuellen Orientierung einer Gefahr ausgesetzt sein. Er wollte unbedingt in Deutschland bleiben und war daran interessiert, seinen Status zu verbessern. Ich konnte ihm lediglich seine Aussichtslosigkeit aufzeigen und ihm einen Anwalt empfehlen. Er entschied sich für ein Leben in der Illegalität.

- *Ein Saisonarbeiter aus Polen*
... kam mit einer Arbeitserlaubnis bzw. einem Visum für drei Monate, um in der Landwirtschaft zu arbeiten. Sein Arbeitgeber, der sehr zufrieden mit ihm war, forderte ihm zum Bleiben auf - er blieb und wurde somit "illegal". Er konnte das Geld sehr gut gebrauchen, da er es für eine komplizierte ärztliche Behandlung seiner Tochter benötigte, andere Personen in einer ähnliche Situation benötigten das Geld für die Finanzierung eines Studiums, für die Anschaffung von Landwirtschaftsmaschinen

zuhause etc. Die Überschreitung der auf drei Monate festgesetzten maximalen Arbeitszeit pro Jahr erfolgt zumeist um weitere drei Monate, danach gehen sie wieder nach Hause - eine typische Pendelmigration.

- *Eine junge Philippinin*
... hatte in ihrem Herkunftsland deutsch gelernt und Kurse zum Umgang mit deutschen Kindern und der Arbeit in einem deutschen Haushalt besucht. Auf diese Weise gut vorbereitet, wurde sie in einen Haushalt nach Deutschland vermittelt.

In meiner Beratungstätigkeit habe ich die Erfahrung gemacht, dass der Anteil an Frauen in der Illegalität sehr hoch ist. Umgekehrt befinden sich auch viele Frauen unter den ArbeitgeberInnen. Oftmals handelt es sich bei den Arbeitgeberinnen um wohlhabende Frauen mit hohem Bildungsstand, sie sind selbst berufstätig und nehmen die Dienstleistung einer Haushaltshilfe z.B. ganz selbstverständlich an. Sie schicken ihre "Haushaltsperlen" zu mir in die Beratung, jedoch nicht, weil sie ein Interesse daran haben, dass deren Aufenthaltsstatus verbessert würde, sondern damit sie das Leben in der Illegalität gut managen können. Dabei wird deutlich, dass nicht nur für die in der Illegalität befindlichen Personen die Netzwerke eine große Rolle spielen, sondern auch für die ArbeitgeberInnen. Auf diese Weise können sie erfahren, wer schon eine gute Erfahrung mit einer "illegalen Haushaltsperle" gemacht hat und wie man an sie heran kommt. Die Haushaltshilfen werden so von Haushalt zu Haushalt weiter gereicht. Sie gelten als zuverlässig, wahrscheinlich auch wegen ihres fehlenden Status, der für eine Art "Zwangszuverlässigkeit" sorgt. Sie werden nicht krank, können zu jeder Tages- und Nachtzeit arbeiten und sind, da man für sie keine Sozialabgaben zahlen muss, auch sehr günstig. Erstaunlich finde ich jedoch die Einstellungen der ArbeitgeberInnen, die die Anstellung einer Person ohne Aufenthaltserlaubnis als humanitäre Aktion ansehen, gewissermaßen als einen Akt der Entwicklungshilfe.
Den Ansprüchen der Menschen in der Beratung zu genügen ist schwer, weil es oft um eine Situation geht, bei der ich nicht viel beraten kann. Aber auch über die Aussichtslosigkeit einer Verbesserung des Aufenthaltsstatus zu sprechen, ist ein wichtiger Bestandteil der Arbeit, z.B. um Illusionen aufzubrechen und nach Bewältigungsstrategien des Alltags in der Illegalität zu suchen.
Vor allem ältere Menschen suchen eher selten eine Beratungsstelle auf. Sie bleiben in ihren Wohnungen, wo sie oft bei ihren Kindern leben. Dadurch sind sie sozial unsichtbar und leben in einer ganz eigenen Art der Vereinsamung. Durch diese selbst auferlegte Isolation sind sie nicht in der Lage, bei z.B. Freizeitangeboten oder Kaffeekränzchen teilzunehmen, die von öffentlichen Trägern angeboten werden. Sie sind ganz auf die Anwesenheit ihrer Familien angewiesen. Das Beispiel der älteren Frau aus Russland zeigt dies. Eine Beratung ist nicht einfach, denn es war klar, dass sie nicht nach Russland zurückgehen würde, sondern bis zu ihrem Tode hier bei ihrer Familie bleiben will. Für die medizinische Versorgung konnte sie gegen ein geringes Entgelt auf Ärzte zurückgreifen, die bereit waren, sie auch ohne Versicherung zu behandeln. Bei diesen und anderen Alltagsfragen konnte die Beratung noch ansetzen.

Meiner Erfahrung nach sind es besonders ältere Menschen aus Russland und aus der Türkei, die in der Illegalität leben, weil sie bei ihren Familien in Deutschland sein wollten. Sie sind meist mit einem Besuchsvisum eingereist und sind nach Ablauf des Visums einfach geblieben. Sie können in ihrer Heimat nicht alleine existieren oder ihnen wird dort das Leben schwer gemacht, weil sie über Verwandtschaft in Westdeutschland verfügen. So geht man davon aus, dass sie aufgrund ihrer Verwandtschaft vermögend sein müssen und es werden ihnen bei diversen Dienstleistungen, ob von Nachbarn oder Behördenvertretern, extra Kosten in Rechnung gestellt, immer in dem Glauben, die Verwandtschaft aus dem Westen würde schon dafür aufkommen. Die Angst vor dem Alleinsein in der Heimat ebenso wie ein Bedürfnis nach Absicherung z.B. für den Fall, dass man Pflege bedarf oder seine Kohlen nicht mehr die Treppe hinauf schaffen kann, all dies sind entscheidungsrelevante Gründe, die ältere Menschen dazu veranlassen, ihren Lebensabend in der Illegalität zu verbringen.
Für die Familien geht die Schwierigkeit aber noch einen Schritt weiter, denn auch der Tod der Großmutter oder des Großvaters wird zum Problem, bei dem sie Hilfe benötigen. Denn der Tod muss bescheinigt werden, die Tote beigesetzt. Was also tun mit der "illegalen" toten Angehörigen?

3. FAZIT

Frauen sind stärker im "illegalen" Leben vertreten als Männer. Sie finden leichter Arbeit. Sie sind oft auch Pendelmigrantinnen. Polinnen, die sich ihr Geld in wohlhabenden deutschen Haushalten verdienen, sind inzwischen selbst Arbeitgeberinnen geworden: in ihren Wohnungen in Polen passen junge Frauen aus der Ukraine auf ihre Kinder auf und führen den Haushalt. Um eben diese weiterführenden Effekte zu illustrieren, die mit Arbeitsmigration, gerade auch mit illegaler, zusammenhängen und die in einem Großteil der Biographien zum Vorschein kommen, möchte ich mit zwei kleinen Anekdoten schließen:
Vor einiger Zeit besuchte ich eine meiner Cousinen in ihrem Dorf in Polen. Meine Cousine beschwerte sich damals bei mir darüber, dass sie keine Handwerker zur Renovierung ihrer Garage finden konnte - denn alle waren in Deutschland. Ähnliches weiß ich aus einem anderen polnischen Dorf, aus dem so viele Bewohner wie möglich ins Ausland zum Arbeiten geschickt werden. Das Ziel ist die Umwandlung des Dorfes zu einem Zentrum, in dem man Ferien auf dem Bauernhof machen kann - für deutsche TouristInnen.

Lebensbedingungen und Facetten des illegalen Alltags

DIE LEBENSSITUATION "ILLEGALISIERTER" MENSCHEN IN HAMBURG, AM BEISPIEL VON FRAUEN UND TRANSSEXUELLEN AUS LATEINAMERIKA

mujeres sin fronteras[1]

Wir, die Frauen von *mujeres sin fronteras*, arbeiten seit 1997 in einem interkulturellen Team von Frauen aus Argentinien, Deutschland und Spanien zusammen. Wir begannen unsere Arbeit als Arbeitsgruppe innerhalb einer von öffentlichen Geldern geförderten Einrichtung, in der es zunächst lediglich um die Beratung von Frauen aus Lateinamerika gehen sollte. Doch schon bald setzten die Diskussionen um die "Illegalisierten" ein, die unsere Hilfe suchten. Fragen wie: "Dürfen wir sie beraten?" und unterschiedliche Positionen zur Frage des Umgangs mit der Thematik in der Öffentlichkeit trotz staatlicher Förderung tauchten auf und führten letztendlich zur Gründung einer eigenständigen und unabhängigen Organisation.

Zwei Punkte dieses Prozesses sind bis heute für unsere Arbeit maßgeblich:

1. Die Entscheidung für eine Arbeit, die aufgrund eines sozialpolitischen Bewusstseins stattfindet und daher die Abhängigkeit von Finanzgebern ablehnt.
2. Die Entscheidung, Frauen und Transsexuelle parteilich zu beraten und zu unterstützen, unabhängig von ihrem Aufenthaltsstatus.

Als eigenständige Frauenorganisation gründeten wir *mujeres sin fronteras* im Jahr 2000, um uns für die Rechte von Migrantinnen und Flüchtlingen, insbesondere von Frauen und Transsexuellen einzusetzen und gegen Rassismus und Ausgrenzung zu kämpfen. Migrierte Frauen und Transsexuelle sind mehrfachen Ausgrenzungen ausgesetzt und müssen auf vielen Ebenen ihre alltäglichen Kämpfe führen, die wir durch unsere Arbeit unterstützen wollen. Wir setzen uns massiv gegen eine fortschreitende (insbesondere durch die Ausländergesetzgebung begründete) Entrechtung derjenigen Menschen ein, die durch die Unterscheidung verschiedener "Kasten" von "AusländerInnen" noch gefördert wird, daher unterscheiden wir nicht zwischen "legalen", "halblegalen" oder "illegalen" Frauen und Transsexuellen.

1. DIE BERATUNG

Basis und Ausgangspunkt all unserer Aktivitäten ist die praktische Arbeit und der direkte Kontakt zu den Frauen und Transsexuellen, wobei wir vorwiegend Menschen aus Lateinamerika unterstützen, fast ausschließlich Migrantinnen. Zweimal wöchentlich bieten wir eine offene Beratung auf Spanisch und Portugiesisch an. Diese Beratung ist sowohl muttersprachlich und parteilich, als auch kostenlos und

[1] Auf Deutsch: "Frauen ohne Grenzen"

anonym. Wir versuchen die Rat Suchenden zunächst so umfangreich wie möglich über ihre Handlungsoptionen zu informieren, um sie dann auf dem Weg, für den sie sich entscheiden, zu unterstützen. Meistens geht es um alle Fragen und Probleme des Alltags oder besser "Unalltags" der zum großen Teil "illegalisierten" Migrantinnen. Die Unterstützung fängt bereits beim Verstehen und Ausfüllen eines Formulars an und erstreckt sich bis zu solchen Situationen, wie z.B. von der Polizei angeschossen worden zu sein. Ein weiterer wichtiger Bereich der Arbeit ist, die Frauen/Transsexuellen zu Behörden, AnwältInnen, Krankenhäuser etc. zu begleiten, parteilich zur Seite zu stehen und vor Ort zu übersetzen. Entweder übernehmen wir selbst diese Aufgaben oder organisieren entsprechende Begleitungen. Wir arbeiten eng mit anderen Organisationen und Beratungsstellen sowie mit RechtsanwältInnen zusammen. Außerdem können wir auf viele persönliche und informelle Kontakte zurückgreifen, die wir als unterstützendes Netzwerk für die Frauen nutzen. Bei unserer Arbeit versuchen wir trotz oder gerade wegen des immer enger werdenden offiziellen Spielraums, Handlungsoptionen zu erschließen und die Rat Suchenden bei der selbständigen Gestaltung ihrer Situation zu stärken. Leitmotiv für unsere Tätigkeit ist, die herrschende Normalität nicht als solche zu akzeptieren.

1.1 WIE ERREICHEN UNS DIE RAT SUCHENDEN?

Da die Menschen aus Lateinamerika in der Regel über gute Netzwerke verfügen (siehe nächster Punkt), kommen die meisten von ihnen über Mundpropaganda zu uns. Es gibt immer eine Freundin oder eine Bekannte, die uns entweder selber kennt oder aber über andere von uns gehört hat. Zugute kommen unserer Arbeit vor allem die jahrelange Kontinuität unseres Teams und das dadurch gewonnene gegenseitige Vertrauen. Viele der Menschen, die einmal bei uns waren, kommen zum Teil sehr häufig und über viele Jahre hindurch wieder zu uns, wenn sie erneut vor Problemen stehen oder einfach reden möchten. Gleichzeitig gibt es eine sehr enge Zusammenarbeit mit anderen Beratungsstellen, die auch Frauen vor Ort über uns informieren. Interessant ist in diesem Zusammenhang die Tatsache, dass es mittlerweile doch die eine oder andere öffentlich geförderte Beratungsstelle gibt, deren Mitarbeiterinnen die Frauen gezielt zu uns schicken, da sie meinen, sie nicht selbst beraten zu können bzw. zu dürfen.

1.1.1 LATEINAMERIKANERINNEN IN HAMBURG

Auf die Hintergründe der Migration wird bereits an anderer Stelle dieses Buches eingegangen, dennoch möchten wir noch kurz die Besonderheiten des Migrationsprozesses von lateinamerikanischen Frauen und Transsexuellen erwähnen. Im Gegensatz zu früher, als Menschen (in einer Vielzahl Männer) aus Lateinamerika oftmals politisches Asyl gewährt wurde, kommen in den letzten Jahren mehr Frauen als Männer aus Lateinamerika nach Deutschland. In der Heimat oft Haushaltsvorstand und Ernährerinnen der Familie, sind sie es, für die es in Deutschland einen Arbeitsmarkt gibt - vornehmlich in der Prostitution und in den Haushalten. Sie kommen oftmals, um Geld zur Unterstützung der daheim Gebliebenen zu verdienen.

Andere Gründe, wie zum Beispiel die sexuelle Diskriminierung und Unterdrückung, sind nicht nur für Frauen von entscheidender Bedeutung, sondern vor allem auch für Transsexuelle und Homosexuelle. Gerade Letztere kommen, weil die Diskriminierung von Homosexualität in ganz Lateinamerika derart extrem ist, dass es unmöglich ist, dort zu existieren und das nicht nur in finanzieller Hinsicht. In Deutschland, besonders in Hamburg, finden sie Verdienstmöglichkeiten im Travestiebereich. Zwar sind sie auch hier Diskriminierungen ausgesetzt, allerdings verläuft diese seltener tödlich als in den Herkunftsländern. Auch die Art und Weise der Migration von Lateinamerikanerinnen weist einige Besonderheiten auf. Im Gegensatz zu Menschen aus nahezu allen afrikanischen Staaten, war und ist es zum Teil immer noch relativ unkompliziert für Lateinamerikanerinnen in die BRD einzureisen, nämlich mit einem Touristenvisum, ohne dass sie ein Visumsverfahren durchlaufen müssen. Allerdings wurde seit Ende der 90er Jahre für Länder mit einer hohen Auswanderungsrate, wie z.B. Kolumbien und Ecuador, die Visumspflicht eingeführt, für weitere Länder ist dieses noch zu erwarten. Oftmals kommen die LateinamerikanerInnen relativ unorganisiert und auf eigenen Wegen, d. h. die Netzwerke und die *Communities* sind zwar wichtig, aber Schlepperei und Schleuserei spielen mit Ausnahme des organisierten Frauenhandels keine große Rolle. Diese Netzwerke wiederum führen dazu, dass es an manchen Orten eine Ansammlung von bestimmten Gruppen von MigrantInnen gibt. Nach Hamburg zum Beispiel kommen besonders viele Transsexuelle, ebenso wie Ecuadorianerinnen. Zu erwähnen seien hier zudem die Verschiebungen innerhalb der Migrationsbewegungen, gerade auch der Menschen aus dem südlichen Lateinamerika: Während noch bis 2001 viele LateinamerikanerInnen in die USA migrierten (siehe dazu: Steinhauf 2002), nahmen diese in den letzten Jahren zunehmend den Weg ins entferntere Europa auf sich. Verschärfte Visabedingungen auf der einen Seite, schneeballartige Entwicklungen von Netzwerken auf der anderen, dürften hierbei von entscheidender Bedeutung sein.

1.1.2 ILLEGALISIERUNG

Ganz gleich aus welchen Gründen und auf welchen Wegen sie nach Deutschland kommen, alle hier Ankommenden werden mit einer Ausländergesetzgebung konfrontiert, deren Ziel die Zuzugsbegrenzung, bzw. die Zuzugsselektion ist. Regulierungsmittel ist dabei das Gewähren oder Nichtgewähren von Rechten und Teilhabe. Dadurch werden hierarchische Abstufungen der Rechtlosigkeit (je nach gewährtem Aufenthaltsstatus) geschaffen, auf deren unterster Stufe die stehen, denen gar kein Aufenthaltsrecht zugebilligt wird: die Illegalisierten, nicht Existenten, absolut Rechtlosen. Illegalisierung im Sinne von Entrechtung von Menschen nichtdeutscher Staatsbürgerschaft ist also logische Konsequenz und Bestandteil der Ausländergesetzgebung. "Die" Illegalisierten stehen am Endpunkt dieser Entrechtung. Illegalisierter Aufenthalt bedeutet in erster Linie faktische Rechtlosigkeit auf allen Gebieten des täglichen Lebens und zwar, weil es für illegalisierte Menschen keine Möglichkeit gibt, ihre Rechte - nicht mal so universell garantierte Menschenrechte wie die Gesundheitsversorgung - geltend zu machen, ohne die wiederum

staatlich verordnete Denunziation (Datenübermittlungspflicht) und damit die eigene Ausweisung fürchten zu müssen. Mit der Aushebelung von Menschenrechten durch die Ausländergesetzgebung werden gleichzeitig auch staatliche Rechtsgrundsätze ad absurdum geführt, d. h. Illegalisierte können in einem "rechtsfreien Raum" diskriminiert, misshandelt und ausgebeutet werden, ohne dass dies weitere Folgen hat. Viele MigrantInnen bleiben trotzdem hier und nehmen dabei eine elementare rechtliche, soziale und ökonomische Unsicherheit in Kauf. Das mag daran liegen, dass die hiesige Situation immer noch das geringere Übel darstellt oder die bessere Perspektive verspricht. Außerdem ist es nicht ohne Risiko, auszureisen. Es hat aber sicher auch damit zu tun, dass die Bewältigung des illegalisierten Alltags so viele Ressourcen verschlingt, dass kein "Raum" bleibt, in dem weiterführende Handlungsoptionen gedacht werden können.
Grundsätzlich ist anzumerken, dass der Begriff "Illegalisierte" ein Konstrukt unserer Zeit ist, der reduziert und entmenschlicht. Menschen werden illegalisiert und diesen gesellschaftlichen Missstand gilt es zu beseitigen. Sie selbst ausschließlich auf ihren Zustand der "Illegalität" zu reduzieren, hilft, das Konstrukt der "Illegalen" und ihrer "Illegalität" ideologisch zu stärken.

1.2 ALLTAGSSORGEN ODER UNALLTAG

Um einen Einblick in die Sorgen und Probleme eines Alltags bzw. Unalltags zu vermitteln, was nahezu unmöglich ist, sollte an dieser Stelle darauf hingewiesen werden, dass im Prinzip jedes noch so kleines Problem zur existenzgefährdenden Herausforderung wird, wenn es nicht "offiziell" gelöst werden kann. Die Entscheidung, in so einer Dauersituation zu leben und zu überleben, ist schon für einen Erwachsenen eine schwierige Entscheidung, doch möchten wir auf die Problematik illegalisierter Babys, Kinder und Jugendlicher verweisen, die oftmals in diese Situation hinein geboren werden, bei denen das permanente Leben in Unsicherheit und das Verleugnen des eigenen und des Familien-Status' oftmals nicht nur schwerwiegende körperliche, sondern insbesondere auch psychische Störungen und Schäden nach sich zieht.
Diese Probleme bewegen sich in allen möglichen Lebensbereichen, die wir im Folgenden beispielhaft aufzählen möchten, ohne auf die konkreten Fälle und den Versuch einer Lösung einzugehen; sie sollen vielmehr eine Vorstellung davon vermitteln, unter welchen Bedingungen Menschen in Deutschland leben, obwohl es sie ja offiziell gar nicht gibt ... Die im Folgenden genannten Schwierigkeiten sind nur ein kleiner Ausschnitt der Problematiken, mit denen wir in der Arbeit konfrontiert sind:

- *Wohnen*

Wohnbedingungen ohne Mietvertrag
Überhöhte Mieten
Wohnraum nur gegen sexuelle Dienstleistungen
Zu dritt in einem Zimmer - und dann wird noch eine Frau schwanger
Wohnungsbrand, was tun?

- *Arbeiten*

Arbeit ohne Arbeitsvertrag
Geringe Löhne
Inhumane Arbeitsbedingungen
Einen Monat gearbeitet - keinen Lohn erhalten
Vergewaltigung am Arbeitsplatz, was tun?
Kinderbetreuung während der Arbeit
Mutter (35) und Tochter (12) putzen gemeinsam

- *Gesundheit*

Trotz schwerer Beschwerden von allen Krankenhäusern abgewiesen
Das Gebiss fällt ständig heraus
Blutiger Husten
Akute Blinddarmentzündung
Illegalisierte im Koma
Tuberkulose
Schwerer Fahrradunfall
3000,- € für den 4-tägigen Krankenhausaufenthalt
HIV-positiv und keine ärztliche Versorgung

- *Schwangerschaft und Geburt*

Verhütung in der Illegalität
Unerfüllter Kinderwunsch in der Illegalität
Kein Geld für den Schwangerschaftsabbruch
Schwangerschaftsvorsorgeuntersuchungen
Was tun bei einem Kaiserschnitt? Wer trägt die Kosten?
Das Kind hat eine Infektion nach der Geburt
Statt einer Geburtsurkunde wird auf dem Standesamt der Pass einbehalten
Der deutsche Vater weigert sich, das Kind anzuerkennen

- *Kindergarten und Schule*

Wie wachsen Kinder und Jugendliche in der Illegalität auf?
Kindergartenplatz? (In Hamburg mit seinem KITA-Gutscheinsystem ist das fast unmöglich!)
Schule?
Abitur in der Illegalität?
Klassenreise, vielleicht sogar ins Ausland?
Das Kind ist aggressiv, an wen kann sich gewendet werden?
KeineR darf es wissen - und meine FreundInnen?
Discos und Drogen und dann noch illegal ...

- *Familie*

Enormer psychischer Druck
Veränderung ehemaliger Geschlechterverhältnisse
Der Mann wurde erschlagen, die notwendigen 2 Jahre Ehe sind noch nicht um, um einen eigenständigen Aufenthalt zu bekommen

Der Freund droht ständig mit der Ausländerbehörde
Mein Freund schlägt mich, kann ich ihn anzeigen? Schläge hinnehmen, bloß um nicht (wieder) "illegal" zu werden?

- *Bürokratie*

Formular nicht verstanden - Frist versäumt - Kündigung (Wohnung/Telefon/ Arbeitslosengeld ...)
Als Leiche in der Illegalität - keine Chance auf ein würdiges Begräbnis

- *UnAlltagssorgen*

Alltägliche Angst, entdeckt zu werden
Psychische Probleme
Denunziation (Hausmeister/ÄrztInnen/Nachbarn)
Polizeikontrolle auf der Party
Razzia am Bahnhof Wilhelmsburg
Es gibt keine zuständige Beratungsstelle

Der Versuch, die Frauen und Transsexuellen bei diesen Problemen zu beraten, zu unterstützen und gemeinsam mit ihnen nach Wegen zu suchen, gestaltet sich in den meisten Fällen sehr schwierig. Oftmals gibt es keinen Ausweg auf rechtlicher Ebene, das bedeutet um Rechte (Menschenrechte) zu streiten, ohne sich auf das "offizielle" Recht des Gesetzes berufen zu können. Auf die Situation bezogen heißt dies, die unermüdliche Suche nach gesetzlichen Nischen, vor allem aber eine Lösung bzw. Kleinstlösungen Schritt für Schritt auf der ganz praktischen Ebene zu suchen. Auf der menschlichen, sozialen und psychischen Ebene ist der Druck und die Belastung sehr stark. Die Frauen und Transsexuellen kommen, weil es kaum jemanden gibt, mit dem sie über diese Probleme, bzw. überhaupt mit jemandem in einem bestimmten "freien" Rahmen sprechen können. In diesem Zusammenhang konnten wir bereits über einen längeren Zeitraum eine von einer aus Lateinamerika kommenden Psychologin geleitete Reflexionsgruppe organisieren und sind dabei, neue "Räume" gemeinsam mit den Rat Suchenden zu gestalten.

2. DIE POLITISCHE ARBEIT

Für uns steht die Beratungs- und Unterstützungstätigkeit in einem Zusammenhang mit der politischen Arbeit. Mujeres sin fronteras versteht sich als eine Organisation und nicht als eine "klassische" Beratungsstelle. Im Vordergrund der Arbeit stehen die Frauen und Transsexuellen, mit denen wir zusammen arbeiten und die wir unterstützen. Der Kampf um gleiche Rechte für alle Menschen muss sowohl auf der individuellen als auch auf der gesamtgesellschaftlichen politischen Ebene geführt werden. Dafür setzen wir uns in der Öffentlichkeit in den verschiedenen Bereichen (Medien, Tagungen, auf der Straße) ein, indem wir einerseits über die Lebensumstände von Illegalisierten in Deutschland informieren und uns andererseits der Entrechtung auf allen Ebenen entgegen stellen. Gleichzeitig beteiligen wir uns an Netzwerken und an Legalisierungs- und anderen Kampagnen, wie zum Beispiel

der "Gesellschaft für Legalisierung". Außerdem arbeiten wir mit Organisationen in Europa und Lateinamerika zusammen und leisten Öffentlichkeitsarbeit zur politisch-wirtschaftlichen Situation, den Lebensumständen und den Kampf um gleiche Rechte in den einzelnen Ländern Lateinamerikas.
Die Schaffung einer anderen Öffentlichkeit und das Enttabuisieren der Illegalität ist in sofern von erheblicher Bedeutung, wenn mensch sich einmal die Stärke der sans-papier-Bewegung in Frankreich anguckt, der es ja einerseits aufgrund gewachsener Strukturen, andererseits aber auch durch eine Breite der Unterstützung der Öffentlichkeit gelang, aus der Schattenwelt herauszutreten (ebenso *arranca - linke zeitschrift,* Grand Prix d'Eurovision - Politische Bewegungen in Europa, Nr. 25, 2002). Allerdings scheint es wohl gerade bzgl. der Migrationsbedingungen in der BRD angebracht zu sein, einen langen Atem zu haben: Zum einen gibt es trotz der seit Anfang der 70er Jahren aus politischen Gründen geflüchteten und zumeist organisierten Lateinamerikanerinnen kaum Organisationen, mit deren Unterstützung "neu" ankommende "illegalisierte" Menschen aus Lateinamerika rechnen können. Hinzu kommt, dass die Frauen in aller Regel aus wirtschaftlicher Not hierher kommen und zuvor auch niemals organisiert waren. Ein zweiter wesentlicher Faktor scheint die reglementierte deutsche Gesellschaft zu sein, die das Aufbauen eigener Strukturen nicht gerade fördert. In einem Land, wo überall die rote Ampel lauert, dies spürt auch die Illegalisierte, ist allein der Gedanke an eine Selbstorganisation der Illegalisierten kaum denkbar. Gleichzeitig könnte das "Paternalisierungsgehabe" deutscher UnterstützerInnen, das ja beispielsweise auch in Frankreich eine große Rolle spielte, doch so stark sein, dass jeglicher Versuch von Selbstorganisierung und dem sich selbst Einmischen als Angriff bewertet wird. In diesem Sinne verstehen wir uns tatsächlich als "mujeres sin fronteras", als eine Organisation, in der Frauen und Transsexuelle aller Orte gemeinsam tätig sind und sich gegenseitig unterstützen.

2.1 MÖGLICHKEITEN NEUE HANDLUNGSPERSPEKTIVEN ZU ENTWICKELN: EIN PLANSPIEL ZUM THEMA SCHULE

Die kognitive Erkenntnis eines Missstandes führt nur in den wenigsten Fällen zu einer Veränderung des eigenen Handelns. Daher haben wir uns überlegt, in Anlehnung an das Theater der Unterdrückten (vgl. Boal 1989),[2] ein Planspiel zu verschiedenen Themenbereichen des UnAlltags illegalisierter Menschen, wie z.B. das Thema Schule oder Krankenhausaufenthalt, auszuarbeiten. Hierbei orientieren wir uns an den Zielen des Theaters der Unterdrückten: Der/die ZuschauerIn wird aufgefordert, seine/ihre passive Rolle zu verlassen und aktiv in das Geschehen (Theater) mit einzugreifen. Menschen, die etwas verändern wollen, sollen unterstützt werden, und es soll ihnen die Gelegenheit gegeben werden, ihr Leben selbst in die Hand zu nehmen. Durch die Einsicht in das eigene Handeln und der Infragestellung

[2] Näheres dazu auch unter www.boal.de.

von gesellschaftlicher Unterdrückung, werden Möglichkeiten aufgezeigt, um sich aus den Zwängen des Alltags zu befreien.

In der Studienwoche zum Thema: "Menschen in der Illegalität - Lebensbedingungen Papierloser als Herausforderung für die Kommunen" vom 27. September bis zum 1. Oktober 2004 in Hamburg, führten wir das von uns erarbeitete Planspiel zum Thema Schule mit den ca. 40 TeilnehmerInnen durch. Konkret ging es um die Einschulung eines "illegalisierten" Kindes, an der die Mutter, das Kind, eine SekretärIn, die SchulleiterIn, eine LehrerIn sowie eine SportlehrerIn beteiligt waren. Nachdem sich jeweils eine Kleingruppe mit sechs TeilnehmerInnen mit einer dieser Rollen beschäftigt hatte, ohne zu wissen, um welche Rolle es sich bei den anderen Gruppen handelte, wurden nun je Gruppe einE FreiwilligeR einer der Gruppen (bzw. Rollen) für das Planspiel ausgewählt. Bei der Durchführung des Planspiels ging es um die Anmeldung des Kindes und der dafür erforderlichen Formalien. Nach einem ersten Durchlauf forderten wir die TeilnehmerInnen auf, alternative Handlungsmöglichkeiten auszuprobieren, indem sie einzelne Personen in den Rollen ersetzen und für die Situation eine andere Lösung erarbeiten sollten. Nach dem ersten Durchlauf kam es gleich zum Auswechseln verschiedener Rollen, bzw. Positionen und es kamen angeregte Diskussionen auf, aus denen die Aufforderung aus dem Kreis der TeilnehmerInnen erfolgte, sich wieder in das Planspiel zu begeben. Die Beteiligung und das Engagement in den jeweils vorgegebenen Rollen war unseres Erachtens sehr groß, auch die in diesem Zusammenhang stehenden Diskussionen und das Thema, bzw. die Rollen und ihre Bedeutungen mit dem dazu gehörenden Verhaltensmustern tauchten in den folgenden Seminartagen immer wieder auf.

Unserer Einschätzung nach konnten wir mit diesem Planspiel erreichen, dass der ganze Themenbereich der Illegalität und der Illegalisierten die abstrakte Ebene verlassen konnte und jedem einzelnen ganz konkret bewusst wurde, wie es ist, keine Papiere zu haben und ein Kind anmelden zu wollen. Entscheidend war, eine gefühlte Vorstellung der Lebenssituation illegalisierter Menschen zu bekommen und vor allem den eigenen Anteil und die eigenen Verhaltensmuster zu reflektieren und Möglichkeiten alternativer Handlungsweisen zu erproben. So mancheR TeilnehmerIn mag sich durch das im Planspiel Erlebte aus einem anderen, neuen Blickwinkel der eigenen Verantwortung bewusst geworden sein, vor allem der trotz der derzeitigen Gesetzeslage bestehenden eigenen Handlungsmöglichkeiten. Allerdings ist auch deutlich geworden, dass das Realisieren von bestehenden, aber vorenthaltenden Grundrechten nicht leicht umzusetzen ist. Allein die Entrechtung zu sehen und nicht als rechtens zu empfinden, reicht nicht aus. Um tatsächlich in diesem Sinne zu handeln, müssen Mut und Zivilcourage aufgebracht werden, und ggf. rechtliche Konsequenzen in Kauf genommen werden.

2.2 PERSPEKTIVEN

Mit dieser Studienwoche ist sicher ein Schritt getan worden, der uns sehr wichtig erscheint: Das Thema "Illegalität" aus dem Tabubereich hinaus in die Öffentlichkeit zu bringen, denn nur so wird es möglich sein, politische Forderungen durchsetzen zu können. Gleichzeitig erscheint uns unerlässlich, die praktische Arbeit beizubehalten. Neben den allgemeinen politischen Forderungen müssen vor allem konkrete, an den Bedürfnissen und Wünsche derjenigen, die "Illegale" oder "Illegalisierte" genannt werden, orientierte Vorgehensweisen entwickelt und umgesetzt werden.

Dabei kann es nicht nur bei den immer wieder in diesem Zusammenhang genannten drei Grundrechten Bildung, Gesundheit und Arbeit bleiben, sondern es muss umfassender gedacht und die Menschenwürde in alle Bereiche des Lebens miteinbezogen werden. Auch möchten wir das Konstrukt "Illegale Migration" wieder mehr in den Vordergrund der Diskussion bringen, denn es kann nicht ausschließlich darum gehen, die Rechte Illegalisierter zu verteidigen und sich somit der Argumentation des Konstruktes anzuschließen. Wir alle müssen uns dafür einsetzen, dass "Illegalisierte" aus den Köpfen und den daraus geschaffenen Realitäten verschwinden. Die Geschichte der Menschheit ist eine Geschichte der Migration und dies gilt es zu akzeptieren.

LITERATUR

Boal, Augusto (1989): Theater der Unterdrückten, Frankfurt a.M.

Steinhauf, Andreas (2002): Migration in Lateinamerika: Krise oder Entwicklungspotenzial? In: Brennpunkt Lateinamerika, Nr. 16. Online auf URL: http: //www.duei.de/iik/show.php/de/content/publikationen/brennp02li.html [Stand: 2005-01-28].

"WIR SIND HIER, WEIL WIR UNS GEGENSEITIG BRAUCHEN" - EINE EMPIRISCHE UNTERSUCHUNG ZU ILLEGAL IN HAMBURG LEBENDEN ECUADORIANERINNEN

Sigrid María Gómez Schlaikier

In den Veröffentlichungen über die Situation Papierloser in Deutschland, wird in der Regel auf die abstrakte Gruppe DER "Illegalen" geblickt und selten nach den Gründen für ihre Wanderungsbereitschaft und ihren Herkunftsländern unterschieden. Bei allen Gemeinsamkeiten, die diese "Gruppe" insgesamt auszeichnet, spielt aber meines Erachtens der soziale Kontext, aus dem die MigrantInnen stammen und dem sie auf vielfältige Weise verbunden bleiben, eine zentrale Rolle bei der Bewältigung der mit der Migration und dem illegalen Status verbundenen Problemlagen. Erst der Blick auf ihre sozial strukturierte Herkunft lässt neben Gemeinsamkeiten auch Unterschiede innerhalb der Gruppe der "Illegalen" erkennen. Projekte sowie politische Forderungen, die zur Verbesserung der Lage dieser MigrantInnen beitragen wollen, müssen deshalb derartige Unterschiede berücksichtigen, um den Bedürfnissen, Lebensplanungen und Lebenswelten der in sich differenzierten Gruppe gerecht zu werden.

1. ÜBER FELDFORSCHUNG UND ZIELGRUPPE

Über mehr als zwei Jahre hindurch (2000-2003) habe ich eine Gruppe illegal in Hamburg lebender EcuadorianerInnen in ihrem Alltag begleitet und Interviews mit ihnen geführt. Hamburg bildet, neben Nordrhein-Westfalen, einen Schwerpunkt als Zielort ecuadorianischer Wanderungsbewegungen[1]. Die von mir interviewten sechs Frauen und zwei Männer reisten zwischen 1998 und 2002 in Hamburg ein. Alle sind nach ihrem dreimonatigen Aufenthalt als TouristInnen untergetaucht; alle leben heute mit illegalem Status in Hamburg.[2] Im Zuge dieser Feldforschung, die in der Tradition der lebensweltlichen Ethnographie steht (vgl. Honer 1994), war ich anwesend bei Arztbesuchen, Freizeitaktivitäten, Konfrontationen mit Behörden und Amtsträgern etc. Das Ziel eines solchen Forschungsansatzes besteht darin, die subjektiven Erfahrungen der ausgewählten Personen zu rekonstruieren, dass heißt sich ihrer Lebenswelt, ihrem Alltag und ihren Alltagserklärungen, so wie es für sie einen subjektiven Sinn macht, nachzuvollziehen.[3] Dabei war der Ausgangspunkt

[1] Zu den seit Mitte der 90er Jahre stetig steigenden Personenzahlen allein der legal in Hamburg lebenden EcuadorianerInnen siehe Gómez Schlaikier (2003, S. 6ff).

[2] Die zu dem damaligen Zeitpunkt geltenden - gegenüber anderen LateinamerikanerInnen vergleichsweise einfachen - Einreisebedingungen für EcuadorinnerInnen waren auch der Grund, warum ich mich für diese Zielgruppe entschieden habe. Ich selbst komme aus Peru.

[3] Die Untersuchung erfolgte im Rahmen einer Diplomarbeit an der Hamburger Universität für Wirtschaft und Politik und wurde im Jahre 2003 fertig gestellt (Gómez Schlaikier 2003). Zum Zeitpunkt meines Untersuchungsbeginns lag zur Situation "illegaler EinwanderInnen" aus Mittel- und Südamerika

meiner Arbeit die Frage, wie es Menschen von der "anderen Seite" der Weltkugel ausgerechnet nach Hamburg und damit in eine Stadt verschlägt, in der kein Spanisch, sondern überwiegend Deutsch gesprochen wird, und wie es sich unter der Bedingung der "Sprachlosigkeit" überleben lässt.

2. Die Rolle der Netzwerke auf dem Weg nach Deutschland

Im Verlauf der Studie wurde klar, dass es weder eine Gründungsgeschichte noch einen Gründungsmythos in den Erzählungen der von mir Interviewten gibt. Oder anders ausgedrückt: Reiner Zufall hat die "Erste" (ich nenne sie Marina) nach Hamburg verschlagen und somit in eine Stadt und ein Land, von denen sie weder vom Hörensagen noch durch medial vermittelte Bilder etwas wusste. Allerdings existierten zu diesem Zeitpunkt bereits Migrationserfahrungen in ihrer Familie, denn einige ihrer Verwandten lebten in den USA, Italien und Spanien, allesamt im illegalen oder nachträglich legalisierten Status. So berichtete Marina, dass ihr eine der drei Cousinen geraten hatte, nach Hamburg auszuwandern und auch das Geld für die Reise ausgeliehen habe.[4]

Marina bildete sozusagen den "ersten" Knotenpunkt für das sich rasch entwickelnde Netz[5] von näheren und entfernten Verwandten, die ihr nun nach Hamburg folgten (siehe Abbildung 1).

vor allem die Studie von Dita Vogel (1996) über eine Gruppe von BrasilianerInnen vor (siehe weiterführend auch Paz de la Torre 1993, 2000 und 2003).

[4] Dabei fällt auf, dass die Arbeitsstellen eine Kette bilden, die zwischen Freundinnen, Bekannten und Verwandten vermittelt werden. Wenn eine Verwandte oder Bekannte neu ankommt und noch keine Arbeit hat, wird sie oft von einer der EcuadorianerInnen als "Helferin" engagiert und damit zu einem neuen Bindeglied der Kette. Neu angekommen, müssen sie eine "Lehrlings-Phase" durchlaufen, in der ihnen von "Erfahrenen" beigebracht wird, wie man mit den verschiedenen Haushaltsgeräten umgeht, wofür die verschiedenen Putzmittel verwendet werden usw. (Man darf nicht vergessen, dass sie kein Deutsch lesen können.) Mit der Zeit erkennen sie die verschiedenen Etiketten der Reinigungsmittel. Außerdem wird ihnen beigebracht, welche Reinlichkeitsnormen bestehen oder, wie eine Interviewpartnerin es ausdrückte, was Deutsche unter Sauberkeit verstehen. Dieser so genannte "Lehrling" bekommt ein kleines Taschengeld oder einen prozentualen Anteil des Gehaltes ihrer/seiner "Meisterin" (vgl. Gómez Schlaikier 2003, S. 67).

[5] Im Anschluss an Manuel Castells (2003), der die heutige Weltgesellschaft als Netzwerkgesellschaft begreift und dabei lokal gebundene von global agierenden Netzwerken unterscheidet, habe ich mir diese Begrifflichkeit zu Eigen gemacht, um herauszufinden, in welchen Netzwerken (verstanden als Beziehungsgeflechte) die in der Illegalität lebenden und arbeitenden EcuadorianerInnen sich bewegen bzw. welche sie neu aufbauen oder an welche alten sie anknüpfen, um mit dem Zustand der "Illegalität" fertig zu werden und diesen alltäglich zu bewältigen.

Abbildung 1

Wer hat wen nach Deutschland mitgebracht
(im Hinblick auf Marina)

Cousine A

Agrar Ingenieur (Vetter von A, Bruder von Marina)

Marina (Cousine von A)

Ehemann (von Marina) — *Angie (Schwägerin von Marina, Schwester von Ehemann)*

Bruder von Ehemann (Schwager von Marina) — *Angie (Schwägerin von Marina, Schwester von Ehemann)*

Mutter (von Cousine A, Tante von Marina, lebt jetzt in Ecuador) — *Yessenia (Lebensgefährtin von Bruder von Cousine A)*

Mutter (von Cousine A, Tante von Marina, lebt jetzt in Ecuador) — Sohn (Bruder von Cousine A, Lebensgefährte von Yessenia, Vetter von Marina)

Paula (Ex Lebensgefährtin von Onkel von Cousine A)

Cousine B

Doris (Mutter von Cousine B, Tante von Marina) — Sohn (Bruder von Cousine B)

Bauer (Vater von Cousine B, Lebensgefährte von Doris) — Sohn (Bruder von Cousine B)

Ehemann (von Cousine B) — **Lebensgefährtin (vom Ehemann von Cousine B)**

Sohn (von Cousine B)

Cousine C

Tochter (von Cousine C, Nichte von Marina)

Mutter (von Cousine C, Tante von Marina)

Blutsverwandte von Marina
Verwandte von Marina
Bekannte (keine familiäre Bindung)

Marina ist die eigentliche Pionierin, in deren Schlepptau zuerst gleichaltrige, mit ihr verwandtschaftlich verbundene Pärchen kamen, etwas später dann eines der in Ecuador zurückgelassenen Kinder und noch später "junge" Großeltern, die auf die Kinder - auch die hier in Hamburg geborenen - aufpassen müssen oder selbst einer Erwerbsarbeit nachgehen. Das von mir untersuchte Netz wurde mithin durch Verwandtschaftsbeziehungen und nicht durch Freundschaften oder andere Kontakte geknüpft. Dabei kommt die Mehrheit der Interviewten direkt vom Lande und hat nie in einer größeren, geschweige denn einer großen Stadt gelebt. Die Region, aus der sie stammen, weist im Vergleich zu anderen Regionen Ecuadors eine geringe Bevölkerungsdichte auf. Nur einer hat vor der Migration nach Deutschland an einer Wanderung innerhalb Ecuadors teilgenommen. So stammen auch die Eltern derjenigen, die hier in Hamburg allmählich Fuß gefasst haben, aus ländlichen Gebieten und gehören zur Gruppe der LandarbeiterInnen. Alle waren extrem arm und lebten in schwierigen Verhältnissen; mehrere hatten - im Gegensatz zu ihren migrationswilligen Kindern - keine Schule besucht und mehrere sind Analphabeten. Keine der von mir interviewten Personen war vor der Migration arbeitslos, alle arbeiteten mindestens zwischen 8 und 15 Stunden pro Tag, aber das Erwirtschaftete reichte nur für das Notwendigste.[6] Dies wird auch als "Push-Faktor" bezeichnet (vgl. Alt 1999). Alle sind Mestizen und gehören damit zu einer ethnischen Gruppe, die in Ecuador diskriminiert wird.

Im Unterschied zu anderen sich illegal in Deutschland aufhaltenden Personengruppen, von denen in der einschlägigen Literatur gesagt wird, dass sie Singles oder Geschiedene seien und aus zerrütteten Familienverhältnissen stammen (vgl. z.B. Rerrich 2002, S. 16), waren alle von mir Interviewten zum Zeitpunkt der Migration verheiratet oder hatten eine feste Beziehung mit einem Ecuadorianer resp. einer Ecuadorianerin. Bis auf eine Person haben alle Interviewten Kinder. Einige haben ihre Kinder in der Obhut der Großeltern oder anderer Familienangehöriger in Ecuador zurückgelassen. Wenn die betroffenen Eltern dies schilderten, zeigten sie keine Schuldgefühle (dazu waren ihre eigene Kindheitserfahrung viel zu hart), aber eine große Sehnsucht. Einige hatten aufgrund der schmerzhaften Trennungserfahrungen ihre Kinder nach Deutschland geholt. Letztendlich sind einige Kinder zurückt nach Ecuador geschickt worden und andere in Deutschland geblieben.

Alle halten starke Netzverbindungen von Deutschland nach Ecuador aufrecht, aber auch zu denjenigen Verwandten, die Ecuador in Richtung USA, Spanien oder Italien verlassen haben. All diese Verbindungen werden von ihnen intensiv gepflegt.

[6] Der Wechselkurs des US-Dollar betrug im Jahr 1997 3.998,3 Sucres, 1998 lag er zwischen 4.551 und 5.446 Sucres, 1999 dann bei 11.786,8 Sucres für einen US $. Im Januar 2000 führte Präsident Mahud den US-Dollar in Ecuador als offizielle nationale Währung ein. Zu Beginn legte man den Wechselkurs auf 25.000 Sucres für einen Dollar fest. Dieser Wechselkurs war allerdings viel zu hoch (vgl. weiterführend auch die International and Panamerican Conventions, Ecuador. Online auf URL: www.countryreports.org. oder www.latinbusinesschronicle.com).

3. DIE ROLLE DER NETZWERKE IN DEUTSCHLAND

In Hamburg wird die Gruppe durch die intakten verwandtschaftlichen Beziehungen und das Bewusstsein, in der Illegalität zu leben, außerordentlich eng zusammengeschweißt, so dass selbst in der Heimat gepflegte Abneigungen und Animositäten an Bedeutung verlieren. Dabei wird quasi zwangsläufig keine Zusammengehörigkeit zu anderen in der Illegalität lebenden Gruppen, schon gar nicht über ethnische oder nationale Grenzen hinweg, hergestellt. Viele ihrer Probleme werden durch diese Netzwerke gelöst, wie die Wohnungsbeschaffung durch eine Arbeitgeberin, medizinische Versorgung durch Ärzte und Ärztinnen, die durch ethnische Netzwerke vermittelt werden etc.

Der Kontakt zu Deutschen verläuft ausschließlich über Arbeitsbeziehungen. In diesem Zusammenhang kann man von zwei miteinander verwobenen Netzwerken sprechen: das Netzwerk der ArbeitnehmerInnen und das der ArbeitgeberInnen, die über rasch wechselnde, flexible Schnittpunkte punktuell miteinander verbunden sind. Kontakte, die über das Arbeitgeber-/ArbeitnehmerInnen-Verhältnis hinausgehen, existieren dagegen kaum. In ganz seltenen Fällen übernehmen die ArbeitgeberInnen allerdings auch die Rolle der HelferInnen. Nur einige der von mir interviewten Personen arbeiteten in der Gastronomie als Küchenhilfe, für die meisten ist der typische Arbeitsplatz der der Haushaltshilfe. Dabei existiert ein Standard-Haushalt ebenso wenig wie ein/e Standard-ArbeitgeberIn: Sie arbeiteten bei reichen Familien ebenso wie bei durchschnittlich vermögenden. Es gibt alte ArbeitgeberInnen und junge, Ehepaare mit und ohne Kinder, allein stehende Männer und Frauen, Homosexuelle, Alleinerziehende, AkademikerInnen, RechtsanwältInnen, KünstlerInnen usw., darunter auch Mütter, die lieber mehr Zeit mit ihren Kindern verbringen möchten, anstatt zu putzen.

Selbst wenn die Arbeitssituation dieser Menschen für Außenstehende nicht gerade rosig aussehen mag,[7] empfinden sie diese trotz allem als positive Veränderung. Sie sehen, dass sich ihre Lebensbedingungen verbessert haben, sie leben in einer Stadt, nicht mehr auf dem Land und erfahren, dass sie auch eine bessere Zukunft in Ecuador gestalten können. Sie fühlen sich nicht als Opfer, selbst wenn sie in der Regel mit mehreren Angehörigen unter einem Dach leben und in überbelegten, kleinen Wohnungen untergebracht sind. Die materiellen Lebensbedingungen sind selbst unter diesen Bedingungen besser als in Ecuador. Sie sind stolz auf den "Komfort" ihrer Wohnungen: auf warmes Wasser, die Dusche, ganz zu schweigen von gut gestrichenen Wänden oder Teppichen, um nur ein paar Beispiele zu nennen. Sie machen Fotos von den Wohnungen und schicken sie ihren Angehörigen nach Ecuador, die diese als sehr elegante Wohnungen bewerten. Sie haben nicht die Absicht, in Deutschland zu bleiben. Ihr Wunsch ist es, nach Ecuador zurückzukehren, um dort mit dem verdienten Geld eine bessere, einträglichere Zukunft gestalten zu

[7] In der Literatur wird angesichts solcher Beschäftigungsverhältnisse von der "Heimlichen Rückkehr der Dienstboden" (Odierna 2000) sowie einer "Refeudalisierung von Arbeitsverhältnissen" (Rerrich 2002) gesprochen.

können. Ich möchte allerdings auch betonen, dass bei keinem meiner InterviewpartnerInnen die geplante Rückkehr bisher stattgefunden hat. Selbst wenn sie ihren Aufenthalt ursprünglich auf zwei Jahre begrenzen wollten, verlängerten sie ihn um ein Jahr, und danach wieder um ein Jahr usw. Einige tragen sich mit dem Gedanken, nach Spanien zu reisen, da es dort Amnestien gegeben hat, und hoffen, dass es die auch weiterhin geben wird. Andere bereiten sich auf eine Reise nach Spanien vor, weil dort die rechtliche Möglichkeit existiert, die Familien zusammenzuführen. Auch daran lässt sich erkennen, dass sich die ursprüngliche Absicht, nur für kurze Zeit zu bleiben, ins Gegenteil verkehrt hat. Alle von ihnen eingesetzten Strategien, die auf eine Verlängerung ihres Aufenthaltes hier in Hamburg oder Deutschland hinauslaufen, werden von ihnen aber nicht bewusst verarbeitet und in eine veränderte Identität eingebaut; vielmehr begreifen sie sich nach wie vor als Personen, die nur für einen kurzen Zeitraum hier sind und bleiben wollen, die alles daransetzen und auf sich nehmen, um möglichst rasch nach Ecuador zurückkehren zu können.
In Bezug auf die verschiedenen Lebenserfahrungen, die die jeweilige Gruppe "im Gepäck" mitbringt, erscheint es mir besonders wichtig, auf einen Aspekt hin zu weisen, der so etwas wie eine schleichende, nichtintendierte "Integration" in die hiesige Gesellschaft anzeigt: Obwohl familiäre Verpflichtungen und Abhängigkeiten in den eng geknüpften Verwandtschaftsnetzen in Hamburg aufrechterhalten bleiben, ändert sich bei ihnen die Stellung der Frauen in gravierender Weise, und zwar nicht nur deshalb, weil sie in der Regel diejenigen sind, von denen der entscheidende Anstoß zur Migration ausgegangen ist, sondern weil sie in Deutschland durch ihre Arbeit ein regelmäßiges Einkommen erwirtschaften, das oft weit über dem Einkommen ihrer Männer liegt.[8] So "profitieren" sie von der Fortschreibung der klassischen Arbeitsteilung zwischen Männern und Frauen in Deutschland, nach der den Frauen nach wie vor die Zuständigkeit für die Hausarbeit zugeschrieben wird. In den Nischen nach außen abgeschotteter privater Haushalte finden sie einen Arbeitsplatz, der sich "gut" mit ihrem illegalen Status verträgt, während es für ihre Männer nahezu unmöglich ist, in der öffentlichen Sphäre ein einigermaßen stabiles Arbeitsverhältnis zu finden: Viele Frauen nehmen deshalb ihre Männer zur Unterstützung bei der Haushaltsarbeit mit und verstärken auf diese Weise deren inferioren Status. Demnach könnte man im Hinblick auf diese Ecuadorianerinnen von ihrer Emanzipation aus typischen Rollenzuweisungen und -zumutungen sprechen. Allerdings ist unklar, ob sie diesen "Zugewinn" auch noch dann aufrechterhalten können, wenn sie nach Ecuador zurückkehren. Auf jeden Fall genießen sie diese Befreiung aus männlicher Bevormundung und Machtanmaßung und hoffen, diese auch nach Ecuador hinüberretten zu können.

[8] Aus der Perspektive der Migrationsforschung betrachtet, stellt Lutz (2003, S. 4) hierzu die folgende These auf: *"Die Migrationsforschung muss sich endgültig von ihrem Subjekt, dem männlichen Akteur, als Motor und Pionier der Migrationsbewegungen, verabschieden. Die feminisierte Migration führt zu transnationalen Netzwerkbildungen und zur Herausbildung neuer Gemeinschaften und Identitäten."*

Je deutlicher sich allerdings auch die Vorteile ihrer Migrationsentscheidung in Form eines wachsenden Wohlstands sowie neuer Freiheiten abzeichnen, desto eindringlicher treten auch die aus der Illegalität resultierenden Problemlagen und Gefährdungen hervor. Arztbesuche, Schwangerschaften und Geburten, Verkehrskontrollen, Razzien usw. sind nicht nur mit besonderen Gefährdungen verbunden, sondern rufen auch schmerzlich den institutionellen Ausschluss aus der "Mehrheitsgesellschaft" in Erinnerung.
Auch dies ist ein Grund, warum sich die von mir interviewten EcuadorianerInnen ganz deutlich in ihr Netzwerk zurückziehen, das aufgrund der Kettenmigration immer größer und dadurch immer stabiler wird. Sie können sich so in der Fremde einrichten und in ihr zugleich fremd bleiben.

4. ABSCHLIEẞENDE ÜBERLEGUNGEN: ILLEGALE DIENSTLEISTUNG ALS ENTWICKLUNGSHILFE?

Im Verlauf der Studie bin ich zu dem Ergebnis gekommen, dass eine Mehrheit der von mir interviewten Personen nicht an einer "Legalisierung" ihres Status interessiert ist. Aus ihrer Sicht wäre dies unvorteilhaft, weil sich ihr Einkommen wegen der dann abzuführenden Steuern und Sozialabgaben erheblich reduzieren würde. Vor dem Hintergrund der Tatsache, dass sie ihr Dasein in Hamburg als vorübergehend begreifen und deshalb einen großen Teil ihres erzielten Einkommens regelmäßig nach Ecuador transferieren, ist diese Einstellung nur allzu verständlich und nachvollziehbar. Im Gegenzug bildet sich in Ecuador in den familiären Netzwerken, die Empfänger des Transfereinkommens sind, eine neue soziale Klasse heraus, sozusagen als soziales Produkt einer ferngesteuerten Kaufkraft. Denn das in Deutschland verdiente Geld wird sofort in das Heimatland überwiesen, nicht zuletzt, weil die Gefahr groß ist, entdeckt und ausgewiesen zu werden. Dieser rasche Transfer der erzielten Einkommens verbessert stetig die Lebenssituation der in Ecuador lebenden Familien, so dass sich sukzessive eine neue soziale Schicht herausbildet, die nicht selten die eigenen Anstrengungen, für den Lebensunterhalt zu sorgen, einstellt, um von dem transferierten Geld zu leben. Häufig verschärfen sich in diesem Prozess die sozialen Spannungen innerhalb der familiären Netzwerke. Dabei bleiben die Kinder der MigrantInnen, die in dem Heimatland zurückgelassen wurden, oft auf der Strecke, weil der Familienclan nicht in ihre Bildung und Ausbildung investiert, sondern fast immer in Gegenstände des täglichen Konsums. Auf diese Weise verlieren die MigrantInnen in doppelter Hinsicht jede Planungssicherheit im Hinblick auf die Gestaltung der eigenen Zukunft: Zum einen müssen sie damit rechnen, jederzeit entdeckt, abgeschoben und von ihren Einkommensquellen radikal abgeschnitten zu werden, zum anderen sind ihre "Investitionen" in die Zukunft faktisch enteignet und verbraucht, weil sie in den alltäglichen Verbrauch der Herkunftsfamilie einfließen. Besonders die von mir interviewten Frauen stehen unter einem erheblichen sozialen Druck, die Versorgung ihrer "großen" Herkunftsfamilie zu gewährleisten, wohlweislich, dass dies oft zu Lasten der eigenen Kinder geschieht. Gleichwohl tragen die MigrantInnen dazu bei, dass die ökonomischen und sozialen Strukturen in ihren Herkunftsländern nicht vollständig kollabieren, sondern am Laufen gehalten werden. So wird durch ihr Transfereinkommen ein sukzessiver sozialer Wandel ausgelöst, in dem ehemals marginalisierte, verarmte soziale Schichten einen Aufstieg erfahren. In dieser Hinsicht erweisen sie sich als die "eigentlichen" (oder zusätzlichen) EntwicklungshelferInnen, auch wenn sie unbeabsichtigt in diese Rolle geraten sind.

Dennoch bleibt zu fragen, was getan werden kann, um ihnen eine bessere Kontrolle über das von ihnen erworbene Einkommen zu ermöglichen, damit sie an Planungssicherheit gewinnen. Dabei reicht es nicht aus, ihr Leben hier "sicherer" zu machen, vielmehr muss nach Wegen gesucht werden, die es ihnen erlauben, selbstbestimmter über das eigene Einkommen zu verfügen und in langfristig lohnende Projekte, u.a. eben auch in die Bildung und Ausbildung der eigenen Kinder, zu investieren. Strategien zu entwickeln, um diese Situation zu verändern, wäre eine wichtige Aufgabe. Es käme z.B. darauf an, die Überweisungen "transparenter" zu machen, sie unter Umständen zu bündeln, so dass das Geld in Entwicklungsprojekte fließen könnte, die für die Rückkehrenden, ihre Familien und die Regionen, aus denen sie stammen, eine echte Zukunftsperspektive bieten würden.

LITERATUR

Alt, Jörg (1999): Illegal in Deutschland: Forschungsprojekte zur Lebenssituation "illegaler" Migranten in Leipzig, Karlsruhe.

Castells, Manuel (2003): Der Aufstieg der Netzwerkgesellschaft, Opladen.

Gómez Schlaikier, Sigrid (2003): "Wir sind hier, weil wir uns gegenseitig brauchen". Eine empirische Untersuchung zu illegal in Hamburg lebenden EcuadorianerInnen, unveröffentlichte Diplomarbeit der HWP, Hamburg.

Honer, Anne (1994): Einige Probleme lebensweltlicher Ethnographie, in: *Schröer, Norbert* (Hg.): Interpretative Sozialforschung: Auf dem Wege zu einer hermeneutischen Wissenssoziologie, Opladen, S. 85-106.

Lutz, Helma (2003): Geschlecht, Ethnizität. Profession: Die neue Dienstmädchenfrage im Zeitalter der Globalisierung, 2. Aufl., Münster.

Odierna, Simone (2000): Die heimliche Rückkehr der Dienstmädchen - Bezahlte Arbeit im privaten Haushalt, Opladen.

Paz de la Torre, Julia (1993): La población latinoamericana inmigrante en Alemania: algunas características sociodemográficas, in: Revista Peruana de Población. Nr. 2. 1er. semestre 1993. Asociación Multidisciplinaria de Investigación y Docencia en Población AMIDEP, Lima, S. 65-85.

Paz de la Torre, Julia (2000): Lateinamerikanische Migrantinnen und ihre Integration in den deutschen Dienstleistungssektor, in: *Aktionsgemeinschaft Solidarische Welt ASW* (Hg.): Traumwelten - Migration und Arbeit, Berlin, S. 24-28.

Paz de la Torre, Julia (2003): En Alemania las mujeres latinas lideran proyectos de integración, in: Latin Club - Visión latina en Europa 2, Madrid.

Rerrich, Maria (2002): Von der Utopie der partnerschaftlichen Gleichverteilung zur Realität der Globalisierung von Hausarbeit, in: *Gather, Claudia/Geissler, Birgit/Rerrich, Maria S.* (Hg.): Weltmarkt Privathaushalt: Bezahlte Haushaltsarbeit im globalen Wandel, Münster, S. 16-29.
Vogel, Dita (1996): Soziale Sicherung und illegaler Aufenthalt: Eine explorative Studie am Beispiel brasilianischer Zuwanderer in Berlin, ZeS-Arbeitspapiere Nr. 13/96, Bremen.

GRENZZIEHUNGEN - GRENZVERSCHIEBUNGEN EINE ANALYSE ZUM FRAUENHANDEL IN DER SCHWEIZ[1]

Ursula Fiechter, Maritza Le Breton

1. EINLEITUNG

Der internationale Handel mit Frauen aus Asien, Afrika, Lateinamerika und Osteuropa für Männer der Industrieländer weist verschiedene Handelspraktiken und Erscheinungsformen auf, die jedoch nicht als unzusammenhängende Phänomene zu begreifen sind. Denn die Grenzen zwischen der sexuellen Ausbeutung von Frauen im Bereich des Sextourismus, der sich hauptsächlich in den touristischen Zielländern des Südens und Ostens abspielt, und dem Handel mit Frauen für die Ehe und die Sexindustrie bzw. die Prostitution sind häufig fließend. Allgemein kann hervorgehoben werden, dass der Frauenhandel nicht lediglich auf die Anwerbungsmethoden, Handelspraktiken und Erscheinungsformen reduziert werden kann. Frauenhandel muss im Kontext von Abhängigkeits-, Ausbeutungs- und Gewaltverhältnissen gesehen werden, die auf strukturbedingte Benachteiligung von Frauen zurückgeführt werden. Frauenhandel ist eine stark ausgeprägte geschlechtsspezifische Form alltäglicher struktureller Gewalt gegen Frauen. Indem Frauen aus den Ländern Asiens, Afrikas, Lateinamerikas und Osteuropas auf bestimmte Funktionen reduziert und in Abhängigkeitsverhältnisse getrieben werden, wird ihr Recht auf Selbstbestimmung und ihre psychische und physische Integrität verletzt.
Der Transfer menschlicher Arbeitskräfte ist für die kapitalistische Produktion und "Reproduktion" grundlegend. In der aktuellen Neugestaltung des Weltarbeitsmarktes wächst die Nachfrage nach unsichtbaren informellen Arbeitsleistungen. Bestimmte spezialisierte Dienstleistungen und Qualifikationen werden übermäßig hoch bewertet, während andere wirtschaftliche Aktivitäten und die darin tätigen Arbeitskräfte als irrelevant für eine fortgeschrittene Ökonomie gelten. So bildet

---

[1] Der Beitrag ist im Original unter dem Titel "Zwischen Selbstbestimmung und struktureller Determinierung. Frauenhandel im Kontext von Exklusions- und Differenzierungsprozessen" in der Zeitschrift "neue Praxis", Zeitschrift für Sozialarbeit, Sozialpädagogik und Sozialpolitik (4/2002, S. 402-412) erschienen und wurde für die vorliegende Veröffentlichung inhaltlich leicht erweitert. Er basiert auf dem Forschungsprojekt "Gesellschaftliche Determinanten des Frauenhandels aus der Perspektive betroffener Migrantinnen in der Schweiz", welches die Autorinnen im Auftrag des Fraueninformationszentrums FIZ, Zürich, für Frauen aus Afrika, Asien, Lateinamerika und Osteuropa im Rahmen des Nationalen Forschungsprogramms NFP 40 "Gewalt im Alltag und Organisierte Kriminalität" des Schweizerischen Nationalfonds zwischen November 1998 und Oktober 2000 durchgeführt haben. Die Studie ist inzwischen unter folgendem Titel erschienen: "Verordnete Grenzen - verschobene Ordnungen. Eine Analyse des Frauenhandels in der Schweiz." Gender Wissen Bd. 8, eFeF-Verlag, Bern/Wettingen 2005. Als Informations- und Beratungsstelle arbeitet das FIZ seit rund 15 Jahren an der Schnittstelle zwischen Theorie und Praxis rund um die Themenkreise Frauenhandel und Frauenmigration. Dabei wurde stets der Anspruch vertreten, die praktische Arbeit theoretisch zu fundieren, das heißt auf die strukturellen Bedingtheiten der Lebens- und Arbeitskonstellationen von Migrantinnen aufmerksam zu machen und in der Beratung die entsprechenden Ressourcen von Migrantinnen zu unterstützen.

sich also auf der einen Seite eine hochspezialisierte, international tätige Geschäftswelt heraus; gleichzeitig wird ausgeblendet, dass sich parallel dazu verstärkt ein internationaler Markt für niedrig entlohnte oder stark deklassierte Dienstleistungen entwickelt hat, beispielsweise für den Reinigungs-, den Haushaltsbereich oder das Unterhaltungsgewerbe. Im Zuge herrschender Ungleichheitsverhältnisse werden diese Tätigkeiten vorwiegend Frauen respektive Migrantinnen[2] zugewiesen (vgl. Sassen 1998, S. 204f.). In diesem Zusammenhang werden Frauen nicht nur als billige und "willige" Arbeitskräfte gesucht, sondern auch für die Unterhaltung und die Regeneration von Männern als Prostituierte und Nachtclub-Tänzerinnen weltweit verschoben sowie als Hausangestellte und Ehefrauen für die Hausarbeit und Kinderbetreuung nachgefragt. Aufgrund vorherrschender Polarisierungs- und Ausgrenzungspraktiken wird davon ausgegangen, dass Frauen aus peripheren Ländern infolge eines Modernitäts- respektive Emanzipationsdefizits für diese reproduktiven Arbeiten besonders geeignet seien, während Frauen in westlichen Ländern diese Arbeitsleistungen zunehmend nicht mehr erbringen würden. Dies wird mit einer gestiegenen Erwerbsbeteiligung von Frauen in westlichen Ländern erklärt, welche einerseits auf eine Nachfrage nach Arbeitskräften in teilzeitlich organisierten Bereichen des Dienstleistungssektors zurückzuführen ist, andererseits auf der ökonomischen Notwendigkeit eines zusätzlichen Einkommens für den Unterhalt des Haushalts basiert. Verschiedene Autorinnen bezeichnen diesen Prozess als "*neue internationale Arbeitsteilung zwischen Frauen*", denn "*die Hoffnung auf eine Reorganisation der Versorgungsarbeit zwischen Männern und Frauen hat sich nicht erfüllt*" (Young 1999, S. 26; Potts 1993, S. 85; Le Breton 1998b, S. 216).

Der zunehmende weltweite Handel mit Frauen für den sexuellen und emotionalen Bereich wird als Folge der Herausbildung der Dienstleistungsgesellschaft begriffen, muss jedoch auch in Zusammenhang mit der Zunahme des globalen Tourismus durch die massenweise Verbreitung von Reisemöglichkeiten betrachtet werden. So ist es heute viel mehr Menschen als noch vor 20 Jahren möglich, als TouristInnen in die Länder Afrikas, Asiens, Lateinamerikas und Osteuropas zu reisen und sich dort ihre - sexuellen - Wünsche zu erfüllen. Einerseits führt der Tourismus, andererseits eine allgemeine Globalisierung von Geschäftsbeziehungen auch zu einer Internationalisierung des Frauenhandels. Über Agenturen, Institute oder Reiseveranstalter werden Frauen vermittelt. Die Größe dieser Geschäfte reicht vom Einmann- oder Einfraubetrieb bis hin zu weit verzweigten transnationalen Unternehmen (vgl. Le Breton 1998b, S. 217).

Vor diesem Hintergrund ist Frauenhandel im Kontext internationaler und geschlechtsspezifischer Arbeitsteilung zu verorten. Dieses Zusammenspiel sexistischer und rassistischer Strukturen haben verschiedene Autorinnen herausgearbeitet

[2] "Ausländerin" bezeichnet einerseits eine rechtliche Kategorie und bezieht sich auf die Staatszugehörigkeit, andererseits umschreibt sie eine soziale Position. Der Begriff der "Migrantin" ist vor diesem Hintergrund eine Selbstdefinition und dient dazu, insbesondere die soziale Position von Migrantinnen politisch sichtbar zu machen.

(vgl. dazu Le Breton Baumgartner 1991, 1998a, 1998b, 1999; Potts 1993; Sassen 1998; Gutiérrez Rodríguez 1996, 1999).

Als theoretische Prämisse für die Analyse von Frauenhandel haben wir demzufolge formuliert:

Die in den westlichen Metropolen erfolgende Zuweisung von reproduktiven Arbeitsleistungen an Frauen aus Ländern des Südens und Ostens basiert auf der Naturalisierung[3] *von Unterscheidungen, die aufgrund von Geschlecht, geographischer Herkunft und weiteren sozialen Unterschieden getroffen werden. Diese Merkmale werden dazu benutzt, ihre Ausbeutung, ihre Verfügbarkeit und damit die Unsichtbarmachung ihrer Arbeitsleistungen zu rechtfertigen. Gleichzeitig steht die erwähnte Zuweisung im Kontext der Kolonialgeschichte wie auch der damit verknüpften Rassisierungs- und Ethnisierungsprozesse*[4] *durch den Nationalstaat.*

2. FRAGESTELLUNG UND VORGEHENSWEISE

Nicht-Regierungsorganisationen, die sich weltweit gegen Frauenhandel einsetzen, gehen von einem umfassenden Verständnis von Frauenhandel aus: Frauenhandel wird - der heutigen Realität entsprechend - auf den Handel zwecks Heirat oder Hausarbeit sowie zwecks anderer erzwungener "(in-)formeller" Tätigkeiten ausgeweitet. Daran anknüpfend, umschreibt das FIZ den Begriff Frauenhandel wie folgt: *"Es handelt sich um Frauenhandel, wenn eine Frau sich aufgrund von falschen Versprechungen auf die Migration eingelassen hat, wenn sie Vermittlungssummen für Agenten und diverse Dienstleistungen erbringen muss und wenn sie sich im Zielland in einer Zwangssituation befindet. So beispielsweise, wenn eine Frau eine Tätigkeit oder Dienstleistung gegen ihren Willen ausführen muss oder wenn ihr jegliches Weggehen durch Einsperren und Entzug der Dokumente verweigert wird und sich Dritte dadurch bereichern"* (FIZ 1995, S. 3).

Basierend auf dieser Definition von Frauenhandel wurden im Zeitraum von Februar bis Oktober 1999 durch die Beraterinnen des Fraueninformationszentrums FIZ, Zürich, und eine Projektmitarbeiterin 17 Interviews mit betroffenen Frauen durchgeführt, transkribiert und aus dem Spanischen, Französischen und Portugiesischen ins Deutsche übersetzt. Befragt wurden Frauen aus der Dominikanischen Republik (4), Kolumbien (5), Brasilien (3) Haiti, Mexiko, Ecuador, Argentinien und Kamerun (je 1).

---

[3] Naturalisierung bezeichnet den Prozess, in dem *"die Transformation eines willkürlichen Produktes der Geschichte in Natur eine scheinbare Grundlage ebenso in den Erscheinungsformen des Körpers wie in den sehr realen Effekten, die, in den Körpern und in den Köpfen, d.h. in der Wirklichkeit und in den Vorstellungen von der Wirklichkeit, die jahrtausendealte Arbeit an der Vergesellschaftung des Biologischen und der Biologisierung des Gesellschaftlichen erzeugt hat"* (Bourdieu 1997, S. 169). Das bedeutet, dass antagonistische gesellschaftliche Verhältnisse vor dem Hintergrund angeblicher biologischer Unterschiede erklärt werden.

[4] Der Begriff Rassisierung betont den Prozess der Zuschreibung von rassistischen Stereotypen. Er wird z.B. von Balibar und Wallerstein (1998) verwendet.

In der Interviewanalyse wurden die Schnittstellen zwischen individuellen Erlebnissen und Möglichkeiten sowie strukturellen respektive objektiven Gegebenheiten und Zwängen fokussiert, denen betroffene Migrantinnen ausgesetzt sind. Aufgrund ihrer Perspektive sollte manifest werden, welche Nachfragefaktoren Frauenhandel in der Schweiz konstituieren. Durch die Erzählungen, Argumentationen und Begründungen unserer Interviewpartnerinnen wurden Reduktions- und Definitionsprozesse, Problemlagen und Handlungsmöglichkeiten erschlossen, welche ihre Lebens- und Arbeitsbedingungen charakterisieren.

In diesem Kontext gehen wir davon aus, dass sich gesellschaftliche Macht- und Herrschaftsverhältnisse in bestimmten Arbeits- und Lebenskonstellationen manifestieren (vgl. Bourdieu et al. 1997). Ziel unserer Untersuchung ist in diesem Sinne das Erklären der Ursachen gesellschaftlichen und individuellen Handelns und das Verstehen der Gründe und des Sinns, den die Subjekte mit ihren Handlungen verbinden, oder anders formuliert: "Ursachen in Gründe zu transformieren" (Eyferth/Otto/Thiersch 1987, S. 1258). Methodisch knüpft die Untersuchung an das theoretische Kodieren der *Grounded Theory*[5] an.

Anhand empirischer Daten soll nun der Zusammenhang von Frauenhandel und internationaler geschlechtsspezifischer Arbeitsteilung verdeutlicht respektive aufgezeigt werden, in welcher Weise bestimmte gesellschaftliche Strukturen in den Lebensrealitäten, d.h. den Schilderungen betroffener Migrantinnen, zum Ausdruck kommen.

3. Konstituierung von Macht- und Herrschaftsverhältnissen durch Anwerbungs- und Vermittlungspraktiken

Die biographischen Erzählungen unserer Interviewpartnerinnen machen deutlich, dass die Anwerbungs- und Vermittlungsmechanismen von bestimmten Profitinteressen geleitet sind. Damit verbunden sind stets Betrug und Täuschung sowie Verschuldung. Dadurch werden betroffene Migrantinnen zum einen moralisch ausgebeutet und in ihrer Menschenwürde verletzt, zum anderen werden sie in eine für sie so gut wie ausweglose Zwangslage gebracht. Diese lässt sich durch Zwangs- und Gewaltpraktiken beschreiben, die moralischen Druck, Psychoterror, Erpressung und gar Morddrohungen umfassen. Betroffene Frauen werden zur Rückzahlung von Schulden gezwungen, was gleichzeitig die Abhängigkeit respektive Ungleichheit aufrechterhält. Profiteure dieser Situation sind VermittlerInnen und HändlerInnen in den Herkunftsländern wie in der Schweiz, welche zweifelhafte Hilfeleistungen

---

[5] *"Die Grounded Theory ist eine qualitative* ***Forschungsmethode bzw. Methodologie****, die eine* ***systematische*** *Reihe von* ***Verfahren*** *benutzt, um eine induktiv abgeleitete, gegenstandsverankerte* ***Theorie*** *über ein* ***Phänomen*** *zu* ***entwickeln****. Sie wird durch systematisches Erheben und Analysieren von Daten, die sich auf das untersuchte Phänomen beziehen, entdeckt, ausgearbeitet und vorläufig bestätigt. Folglich stehen Datensammlung, Analyse und die Theorie in einer wechselseitigen Beziehung zueinander. Am Anfang steht nicht eine Theorie, die anschließend bewiesen werden soll. Am Anfang steht vielmehr ein Untersuchungsbereich - was in diesem Bereich relevant ist, wird sich erst im Forschungsprozess herausstellen"* (Strauss/Corbin 1996, S. 7f.; Hervorhebungen im Original).

anbieten und offensichtliche Gewinninteressen vertreten. Eine Rückkehr ist für Betroffene aufgrund des damit verbundenen Gesichtsverlusts beziehungsweise der familiären und gesellschaftlichen Ausgrenzung, der Verpflichtung gegenüber der Familie und der Verschuldung nicht möglich.

Infolge mangelnder Lebensperspektiven im Herkunftsland nehmen die von uns befragten Frauen eine Vermittlung in Kauf, mit dem Ziel, eine tragfähige Lebensgrundlage für sich und ihre Familie aufzubauen. Versprochen werden ihnen bessere Möglichkeiten hinsichtlich Verdienst, Arbeitsbedingungen sowie beruflicher Qualifizierung. Die Vermittlungsdienste, welche für die Einreise in die Schweiz geleistet werden, sind mit erheblichen Kosten verbunden. In der Regel müssen sich die Frauen dafür hoch verschulden. Die Rückzahlung der Schulden wird durch die angeblichen Verdienstmöglichkeiten in der Schweiz als realisierbar beurteilt. Das folgende Fallbeispiel illustriert den Verlauf einer Vermittlung als Cabaret-Tänzerin.[6]

Gemäß ihren Angaben arbeitete Maria als Clubmanagerin in Brasilien. Ein Mann sprach sie an ihrem Arbeitsplatz an und bot ihr eine Arbeit und gute Verdienstmöglichkeiten - in Dollar - als Tänzerin in der Schweiz an. Dazu erzählt Maria:

"Ich habe Brasilien verlassen, weil mir eine Stelle als Tänzerin in der Schweiz angeboten wurde. Aber ich wurde nicht genau informiert, was ich hier eigentlich machen sollte. Besonders über den Alkohol, d. h. Champagner trinken, hat mir niemand etwas gesagt. So musste ich arbeiten, arbeiten, und ich machte nicht vorwärts. Ich habe keinen Profit gesehen, musste alles bezahlen und darüber hinaus macht

[6] Eine Möglichkeit, in die Schweiz einzureisen, stellt das TouristInnenvisum dar, welches in der Regel für maximal drei Monate erteilt wird. Eine Erwerbstätigkeit ist für TouristInnen verboten, und so genannte Schwarzarbeit aufgrund fehlender behördlicher Arbeitsbewilligung verstößt gegen das AusländerInnengesetz (ANAG) respektive fremdenpolizeiliche Vorschriften und wird mit Buße, Ausweisung sowie Einreisesperre bestraft. Abgesehen von einigen Kantonen, können Frauen aus Afrika, Asien, Lateinamerika und Osteuropa in der Schweiz als "Cabaret-Tänzerinnen" in Cabarets und Nachtclubs - als Kurzaufenthalterinnen (Bewilligung L) - für maximal acht Monate pro Kalenderjahr arbeiten (vgl. ANAG, Art. 20, Abs. 4). Da die Aufenthaltsbewilligung an den entsprechenden Arbeitsvertrag gekoppelt ist, bedeutet der Stellenverlust die Rückkehr bzw. die Ausweisung ins Herkunftsland. Das bedeutet, dass der Aufenthalt ohne Erwerbstätigkeit in der Schweiz höchstens einen Monat betragen darf (vgl. ANAG, Abs. 3). Angehörige von Ländern außerhalb der EU und EFTA-Staaten erhalten nur als hochqualifizierte SpezialistInnen oder für Tätigkeiten im Rahmen von Projekten der Schweizerischen Entwicklungszusammenarbeit eine Arbeits- und Aufenthaltsbewilligung in der Schweiz. Abgesehen von den erwähnten Ausnahmen gibt es somit für Frauen aus Ländern des Ostens und Südens einzig die Möglichkeit der Immigration zwecks Heirat bzw. Ehe. Sie erhalten in diesem Fall eine zeitlich befristete Jahresaufenthaltsbewilligung (Bewilligung B), die während der ersten fünf Jahre an den Ehevertrag gebunden ist. Im Falle von Scheidung, Tod oder Abwesenheit des Ehemannes vor Ablauf dieser fünfjährigen Rahmenfrist liegt die Verlängerung der Aufenthaltsbewilligung im Ermessen der kantonalen Fremdenpolizeistellen. Denn grundsätzlich erlischt mit der Auflösung der Ehe auch der Aufenthaltszweck, und die Frauen müssen, falls sie keine in dieser Ehe geborenen Kinder haben, die Schweiz verlassen (vgl. ANAG, Art. 7, Abs. 1). In der aktuellen Revision des AusländerInnengesetzes (ANAG neu AuG) wird diese Abhängigkeit weiter verfestigt. So lautet Art. 44 Abs. 1: "Ausländische Familienangehörige von Schweizerinnen und Schweizern haben Anspruch auf Erteilung und Verlängerung der Aufenthaltsbewilligung, wenn sie mit ihnen zusammenleben" (Entwurf zum Bundesgesetz für Ausländerinnen und Ausländer [AuG], Juni 2000, S. 11). Diese Regelung gilt bereits für Migrantinnen, die mit einem Jahresaufenthalter (Bewilligung B) oder einem Niedergelassenen (Bewilligung C) verheiratet sind.

das uns kaputt. Alkohol zu trinken ist obligatorisch. Aber wenn dieses Geld kommt, ist es nicht viel. Sie zahlen nie richtig. Nie. Das ist ein schwieriges Leben. [...] Ich habe 1 Jahre als Tänzerin gearbeitet. Ich hatte Verträge unterschrieben und musste mich daran halten, sonst hätte ich zuviel bezahlen müssen. Es gibt auch sehr viele schlechte Arbeitsplätze. Es passieren so viele Dinge, dass du sogar nicht träumen kannst. Ich habe sehr viel für Zimmer bezahlt, sie hatten Kakerlaken, waren schmutzig, u.a. [...] Meine Verträge wurden in Sao Paulo organisiert. Es gibt immer eine Kontaktperson, die das macht. Diese Person macht schon alles. Sie haben mir über das Cabaret erzählt, aber nicht alles gesagt. Sie haben nur gesagt, dass ich sehr viel verdienen würde. Nur das. Wenn man hier ist, ist die Geschichte ganz anders. Sogar, dass ich Striptease machen müsste, wurde mir nicht gesagt. Die Frauen kommen, weil sie denken, dass es etwas anders ist, und wenn sie hier sind, sind sie überrascht. Aber sie sind schon hier, und es lässt sich nichts mehr machen, und sie haben keine andere Wahl, als das zu machen, was von ihnen erwartet wird. [...] Sie können sogar deine Nase brechen, wenn du nicht machst, was sie wollen. Und in vielen Cabarets, wenn eine Frau nicht geht [mit dem Freier ins Separée], wird sie entlassen, wie es mir auch schon passiert ist. Ich wollte nicht, ich habe ‚nein' gesagt, ich habe auch gesagt, dass ich nicht trinken werde. Sie haben mir gesagt, dass ich trinken müsse, dass ich einen Mann aufsuchen müsse. Ich habe mich geweigert, das zu machen. So haben sie mit mir gestritten. Aber ich habe nichts gewusst. Ich habe nicht gewusst, was ich machen sollte." (Maria 1: Z. 7-53)

"Ich habe als Clubmanagerin im Clube de Paris gearbeitet, als diese Männer mich angesprochen haben. Als sie mich gesehen haben... äh! ich war damals sehr schön, nicht wie jetzt ... Sie haben mich überzeugt, dass es für mich sehr gut wäre und ich viel Geld verdienen würde. So habe ich gedacht, warum nicht? Sie haben so viel gesagt, aber als ich hier war ... [...] Es gibt viele solcher Firmen [Agenturen]. In Brasilien und auch in der Schweiz. Sie [die Frauen] haben kein Geld, und sie müssen Brasilien schon hoch verschuldet verlassen. Hier bezahlt man das Billett manchmal sogar zwei Mal, weil die Zinsen sehr hoch sind. Ja, sie verlangen Zinsen, das ist sehr ernst." (M2: Z. 174-183)

Die Erzählung von Maria dokumentiert die Täuschung bzw. die Versprechungen, die in Zusammenhang mit ihrer Anwerbung gemacht werden. Maria wird - so ihre Interpretation - aufgrund ihrer äußeren Erscheinung versprochen, sie könne in der Schweiz als Tänzerin viel Geld verdienen und dadurch berufliche Perspektiven entwickeln. Sie lässt sich von den guten Verdienstmöglichkeiten überzeugen und unterschreibt Arbeitsverträge, die von einem Agenten in São Paulo organisiert werden. Für die Arbeitsvermittlung muss Maria entsprechende Gebühren bezahlen. Die Daten verweisen in diesem Fall auf professionelle Verbindungen und Anwerbungsmethoden zwischen der Schweiz und Brasilien, die durch Agenten respektive Kontaktpersonen wahrgenommen werden.

Maria thematisiert die Verschuldung, die mit der Reiseorganisation und der Vermittlung von Arbeitsverträgen für die Cabarets einhergeht. Mit dem Ziel, mittelfristig beruflich weiterzukommen, ist sie in finanzielle Abhängigkeit geraten. Als

die Verdienstmöglichkeiten jedoch aufgrund von Mietwucher und unbestimmten Lohnabzügen[7] deutlich tiefer liegen, als versprochen, hat Maria wegen ihrer Schuldenlast und der Verpflichtung durch die Arbeitsverträge nur noch begrenzte Möglichkeiten, auf ihre Situation Einfluss zu nehmen.
Aufgrund der finanziellen Abhängigkeit von Vermittlern und der Reduzierung auf das Cabaret durch die Arbeitsbewilligung hat Maria keine anderen Erwerbsmöglichkeiten. Ihr Aufenthalt ist an eine Beschäftigung als Cabaret-Tänzerin gebunden. Um in der Schweiz bleiben zu können und ihre Schulden zurückzubezahlen, muss sie den Zwang zum Alkoholkonsum und zur Prostitution akzeptieren. Dieser Zwang beinhaltet - wie Maria es beschreibt - auch physische Gewalt.
Ihre Schilderungen verweisen darauf, dass Frauen gezielt für den Sexbereich angeworben werden. Während für sie die Verschuldung an bessere Perspektiven gekoppelt war und sie ein aus ihrer Sicht kalkulierbares Risiko einging respektive in ihre Zukunft investierte, profitieren auf der anderen Seite die HändlerInnen, AgentInnen, Cabaret-BesitzerInnen und nicht zuletzt die Cabaret-Kunden und Freier von der Abhängigkeit und der Perspektivlosigkeit, in der sich Maria befindet.

4. INDIVIDUELLE HANDLUNGSSTRATEGIEN IM RAHMEN STRUKTURELLER BEDINGTHEITEN

Wie die Datenanalyse zeigt, sind die Frauen unserer Untersuchung in mehrfacher Hinsicht mit prekären Lebenssituationen konfrontiert. Diese sind gekennzeichnet durch den ungesicherten Aufenthaltsstatus sowie durch ungesicherte und ungeschützte Tätigkeiten auf dem informalisierten Arbeitsmarkt. So sind weder Dauer, Umfang noch Verdienst plan- und voraussehbar, zudem bestehen kaum verbindliche vertragliche Regelungen. Halten sich die Frauen illegalisiert in der Schweiz auf, sind sie definitionsgemäß von sämtlichen Rechtsansprüchen ausgeschlossen. Die Erfahrungen unserer Interviewpartnerinnen verweisen jedoch generell darauf, dass der Rekurs auf rechtsstaatliche Mittel riskant ist. In diesem Sinne wird unseren Interviewpartnerinnen in der Regel aus der Perspektive des AusländerInnenrechts begegnet, sie selber sind kaum in der Lage, sich als Rechtssubjekte zu konstituieren. Die gesellschaftliche Position der interviewten Frauen wird durch gesellschaftliche Marginalisierung und Prekarisierung umrissen.
Die Datenanalyse verweist darauf, dass alle unsere Interviewpartnerinnen sich in einer ambivalenten Situation befinden, welche durch bestimmte Herrschaftsmechanismen und Machtstrukturen charakterisiert sind. Obwohl sie sich sehr stark mit institutionellen gesellschaftlichen Schranken konfrontiert sehen, versuchen sie - wie die nachfolgenden Beispiele von Inés und Mónica exemplarisch zeigen - im Spannungsverhältnis zwischen Anpassung an individuelle und gesellschaftliche

[7] Die Erfahrungen in der Beratung des FIZ zeigen in diesem Zusammenhang folgende Praxen: übermäßige Vermittlungsprovisionen, hohe Kosten für Kostüme, Werbefotos und Showmusik, angebliche Kosten für Zimmerreinigung, Mitbenützung der Küche, Fernsehgebühren usw. Zudem werden nicht selten willkürlich festgelegte Beträge für Quellensteuern berechnet (vgl. auch Karrer et al. 1996).

Zwänge und Widerstand, die Herrschafts- und Gewaltbedingungen zu überwinden bzw. neue Perspektiven zu entwickeln.

4.1 Solidarität und politisches Engagement als Strategie gegen die Rechtlosigkeit

Die Situation von Inés in der Schweiz ist von Illegalität und damit verbunden von umfassender Rechtlosigkeit charakterisiert. Ihre Erzählung verweist u.a. auf ihre Bemühungen, unauffällig zu handeln und somit unsichtbar zu bleiben. Dennoch gelingt es ihr mit der Zeit, sich einen FreundInnenkreis aufzubauen, auf den sie vertrauen kann, sowie sich in verschiedenen Zusammenhängen politisch feministisch zu engagieren. Auf unsere Frage, wie wir uns ihr Leben heute vorstellen können, antwortet sie:
"Gegenwärtig, meinst du? Ja, also, wie sieht mein Leben gegenwärtig aus, ja sehr bewegt. Ich bewege mich viel. Ich mache aufregende Sachen. So plötzlich ... als Beispiel erzähle ich dir einen Tag. Gestern z.B. arbeitete ich an drei verschiedenen Orten. Zudem holte ich Dinge, um meine Wohnung einzurichten. Ich fuhr zudem schnell aufs Land, wo ich Geld schulde und die Kinder hüte, um dieses Geld zurückzuzahlen, denn ich kann es nicht auf einmal bezahlen. Weil sie eine sehr gute Frau ist, eine sehr gute Person, die mir ein Jahr lang sehr geholfen hat ... und nun versuche ich, ihr auf diese Weise das Geld zurückzubezahlen, auch wenn sie mir sagt, dass sie kein Geld zurück will. Dann kam ich zurück und hatte Sitzung, ja im Frauenprojekt, wo ich einmal in der Woche mitmache. So habe ich wirklich ein sehr, sehr bewegtes Leben. Ja, ein sehr bewegtes Leben. Nun sage ich dir etwas, ich sage dir nicht, dass ich keine Angst habe, ausgewiesen zu werden, doch habe ich das. Denn die Möglichkeit besteht immer, jeden Tag, mit jedem Schritt und jeden Moment. [...] Aber ich weiß es nicht, ob das mit meinem Bewusstsein zu tun hat, denn ich wohne in einem Quartier, wo ich aus dem Haus gehe, und ein paar Meter weiter sehe ich sie [die Polizei] andauernd. Ich gehe durch sie hindurch, innerlich zittere ich, aber äußerlich nicht. Ich gehe sehr mutig an ihnen vorbei, sehr, sehr selbstbewusst. Ich glaube, dies hilft mir, mich nicht zu fürchten, nicht? [...] Ich lebe so ein Leben, wie soll ich dir sagen, unter anderem gut, weil ich gerne viel unternehme, viel arbeite, weil ich, was weiß ich, gerne Solidaritätsarbeit leiste. Ich habe zwar kein Geld, um solidarisch zu sein, aber ich habe Freude daran. Denn auch wenn ich kein Geld habe, kann ich doch auch etwas geben, so zum Beispiel durch mein Engagement im Frauenprojekt, mit Freunden und Freundinnen etwas unternehmen zugunsten von Leuten." (Inés 1: Z. 186-222)

In dieser Interviewsequenz verweist Inés auf die Wichtigkeit von Beziehungsnetzen, welche für sie Rückhalt und Bestärkung darstellen. Dass sie sich heute teils durch bezahlte, teils durch freiwillige Arbeit an verschiedenen Orten eine Existenz in der Schweiz aufbauen kann, ist auf das Vertrauen und die Stützung von FreundInnen zurückzuführen. Diese Unterstützung ist jedoch nicht als einseitige, sondern als wechselseitige Leistung zu verstehen. So ist es für Inés selbstverständlich, die Schulden bei ihrer Freundin, welche sie während eines Jahres auch finanziell unterstützt hat, mit ihrer Arbeitskraft in Form von Kinderbetreuung zu begleichen. In der Erzählung betont sie mehrmals, dass sie sich in "Bewegung" befindet, und macht dadurch deutlich, dass ihr Alltag sich durch eine bestimmte Dynamik der Veränderung kennzeichnet, welche als Gegensatz zur Routine, d. h. zu wiederkehrenden Tagesabläufen zu verstehen ist. Diese dynamische Bewegung resultiert aus der Wechselwirkung zwischen struktureller Eingeschränktheit und dem Wunsch nach einem alternativen Lebensentwurf. Die Aussage *"Ich gehe durch sie [die Polizei] hindurch, innerlich zittere ich, aber äußerlich nicht"* zeigt bildlich, wie die Dynamik des Gegensatzes von Inés in Bewegung gebracht wird: Sie traut sich, der Polizei physisch gegenüberzutreten, im Bewusstsein dessen, dass sie kein Recht auf eine Existenz in der Schweiz hat und jeden Moment verhaftet und ausgewiesen werden kann. In dieser Korrelation definiert sich die Diskrepanz zwischen Handeln und Bewusstsein. Ihre Erfahrungen und ihr Handeln formieren sich vor diesem Hintergrund aus der Logik von gegensätzlichen gesellschaftlichen Verhältnissen. Es ist davon auszugehen, dass diese Erfahrungen von Gewalt und Ausgrenzung sowie die Fähigkeit, dies aus einer kritischen Perspektive zu betrachten, in besonderer Weise den Ausgangspunkt für ihre Lebensphilosophie, d. h. den Sinn des eigenen Lebens respektive ihres politischen Engagements bilden. So arbeitet Inés regelmäßig in einem Frauenprojekt mit, in dem sie einerseits die Gelegenheit hat, ihre Gewalt- und Ausgrenzungserfahrungen durch anonymisierte Medienauftritte publik zu machen. Andererseits kann sie ihre Erfahrungen auch in Form von Schrift und Ton in spanischer Sprache an andere Frauen weitergeben, mit dem Ziel, präventiv zu wirken. In diesem Kontext erfährt sie eine Stärkung ihres Selbstbewusstseins als "illegalisierte Migrantin" in der Schweiz, das sie als Grundlage für Solidaritätsarbeit einsetzt. Durch dieses Selbstbewusstsein findet sie - wie sie im folgenden Interviewausschnitt darlegt - einen Umgang mit ihrer von Marginalisierung und Prekarisierung gekennzeichneten Situation, das heißt auch mit den strukturellen Herrschafts- und Ausgrenzungsmechanismen, die solche Lebensbedingungen verursachen.

"Frage: Wie war es am Anfang, und wie hat sich seither Dein Leben entwickelt?
Antwort: Ja klar, ich kann eine Veränderung feststellen. Klar, weil ich wieder meine Persönlichkeit und meine Sprache z.B. wiedergefunden habe. Denn zu dieser Zeit... ich war so in einer Stimmung, wo ich mich komplett verneint hatte. Ich weiß es nicht, was ich gefühlt habe, aber ich habe mich verneint. Ja, ich habe mich verneint [...]. Ja, und ich hatte meine Sprache voll verloren. Als ich hier zwangsweise kam, war ich stumm, nicht? Und ich denke, dass trotz all dem, das du dir als Kampf vorstellen kannst, d.h. die ständige Konfrontation mit einer dicken Mauer, Rassismus und Ausschaffung. Ja, du bist mit verschiedenen Faktoren konfrontiert. Faktoren, die sich gegen dich richten. Wenn du dich hineinbegibst und suchst, also in meinem Fall, ich kann ja nicht für andere sprechen. Ja, in meinem Fall habe ich eine Veränderung festgestellt. Ich habe meine Persönlichkeit wiedererlangen können. Ja, das was ich dir schon früher gesagt habe, meine Sprache. Denn ich war komplett isoliert. Ich konnte damals über nicht mehr als Banalitäten reden. Ja, das, das hat mich dermaßen blockiert. Ja, in diesem Milieu blockierst du dich... sprichst du

nur über die Händler, über wie viel du ihnen abliefern musst, verstehst du? Du bist mit dem Kopf nur damit beschäftigt. Im Gegensatz dazu bin ich jetzt zufrieden, mit dem, was ich mache. Ja, klar, dass ich gerne leben würde, ohne diese Angst zu haben, ohne diese Psychose, die wir alle haben. Aber doch, es hat Veränderungen gegeben." (I2: Z. 285-314)

Inés schildert die Phase, in der sie zur Prostitution gezwungen war, als eine Verstümmelung ihres Lebens. Das bedeutet, dass sie Ausbeutung und Gewalt unterworfen war und demzufolge keine Kontrolle über ihr Selbst hatte. Die Selbstnegierung verweist darauf, dass sie diese Gewaltbedingungen nie akzeptieren konnte, jedoch die Enttäuschung und Frustration gegen sich selbst richtete. Sie hatte keine Möglichkeit, mit Menschen außerhalb des Sexmilieus in Kontakt zu treten, was eine vollständige Fremdbestimmung respektive Deklassierung bedeutete. In der Ausbeutung und Gewalt an Frauen aus ökonomisch unterprivilegierten Ländern zeigt sich somit das Geschlechterverhältnis durch eine geschlechtsspezifische und internationale Asymmetrie. Dies drückt Inés entschieden mit der Metapher des Sprachverlustes und der Isolation aus. Die Erfahrung der Gewalt, der Abhängigkeit, zugleich aber der sexistisch und rassistisch konnotierten Ausgrenzung prägen ihr Leben in der Schweiz. Sie ist sich bewusst, dass diese schwierigen Lebensbedingungen u.a. mit Diskriminierungsprozessen zwischen sogenannten Entwicklungs- und Industrieländern respektive zwischen "InländerInnen" und "AusländerInnen" und in der Folge mit sozialen und internationalen Ungerechtigkeiten zu erklären sind. Auf dieser Erkenntnis baut ihr politisches Engagement auf. So symbolisiert Inés mit den Begriffen des "Kampfes" und der "Konfrontation" die Dynamik ihrer Suche respektive Bewegung, welche sie mit positiv konnotierten Veränderungen in ihrem Leben in Zusammenhang bringt.

4.2 Vom pragmatischen Umgang mit prekären Lebensverhältnissen: Flexibilität, Mobilität und Risikobereitschaft

Mónica arbeitet in der Schweiz im Sexgewerbe. Sie wurde für diesen Tätigkeitsbereich angeworben und sieht sich mit unerwarteten Arbeitsbedingungen sowie aufenthaltsrechtlichen Unsicherheiten konfrontiert. Sie schätzt ihre Situation realistisch ein, d. h. sie geht davon aus, dass sie - zumindest vorerst - in diesem Bereich überleben muss und ihr andere Erwerbsmöglichkeiten nicht offen stehen. Auf ihre Arbeitsbedingungen kann sie kaum Einfluss nehmen. So wird von ihr große Flexibilität, Mobilität resp. Risikobereitschaft verlangt. Diese Voraussetzungen - welche dem Profil der idealen Arbeitnehmerin im modernen Unternehmen entsprechen (vgl. Sennett 1998) - bringt sie mit, und sie versucht, diese Strategien für sich pragmatisch zu nutzen.

Nach der Einreise und der Zuweisung zum Cabaret-Bereich geht Mónica davon aus, dass ihr keine anderen Erwerbsmöglichkeiten zur Verfügung stehen. Diese realistische Einschätzung ermöglicht es ihr, sich auf das in ihren Augen Wesentliche zu konzentrieren: die Schaffung einer Existenzgrundlage. So passt sie sich den Verhältnissen an mit dem Ziel, ihre Situation längerfristig zu verändern. Moralische

Bedenken kann sie sich aufgrund ihrer untergeordneten Position nicht leisten. Ihre Einschätzung der Situation schildert sie wie folgt:
"Also, ich musste es ja machen, auch wenn ich es nicht wollte, aber ich habe keine andere Wahl gehabt, weil ich in S.D. Schulden hatte. Zudem verließ ich meine Kinder, sie waren vollständig auf mich angewiesen, eigentlich immer, weil sie nie etwas von ihrem Vater bekommen haben. Ich musste mich also diesen Bedingungen unterwerfen, ich konnte nicht wählerisch sein und diese Arbeit ablehnen, verstehst du? Ja, ich weinte viel und litt sehr, aber ich machte es immer, ja, ich machte es." (M1: Z. 385-392)
Wie bereits festgestellt, sind die Arbeitsbedingungen im Cabaret hart. Die Anstellung ist jeweils auf einen Monat befristet, somit muss ständig der Arbeitsort gewechselt werden. Diese Arbeitsverhältnisse erfordern also große Mobilität und die Fähigkeit, sich immer wieder auf eine neue Umgebung einzustellen. Mónica hat keine eigene Wohnung, denn die Cabarets verfügen über eigene Zimmer, für deren Miete ein hoher Betrag vom Lohn abgezogen wird. Ihre Habe hat sie in einer zentral gelegenen Wohnung deponiert, welche sie mit anderen Frauen teilt, die ebenfalls als Cabaret-Tänzerinnen arbeiten. Für dieses Koffer-Depot bezahlt sie wiederum Miete - ein weiterer Aspekt des einträglichen Geschäfts mit Frauen.
Durch die langjährige Tätigkeit im Cabaret entwickelt Mónica Routine im Umgang mit den schwierigen Arbeitsbedingungen. Dadurch verschafft sie sich Kenntnisse und Argumentationsgrundlagen für die Verhandlungen mit Agenten, Cabaret-Besitzern und Kunden. Ihr Handeln ist von Pragmatismus geprägt. Sie geht davon aus, dass ihr der Arbeitsbereich des Cabarets trotz extremer Flexibilisierung ein gewisses Einkommen sowie eine minimale Sicherheit und Stabilität bietet. Durch die Routinisierung wird es für sie jedoch immer schwieriger, aus dem Sexgewerbe auszusteigen, denn diese Tätigkeit wirkt sich nicht positiv auf ihre Qualifikationsstruktur aus, im Gegenteil: Sie wird dadurch auf den Sexbereich fixiert und gesellschaftlich ausgegrenzt. Ihr Ausstieg aus dem Cabaret-Bereich erfordert große Anstrengungen, obwohl sie in der Zwischenzeit über eine reguläre Arbeitsbewilligung verfügt.
"Ich tanzte weiter, ja, ich tanzte weiter. Insgesamt tanzte ich rund sieben Jahre. So konnte ich etwas Geld verdienen, denn wenn du legal bist, wirst du nicht so schikaniert, du kannst dich wehren und auch Anzeige machen, verstehst du? Ja, dann tanzte ich weiter. Später entschied ich mich, meine Kinder nachzuziehen, und hörte mit dieser Arbeit auf. So war es!" (M2: Z. 350-354)
Trotz erlittener Demütigungen und Gewalt gelingt es Mónica rückblickend, die Arbeit als Cabaret-Tänzerin als Schritt zur materiellen Unabhängigkeit zu interpretieren. So hat sie für sich und ihre Kinder eine ökonomische Existenzgrundlage schaffen können, womit sie ansatzweise die strukturellen Zwänge überwindet. Heute arbeitet sie als Putzfrau und wird in ihrer Wahrnehmung in diesem Arbeitsbereich ebenso stark ausgebeutet wie im Cabaret. Eine andere Stelle zu finden, erscheint ihr zwar wünschenswert, sie weiß jedoch, dass sie auf dem Arbeitsmarkt nach wie vor nur geringe Chancen hat, ihre Situation zu verbessern. So erhofft sie sich für ihre Kinder eine bessere Zukunft und investiert in deren Berufsausbildung.

Ihre Fähigkeit, sich an neue, unerwartete Situationen anzupassen und mobil zu reagieren, bildet die Grundlage für den Umgang mit prekären Lebensverhältnissen. Ihre Aussage *"Ich bin zufrieden, ja ich bin zufrieden! Ich fühle mich gut. [...] Ich bin nicht von anderen abhängig zum Leben, verstehst du?"* (M3: Z 857-859) verweist auf ihren Drang, Selbstbestimmung zu erlangen. In diesem Sinne hat sie es geschafft, zumindest teilweise die strukturellen Zwänge und die materielle Abhängigkeit zu überwinden. Paradoxerweise führt der Weg zur Selbstbestimmung über das Sexgewerbe, jenen Bereich, dem sie aufgrund von Betrug und Täuschung sowie sexistischer und rassistischer Ausgrenzungsmechanismen zugewiesen wurde. Sie nimmt die Demütigungen auf sich in der Hoffnung, sich in absehbarer Zeit eine Zukunftsperspektive zu erarbeiten. Dass ihre heutige Situation besser ist als zum Zeitpunkt ihrer Einreise in die Schweiz, betrachtet sie als Resultat ihrer eigenen Leistungen, ihrer Beharrlichkeit und ihrer Fähigkeit, sich trotz widriger Umstände zu behaupten. Insofern agiert sie in der Logik der Leistungsgesellschaft, wird dabei jedoch aufgrund ihrer geographischen Herkunft durch staatliche und gesellschaftliche Ausgrenzungsprozesse marginalisiert. Gleichzeitig wird sie für die im Cabaret-Bereich erbrachten Arbeitsleistungen moralisch verurteilt. Ihr pragmatisches Handeln wird im Kontext von Migration und Sexgewerbe gesellschaftlich negativ interpretiert und gleichzeitig stigmatisiert. Denn sie verfügt nicht über die Position, in der sie sich über gesellschaftliche Konventionen hinwegsetzen könnte.
In diesem Sinne sind nicht nur ihre Handlungen durch strukturelle Macht- und Herrschaftsverhältnisse bestimmt, sondern werden auch vor diesem Hintergrund bewertet. Daran anknüpfend, lässt sich festhalten, dass gleiches Handeln je nach Status und Kontext unterschiedlich beurteilt wird, oder metaphorisch ausgedrückt: Wenn zwei das gleiche tun, ist es eben nicht dasselbe.

5. ZUSAMMENFASSUNG: GRENZZIEHUNGEN - GRENZVERSCHIEBUNGEN

Die Daten zeigen, dass die Anwerbung und Vermittlung von Frauen aus bestimmten Weltregionen genauso transnationalisiert ist wie andere Wirtschaftszweige auch. Sie erfolgt auf der Basis von geschäftlichen und privaten Beziehungen zwischen den Herkunftsländern unserer Interviewpartnerinnen und der Schweiz. Aufgrund von Betrug, Täuschungspraktiken, falschen Arbeitsversprechungen und angeblich überaus guten Verdienstmöglichkeiten werden Frauen in Zwangslagen manövriert, in denen sie mit Gewalt und Druckmitteln, insbesondere ökonomisch, ausgebeutet werden. Die Profitinteressen beziehen sich auf sexuelle Verfügbarkeit und häusliche Dienstbarkeit und sind somit an das weiblichen Geschlecht gebunden. Der Betrug und die Täuschungspraktiken der Anwerbung verweisen auf die Implementierung von Polarisierungsverhältnissen, insbesondere bezüglich Arbeits- und Verdienstmöglichkeiten entlang der Spaltung "Erste" und "Dritte" Welt.

Die Reproduktion und Konstitution solcher Polarisierungsverhältnisse, welche die Grundlage der Ausbeutung und Unterdrückung darstellen, basieren auf den Dichotomisierungen "AusländerInnen" - "InländerInnen", "reproduktiver" - "produktiver" Arbeit, "männlicher Dominanz" - "weiblicher Unterordnung" sowie auf Klassenunterschieden. Solche Polarisierungsprozesse werden in einem konkreten historischen, politischen, ökonomischen und sozialen Kontext erzeugt und durch verschiedene Rahmenbedingungen gekennzeichnet.

Soziale Ungleichheiten als Struktur konstituieren sich innerhalb eines nationalen Kontextes, der in internationale Differenzierungsprozesse eingebunden ist. Diese soziale und rechtliche Ungleichheit wird auf nationalstaatlicher Ebene durch die Spaltung zwischen "Ausländerin" und "Inländerin" vollzogen, welche in der Schweiz u.a. im AusländerInnengesetz (ANAG) verankert ist. Die Daten zeigen, dass unsere Interviewpartnerinnen dieser Logik entsprechend für bestimmte reproduktive Bereiche - Hausarbeit, Ehe, Cabaret, Prostitution - angeworben werden. Die strukturelle Benachteiligung, die sie dabei erfahren, verhindert, dass sie grundlegende Rechte und entsprechenden Schutz beanspruchen können. Der Staat entpuppt sich als Verteidiger sozialer Ungleichheit und der symbolischen sowie materiellen Geschlechterordnung. Unsere Interviewpartnerinnen gelten bezüglich ihrer Herkunft, ihres Geschlechts und ihrer sozialen Position als different und ungleich.

Gesellschaftliche Macht- und Herrschaftsstrukturen sind für die Konstituierung von Frauenhandel in der Schweiz bestimmend. Dies zeigt die komplexe Verzahnung unterschiedlicher Polarisierungs- und Exklusionsprozesse entlang von Ethnisierung, Rassisierung, Geschlechter- und Klassenverhältnissen, wodurch internationale und geschlechtsspezifische Ungleichheiten reproduziert werden. In dieser Logik finden sich unsere Interviewpartnerinnen als "Ausländerinnen" in der Schweiz in einer (vom Staat erzeugten) Position, welche das Merkmal der "Differenten", "Eindringlinge" und "Fremden" konnotiert. So wirkt der Status der "Ausländerin" im Kontext moderner Nationalstaaten als Regulativ für Ein- und Ausschliessungsmechanismen. Als konstruierte Kategorie bezeichnet die "Ausländerin" eine institutionalisierte Differenzierungs- und Diskriminierungspraxis, welche innerhalb eines demokratisch verfassten Rechtsstaates hervorgerufen wird. Gutiérrez Rodríguez (1999) stellt diesbezüglich fest, dass "*der Status der ‚Ausländerin‘ ... eine ‚aufgeworfene Identität‘ [markiert]. In diesem Verhältnis geht es nicht um ein Leugnen einer Präsenz, sondern um das Aufoktroyieren einer Existenz*" (S. 119). Auf dieser Grundlage werden über die Kategorien "AusländerInnen" und "InländerInnen" unterschiedliche Gruppen in das Produktionsverhältnis integriert. Wie die Daten zeigen, werden unsere Interviewpartnerinnen gezielt für Arbeitstätigkeiten im Bereich der Reproduktion respektive des informalisierten Arbeitsmarktes angeworben, in denen die Degradierung ihrer Person und die Ausbeutung ihrer Arbeitskraft eng mit der Hautfarbe und/oder der geographischen Herkunft aus ökonomisch unterprivilegierten Ländern verbunden ist.

Diese Herrschaftspraxis dient unterschiedlichen Profitinteressen und wird über mediale respektive diskursive Praktiken konsolidiert. So lässt sich festhalten, dass die öffentliche Thematisierung des Phänomens Frauenhandel in den letzten Jahren verstärkt eine mediale Verbreitung gefunden hat. Dennoch handelt es sich dabei häufig um scheinbar kritische, in der Tat aber um sensationsträchtige Berichte, welche die Herrschaftslogik reproduzieren. Obwohl sich Frauenorganisationen bereits seit Mitte der 80er Jahre für einen besseren Schutz der betroffenen Frauen einsetzen und um differenzierte Aufklärung über die vielfältigen und komplexen Zusammenhänge und Ursachen dieser Form von Gewalt und Ausbeutung von Migrantinnen bemühen, wird das Thema in der Öffentlichkeit dennoch häufig in allzu plakativer Weise aufgegriffen. Statt der Stigmatisierung und Diskriminierung entgegenzuwirken, werden Betroffene in der medialen Verbreitung respektive im öffentlichen Diskurs oft über ihre Sexualität und Körperlichkeit definiert und zu bloßen Objekten degradiert; dadurch wird der Voyeurismus der KonsumentInnen bedient (vgl. Le Breton Baumgartner 1999, S. 88; Najafi/Rosner 1999, S. 150). Dabei wird den Frauen Handlungsfähigkeit und Selbstbestimmungsrecht abgesprochen. Vielmehr wird ihnen generalisierend eine passive Rolle als Opfer zugewiesen. *"Zu diesen Stereotypen und Klischees gesellen sich häufig Projektionen aus männlichen Phantasien, die Frauen zu exotisch-gefügigen Lustobjekten degradieren. Die Frauen werden damit nicht nur aufgrund ihrer persönlichen Gewalterfahrungen, sondern qua Definition ausgegrenzt. Ihre subjektive und objektive Lebensweise wird über Zuschreibungen neu bestimmt"* (Niesner et al. 1997, S. 17).
Die Analyse bestätigt unsere Annahme, dass in der Schweiz eine Nachfrage nach weiblichen Arbeitskräften für gesellschaftlich minderbewertete Reproduktionsarbeit im Haushalt und Sexgewerbe besteht. Entsprechend werden unsere Interviewpartnerinnen als Cabaret-Tänzerinnen, Prostituierte, Hausangestellte und Ehefrauen vermittelt, wobei die Grenzen zwischen den einzelnen Bereichen fließend sind. Folglich ist festzustellen, dass die Lebens- und Arbeitsbedingungen betroffener Frauen durch eine bestimmte Nachfrage nach frauenspezifischen Dienstleistungen, faktische Rechtlosigkeit sowie Deklassierung und Verobjektivierung aufgrund ethnisch und rassisch konnotierter Differenzen bestimmt werden. Trotz dieser antagonistischen gesellschaftlichen Verhältnisse zeigen die Biographien betroffener Frauen, dass sie nicht einfach Objekte von Gewalt und Ausgrenzungsmechanismen sind, sondern darin vielfältige und produktive Handlungsstrategien entwickeln - wie die Beispiele von Inès und Mónica zeigen -, welche gängigen Täterinnen- und Opferdarstellungen zuwiderlaufen. Dennoch lassen sich ihre Handlungsstrategien und ihre Lebensperspektiven durch einen aporetischen, d. h. paradoxen Zustand beschreiben (Gutiérrez Rodríguez 1999). Denn ihr Handeln und ihre Erfahrungen formieren sich im Kontext struktureller Bedingtheiten, die Handlungsnotwendigkeiten hervorrufen, um ihre Lebens- und Arbeitssituation zu verändern. Dieser strukturellen Determinierung wird die Bereitschaft neuer Handlungsperspektiven im Spannungsverhältnis zwischen Anpassung und Widerstand entgegengestellt.

Die Profiteure des Frauenhandels sind in erster Linie HändlerInnen, VermittlerInnen, Freier, Ehemänner, ArbeitgeberInnen und Cabaret-Besitzer sowie auch der Staat.[8] Die restriktiven Einwanderungsbestimmungen für Migrantinnen aus Ländern außerhalb der Europäischen Union tragen dieser Tatsache nicht Rechnung. Wie unsere Untersuchung aufzeigt, ist Frauenhandel eine Form der internationalen und geschlechtsspezifischen Arbeitskräfteanwerbung, die eine bestimmte Nachfrage nach Migrantinnen für den sexuellen, emotionalen und häuslichen Bereich bedient.

6. AUSBLICK

Abschließend stellt sich die Frage nach einer wirksamen Bekämpfung von Frauenhandel. Die vorliegende Analyse verdeutlicht, dass die Situation von betroffenen Migrantinnen durch ausländerrechtliche Bestimmungen stark beeinflusst ist. Als Ausländerinnen mit einer unsicheren Aufenthaltssituation, riskieren sie, jederzeit aus der Schweiz ausgewiesen zu werden. Die Verweigerung von Schutz und Zugehörigkeit bedeutet nicht nur rechtliche, sondern auch soziale Ausgrenzung. Sicherheit und Gleichberechtigung bleiben insbesondere im Falle von Randständigkeit und Stigmatisierung unerreichbar. Das Einreichen einer Strafklage wird in der Folge für Betroffene von Frauenhandel faktisch verunmöglicht. Vor diesem Hintergrund ist festzustellen, dass weitere Restriktionen im AusländerInnengesetz - wie sie die aktuelle Revision vorsieht - die Voraussetzungen für Frauenhandel nicht verbessern.
Wirkungsvolle Maßnahmen gegen Frauenhandel müssen daher in erster Linie bei der Verbesserung der Situation - konkret der (aufenthalts-) rechtlichen Situation - ansetzen. Darin gehen wir einig mit internationalen Organisationen (UNO-Weltfrauenkonferenz), Menschenrechtsvereinigungen und NGOs (dazu auch Bertschi 2003). Die Forderung des Fraueninformationszentrums FIZ nach einem Zeuginnenschutzprogramm ist in der Schweiz ein erster Schritt in diese Richtung. Die Möglichkeit, Schutz und Rechte zu beanspruchen, stellt eine wichtige Grundlage für die Verbesserung der Situation von betroffenen Migrantinnen dar. Wir sind der Ansicht, dass diese Maßnahme den Frauenhandel für AnwerberInnen, VermittlerInnen und Freier riskanter und damit weniger attraktiv zu machen vermag. Solange betroffene Frauen keine Rechte beanspruchen können, haben TäterInnen des Frauenhandels nichts zu befürchten.
Rechte sind bis heute an staatliche Zugehörigkeit, an StaatsbürgerInnenschaft gebunden. Das Festhalten an dieser Exklusion verstärkt im Zeitalter der Migration globale und lokale Ungleichheitsverhältnisse. Die von uns interviewten Frauen bemühen sich, in den bestehenden Verhältnissen zu überleben. Sie über- und unter-

[8] So arbeiten beispielsweise in der Schweiz monatlich rund 2000 Cabaret-Tänzerinnen mit einer Kurzaufenthaltsbewilligung (Bewilligung L). Zusammen bezahlen sie jährlich rund 25 Millionen Franken Quellensteuer und Sozialabgaben, ohne davon profitieren zu können. Denn sie zahlen beispielsweise Beiträge an die Arbeitslosenversicherung, ohne bezugsberechtigt zu sein, und erhalten bei der Ausreise aus der Schweiz auch ihre AHV-Beiträge kaum je zurück (vgl. Le Breton Baumgartner/Bertschi 1995, S. 52f.). - Über Umsätze und Gewinne im Bereich Frauenhandel und Prostitution liegen bis heute keine zuverlässigen Zahlen vor (vgl. BAP 1998, S. 34).

schreiten die Grenzen, die ihnen geographisch, gesetzlich und gesellschaftlich vorgegeben sind. Ihre Lebensrealitäten machen sichtbar, dass diese verordneten Grenzen je nach Interessenlagen und Ermessensspielräumen verschiebbar sind. Damit schaffen sie die Voraussetzungen, die staatlichen und gesellschaftlichen (Un-) Ordnungen aufzugreifen.

In diesem Sinne gehen wir mit Gutiérrez Rodríguez einig in der Annahme, dass *"die Forderung nach einer [transnationalen] antirassistischen und feministischen Staatsbürgerschaft, welche soziale Gerechtigkeit zum Ziele hat, nur ein formaler Schritt in Richtung gleicher Rechte für alle Menschen sein kann, [sie] verändert jedoch Gesellschaft erst dann fundamental, wenn daraus das Ende von jeglicher Ausbeutung, Ausgrenzung und Unterdrückung folgt"* (1999, S. 262).

LITERATUR

Balibar, Etienne/Wallerstein, Immanuel (1998): Rasse, Klasse, Nation. Ambivalente Identitäten, Hamburg.

Bertschi, Susanne (2003): Sexarbeit tabuisiert - zum Nachteil der Frauen. Eine juristische Analyse von Straf- und AusländerInnenrecht zur Unterbindung von Frauenhandel. Bulletin 7, NFP 40 Gewalt im Alltag und organisierte Kriminalität, Bern.

Bourdieu, Pierre (1997): Die männliche Herrschaft, in: *Dölling, Irene/Krais, Beate* (Hg.): Ein alltägliches Spiel. Geschlechterkonstruktion in der sozialen Praxis, Frankfurt a.M., S. 153-217.

Bourdieu, Pierre et al. (1997): Das Elend der Welt. Zeugnisse und Diagnosen alltäglichen Leidens an der Gesellschaft, Konstanz.

Bundesamt für Polizeiwesen (BAP) (1998): Szene Schweiz - Drogen, Falschgeld, Organisierte Kriminalität, Menschenhandel. Lagebericht Nr. 2, Bern.

Eyferth, Hanns/Otto, Hans-Uwe/Thiersch, Hans (Hg.) (1987): Handbuch zur Sozialarbeit und Sozialpädagogik. Eine systematische Darstellung für Wissenschaft, Studium und Praxis, Neuwied und Darmstadt.

FIZ, Fraueninformationszentrum für Frauen aus Afrika, Asien und Lateinamerika (1995): Rundbrief Nr. 16, Zürich.

Gutiérrez Rodríguez, Encarnación (1996): Frau ist nicht gleich Frau, nicht gleich Frau, nicht gleich Frau ... Über die Notwendigkeit einer kritischen Dekonstruktion in der feministischen Forschung, in: *Fischer, Ute Luise* (Hg.): Kategorie: Geschlecht? Empirische Analysen und feministische Theorien, Opladen, S. 163-190.

Gutiérrez Rodríguez, Encarnación (1999): Intellektuelle Migrantinnen - Subjektivitäten im Zeitalter von Globalisierung. Eine postkoloniale dekonstruktive Analyse von Biographien im Spannungsverhältnis von Ethnisierung und Vergeschlechtlichung, Opladen.

Karrer, Cristina/Turtschi, Regula/Le Breton Baumgartner, Maritza (1996): Entschieden im Abseits - Frauen in der Migration, Zürich.

Le Breton Baumgartner, Maritza (1991): Die Verflechtung zwischen Patriarchat und Kapital und ihre Auswirkungen auf das Phänomen des Handels mit Frauen aus peripheren Ländern. Das Beispiel Brasilien, Lizentiatsarbeit an der Philosophischen Fakultät der Universität Freiburg.

Le Breton Baumgartner, Maritza (1998a): Die Feminisierung der Migration. Eine Analyse im Kontext neoliberaler Arbeits- und Aufenthaltsverhältnisse, in: *Klingenbiel, Ruth/Randeria, Shalini* (Hg.): Globalisierung aus Frauensicht, Bilanzen und Visionen, Bonn, S. 112-134.

Le Breton, Maritza (1998b): Globalisierung frauenspezifischer Dienstleistungen. Unsichtbarer Frauenhandel - Heiratsagenturen in der Schweiz, in: Vor der Information (7/8), Wien, S. 208-219.

Le Breton Baumgartner, Maritza (1999): Illegalisierung und Kriminalisierung der Migrantinnen, "Frauenhandel" im Kontext restriktiver Einwanderungspolitik, in: WIDERSPRUCH, Beiträge zur sozialistischen Politik 19 (37), S. 83-93.

Le Breton Baumgartner, Maritza/Bertschi, Susanne (1995): Die Feminisierung der Migration und der Druck neoliberaler Politik, in: OLYMPE, Feministische Arbeitshefte zur Politik (4), S. 48-61.

Le Breton, Maritza/Fiechter, Ursula (2000): Gesellschaftliche Determinanten des Frauenhandels aus der Perspektive betroffener Migrantinnen in der Schweiz. Unveröffentlichter Schlussbericht z.Hd. des Schweiz. Nationalfonds, Zürich.

Najafi, Behshid/Rosner, Judith (1999): Frauenhandel im Kontext frauenspezifischer Migration, in: Dominik, Katja (Hg.): Angeworben - eingewandert - abgeschoben: ein anderer Blick auf die Einwanderungsgesellschaft Bundesrepublik Deutschland, Münster, S. 150-170.

Niesner, Elvira/Anonuevo, Estrella/Aparicio, Martha/Sonsiengchai-Fenzl, Petchara (1997): Ein Traum vom besseren Leben. Migrantinnenerfahrungen, soziale Unterstützung und neue Strategien gegen Frauenhandel, Opladen.

Potts, Lydia (1993): Migrantinnen im Weltmarkt für Arbeitskraft, in: Arbeitsgruppe 501 (Hg.): Heute hier - morgen fort. Migration, Rassismus und die (Un)Ordnung des Weltmarkts, Freiburg i.B., S. 84-87.

Potts, Lydia (1988): Weltmarkt für Arbeitskraft. Von der Kolonisation Amerikas bis zu den Migrationen der Gegenwart, Hamburg.

Sassen, Saskia (1998): Überlegungen zu einer feministischen Analyse der globalen Wirtschaft, in: PROKLA, Zeitschrift für kritische Sozialwissenschaft 28 (111), S. 199-216.

Sennett, Richard (1998): Der flexible Mensch. Die Kultur des neuen Kapitalismus, Berlin.

Strauss, Anselm/Corbin, Juliet (1996): Grounded Theory: Grundlagen Qualitativer Sozialforschung, Weinheim.

Young, Brigitte (1999): Die Herrin und die Magd. Globalisierung und die Re-Konstruktion von "class, gender and race", in: WIDERSPRUCH, Beiträge zur sozialistischen Politik 19 (38), S. 47-59.

WEITERE QUELLEN

Bundesgesetz über Aufenthalt und Niederlassung der Ausländer (ANAG), 26. März 1931.

Entwurf zum Bundesgesetz für Ausländerinnen und Ausländer (AuG), Juni 2000.

UNO-WANDERARBEITERKONVENTION - EINE GRENZE GEGEN DUMPING

Albrecht Kieser

Über 170 Millionen Menschen arbeiten nach Schätzungen der Vereinten Nationen weltweit außerhalb ihrer Heimatländer. Sie haben sich für kürzere oder längere Zeit, begrenzt oder auf Dauer, in die Fremde aufgemacht. Sie hatten den Mut oder die Verzweiflung, sich einer unbekannten Umgebung, einer vielleicht auch anderen Kultur auszusetzen. Sie haben sich auf dieses Risiko eingelassen, weil sie zu Hause keine Überlebenschance mehr hatten. Und sie haben sich darauf in der Hoffnung eingelassen, dass ihnen nicht allzu übel mitgespielt werde. Doch diese Hoffnung - leider - trügt sehr oft.

Denn MigrantInnen - gleich ob reguläre oder irreguläre, ob mit oder ohne Aufenthaltspapiere, mit oder ohne Arbeitserlaubnis - werden immer mehr hineingerissen in einen Wirtschaftskrieg, in dem es um die Absenkung des historisch erreichten Lohnniveaus besonders in den Industriestaaten und den sogenannten Schwellenländern geht. MigrantInnen werden so zu Infanterien in den weltumspannenden kapitalistischen Schlachten um die Bedingungen auf den Arbeitsmärkten, um Absatzmärkte und Profite. Die Infanterie wird im Krieg, so weiß es das Militär, am skrupellosesten verheizt. Nichts anderes gilt auch im Wirtschaftskrieg: MigrantInnen kann man leicht ins Feuer schicken - es gibt genug Ersatz.

Ins Feuer geschickt werden sie im Namen der Freiheit. Nicht von einem gesamtkapitalistischen Demiurgen, keinem Weltenlenker in den Chefetagen der global player - nein, die weltkapitalistisch gemachten Verhältnisse treiben sie dorthin. Nicht ohne das Zutun interessierter Propagandisten sicherlich, und natürlich spielen sie mit dem Wunsch aller MigrantInnen, sich frei dorthin bewegen zu können, wo sie es besser haben als zu Hause. Die aggressivsten Propagandisten der neoliberalen Freiheit nehmen sogar ungeniert Anleihe bei den Schlachtrufen von Linksradikalen: "Grenzen auf für alle!" heißt es hier wie da. Wobei die Neoliberalisten allerdings nur die eine Freiheit im Blick haben, die des ungehinderten Warenverkehrs zum Zwecke der ungehinderten Gewinnmaximierung. Der Auftrag der von ihnen in Gang gehaltenen migrantischen Infanterien: Sie sollen die Begrenzungen der Bewegungsfreiheit zwischen den nationalen Arbeitsmärkten und auf jedem dieser Märkte einreißen. Sie sollen als neue Bewegungsfreiheit eine durchsetzen, die noch maßloser als die im internationalen Güter- und Geldverkehr ist. Während nämlich die Liberalisierungsverhandlungen im Rahmen der Welthandelsorganisation davon geprägt sind, dass starke Lobbygruppen von Unternehmerverbänden ihre jeweiligen profitträchtigen Absatzmärkte mit Schutzzöllen gegen Dumpingkonkurrenz verteidigen - ganz entgegen der Ideologie, die sie öffentlich vertreten - werden die Schutzbarrieren vor den national verfassten Arbeitsmärkten ohne den Widerstand starker Verteidigungskräfte geschleift und die Märkte und die darauf Agierenden zunehmend ungehemmt internationaler Billigkonkurrenz ausgesetzt.

Dieser Prozess, der nicht friedlich, nicht versöhnlich verläuft, opfert beide Akteure auf dem Schlachtfeld Arbeitsmarkt: die MigrantInnen und die Etablierten. Und alle Opfer dienen einem Ziel: Billiger zu produzieren und den Profit der Produzenten zu erhöhen.

Die neue Migration ist zu unterscheiden von den Formen der Migration, die bis Anfang der 70er Jahre des 20. Jahrhunderts z.B. in Deutschland üblich waren: In dieser Zeit ging es darum, einen relativen Arbeitskräftemangel durch Import von Arbeitskräften zu beheben. Diese Arbeitskräfte mussten zu Bedingungen eingesetzt werden, die im Importland selber, also z.B. in Deutschland, durch tarifliche und gesetzliche Abmachungen fixiert waren und wurden.

Diese tariflichen und gesetzlichen Abmachungen nunmehr frontal und ohne Umschweife (z.B. durch Etablierung bzw. Verfestigung so genannter Niedriglohngruppen, wie das in den 60er und 70er Jahren der Fall war) zu unterlaufen und zu zerstören, darum geht es in der modernen Arbeitsmigration seit den 90er Jahren. Den Prozess des globalisierten Lohn- und Sozialstandarddumpings forcieren sowohl die irreguläre wie die moderne reguläre Migration. Ob GATS, das "General Agreement on Trade in Services", auf Deutsch: Allgemeines Abkommen über den Handel mit Dienstleistungen (mehr dazu auf URL: http://www.attac.de/gats/) oder die neue europäische Dienstleistungsfreiheit: Die über diese Regelungswerke in Gang gesetzte reguläre Arbeitsmigration soll "teure" Arbeitskraft durch "billige" ausstechen, nur darin besteht ihr Sinn und Zweck. Je höher der Standard der Lohn- und Arbeitsbedingungen innerhalb eines EU-Staates ist, umso nachhaltiger soll er durch Billiganbieter der Ware Arbeitskraft eingerissen werden, die unter Berufung auf die neue "Dienstleistungsfreiheit" ihre Waren, und das sind Arbeitskräfte aus ihren Ländern, exportieren. Für den z.B. in Polen festgelegten Lohn haben diese projektbezogenen ArbeitsmigrantInnen dann in Ländern zu arbeiten, in denen das Preis- und Lohnniveau deutlich höher liegt. "Niedriglohnländer" in der EU drücken so nicht nur als potentielle Investitionsstandorte auf die "Hochlohnländer" sondern auch als Direkt-Exporteure der bei ihnen billiger gehandelten Ware Arbeitskraft. Wobei unter Dienstleistung jeder Dienst zu verstehen ist, vom Architekten über den Altenpfleger und die Krankenschwester bis zum Zivilfahnder einer Detektei.

Am optimalsten in diesem Sinne einsetzbar sind jedoch noch immer irreguläre ArbeitsmigrantInnen, die weder über einen legalen Aufenthaltsstatus noch über eine Arbeitserlaubnis verfügen. Ihre wichtigsten Einsatzgebiete in Deutschland sind das Bauhauptgewerbe, die Reinigungsindustrie, die Landwirtschaft, die Gastronomie und der private Haushaltssektor (Reinigung und Pflege; siehe dazu die Studien von Jörg Alt 1999 und 2003). Auch wenn es gerade im Haushaltssektor Arbeitsstellen gibt, die nicht ausbeuterisch bezahlt werden, das heißt mit einer Entlohnung von zehn bis 15 Euro, überwiegen doch solche Arbeitsplätze, die unterbezahlt und ungeschützt sind und bei denen die Beschäftigten darüber hinaus in manchmal sklavenähnlicher Abhängigkeit vom Arbeitgeber bzw. der Arbeitgeberin stehen (z.B. Alt 2003, S. 113ff, 186ff).

Sie können sich gegen keinerlei Ausbeutungsmethoden und auch keine Übergriffe wehren, weil das staatliche Recht auf Abschiebung der "illegal" Anwesenden immer

höher wiegt als ihr individuelles Recht auf Gegenwehr bzw. bessere Bezahlung und auf Achtung gesetzlicher Vorgaben für ihr Arbeitsverhältnis.
In einem Interview, das ich mit Bernhard Schwarzkopf führte, Zuwanderungsexperte bei der Bundesvereinigung der Deutschen Arbeitgeberverbände, sagte er, diese Zwecksetzung sei offen bekannt. Die Beschäftigung von Illegalen werde sich erst dann erübrigen, wenn die Rahmenbedingungen für die Entlohnung und soziale Absicherung von Beschäftigten generell geändert seien. "Wenn wir aber illegale Beschäftigung haben, dann müssen wir uns schon fragen, woran das liegt. Es liegt an den Rahmenbedingungen für Beschäftigung hier in Deutschland, es liegt an der hohen Abgabenbelastung, an der hohen Steuerbelastung. Da ist natürlich der Staat gefordert, entsprechend günstigere Rahmenbedingungen für Beschäftigung zu setzen", so Schwarzkopf wörtlich.
Aus dieser Aussage lässt sich folgern, dass illegale Migranten solange eingesetzt werden sollen, bis die für die Unternehmer "günstigeren Rahmenbedingungen" durchgesetzt und die bestehenden Lohn- und Tarifstrukturen hinreichend ausgehöhlt sind. Sind sie das jemals?

1. VOM RECHT AUF GLÜCKSSUCHE

Deutsche Gewerkschaften haben diesen Zusammenhang seit Jahren thematisiert und die zerstörerischen Folgen für die von ihnen vertretenen Beschäftigten aufgezeigt. Sie haben auch nicht verschwiegen, dass die neoliberale reguläre Migration genauso wie die irreguläre die in diesen Prozess hineingerissenen Menschen in großem Stil verheizt. Aber sie haben auch mit Abwehrreflexen gegen diese MigrantInnen reagiert. Und sie tun es noch. Besonders das Thema "illegale Einwanderung" ist in weiten Bereichen der Gewerkschaften nicht von Solidarität geprägt, sondern von Angst und Ausschlussmentalität. Krassestes Beispiel sind die Razzien, die die Gewerkschaft Bau-Agrar-Umwelt (IG B.A.U.) gemeinsam mit Zoll und Polizei auf Baustellen durchführt und deren Opfer eben nicht nur UnternehmerInnen sind, die mit der Ausbeutung irregulärer ArbeitsmigrantInnen Extraprofite einstreichen, sondern auch diese MigrantInnen selber. Allerdings mehren sich auch Stimmen, die auf die Spaltung des Arbeitsmarktes nicht auch noch mit einer Spaltung der Beschäftigten antworten wollen. Auch innerhalb der IG B.A.U. Aus ihren Reihen wurde im zurückliegenden Jahr die "European Migrant Workers Union" gegründet (siehe auf URL: http://www.migrant-workers-union.org). Zwar werden offiziell nur vertragliche Entsendearbeiter von der neuen Organisation angesprochen und können Mitglied werden; aber der Verband will sich auch für irreguläre ArbeitsmigrantInnen einsetzen. Dennoch wird erst von einer Minderheit der hiesigen Gewerkschaften wirklich anerkannt, dass die Mobilität von Menschen, internationale Bewegungsfreiheit, das Recht auf grenzüberschreitende Glückssuche, das Recht auf Migration in einer globalisierten Welt, längst zu einem essentiellen Menschenrecht geworden ist (das, wenn auch anders motiviert, sogar schon im Artikel 13 "Freizügigkeit und Auswanderungsfreiheit" der Allgemeinen Erklärung der Menschenrechte verankert ist). Natürlich kann diese Freiheit in Konflikt geraten mit

dem Recht der auf dem nationalen Markt etablierten Arbeitskräfte, nicht von einer Billigkonkurrenz aus dem Rennen geworfen zu werden. Die entscheidende Frage ist aber, ob das Recht auf Migration unausweichlich und in unlösbaren Widerspruch gerät zum Recht auf Erhalt von meist mühselig und mit vielen Opfern erkämpften Lohn- und Sozialstandards der Beschäftigten in den Zielländern der Migration. Und ob es Mittel und Methoden gibt, Konflikte nicht auf dem Rücken der einen oder der anderen Seite zu lösen.
Wie scharf der Konkurrenzkampf auf dem Arbeitsmarkt wird, ist jedenfalls sowohl von der Solidarität der Konkurrierenden abhängig bzw. von der Zügelung ihrer Konkurrenz als auch vom Kräfteverhältnis zwischen den Profiteuren dumpingorientierter Arbeitsmigration und denen, die ganz in der Tradition internationaler Solidarität gute Lohn- und Arbeitsbedingungen nicht nur für alle Erwerbsfähigen im jeweiligen Land sondern global wollen. Die dem Kampf der neoliberalen Globalisierer also den Kampf für eine solidarische Globalisierung guter Lohn- und Sozialstandards entgegensetzen.

2. DIE UNO-WANDERARBEITERKONVENTION

Herausragendes Beispiel für gelungene Schritte in diese Richtung ist die UNO-Wanderarbeiterkonvention, genauer: Die "Internationale Konvention zum Schutz der Rechte aller Wanderarbeitnehmer und ihrer Familien" (siehe mehr dazu auf URL: http://www.december18.net/web/general/start.php).
Am 18. Dezember 1990, vor über 14 Jahren also, hat die Vollversammlung der Vereinten Nationen diese Konvention beschlossen. Zwölf Jahre später ist die Konvention endlich vom letzten der 20 Staaten ratifiziert worden, die nötig waren, um sie in Kraft zu setzen. Das Entscheidende und Neue an dieser Konvention ist nicht nur, dass die Menschenrechte, wie sie in den Erklärungen der UNO definiert sind, bis ins Einzelne für MigrantInnen konkretisiert werden. Herausragend ist die Konvention deshalb, weil sie allen MigrantInnen diese Menschenrechte zuerkennt. Allen, das heißt, MigrantInnen mit einem regulären Aufenthaltsstatus wie auch solchen, die keinen regulären Aufenthaltsstatus besitzen. Die so genannten Irregulären also, die "Illegalen", die "Sans Papiers".
Angesichts dieses Prinzips, das Recht auf vereinbarten Lohn, auf Zugang zum Rechtssystem, zum Gesundheitssystem oder zum Schulwesen komme allen MigrantInnen zu, hat die deutsche Bundesregierung schriftlich betont, sie wolle diese Konvention niemals unterschreiben. Niemals - das ist wörtlich zu nehmen. Die Kohl-Regierung hat es zuerst erklärt. Und die rot-grüne hat es gleich noch einmal wortgleich wiederholt - sicher von ein und demselben Ministerialbeamten formuliert: "*Die Position der Wanderarbeitnehmer in ungesetzlichen Situationen wird in dem Übereinkommen in einer Weise geschützt, die über das unbestrittene Erfordernis, ihnen grundlegende Menschenrechte nicht zu verweigern, weit hinausgeht.*"
So, wie gesagt, wortgleich 1996 und 1999, einmal auf eine Anfrage des SPD-Abgeordneten Karsten Voigt, dann auf eine der PDS-Abgeordneten Ulla Lötzer.

Der Schreck vor der Konvention ist der Schreck der Ertappten. Denn die UNO-Konvention hebt mitnichten die Weltordnung aus den Angeln. Den Nationalstaaten bzw. Staatenverbänden wird nicht das Recht abgesprochen, an ihren Grenzen darüber zu wachen, wen sie einlassen wollen und wen nicht; und auch das Recht, von ihrem Staatsgebiet ihnen nicht genehme Fremde zu entfernen, wird nicht bestritten. Bloß setzt die Konvention die Menschenrechte aller MigrantInnen höher als das Recht des Staates auf Ausweisung. Ausdrücklich zugesichert werden auch irregulären MigrantInnen und ihren Kindern z.B. das Recht auf Schulbesuch und der Zugang zum Gesundheitswesen (Artikel 28 und 30). Gleicher Lohn für gleiche Arbeit, gleiche Beschäftigungsbedingungen und gleicher Kündigungsschutz sind ebenso zentraler Bestandteil der Konvention (Artikel 25). Und: wer gearbeitet hat, der hat auch seinen Lohn zu bekommen, egal, ob sein Aufenthaltsstatus legal ist oder illegal. Wenn nötig, soll er seine Ansprüche auf dem Rechtsweg durchsetzen können. Schließlich darf dem MigrantInnen sein verdienter Lohn ausdrücklich nicht mit der Rechtfertigung abgenommen werden, er habe seine Arbeit als "Illegaler" getan oder er solle damit seine Ausweisungskosten finanzieren. Eine übliche staatliche Raubritterpraxis in Deutschland. Artikel 22 der Konvention legt fest: "Im Falle der Ausweisung ist dem Betroffenen angemessen Gelegenheit zu geben, sich alle Lohnansprüche und sonstigen Ansprüche, die er gegebenenfalls hat, abgelten zu lassen und alle offenen Verpflichtungen zu regeln." Was ist angemessen? Dies ist eine ungeklärte Frage in der Konvention. In der Regel dürften angemessene Gelegenheiten nur bestehen, solange der Migrant/die Migrantin noch im Lande ist. Artikel 22 sagt allerdings, ihm/ihr sei angemessen Gelegenheit "vor oder nach der Abreise" zu geben. Dies ist ein Hinweis darauf, dass die Konvention sehr wohl von den Zielländern der MigrantInnen beeinflusst werden konnte.

Das Abschieberecht von Staaten steht dennoch eindeutig hinter den individuellen Menschenrechten der MigrantInnen zurück. Entscheidend ist beispielsweise, dass auch irreguläre MigrantInnen vor Gericht klagen können und ihnen alle Rechte als Kläger oder Klägerin, insbesondere das der persönlichen Anwesenheit zustehen (Artikel 18). Von solcher Zweitrangigkeit staatlicher Ordnungspolitik hinter individuellen menschenrechtlichen Ansprüchen ist deutsches Ausländerrecht, schon im gedanklich-systematischen Ansatz, weit entfernt. Kriminalisierung irregulärer Migrant-Innen wiegt höher als ihr individueller Rechtsanspruch. Das ist gelebter Ordnungsfanatismus und hat nebenbei den hübschen Effekt, dass man diese Leute gnadenloser ausbeuten kann.

Es muss an diesem Motiv liegen, dass nicht nur Deutschland, sondern kein einziger Staat, der Ziel von MigrantInnen ist, die UNO-Konvention bislang ratifiziert hat. Die Liste der Unterzeichner ist eine Liste der Geberländer - der Geberländer von billiger, auswärts ausgebeuteter Arbeitskraft. Ägypten, Bolivien, Ecuador, Marokko, Philippinen, seit September 2004 auch die Türkei, um nur ein paar zu nennen. Dennoch. Der Aufstand der Underdogs ist als gutes Recht in der Welt. Und das schlechte Ausländerrecht der Reichen sieht sich zum ersten Mal mit einer moralischen Instanz von internationalem Gewicht konfrontiert.

3. PAPIERTIGER ODER NUTZBRINGER?

Die Initiative für die Erarbeitung und Verabschiedung der UNO-Wanderarbeiterkonvention hatten solche Staaten übernommen, aus denen seit vielen Jahren Hunderttausende, ja Millionen Menschen emigriert sind. Zum Beispiel arbeiten allein fünf Millionen Filipinos in Südostasien, im Nahen Osten und in Europa, eine Million Marokkaner sind nach Europa emigriert, mehrere Hunderttausend Ecuadorianer sind in Länder Nordamerikas und Westeuropas ausgewandert. Ihre Staatsbürger gegen Diskriminierung, Gewalt und Ausbeutung im Ausland zu schützen, war das treibende Motiv für die Arbeit an der Konvention. In den Philippinen z.B. steht die Regierung deshalb immer wieder unter innenpolitischem Druck. Sie soll etwas für den Schutz der eigenen StaatsbürgerInnen tun, die im Ausland als WanderarbeiterInnen tätig sind. Deshalb, so schätzt der Migrationswissenschaftler Steffen Angenendt vom Forschungsinstitut der Deutschen Gesellschaft für Auswärtige Politik die Bedeutung der UNO-Konvention ein, seien solche Länder sehr daran interessiert, diese Konvention umzusetzen und mehr Staaten dazu zu bewegen, die Konvention zu ratifizieren.

Dieses Ansinnen ist bislang nicht von Erfolg gekrönt. Kein einziger Industriestaat hat die Konvention ratifiziert. Anders übrigens als zahlreiche, ähnlich lautende Beschlüsse der ILO, der Internationalen Arbeitsorganisation. Denn die haben nur empfehlenden Charakter, die UNO-Konvention allerdings, einmal ratifiziert, verpflichtet zur Umsetzung in nationales Recht und ihre Respektierung ist individuell einklagbar. Vorerst also müssen nur die mittlerweile 27 Unterzeichnerstaaten die Bestimmungen der Konvention umsetzen und damit die relativ wenigen MigrantInnen schützen, die in diesen Ländern leben und arbeiten. Aber die Millionen von MigrantInnen, die aus den Ratifizierungsstaaten aufgebrochen sind, müssen weiterhin auf die in der Konvention verankerten Rechte warten. Kein Wunder, dass in vielen Ländern der Welt Kampagnen zur Unterzeichnung der Konvention laufen (Genaueres ist der bereits angegebenen Website zu entnehmen) und auch internationale Organisationen wie Amnesty International die Ratifizierung der Konvention fordern.

Der Schutz, den die UNO-Konvention verlangt, brächte selbst regulären MigrantInnen in Deutschland Vorteile. Denn die Konvention basiert auf der Unteilbarkeit der Menschenrechte. Das ist ein völlig anderer Ansatz als ihn das hiesige Ausländer- und Zuwanderungsrecht verfolgt. So sieht es auch der Deutsche Gewerkschaftsbund, der ebenfalls die Ratifizierung der Konvention verlangt. Die Konvention, so Volker Roßocha, Referatsleiter der Abteilung für internationale und europäische Gewerkschaftspolitik beim DGB, gehe davon aus, dass gleiche Rechte auf Leben, auf Sicherheit, auf gleiche Entlohnung usw. für die MigrantInnen wie für die Einheimischen gelten. Das deutsche Ausländerrecht aber, das die Ausländer immer noch als Bedrohung anstatt als gleichberechtigte Menschen betrachte, weise MigrantInnen den Status von Bürgern zweiter Klasse zu, die eben nicht die gleichen Rechte haben wie die einheimischen Staatsangehörigen oder die EU-Bürger.

Zum Beispiel gilt nach deutschem und europäischem Ausländerrecht für MigrantInnen nur ein eingeschränkter Schutz der Familie. Die Konvention geht weit darüber hinaus. Sie respektiert einen weiten Familienverband, wie er soziale und kulturelle Realität vieler MigrantInnen ist und verengt den Familiennachzug deshalb nicht auf Kinder unter 18, 16 oder sogar zwölf Jahren. Das deutsche Ausländerrecht verstößt auch in anderen Bereichen gegen die UNO-Konvention. Denn diese verbietet ausdrücklich, AusländerInnen abzuschieben, wenn sie arbeitslos werden und Sozialhilfe beziehen. Doch nach deutschem Recht dürfen erwerbslose Ausländer mit Sozialhilfebezug, auch wenn sie schon viele Jahre hier leben, abgeschoben werden, falls sie noch keinen dauerhaften Aufenthaltsstatus erreicht haben.
Schließlich gibt die Konvention regulären MigrantInnen das Wahlrecht (Art. 41) und erklärt eine staatliche Pflicht zur Integration, womit nicht Ein- und Unterordnung, sondern gleichberechtigte Teilhabe am gesellschaftlichen und kulturellen Leben gemeint ist (Art. 42, 43, 45).
Der Menschenrechtsausschuss des Deutschen Bundestages verlangte im März 2003 in zwei Resolutionsentwürfen, die Bundesregierung solle die UNO-Wanderarbeiterkonvention unterzeichnen. Christa Nickels, Vorsitzende des Ausschusses für Menschenrechte im Deutschen Bundestag, hat erlebt, mit welcher Energie der Ausschuss davon abgehalten wurde, diese Resolution überhaupt in den Bundestag einzubringen. Die Koalitionsfraktionen im Ausschuss seien nach mehreren fruchtlosen Diskussionen vom Innenministerium schlicht dazu gezwungen worden, die Forderung nach Ratifizierung der Konvention aus der Resolution zu entfernen.
Im Dezember 2004 hat das Komitee für Grundrechte und Demokratie eine Massenpetition in den Petitionsausschuss des Deutschen Bundestages eingebracht, die Wanderarbeiterkonvention solle ratifiziert werden. Möglich, dass auch dieser Initiative eine ähnliche Abfuhr erteilt wird wie der des Menschenrechtsausschusses im Bundestag. Immerhin rollt die Dampfwalze der neoliberalen Globalisierung weiterhin ungebremst. Aber wer weiß schon, ob die migrantische Infanterie nicht irgendwann auch in Deutschland ihre Rechte einfordert? Ob nicht auch hierzulande irgendwann die Solidarität zwischen den in den Konkurrenzkampf gehetzten Besitzern der Ware Arbeitskraft widerständiger wächst? Ob nicht die Idee der Globalisierung guter Lohn- und Sozialstandards kampfkräftigeren Anhang als bisher findet? Wer weiß das schon.

LITERATUR

Alt, Jörg (2003): Leben in der Schattenwelt - Problemkomplex illegale Migration, Karlsruhe.

Alt, Jörg (1999): Illegal in Deutschland - Forschungsprojekt zur Lebenssituation ‚illegaler' Migranten in Leipzig, Karlsruhe.

Alltag, Schwierigkeiten und Handlungsmöglichkeiten für eine mit "Illegalität" konfrontierte Berufspraxis

SCHULBESUCH VON KINDERN OHNE RECHTLICHEN AUFENTHALTSTATUS

Dragica Brügel

Kinder sind in Deutschland verpflichtet, ab dem 6. Lebensjahr die Schule kontinuierlich zu besuchen. Wer dies nicht tut und die Schule schwänzt, begeht eine Ordnungswidrigkeit, da die Schulpflicht durch das Fernbleiben vom Unterricht verletzt wird. *"Die Schulpflicht beträgt gegenwärtig zwölf Jahre, davon in der Regel neun Vollzeit- und drei Teilzeitschuljahre. In vier Bundesländern (Nordrhein-Westfalen, Bremen, Brandenburg, Berlin) besteht eine Vollzeitpflicht von zehn Jahren."* (Wagner et al. 2004, S. 457)
Seit in der öffentlichen Diskussion um die angeblich ständig wachsende Jugendkriminalität auch das Schulschwänzen immer häufiger als Risikofaktor für eine spätere Delinquenz benannt wurde (vgl. Wetzels et al. 2000; Bundesministerium 2001, S. 576ff.), wird von "*Law-and-Order*-Politikern" (vgl. Beckstein 2004, S. 12) gefordert, schulschwänzende Kinder vormittags systematisch einzusammeln und mit dem Streifwagen in die Schule zu bringen. *"Bildungsrecht und Bildungspflicht werden in engem Kontext gesehen, Zuwiderhandeln wird bestraft. Bei Ausländern in Deutschland sehen die Protagonisten der Neuen Härte das ganz anders - und hier im Einklang mit geltendem Recht: Bildung wird nur dem gewährt, der legal hier ist."* (Schnapka 2000, S. 25)

1. ZUR RECHTSLAGE BEI "ILLEGALEN" KINDERN

"Nach Auffassung der für die Beschulung zuständigen Länder liegen die Gründe dafür, dass der Schulbesuch der Kinder statusloser Eltern nicht gewährleistet ist, auf der Ebene der Bundesgesetze und nicht der Ländergesetze" (Cyrus 2004, S. 63) - daher ist die Auseinandersetzung um die UN-Kinderrechtskonvention so wichtig. Die UN-Konvention über die Rechte des Kindes wurde am 20.11.1989 von der UN-Generalversammlung beschlossen. Sie ist das erste Abkommen, das die internationale Anerkennung der Menschenrechte von Kindern festschreibt und in 54 Artikeln völkerrechtlich verbindliche Mindeststandards zum Wohl von Kindern und Jugendlichen im Alter von 0 - 18 Jahren festlegt. Sie wurde inzwischen von fast allen Staaten ratifiziert und ist deshalb das Menschenrechtsinstrument mit der höchsten Anerkennung durch die internationale Staatengemeinschaft.[1] Die Ratifizierung der UN-Kinderrechtskonvention durch die Bundesregierung am 6. März 1992 fand mit einem so genannten Ausländervorbehalt statt.

---

[1] Siehe die Informationsseite der *National Coalition* für die Umsetzung der UN-Kinderrechtskonvention in Deutschland, online auf URL: www.agj.de/htm/agj_naco.htm.

In einer "nationalen Erklärung" stellte die damalige Bundesregierung bei der Hinterlegung der Ratifizierungsurkunde fest, dass *"keine Bestimmung dahin ausgelegt werden (kann), dass sie das Recht der Bundesrepublik Deutschland beschränkt, Gesetze und Verordnungen über die Einreise von Ausländern und die Bedingungen ihres Aufenthaltes zu erlassen oder Unterschiede zwischen In- und Ausländern zu machen"*. Bis heute gibt es keine Rücknahme der nationalen Vorbehalte und bis heute sind deswegen Kinder ohne deutschen Pass diskriminiert. Zwar heißt es in Artikel 28 der UN-Kinderrechtskonvention: *"Die Vertragstaaten erkennen das Recht des Kindes auf Bildung an; um die Verwirklichung dieses Rechtes auf der Grundlage der Chancengleichheit fortschreitend zu erreichen, werden sie insbesondere a) den Besuch der Grundschule für alle zur Pflicht und unentgeltlich machen"*. (Bekanntmachung vom 10. Juli 1992 - BGBl II S. 990; vgl. online auf URL: www.kidweb.de/ kiko.htm) Zwar gilt die allgemeine Schulpflicht für die ausländischen Kinder der ArbeitsmigrantInnen seit 1966 (vgl. Rieker 1999, S. 421), aber bis Ende 2004 war in der Bundesrepublik noch nicht einmal die Schulpflicht für die legalen Flüchtlingskinder in allen Bundesländern vorgeschrieben. Weil die Schulbildung Ländersache ist, verfährt jedes Bundesland nach eigenen Vorschriften und Verordnungen.

Die erste Studie, die Mitte der 90er Jahre über die Lage von jungen Flüchtlingen in Auftrag gegeben wurde, kam zur folgenden Übersicht:

- *"Schulpflicht für junge Flüchtlinge (Bayern, Berlin, Brandenburg, Bremen, Hessen, Niedersachen, Schleswig-Holstein)*
- *Schulpflicht für bestimmte Gruppen junger Flüchtlinge - abhängig vom Rechtsstatus der Eltern (Rheinland-Pfalz, Thüringen, Saarland)*
- *Junge Flüchtlinge haben Anspruch auf Schulbesuch (Sachsen, Nordrhein-Westfalen)*
- *Junge Flüchtlinge können auf Wunsch der Erziehungsberechtigten beschult werden (Baden-Württemberg, Hamburg, Sachsen-Anhalt)*
- *Ein Schulbesuch junger Flüchtlinge ist nicht vorgesehen und daher rechtlich nicht geregelt (Mecklenburg-Vorpommern)" (Rieker 1999, S. 421)*

Die Rücknahme des Ausländervorbehalts wird nicht nur von 90 bundesweit tätigen Organisationen und Initiativen aus verschiedenen gesellschaftlichen Bereichen gefordert, die sich in der Nationalen Koalition für die Umsetzung der UN-Kinderrechtskonvention in Deutschland zusammengeschlossen haben. *"Im September 1999 forderte der Bundestagsausschuss für Familie, Senioren, Frauen und Jugend die rot-grüne Bundesregierung zur Rücknahme dieses Vorbehalts auf, bisher ohne Erfolg. Nach internen Auskünften liegt dies u.a. an der reservierten Haltung einiger Bundesländer."* (Alscher et al. 2001, S. 44)

Seither hat sich aber an der Basis einiges getan. In München und Freiburg haben im Jahr 2004 die Stadträte beschlossen, dass die Kinder von Familien, die ohne Aufenthaltsstatus in der jeweiligen Stadt leben, die Schule besuchen können. Die SchulleiterInnen werden darüber informiert, dass sie den Aufenthaltsstatus der Kinder nicht erfragen müssen.
Auch das neue Schulgesetz in Nordrhein-Westfalen, das am 2. Februar 2005 in Kraft tritt, führt endlich die Schulpflicht für alle Kinder in diesem Bundesland ein. So heißt es im § 34, Abs. 6 des neuen Schulgesetzes: *"Die Schulpflicht besteht ... für ausreisepflichtige Kinder und Jugendliche ... bis zur Erfüllung ihrer Ausreisepflicht."* Damit sind auch die Kinder gemeint, die sich *"illegal im Geltungsbereich des Schulgesetzes von Nordrhein-Westfalen aufhalten"*, wie die Grünen-Landtagsabgeordnete Monika Düker bestätigte (vgl. Kieser 2004). Dabei teilte das Innenministerium von Nordrhein-Westfalen noch am 13. November 2002 der Stadt Bonn auf eine entsprechende Anfrage mit: *"Jedes Kind in NRW hat unabhängig von seinem Aufenthaltsstatus das Recht zum Schulbesuch. Sollten jedoch öffentliche Stellen, dazu gehören auch Schulämter und Schulen, Kenntnis von einem illegalen Aufenthalt erhalten, sind sie gem. § 76 Abs. 2 AuslG verpflichtet, den Ausländerbehörden davon Mitteilung zu machen."* (zitiert in: Cyrus 2004, S. 63)
Aber ein paar Schwalben machen noch keinen Sommer. In der Bundesrepublik überwiegen immer noch Unsicherheit und Ängste in der Schule, wenn es um die Beschulung von Kindern ohne Aufenthaltsstatus geht.

2. DIE MITTEILUNGSPFLICHT

Die öffentliche Ankündigung der Kriminologischen Studienwoche hat in der Hamburger LehrerInnenschaft die Nachfrage nach einer entsprechenden Fortbildung ausgelöst. Denn - und dies gilt gewiss nicht nur für Hamburg - viele SchulleiterInnen und LehrerInnen sind sich sehr unsicher, wenn es darum geht, ein Kind ohne Aufenthaltsstatus aufzunehmen. Angesichts der im § 76 AuslG[2] festgehaltenen Mitteilungspflicht öffentlicher Stellen an die Ausländerbehörde, wissen sie nicht, wie sie sich verhalten sollen. Dabei gibt es in Hamburg seit neuestem eine Verordnung, die besagt: *"Alle ausländischen Kinder und Jugendlichen haben - unabhängig von ihrem ausländerrechtlichen Status - das Recht und die Pflicht zum Schulbesuch in Hamburg. Sie unterliegen der Schulpflicht."* Trotzdem stellt sich für viele in diesem Bereich Tätige die Frage: Kann eine Familie ohne aufenthaltsrechtlichen Status trotz der Mitteilungspflicht gegenüber der Ausländerbehörde ihr Kind in der Schule anmelden, ohne dass der Name und die Anschrift des Kindes der Ausländerbehörde mitgeteilt wird? Bereits am 2. Januar 1991 wurde seitens der Behörde für Schule, Jugend und Berufsbildung eine Mitteilung an alle Schulen verschickt, die besagt, *"...dass Lehrer und sonstige Mitarbeiter im Bereich der Schulen und Dienststellen des Amtes für Schule nicht verpflichtet sind, den aufenthaltsrechtlichen Status der*

[2] Seit 01.01.2005 § 87 AufenthG.

ausländischen Schüler zu prüfen oder bei zufälliger Kenntniserlangung eines der in § 76 Abs. 2 AuslG genannten Tatbestände die Ausländerbehörde zu informieren."

Dennoch glauben die SchulleiterInnen häufig, dass sie sich die Pässe oder sonstigen Ausweisdokumente der Eltern von Schülerinnen und Schülern vorlegen lassen müssen. Unklarheit herrscht auch über den Versicherungsschutz der Schülerinnen und Schüler ohne aufenthaltsrechtlichen Status. Sind Kinder über eine Versicherung der Schule z.B. auf Klassenfahrten haftpflichtversichert oder im Schulalltag unfallversichert? Einigen Schulen wurde vom Rechtsamt in der Schulbehörde Hamburg mitgeteilt, dass die Verantwortung bei der Schulleitung persönlich liege. Dabei besagt eine bundesgesetzliche Regelung in § 2 Abs. 1, Nr. 8 - Buchstabe b SGB VIII, die sich alleine auf die Schülereigenschaft, nicht aber auf den ausländerrechtlichen Status beruft, dass das gesetzliche Versicherungsverhältnis mit dem tatsächlichen Besuch des Unterrichts oder der Teilnahme an der schulischen Veranstaltung gegeben ist.
Somit dürfte es für Hamburg keine rechtlichen Gründe geben, warum Kinder ohne aufenthaltsrechtlichen Status nicht beschult werden könnten, gäbe es nicht die Verordnung, dass Eltern eine Meldebescheinigung des Meldeamtes bei der Einschulung vorlegen müssen. Diesem können Menschen ohne Aufenthaltsrecht oft nicht nachkommen.

3. FORDERUNGEN (NICHT NUR) FÜR HAMBURG

Angesichts der geschilderten Unsicherheiten und Ängste halte ich die Durchsetzung der folgenden Forderungen für notwendig:

- Aufhebung der Vorschrift, bei der Einschulung der Kinder die Wohnungsanmeldung vorlegen zu müssen. Kinder müssen auf Antrag auch ohne Meldebescheinigung eingeschult werden können. Auch die Gesundheitsämter sollten bei der Erstellung des für die Einschulung erforderlichen Gesundheitszeugnisses von der Mitteilungspflicht ausgenommen werden.
- Den Jugendlichen ohne Aufenthaltsstatus sollte der Zugang zu berufsbildenden Maßnahmen ermöglicht werden. Insoweit sollten auch die Arbeitsämter von der Informationspflicht befreit werden.
- Beratungsstellen, Kirchen, MigrantInnenorganisationen, Wohlfahrtverbände können im Rahmen ihrer Beratungstätigkeit Schulen und Eltern folgende Informationen weitergeben: Dass die Schulpflicht für jedes Kind, das sich in Hamburg aufhält, unabhängig vom Aufenthaltstatus gilt.
- Dass Schulleitungen nicht dazu verpflichtet sind, nach dem Aufenthaltstatus der Eltern bzw. der Kinder zu fragen.
- Dass auch bei einer zufälligen Kenntniserlangung darüber, dass kein Aufenthaltsrecht vorliegt, keine Mitteilungspflicht an die Ausländerbehörde besteht.
- Dass ein allgemeiner Versicherungsschutz besteht, auch für Schülerinnen und Schüler ohne rechtlichen Aufenthaltstatus.

- Dass die "Illegalität" der Kinder ohne Aufenthaltsstatus nicht bekannt gemacht wird, wenn die Eltern ihren Kindern den Schulbesuch ermöglichen.

4. Die Kinder

Die Zahl der Kinder, die sich ohne Aufenthaltsstatus in der Bundesrepublik aufhalten, ist noch schwerer zu schätzen als die Gesamtzahl aller Illegalisierten, weil das Bedürfnis sehr groß ist, gerade diese Gruppe besonders zu schützen. Philip Anderson hat bei seiner Forschung in München festgestellt, dass den Erwachsenen sehr daran gelegen war, nicht auf den fehlenden Aufenthaltsstatus der Kinder hinzuweisen. *"Es war auffallend, wie viele Gesprächspartnerinnen und -partner zu diesem Thema mehr als zu jedem anderen keine gesicherten Informationen zu geben wussten."* (Anderson 2003, S. 74) Jörg Alt dagegen sieht Anhaltspunkte für die Frage nach der Zahl der Kinder in einer Umfrage des Diakonischen Werks im Rheinland. Dieses hatte bei seinen Beratungsstellen nachgefragt und kam zu dem Schluss, dass 17% der Personen ohne Aufenthaltsstatus, die zur Beratung gekommen waren, Kinder bei sich hatten. Dabei handelt es sich vor allem um Flüchtlingsfamilien, die ihre Aufenthaltstitel verloren hatten und entschlossen waren, sich nicht ausweisen zu lassen (Alt 2003, S. 217). Bei anderen Gruppen von MigrantInnen ohne Aufenthalt ist von weniger Kindern auszugehen. Grundsätzlich handelt es sich bei diesen Kindern um Kinder wie andere auch- mit einigen Unterschieden, die diese Kinder stark belasten: Sie müssen verbergen, dass ihre Eltern und sie ohne Aufenthalt sind. Sie müssen damit umgehen lernen, dass das Kennenlernen anderer Kinder ein Risiko für die Eltern und sie selbst sein kann, da dadurch ihre "Illegalität" bekannt werden könnte. Sie müssen mit einer Ungewissheit über ihr Verbleiben in der Bundesrepublik leben. All die kann sich bereits nachteilig auf die Bildungsmotivation der Kinder auswirken (vgl. Schnapka 2000, S. 28). Jörg Alt weist zudem in seiner Studie darauf hin, dass Kinder, die aus Angst vor Entdeckung kaum aus der Wohnung gelassen werden bzw. denen der Kontakt zu Gleichaltrigen verwehrt wird, früher oder später schwere Störungen aufweisen und entsprechend schwer sozialisierbar sind. *"Ebenso fördert ein solches Umfeld das Anwachsen von Kriminalitätspotenzialen."* (Alt 2003, S. 481)

Zwar gibt es in der Bundesrepublik noch keine Straßenkinder-Szene wie in Lateinamerika, aber längst gibt es eine beachtliche Gruppe alleinreisender Flüchtlingskinder und - Jugendlicher und es gibt in kriminellen Milieus Erwachsene, die Kinder (fremde und eigene) für ihre Zwecke einsetzen. Hierfür sei ein Beispiel aus dem Meinungsforum der Fachzeitschrift Der Kriminalist erwähnt:

"Was tun mit Kindern und Jugendlichen? Sie werden hier von Staats wegen sich selbst überlassen. Es sind illegal aufhältige Kinder oder Jugendliche, die keine feste Bleibe haben, auf der Straße leben oder sich im kriminellen Milieu herumtreiben, und alle sehen zu. Ich stelle die provokante Frage: ‚Was sollen denn diese Kinder und Jugendlichen anderes tun, als Straftaten zu begehen, um sich am Leben zu erhalten. Irgendwovon müssen sie leben und wenn es ‚nur' Lebensmittel sind,

die gestohlen werden.' Es kümmert die Behörden nur alibimäßig, etwas getan zu haben." (Zimmermann 1999, S. 157)
Dass Kinder, die nicht in die Schule dürfen und sich auf der Straße rumtreiben, straffällig werden können, sollte allerdings nicht der Hauptgrund für ihr Recht auf Bildung sein: *"Die Bildungsverpflichtung des Staates muss sich auf alle jungen Menschen erstrecken, die in seinen Grenzen leben - unabhängig von ihrer Haut- oder Passfarbe."* (Schnapka 2000, S. 28)

5. ZUR SITUATION AN DEN SCHULEN

Wer den gleichberechtigten Zugang auch der Kinder ohne Aufenthaltsstatus in unser Schulsystem fordert, sollte die Augen vor dessen Zustand nicht verschließen. Durch die Pisa-Studie haben wir zweierlei erfahren: Erstens, Bildungsdefizite in der Bundesrepublik sind weniger ein ethnisches, sondern vielmehr ein soziales Problem. *"Gerade hier korrelieren die schulischen Leistungen der Kinder in so starkem Maß wie in keinem anderen in der Studie untersuchten Land mit der sozialen Herkunft."* (Die Beauftragte der Bundesregierung für Ausländerfragen 2002, S. 178) Und zweitens, hat die Studie deutlich gemacht, *"dass nicht Migrantenkinder für das schlechte deutsche Leistungsniveau verantwortlich sind, denn das Leistungsprofil der Jugendlichen ohne Migrationshintergrund ist nahezu identisch. Bei einer schichtspezifischen Analyse der Daten zeigt sich sogar, dass die Lesefähigkeiten von Zuwandererkindern der sozialen Unterschicht deutlich besser sind, als die der deutschen Vergleichsgruppe."* (Die Beauftragte der Bundesregierung für Ausländerfragen 2002, S. 183) Diese statistische Klärung ändert aber nichts daran, dass die Kinder mit Migrationshintergrund an unseren Haupt- und Sonderschulen deutlich überrepräsentiert sind. 14 % aller legal in der Bundesrepublik lebenden Kinder ohne deutschen Pass gehen auf eine Sonderschule, aber nur 4% der deutschen Kinder (Europäische Kommission 2004, S. 21).
"Was früher das katholische Mädchen vom Land war, ist heute der Großstadt-Junge aus einer Patchworkfamilie mit Migrationshintergrund," meint Dietmar Bronder, Vorsitzender des Arbeitskreises Hauptschulen. Das Scheitern dieses Schultyps belegt er mit den 80.000 bis 100.000 Schülerinnen und Schülern, die die Hauptschulen Jahr für Jahr ohne Abschluss verlassen. Die Lehrstellenbilanz der Hauptschüler mit Abschluss ist katastrophal: Im letzten Halbschuljahr hatten nur noch ganze 5,3 % einen Ausbildungsvertrag (vgl. Heinemann 2004).
Angesichts der Finanzkrise des Staates, der Länder und Gemeinden können die Probleme der Schulen durch den zunehmenden Sozialabbau nur weiter wachsen. Schon jetzt ist festzustellen, dass die Lehrerausbildung die Lehrer nicht wirklich auf die Migrantenkinder vorbereitet. In Hamburg wird die Sprachförderung gekürzt. Die Klassengrößen wachsen, Schulklassen mit über 30 Kindern sind keine Seltenheit mehr. Migrantenkinder werden zu schnell und leichtfertig auf Sonderschulen überwiesen. Es wird nicht einmal erwogen, dass die Sprachlosigkeit eines Kindes Resultat von traumatischen Fluchterfahrungen sein kann. Ein Lehrerstand von 85% gilt an vielen Schulen als 100%-Versorgung.

Angesichts solcher Zustände und Entwicklungen sollten wir nicht nur die Einschulung aller Kinder ohne Aufenthalt fordern, sondern zugleich die Beendigung von Stellenabbau und Kürzung der Finanzmittel im Bereich von Schule und Bildung.

LITERATUR

Alscher, Stefan/Münz, Rainer/Özcan, Veyse (2001): Illegal anwesende und illegal beschäftigte Ausländerinnen und Ausländer in Berlin. Lebensverhältnisse, Problemlagen, Empfehlungen, Demographie aktuell, Nr. 17, Berlin.

Alt, Jörg (2003): Leben in der Schattenwelt, Karlsruhe.

Anderson, Philip (2003): "Dass sie uns nicht vergessen..." Menschen in der Illegalität in München, München.

Beckstein, Günther (2004): Rede anlässlich der Auftaktveranstaltung zum Präventionsprojekt "Sucht und Gewaltprävention" der "Laufer Mühle" mit Hochstädter Schulen am 29. Oktober 2004 in Hochstädt, S. 12. Online auf URL: www.stmi.bayern.de/imperia/md/content/stmi/service/reden/sucht_gewalt_praevention_041029.pdf.

Bundesministerium des Innern/Bundesministerium der Justiz (Hg.) (2001): Erster Periodischer Sicherheitsbericht, Berlin.

Cyrus, Norbert (2004): Aufenthaltsrechtliche Illegalität in Deutschland. Sozialstrukturbildung - Wechselwirkungen - Politische Optionen. Bericht für den Sachverständigenrat für Zuwanderung und Integration, Nürnberg. Online auf URL: www.bafl.de/template/zuwanderungsrat/expertisen2004/expertise_cyrus.pdf.

Die Beauftragte der Bundesregierung für Ausländerfragen (2002): Bericht der Beauftragten der Bundesregierung für Ausländerfragen über die Lage der Ausländer in der Bundesrepublik Deutschland, Berlin.

Europäische Kommission gegen Rassismus und Intoleranz (ECRI) (2004): Dritter Bericht über Deutschland, Straßburg.

Heinemann, Karl-Heinz (2004): Der Super-Gau der Schulkarriere. Soziale Auslese, in: Freitag 51 vom 10.12.2004, o.S.

Kieser, Albrecht (2004): "Illegale" in den Kommunen. Denunziationspflicht in NRW, München und Freiburg teilweise aufgehoben, in: Junge Welt vom 02.06.2004, o.S.

Rieker, Peter (1999): Schule/Schulbesuch, in: *Woge e.V./Institut für soziale Arbeit e.V.* (Hg.): Handbuch der sozialen Arbeit mit Kinderflüchtlingen, Münster, S. 420-427.

Schnapka, Markus (2000): Das ABC und die Illegalität: Recht auf Bildung für Illegale? In: *Bündnis90/Die Grünen - Bundestagsfraktion* (Hg.): Menschsein - auch ohne Aufenthaltsrecht, Berlin, S. 25-28.

Wagner, Michael/Dunkake, Imke/Weiß, Bernd (2004): Schulverweigerung. Empirische Analysen zum abweichenden Verhalten von Schülern, in: Kölner Zeitschrift für Soziologie und Sozialpsychologie 56, S. 457-489.

Wetzels, Peter et al. (2000): Gewalterfahrungen, Schulschwänzen und delinquentes Verhalten Jugendlicher in Rostock. Abschlussbericht über die Ergebnisse einer repräsentativen Befragung von Schülerinnen und Schülern der 9. Jahrgangsstufe, KFN, Hannover.

Zimmermann, Andreas (1999): "Klaukinder" aus Osteuropa werden zum Problem, in: Der Kriminalist 53 (4), S. 157.

GESUNDHEITSVERSORGUNG VON MENSCHEN OHNE PAPIERE ALS AUFGABE DES ÖFFENTLICHEN GESUNDHEITSDIENSTES - ERFAHRUNGEN UND PERSPEKTIVEN

Heidrun Nitschke

Der schwierige Zugang zu medizinischer Versorgung wird in allen Publikationen, die in den letzten Jahren zum Thema "illegale Migration" erschienen sind, als ein brennendes Problem benannt (vgl. Alt 2003). Wenig ist darüber bekannt, dass der öffentliche Gesundheitsdienst bereits jetzt in vielen Städten eine wichtige Anlaufstelle für diese Gruppe darstellt. Diese Tatsache ist nur auf den ersten Blick paradox. Viele Menschen, die sich nicht näher mit der Rolle des öffentlichen Gesundheitsdienstes als Dienstleister und Koordinator der kommunalen Gesundheitsversorgung beschäftigt haben, sehen zwar in den Gesundheitsämtern immer noch vorrangig eine Behörde mit hoheitlichen Aufgaben. Dies gilt - nachvollziehbar - auch für Mitarbeiter/innen von Wohlfahrtsverbänden, Flüchtlingsberatungsstellen und für politische Unterstützergruppen von Menschen ohne Papiere. Dabei sind nicht nur der Gesundheitsschutz, sondern auch Gesundheitsförderung und gesundheitliche Hilfen besonders für sozial schwache und schutzbedürftige Menschen, traditionell zentrale Aufgaben des öffentlichen Gesundheitsdienstes. Und er verfügt wie keine andere Institution über Informationen und Kompetenzen, die ihn dazu prädestinieren, in der Entwicklung von Lösungen für Probleme der Gesundheitsversorgung von Menschen ohne legalen Aufenthaltsstatus eine zentrale Rolle einzunehmen. Der folgende Text wird die Bedeutung gesundheitlicher Probleme von Menschen ohne Papiere darlegen; beschreiben, welche Zugänge zur Gesundheitsversorgung sie aktuell haben; die rechtlichen Rahmenbedingungen aufzeigen und dabei besonders auf die Rolle des öffentlichen Gesundheitsdienstes eingehen; zudem eigene Erfahrungen in der gesundheitlichen Versorgung von Menschen ohne Papiere in einer kommunalen Beratungsstelle analysieren und nicht zuletzt Handlungsempfehlungen ableiten.

1. GESUNDHEITLICHE PROBLEME VON PAPIERLOSEN

Gesundheitliche Probleme "schweben wie ein konstant großer Schatten über dem Leben Illegaler" (Alt 2003, S. 150). Fast alle, die mit Papierlosen arbeiten, können von dramatischen Einzelschicksalen berichten, in denen aus Angst vor Aufdeckung des illegalen Status der Arztbesuch herausgezögert wurde oder wegen fehlender Mittel eine notwendige Behandlung unterblieb. Die weniger spektakulären, aber ständig vorhandenen Versorgungsprobleme geraten demgegenüber oft in den Hintergrund. Je nachdem, um welche Gruppe papierloser Migranten/innen es sich handelt, sind diese Probleme sehr unterschiedlich und werden oft erst durch bestehende Angebote sichtbar gemacht. Daten und Erfahrungen variieren von Stadt zu

Stadt, und ihre Würdigung wird je nach Standpunkt der Untersuchenden sehr unterschiedlich ausfallen. Dies soll an einigen Beispielen verdeutlicht werden:
Männer in jungem und mittleren Alter, die - meist als Pendelmigranten aus mittel- und osteuropäischen Ländern - auf Baustellen arbeiten, leiden insgesamt eher selten unter gesundheitlichen Störungen. Akute Infekte der oberen Luftwege oder Zahnprobleme sind in dieser Gruppe zwar unangenehme, aber meist vorübergehende und unschwer lösbare Probleme. Die gesundheitlichen Folgen schwieriger Wohnsituationen und unzureichender oder unregelmäßiger Ernährung können meist über längere Zeit kompensiert werden, vor allem wenn zwischenzeitlich Erholung im Heimatland möglich ist. Ein Unfall stellt dagegen ein dramatisches - aber zum Glück seltenes - Ereignis dar.
Ganz anders ist die Situation von illegalisierten Kriegs- und Bürgerkriegsflüchtlingen: posttraumatische psychische Störungen oder psychiatrische Erkrankungen erfordern langfristig angelegte therapeutische Interventionen, die in der unsicheren Lebenssituation der Illegalität und ohne erhebliche finanzielle Aufwendungen nicht möglich sind. Meist weniger dramatisch, aber langfristig zunehmend sind psychische und psychosomatische Erkrankungen, die auch bei vielen anderen Menschen im Laufe des Lebens in der Illegalität auftreten. Auch für sie ist therapeutische Hilfe kaum zugänglich.
Soziale Erfahrungen und Lebenslagen von Frauen in der Migration unterscheiden sich grundsätzlich von denen der Männer (Han 2003, S. 11ff.). Dies gilt ganz besonders für Migrantinnen ohne Papiere. Sie arbeiten fast ausschließlich in Privathaushalten oder in der Prostitution und sind damit noch unsichtbarer als illegal beschäftigte Männer auf Baustellen. Es ist deswegen nicht erstaunlich, dass die Einschätzung, wie hoch der Frauenanteil an den Papierlosen ist, sehr stark differiert. Davon abgeleitet wird auch die Bedeutung von gesundheitlichen Beeinträchtigungen, als Folge von gelebter Sexualität, sehr unterschiedlich bewertet. Schon allein aus biologischen Gründen sind diese Probleme für Frauen weitaus größer als für Männer. Der schwierige Zugang zu sicheren Verhütungsmitteln, die Gefahr einer ungeplanten Schwangerschaft oder der Ansteckung mit einer sexuell übertragbaren Infektion stellen für jede Frau in der Illegalität eine permanente Herausforderung dar.
In der Hoffnung auf einen legalen Aufenthaltsstatus leben zahlreiche klandestine Frauen als Haushalts- und sexuelle Gefährtin ohne jede Rechte und können Schutzmaßnahmen bei sexuellen Kontakten kaum durchsetzen. Nicht nur in der klassischen Sexarbeit, sondern auch an anderen Arbeitsplätzen klandestiner Migrantinnen ist sexuelle Ausbeutung an der Tagesordnung. Auch bei Kindermädchen, Hausangestellten und zahlreichen Angestellten im Gastronomiegewerbe kann nur selten von selbstbestimmten Beziehungen gesprochen werden. Häufig sind die Partner deutsche Männer, die bereits früher sexuelle Beziehungen zu Frauen aus der gleichen Herkunftsregion hatten oder diese Region als (Sex-)Touristen bereist haben, frei nach dem Motto "ich stehe nur auf leidenschaftliche Latinas". In Partnerschaften mit Landsleuten oder Migranten aus anderen ethnischen Gruppen verbinden sich besonders oft traditionell patriarchalische Verhaltensweisen mit dem

Ausnutzen der abhängigen Situation. Von einer Frau, deren Partner im Heimatland verblieben ist, wird meist erwartet, dass sie selbst diesem über Jahre treu bleibt, während es als selbstverständlich gilt, dass der Partner zwischenzeitlich andere Beziehungen hat. Wenn eine Frau in großer emotionaler Einsamkeit dennoch neue Kontakte im Einwanderungsland eingeht, ist dies oft mit Verleugnung und Schuldgefühlen verbunden. Die rationale Entscheidung, sich gegen sexuell übertragbare Infektionen und eine Schwangerschaft zu schützen, wird dadurch behindert.

Die Bewertung der Bedeutung von Prostitution als gesundheitliches Risiko hängt sehr stark davon ab, welcher Zugang zu den Betroffenen besteht. Die grundsätzliche Schwierigkeit der Datenerhebung unter "Illegalen" und der Bewertung von Experteneinschätzungen wird hier verschärft durch das Geschlecht des Forschenden und die Funktion, in der er/sie den Gesprächspartnern/innen begegnet. Erst recht gilt dies für Einstellungen und Vorurteile von Kontaktpersonen in Institutionen (vgl. Alt 2003, S. 155). Nach mehr als 15 Jahren Tätigkeit als Frauenärztin in diesem Feld bin ich überzeugt, dass Sex als Überlebensstrategie im Leben klandestiner Migrantinnen eine weitaus größere Rolle spielt, als allgemein angenommen wird. Die Erwartung der im Heimatland verbliebenen Familien auf finanzielle Unterstützung ist schon mit einem durchschnittlichen Fraueneinkommen nicht zu erfüllen, erst recht nicht an Arbeitsplätzen, die Frauen ohne Papiere, ohne anerkannte Ausbildung und oft auch ohne ausreichende Deutschkenntnisse zugänglich sind. Damit bleibt vielen Frauen nur die Sexarbeit als Einkommensquelle. Nur ganz wenige meiner Patientinnen der letzten Jahre konnten mit Familienangehörigen oder Freundinnen über schwierige oder gewalttätige Beziehungen, über Männer, von denen sie ausgenutzt wurden oder von denen sie abhängig waren, sprechen. Erst recht darf niemand von ihrer Tätigkeit als Prostituierte wissen.

Wenn sich der Gesundheitszustand älterer Menschen, die nach Ablauf ihres Besuchervisums in Deutschland geblieben sind, verschlechtert, können ebenfalls extreme Situationen entstehen. Die Aufnahme in eine Krankenversicherung, bzw. die Übernahme möglicher Kosten als Voraussetzung für eine Legalisierung, ist für sie wegen des Alters und der Vorerkrankungen nicht möglich. Auch wenn solche Fälle bisher eher selten beschrieben sind, wird ihre Zahl in Zukunft sicher zunehmen. Über Kooperationspartner meiner Beratungsstelle wurde ich selbst allein im vergangenen Jahr mit drei solchen Fällen konfrontiert (ein akut verschlechtertes Herzleiden, ein fortgeschrittener gynäkologischer Tumor, ein Schlaganfall).

2. Zugänge zur Versorgung

Wo und wie MigrantInnen ohne Papiere Hilfe suchen und erhalten, hängt ab vom Schweregrad der gesundheitlichen Probleme, der Unterscheidung zwischen akuten, dauerhaften oder chronischen Problemen sowie kulturellen Faktoren und individuellen Ressourcen.

2.1 Private Bezahlung

Grundsätzlich haben klandestine MigrantInnen natürlich die Möglichkeit, ärztliche Hilfe in Anspruch zu nehmen, wenn sie diese selbst bezahlen. Viele kleinere Probleme werden sicher auf diese Weise befriedigend innerhalb informeller Netzwerke gelöst, vor allem, wenn es eine bereits etablierte legale *Community* gibt. Neben dem solidarischen Engagement existieren innerhalb ethnischer Netzwerke jedoch auch höchst fragwürdige Praktiken, wie die Vermittlung und nicht sachgerechte Durchführung von Schwangerschaftsabbrüchen zu horrenden Preisen.

PendelmigrantInnen aus Mittel- oder Osteuropa haben gelegentlich eine private Versicherung im Heimatland abgeschlossen, welche die Kosten einer privat abgerechneten ärztlichen Behandlung erstattet. Für MigrantInnen aus außereuropäischen Ländern, die in den westdeutschen Großstädten einen sehr hohen Anteil der Papierlosen stellen, ist dies nicht möglich.

2.2 Behandlung im Herkunftsland

Die Möglichkeit, kurz- oder mittelfristig für eine aufwändige Untersuchung oder Operation ins Heimatland zurückzukehren, wird vorwiegend von PendelmigrantInnen aus Mittel- oder Osteuropa genutzt. Flüchtlingen und Menschen aus anderen Kontinenten ist sie schon allein deswegen verschlossen, weil in ihren Herkunftsländern solche Behandlungsmöglichkeiten meist gar nicht bestehen, ganz zu schweigen von der Schwierigkeit der späteren erneuten Einreise.

2.3 Selbstbehandlung

Um die Kosten für einen Arztbesuch zu vermeiden, ist Selbstbehandlung selbst bei ernsthaften Erkrankungen oder Laienhilfe durch Landsleute, die ohne entsprechende Ausbildung z.B. intramuskuläre Spritzen setzen, weit verbreitet. Auch Antibiotika und andere hochwirksame Medikamente können offensichtlich problemlos ohne ärztliche Verschreibung erworben werden. Aus der Sicht öffentlicher Gesundheitsfürsorge ist dies hochgradig problematisch, weil durch unzureichende Behandlung die Krankheitserreger resistent (gegen Medikamente unempfindlich) werden. Besonders bei Tuberkulose, aber auch bei HIV, stellt die zunehmende Ausbreitung solcher resistenter Erregervarianten ein weltweit wachsendes Problem dar.

2.4 Benutzung von Chipkarten anderer Personen

Die Zahl derer, die sich mit der Chipkarte legal lebender Landsleute behandeln lassen, ist schwer einzuschätzen. Für einige MigrantInnen ist es schwer nachvollziehbar, warum die Karte zwar die Versicherung der Ehefrau, aber nicht des Bruders oder anderer Familienmitglieder einschließt. Weder Eigentümer noch Nutzer sind sich dabei der möglichen Komplikationen bewusst, z.B. der Frage, was passiert, wenn die gerade Entbundene gleichzeitig bei einem anderen Arzt im fünften Schwangerschaftsmonat zur Vorsorge kommt oder wenn der Chipkartenbenutzer während eines operativen Eingriffes schwere Komplikationen erleidet.

Einem niedergelassenen Kollegen mit einer Innenstadtpraxis in Köln zufolge, beträgt der Anteil der "Chipkarten-Doppelnutzer" unter den Akutpatienten in seiner Praxis bis zu zehn Prozent. Diese Einschätzung wird gestützt durch folgende Anekdote: Bei einem Treffen einer afrikanischen Kirchengemeinde beklagte sich eine der Gläubigen, dass sie selbst in Verdacht gerate, HIV-infiziert zu sein, weil sich andere Frauen mit ihrer Chipkarte HIV-Medikamente verschreiben ließen.

2.5 HUMANITÄRE INITIATIVEN

Aus Zusammenschlüssen von in der Flüchtlingsarbeit aktiven Personen und politischen Gruppen sind in einzelnen Städten in den letzten Jahren Initiativen ehrenamtlicher Helfer (meist medizinische Laien, Medizinstudenten) entstanden, die medizinische Hilfe durch Rückgriff auf ein Netzwerk engagierter niedergelassener Ärzte/innen vermitteln ("Kein Mensch ist illegal", Büros für medizinische Flüchtlingshilfe etc.). Diese Vermittlungsstellen bieten wertvolle Hilfen in vielen Einzelfällen. Ihre größere Bedeutung liegt meiner Ansicht nach jedoch darin, dass sie den Bedarf an ärztlicher Versorgung für Menschen ohne Papiere sichtbar machen und das Thema in die Öffentlichkeit tragen.

Eine Sonderstellung nimmt dabei die ärztliche Beratungsstelle der "Malteser Migranten Medizin" in Berlin ein. Hier wurde mit Spendenmitteln eine Ärztin eingestellt, die in den Räumen eines Krankenhauses eine ärztliche Sprechstunde für Menschen ohne Versicherung abhält. Obwohl in Berlin daneben noch weitere Versorgungsmöglichkeiten bestehen (Büro für medizinische Flüchtlingshilfe, Beratungsstellen zu STD/Aids und sozialmedizinische Dienste in Bezirksämtern), ist die Anzahl der Patientenkontakte seit Bestehen der Sprechstunde rasch angestiegen und liegt inzwischen bei über 2.000 im Jahr[1].

In Köln soll Anfang des Jahres 2005 durch die Malteser eine vergleichbare Sprechstunde in einem Krankenhaus eröffnet werden. Diese Sprechstunde ist Bestandteil eines Projektes "medizinisches Netzwerk Köln", an dem das Amt für Diakonie, der Caritasverband, die Malteser und das Gesundheitsamt beteiligt sind. Es besteht aus der Sprechstunde der Malteser und einer ökumenischen Beratungsstelle. Das Amt für Diakonie und der Caritasverband verwalten gemeinsam einen Fonds und akquirieren kostenlose Pflegetage in Krankenhäusern - das "Projekt Armenbett". Der Name verweist auf eine Tradition der kirchlichen Krankenhäuser, Betten für die Behandlung bedürftiger Menschen kostenlos bereit zu stellen.

[1] Siehe hierzu den Erfahrungsbericht nach drei Jahren Malteser Migrantenmedizin, hg. von der Erzdiözese Berlin, Malteser Hilfsdienst e. V., Berlin (Stand Mai 2004).

3. RECHTLICHE RAHMENBEDINGUNGEN

3.1 ZUWANDERUNGSGESETZ

Die Bestimmungen des Ausländergesetzes, die sich auf Institutionen beziehen, die von Menschen mit unerlaubtem Aufenthalt aufgesucht werden, sind unverändert als § 87, Absatz 2 und § 96 (so genannter "Schleuserparagraph") in das neue Zuwanderungsgesetz übernommen worden. Nach § 87, Absatz 2 Aufenthaltsgesetz haben öffentliche Stellen *"unverzüglich die zuständige Ausländerbehörde zu unterrichten, wenn sie Kenntnis erlangen von*
1. dem Aufenthalt eines Ausländers, der weder einen erforderlichen Aufenthaltstitel besitzt und dessen Abschiebung nicht ausgesetzt ist,
2. dem Verstoß gegen eine räumliche Beschränkung oder
3. einem sonstigen Ausweisungsgrund".
Nach § 96 Aufenthaltsgesetz wird *"mit Freiheitsstrafe bis zu fünf Jahren oder mit Geldstrafe bestraft, wer einen anderen zu einer der in § 95 Abs. 1 Nr. 1, 2 oder 3 oder Abs. 2 [unerlaubter Aufenthalt und unerlaubte Einreise, d. Verf.] bezeichneten Handlungen anstiftet oder ihm dabei Hilfe leistet und .... wiederholt oder zugunsten von mehreren Ausländern handelt".*

Nicht nur MitarbeiterInnen von Beratungsstellen, sondern auch Ärzte und Krankenhauspersonal, haben Angst vor Strafverfolgung, wenn sich Menschen ohne Papiere Hilfe suchend an sie wenden. Dabei ist die Rechtslage durchaus nicht so eindeutig, wie es nach Lektüre der beiden zitierten Paragraphen zunächst scheint. Abgesehen von kommunalen Krankenhäusern oder Universitätskliniken sind Krankenhäuser kirchlicher oder freier Träger nicht als öffentliche Stellen anzusehen und nicht zu einer Mitteilung verpflichtet (vgl. Alt/Fodor 2001, S. 175f.). Auch ist für die Erfüllung der Aufgabe - die Leistung medizinischer Hilfe - der Aufenthaltsstatus unerheblich und muss deswegen nicht erhoben werden. Damit entfällt die Notwendigkeit der Mitteilung bei Aufnahme in einem Krankenhaus in öffentlicher Trägerschaft. Probleme tauchen bei der stationären Aufnahme jedoch dann auf, wenn ein Antrag auf Kostenübernahme an das Sozialamt gestellt wird. In diesem Fall muss das Sozialamt bei der zuständigen Meldebehörde den Wohnsitz des Antragstellers erfragen. Da dieser nicht registriert ist, erfolgt eine Mitteilung an die zuständige Ausländerbehörde und der Patient muss im schlimmsten Fall unmittelbar nach Abschluss der stationären Behandlung mit der Abschiebung rechnen (vgl. Alt/Fodor 2001, S. 175ff.). Ängste und Befürchtungen ärztlicher Kollegen/innen kann ich hingegen nur bedingt nachvollziehen. Es lässt sich zwar argumentieren, dass Ärzte, die wiederholt Menschen ohne Papiere behandeln, dies doppelt vorsätzlich tun. Das heißt, sie wissen um den unerlaubten Aufenthalt und nehmen billigend in Kauf, dass die medizinische Behandlung den illegalen Aufenthalt oder seine Fortsetzung erst ermöglicht (vgl. Alt/Fodor 2001, S. 178-180). Damit können sie sich theoretisch strafbar machen. Dass es deswegen zu einer Verurteilung käme, ist jedoch unwahrscheinlich.

Die Berufung auf den hippokratischen Eid bzw. einen rechtfertigenden oder entschuldigenden Notstand würde hier sicher weit schwerer wiegen als die kaum zu beweisende Hypothese, dass ohne die ärztliche Behandlung der illegale Aufenthalt ein Ende gefunden hätte.

3.2 INFEKTIONSSCHUTZGESETZ

Der öffentliche Gesundheitsdienst nimmt im System der Gesundheitsversorgung eine Sonderstellung ein. Im Gegensatz zu den niedergelassenen Ärzten und den Krankenhäusern ist er nicht primär für die Gesundheit einzelner Patienten/innen zuständig, sondern für die Sicherung gesundheitsförderlicher Lebens- und Umweltbedingungen und den Schutz der Allgemeinheit vor gesundheitlichen Gefahren und Risiken. Der Schutz vor übertragbaren Krankheiten spielt dabei eine besondere Rolle und ist wegen seiner überragenden Bedeutung - anders als andere gesundheitliche Belange - nicht föderal, sondern auf Bundesebene gesetzlich geregelt. Heute ist weitgehend Konsens, dass die großen Erfolge bei der Verhütung und Bekämpfung von Infektionskrankheiten in Europa vor allem möglich waren durch soziale Verbesserungen (Wohnsituation, Ernährung), allgemeine Hygienemaßnahmen und gesellschaftliche Veränderungen riskanter Verhaltensweisen (vgl. Leidel 2004, S. 36), - und weniger durch hoheitliche seuchenrechtliche Eingriffe. Der Endbericht der Enquête-Kommission des Deutschen Bundestages "*Gefahren von Aids und wirksame Wege zu ihrer Eindämmung*" führt aus "*daß durch strafrechtliche oder dirigistische staatliche seuchenrechtliche Maßnahmen gegen Individuen eine epidemiologisch bedeutsame Abnahme der Infektionskrankheiten erreicht werden konnte, ist empirisch nicht belegbar*" (Enquete-Kommission 1990, S. 317). In der gesellschaftlichen Auseinandersetzung über den richtigen Weg zur Bekämpfung der Immunschwächekrankheit Aids setzte sich Anfang der 80er Jahre ein Konzept durch, das den ungehinderten Zugang zu Prävention und medizinischer Aufklärung und die pragmatische Veränderung von riskanten Lebenssituationen zum Ziel hatte. Dieser grundlegende Paradigmenwechsel im Umgang mit sexuell übertragbaren Erkrankungen hat sich niedergeschlagen in dem seit 2001 geltenden Infektionsschutzgesetz (IfSG).

Das IfSG (§ 19) verpflichtet die Gesundheitsämter, bei sexuell übertragbaren Erkrankungen (*Sexual Transmitted Diseases* - STD) Beratung, Untersuchung und gegebenenfalls Behandlung anonym bereit zu stellen oder aufsuchend mittels "Streetwork" anzubieten, wenn Menschen nicht von sich aus Hilfe suchen oder suchen können. Analog zu der schon seit Mitte der 80er Jahre bestehenden Möglichkeit anonymer HIV-Antikörpertests können Menschen anonym durch Ärzte/innen der Gesundheitsämter auch auf andere STD untersucht und sogar gegebenenfalls auf öffentliche Kosten behandelt werden, sofern kein anderer Kostenträger vorhanden ist. Anders als immer noch weithin angenommen, besteht keine Pflicht zur namentlichen Meldung von erkrankten Menschen. Daten zu STD werden lediglich über die anonymisierte Meldung von Laborbefunden erhoben.

Dahinter steht die nüchterne Abwägung, dass die Bekämpfung der Ausbreitung sexuell übertragbarer Erkrankungen nicht gegen, sondern nur mit den potentiell betroffenen Menschen möglich ist, und dass die sachgerechte Diagnose und Behandlung nicht an Scham, fehlender Versicherung oder der Angst vor Datenübermittlung an andere Behörden scheitern darf. Zunehmend gilt dies auch im Umgang mit anderen ansteckenden Krankheiten.

3.3 Gesetz über den öffentlichen Gesundheitsdienst

Das Gesetz über den öffentlichen Gesundheitsdienst in Nordrhein-Westfalen (ÖGDG) stellt eine weitere gesetzliche Bestimmung dar, die dem öffentlichen Gesundheitsdienst ermöglicht, individuelle gesundheitliche Hilfeleistung auch für Menschen ohne Papiere zu initiieren. In anderen Bundesländern gibt es teilweise analoge Gesetze. Neben Aufgaben der Gesundheitsberichterstattung und der Koordination erhält der öffentliche Gesundheitsdienst darin den Auftrag, für Bevölkerungsgruppen, die gesundheitlich besonders belastet und/oder mangelhaft versorgt sind, bei Bedarf auch subsidiär, zum System der Regelversorgung ärztliche Hilfe bereit zu stellen.

4. Die Rolle der Beratungsstellen zu sexuell übertragbaren Erkrankungen

Traditionell sind die Klientel der STD-Beratungsstellen (früher Beratungsstellen für Geschlechtskrankheiten) weibliche Prostituierte. Seit Beginn der 90er Jahre müssen sich die Beratungsstellen auch auf die zunehmende Internationalisierung der Prostitutionsszenen einstellen. Beispielhaft ist dies dort gelungen, wo man bereits lange vor dem Inkrafttreten des Infektionsschutzgesetzes das dirigistische und kontrollierende Vorgehen aufgab und durch ein anonym und kostenlos wahrzunehmendes Untersuchungsangebot ersetzte, also vor allem in den Großstädten Hamburg, Berlin, Frankfurt am Main und Köln. Die Erkenntnis, dass Menschen gesundheitlich riskantes Verhalten nur dann verändern können, wenn ihnen bei konkreten Beschwerden auch ärztliche Hilfe zugänglich ist, führte zur Erweiterung des Spektrums vor allem der medizinischen Leistungen. Neben der Diagnostik sexuell übertragbarer Erkrankungen umfasst es (mit örtlichen Schwerpunkten je nach Qualifikation und apparativer Ausstattung)

- die Feststellung von Schwangerschaften und die dazu gehörende Beratung und Betreuung (teilweise in Zusammenarbeit mit anderen Beratungsstellen)
- die Verschreibung von Verhütungsmitteln
- Untersuchungen zur Krebsfrüherkennung bei Frauen
- fachärztliche Untersuchungen zum Ausschluss anderer Erkrankungen des jeweiligen Fachbereiches (Gynäkologie, Urologie, Hautkrankheiten) oder anderer behandlungsbedürftiger Erkrankungen.

Um die Verständigung mit der wechselnden Klientel zu gewährleisten, werden seit etwa zehn Jahren in vielen Städten Dolmetscherinnen bzw. Sprach- und Kulturmittlerinnen eingesetzt, teilweise auch bevorzugt Fachkräfte mit interkultureller Kompetenz und Mehrsprachigkeit eingestellt. Je besser die interkulturelle Öffnung gelingt, desto häufiger wenden sich nicht nur Prostituierte, sondern auch andere Migrantinnen ohne legalen Status Hilfe suchend an die Beratungsstellen. Als Konsequenz ist der Anteil der MigrantInnen an der Klientel in diesen Beratungsstellen sehr hoch, in Köln beträgt er seit einigen Jahren konstant knapp 70%. Insgesamt wurden 2001 in den STD- und Aids-Beratungsstellen der deutschen Gesundheitsämter über 16.000 MigrantInnen (ca. 14.100 Frauen, 2.000 Männer), davon ca. 3.600 "Illegale" beraten, ärztlich untersucht, behandelt und betreut (Sozialpädagogisches Institut Berlin 2002, S. 33).

Bis heute besteht ein deutliches Nord-Süd-Gefälle. In den nördlichen Bundesländern bieten die Beratungsstellen im Allgemeinen schon länger anonyme Untersuchungen an. Die Strukturen sind aber immer noch von Ort zu Ort sehr unterschiedlich. Dies liegt nicht nur am Bundesland, sondern auch an kommunalen Besonderheiten. Anders als in Bezug auf Aids fehlt es in Deutschland bisher an einem allgemein gültigen Konzept zu sexueller Gesundheit und damit auch an fachlichen Standards, was STD-Beratungsstellen anbieten und wen sie vorrangig erreichen sollten. Dies hat den Vorteil, dass in einigen Städten ein größerer Spielraum besteht. Die zunehmend schwierige Situation der kommunalen Finanzen zeigt jedoch auch die Fragilität dieser Modelle und ihre Abhängigkeit von einzelnen engagierten Personen oder der lokalen Politik. Neben den Beratungsstellen zu sexuell übertragbaren Erkrankungen (STD) und Aids sind in geringerem Ausmaß auch andere Bereiche in den Gesundheitsämtern an der Versorgung von Menschen ohne legalen Aufenthalt beteiligt (Stellen für Schwangerschaftskonfliktberatung, sozialmedizinische Dienste für Schwangere und Mütter, ärztliche Dienste für Wohnungslose und Menschen ohne Krankenversicherung, kinder- und jugendärztliche Dienste). Von einigen Gesundheitsämtern gehen in den letzten Jahren wesentliche Impulse für die ärztliche Versorgung von Menschen ohne Papiere aus:

- Die Zentrale Beratungsstelle Hamburg hat eine umfassende gynäkologische Betreuung für papierlose Migrantinnen aufgebaut und darüber hinaus eine Sprechstunde für HIV-infizierte Menschen ohne Krankenversicherung initiiert, die ehrenamtlich von spezialisierten Ärztinnen und Ärzten durchgeführt wird. Dies geschieht in enger Zusammenarbeit mit verschiedenen Nichtregierungsorganisationen.
- Das Stadtgesundheitsamt Frankfurt bietet seit mehreren Jahren für Roma-Flüchtlinge eine Sprechstunde an, die medizinische Unterstützung bei akuten Krankheiten gewährt. Den weit überwiegenden Anteil der Klienten stellen Mütter, Kinder und Jugendliche dar. Für Menschen aus Afrika, deren soziale Situation, sprachliche Verständigungsprobleme und ungeklärter Aufenthaltsstatus den Zugang zu den vorhandenen Gesundheitseinrichtungen erschweren, wurde als Kooperationsprojekt eine Gesundheitsberatung für afrikanische Frauen und Familien eingerichtet. Die Wahrung der Anonymität ermöglicht, dass beide Angebote auch von Menschen ohne Papiere aufgesucht werden.
- Die bezirklichen Beratungsstellen für STD und Aids in Berlin stellen seit Jahren wichtige Anlaufstellen für Papierlose dar.

Der öffentliche Gesundheitsdienst verfügt so in etlichen Städten über intensive und systematische Einblicke in die Lebenssituation und die gesundheitlichen Bedürfnisse klandestiner Menschen. Für Überlegungen, wie die Gesundheitsversorgung für Menschen ohne Papiere organisiert werden könnte, sind diese Erfahrungen von großer Bedeutung.

5. ERFAHRUNGEN DER BERATUNGSSTELLE ZU STD EINSCHLIEßLICH AIDS IM GESUNDHEITSAMT KÖLN

Nach § 19 des Infektionsschutzgesetzes kann Beratung, Untersuchung und Behandlung bei sexuell übertragbaren Erkrankungen anonym durchgeführt werden. Wie in vergleichbaren Beratungsstellen wird auch in Köln die Patientenakte unter einem Pseudonym geführt. Um die Notwendigkeit des Angebotes sichtbar zu machen, werden bei der Erstaufnahme Herkunftsland und Versicherungsstatus erfragt. Als vermutlich "papierlos" wird gezählt, wer MigrantIn ist und angibt, nicht krankenversichert zu sein. Natürlich ist dies nicht ganz exakt: es gibt Papierlose, die eine Privatversicherung im Heimatland abgeschlossen haben, es gibt Menschen mit legalem Aufenthalt, die vorübergehend nicht krankenversichert sind, und es gibt Flüchtlinge, die außerhalb des zugewiesenen Aufenthaltsortes leben und deshalb die Leistungen ihres zuständigen Sozialamtes nicht in Anspruch nehmen können. Dennoch erlaubt diese Arbeitsdefinition eine Einschätzung des Bedarfes, ohne den Grundsatz anonymer Betreuung zu verletzen. Danach hat die Kölner STD-Beratungsstelle in den Jahren 2002 bis 2004 insgesamt fast 700 papierlose MigrantInnen betreut. Seit Einführung der entsprechenden Dokumentation im Jahr 1999 ist die Anzahl kontinuierlich angestiegen. Knapp 60% von ihnen kommen aus außereuropäischen Ländern, vor allem aus der afrikanischen Subsahara-Region und aus Lateinamerika, weitere 30% aus Mittel- und Osteuropa und den Ländern der ehemaligen Sowjetunion. Der Anteil der im laufenden Jahr neu aufgenommenen PatientInnen ist in den vergangenen Jahren von 74% auf 62% gesunken. Dies bedeutet, dass zunehmend mehr Menschen auch wiederholt versorgt werden.
Etwa 40% der Patienten/innen geben beim ersten Gespräch an, in der Prostitution zu arbeiten. Auch hier gilt die oben beschriebene Unschärfe: Eine Frau, die zunächst mangels anderer Alternativen als Prostituierte arbeitet, bleibt auch nachdem sie einen Mann kennen gelernt hat, zu dem sie zieht und ihm den Haushalt führt, so lange Patientin der Beratungsstelle, bis sie ihren Aufenthalt durch eine Eheschließung legalisiert hat. Eine andere Frau, die bei ihrer Schwester zu Besuch ist, um deren Kinder zu beaufsichtigen, wird Monate später von einer Landsfrau überzeugt, gelegentlich in einer einschlägigen Kneipe einen Mann anzusprechen, um eigenes Geld zur Verfügung zu haben. Und ein lateinamerikanischer Mann, der zunächst lange auf dem Bau gearbeitet hat, kann nach vielen Jahren illegalen Aufenthaltes in Deutschland endlich zu seiner Neigung stehen, Männer als Sexualpartner vorzuziehen. Auf der Suche nach einem Mann, der ihm durch eine eingetragene Partnerschaft einen legalen Aufenthalt verschafft, geht er zahlreiche Abhängigkeiten und - nicht nur sexuelle - gesundheitliche Risiken ein. Frauen stellen mehr

als 80% der Ratsuchenden. Die Anzahl männlicher Patienten hat jedoch deutlich zugenommen, nachdem zusätzlich zu den beiden Gynäkologinnen vor zwei Jahren auch eine Ärztin für Urologie eingestellt wurde.

Eine dem Stand der Wissenschaft entsprechende Versorgung bei sexuell übertragbaren Erkrankungen erfordert ein ganzheitliches ärztliches Vorgehen. Dabei bleibt nicht aus, dass in der Erfüllung des Auftrages des Infektionsschutzgesetzes immer wieder auch ganz andere Diagnosen gestellt werden:

Eine schwer kranke junge Frau aus Afrika musste wegen des Verdachts auf Tuberkulose bei fortgeschrittener Aids-Erkrankung in ein Krankenhaus eingewiesen werden. Es stellte sich eine sehr seltene tropische Lungenerkrankung heraus, die in relativ kurzer Zeit erfolgreich behandelt werden konnte. Eine HIV-Infektion wurde ausgeschlossen.

Umgekehrt ist gerade bei Menschen ohne Papiere die erste Konsultation wegen "unverfänglicher" Allgemeinbeschwerden oft der Einstieg, um Vertrauen zu fassen und bei einem zweiten Arztbesuch auch das für sie heikle Thema sexuelle Risiken ansprechen zu können.

Eine Patientin kam zunächst etliche Male wegen eindeutig psychosomatischer Oberbauchbeschwerden. Erst als bei der Krebsvorsorge eine sexuell übertragbare Infektion festgestellt wurde, konnte sie über ihre schwierige Beziehung zu einem Mann aus einer anderen ethnischen Gruppe sprechen, dem sie den Haushalt führt. Der Mann ist als Manager eines internationalen Konzerns viel unterwegs und hat dabei zahlreiche ungeschützte Sexualkontakte mit anderen Frauen. Nach intensiver Beratung ließ die Frau einen HIV-Test durchführen, der glücklicherweise negativ war. Sie wurde in den folgenden Monaten noch mehrere Male mit verschiedenen STD angesteckt, ehe es ihr gelang, den Arbeitsplatz zu wechseln und die Beziehung zu lösen.

Durchschnittlich drei Mal im Monat musste in den vergangenen drei Jahren eine Krankenhauseinweisung organisiert werden. Bei jeder sechsten Patientin wurde eine Schwangerschaft festgestellt, in der Mehrzahl ungeplant und ungewollt. Fast jeder fünfte Abstrich zur Krebsfrüherkennung ergab ein auffälliges Ergebnis. Letzteres macht deutlich, wie hoch die Gefährdung der Frauen ist, wenn wegen fehlenden Zugangs zu regelmäßigen Untersuchungen Krebsvorstufen nicht rechtzeitig erkannt und behandelt werden.

Die Zusammenarbeit mit anderen Fachabteilungen innerhalb des Gesundheitsamtes hat die Offenheit für pragmatische Vorgehensweisen auch in Situationen verstärkt, wo es damit noch weniger Erfahrungen gibt. Auch dies soll an einem Beispiel verdeutlicht werden:

Bei einer jungen Frau, die Wohnung und Arbeitsstätte mit mehreren anderen Papierlosen teilt, wird eine offene Tuberkulose festgestellt. Es sind Röntgenuntersuchungen dieser unmittelbaren Kontaktpersonen erforderlich. Ohne Zusicherung der Anonymität, das Vertrauen und die aktive Mitwirkung der jungen Frau ist es nicht möglich, diese zu kontaktieren und damit weitere Personen (betreute Kinder, ältere Personen in Privathaushalten, Sexualpartner) wirksam gegen eine mögliche Ansteckung zu schützen.

Über das Gesundheitsamt hinaus hat die Beratungsstelle im Laufe der Jahre ein Netz kooperierender Fachärzte/innen aufgebaut. Die Schwierigkeiten bei der Organisation stationärer Versorgung gaben den Anlass für die Gründung des oben beschriebenen Projektes "Armenbett". Gleichzeitig hat die Zusammenarbeit mit den Kölner Beratungsstellen der Flüchtlingsarbeit dazu geführt, dass darüber hinaus auch die Notwendigkeit einer allgemeinmedizinischen ambulanten Basisversorgung für Papierlose allgemein anerkannt wird.

6. Modelle für die Gesundheitsversorgung von Menschen ohne Papiere

Wenn man von der allgemein akzeptierten Forderung nach mehr Rechtssicherheit für die ärztlichen Helfer einmal absieht, bleiben die bisherigen Schlussfolgerungen und Handlungsempfehlungen wenig konkret. Sie gehen kaum über die allgemeine Forderung nach öffentlicher Finanzierung und "sachgerechten Lösungen" hinaus. *"Schlußendlich ist es Aufgabe aller staatlichen Gewalt, die Würde des Menschen und deren Recht auf körperliche Unversehrtheit zu achten und zu schützen (Art. 1 und 2 des Grundgesetzes). Hier sollte, vor allem seitens der Kirchen, Hilfswerke und Ärzte offensiver darüber nachgedacht werden, ob diese Rechte nur für die legal in Deutschland lebenden Menschen gelten, oder ob auch faktisch hier lebende Migranten Menschen im Sinne des Grundgesetz sind. Wenn letzteres der Fall ist, darf dies auch finanzielle Implikationen für öffentliche Kostenträger nicht ausschließen."* (Alt 1999, o.S.) - So die Forderung von Jörg Alt und auch das Bundesministerium für Gesundheit bleibt in seinen Empfehlungen auf dieser allgemeinen Ebene: *"Die medizinische Versorgung von Menschen ohne gesicherten Aufenthaltsstatus hat daher häufig einen karitativen Charakter und ist vom Engagement einzelner Personen oder gemeinnützigen Organisationen abhängig. Dieses begrüßenswerte humane Engagement entlastet jedoch das Gemeinwesen nicht, entsprechende sachgerechte Lösungen für diese gesamtgesellschaftliche Aufgabe zu finden."* (BMG 2000, o.S.)

Für die Gesundheitsversorgung Illegaler gibt es zwei Muster, entweder ein niedrigschwelliges Angebot einer Institution oder Initiative, oder aber eine Instanz zur Vermittlung von MedizinerInnen an Illegale (vgl. Düvell 2000). Unterstützergruppen fordern dabei häufig die Übernahme von Modellen aus anderen Ländern, in denen Papierlose Zugang zu kostenloser Basisversorgung haben. Wegen der sehr unterschiedlichen Strukturen des Gesundheitswesens sind solche Modelle jedoch kaum übertragbar.

Die Gesundheitsversorgung in Deutschland wird durch Beitragszahlungen zu den gesetzlichen Krankenkassen finanziert, die anteilig von ArbeitgeberInnen und ArbeitnehmerInnen gezahlt werden. Die kassenärztlichen Vereinigungen garantieren die Versorgung der Bevölkerung durch die niedergelassenen ÄrztInnen (Sicherstellungsauftrag) und steuern gleichzeitig die Verteilung der Ausgaben durch ein extrem kompliziertes Honorarsystem. Jede/r versicherte Patient/in hat grundsätzlich

freien Zugang zu einer/m niedergelassenen Ärztin/Arzt seiner Wahl, vorausgesetzt er/sie besitzt eine Versichertenkarte.
Damit ist das deutsche Gesundheitssystem im Vergleich zu anderen europäischen Ländern für Menschen ohne legalen Aufenthalt besonders unzugänglich. In Ländern mit einer steuerfinanzierten Gesundheitsversorgung ist der Zugang grundsätzlich leichter: wer einen Wohnsitz im Land hat, hat Anspruch auf eine - je nach Land unterschiedliche - Basisversorgung. Anders als in Deutschland besteht dabei üblicherweise keine freie Arztwahl, und die ÄrztInnen sind in ihrem Handeln meist stärker durch Richtlinien gebunden. Zusätzlich erschwert wird die Diskussion durch die aktuelle Kontroverse über die Zukunftsfähigkeit des deutschen Systems der solidarisch finanzierten Krankenversicherung. Einige der diskutierten Möglichkeiten für den Zugang zur Gesundheitsversorgung sind:

6.1 Aufnahme aller in Deutschland lebenden Menschen in die gesetzliche Krankenversicherung

Dies setzt im aktuellen System voraus, dass auch Beiträge gezahlt werden, anteilig von den Versicherten selbst und ihren ArbeitgeberInnen. Die Arbeitskraft der Illegalisierten ist jedoch genau deswegen so begehrt, weil diese Abgaben nicht anfallen. Nur eine kleine Minderheit von der Papierlosen hat Beschäftigungen, die unter die Beitragspflicht fallen würden. Und auch sie selbst haben oft wenig Interesse daran, weil die Beiträge ihr Einkommen deutlich verringern würden.

6.2 Abschluss von Privatversicherungen

Privatversicherungen können von Klandestinen auch heute schon abgeschlossen werden. Pendler aus den neuen EU-Mitgliedsländern versichern sich zum Teil im Heimatland. Die Versicherungen erstatten Kosten von Behandlungen im Heimatland und oft auch in Deutschland. Viele Versicherungen gelten jedoch nur für akute Notfälle; zahlreiche Risiken und vor allem Vorerkrankungen sind üblicherweise ausgeschlossen. Auch sind bei längerer Vertragsdauer die Beiträge meist recht hoch, vor allem bei Versicherungsabschluss in Deutschland.

6.3 Einrichtung eines Fonds

Die Empfehlungen der Arbeitsgruppe "Armut und Gesundheit" des früheren Bundesministeriums für Gesundheit fordern die Bundesregierung auf, *"nach für die Finanzierung geeigneten Lösungen zu suchen. Als eine Möglichkeit könnte die Bildung eines Fonds in Betracht kommen."* (BMG 2001, S. 17) Auch in einigen Kommunen wird über Fondslösungen diskutiert. Unklar ist jedoch deren Finanzierung, zumal kaum konkrete Vorstellungen existieren, wie hoch die Mittel sein müssten. Auch werden immer wieder Befürchtungen geäußert, dass ein Fonds wegen Missbrauches sehr schnell erschöpft wäre.
Die Gefahr eines "Medizintourismus" bei anonymer Gewährung von Leistungen halte ich jedoch für übertrieben. Wie leicht dies vermutet wird und wie schwierig es ist, eindeutige Grenzen zu ziehen, zeigt ein Fall aus dem vergangenen Jahr:

Die Mutter von zwei inzwischen eingebürgerten Männern aus einem afrikanischen Bürgerkriegsland ist zu Besuch. Die erwachsenen Söhne haben die Mutter vor allem deswegen eingeladen, um sie zu überreden, sich einem HIV-Test zu unterziehen, da der Vater im Heimatland - zu dem sie die Beziehung bereits vor Jahren wegen seiner sexuellen Eskapaden abgebrochen hat - schwer erkrankt ist. Zum Glück besteht keine Behandlungsbedürftigkeit, die Kosten der Untersuchung können von den Söhnen getragen werden und die Frau will auf jeden Fall zurückkehren. Als Nebenbefund stellt sich jedoch eine Lebererkrankung heraus, die vor der Heimreise eine stationäre Abklärung erfordert. Unter dem Schock der Diagnose vergisst die Familie, das Besuchervisum zu erneuern.

Es wird in der gegenwärtigen Debatte kaum zu rechtfertigen sein, dass ausgerechnet die gesetzlichen Krankenversicherungen zur Finanzierung eines solchen Fonds beitragen, sind sie es doch, denen durch die zunehmende Beschäftigung ohne Beitragszahlungen Mittel verloren gehen.

Wenn ein solcher Fonds durch öffentliche Mittel gespeist wird, muss das öffentliche Interesse klar ersichtlich sein. Dies ist unmittelbar nachvollziehbar, wenn es sich um die Diagnostik und Behandlung ansteckender Erkrankungen handelt. Hier besteht ein Interesse der Aufnahmegesellschaft an Behandlungsmöglichkeiten, die auch für Menschen ohne legalen Aufenthalt leicht zugänglich sind.

Etwas komplizierter scheint die Situation bei anderen Krankheiten. Auch hier gilt jedoch: Nur ein gesicherter Zugang zur Gesundheitsversorgung kann verhindern, dass von Menschen ohne Papiere ein Risiko für andere ausgeht. Dies betrifft nicht nur die Behandlung von Erkrankungen, sondern auch Impfungen, Vorsorge und Betreuung für Kinder sowie die Betreuung bei Schwangerschaft und Geburt. Hier begegnen sich pragmatische Strategien der Prävention mit dem Grundrecht jedes Menschen auf Menschenwürde, Leben und körperliche Unversehrtheit.

Damit gibt es gute Gründe, welche die Einrichtung eines öffentlich finanzierten Fonds rechtfertigen. Gleichzeitig muss eine öffentliche Kontrolle über dessen Verwendung sicher gestellt sein. Ein Fonds erfordert eine Instanz, die entscheidet, welche Behandlung medizinisch erforderlich ist, und die außerdem überprüft, ob tatsächlich keine anderen Kostenträger dafür aufkommen könnten. Weder ein/e niedergelassener Arzt/Ärztin noch medizinische Laien in Beratungsstellen oder einzelne Sachbearbeiter/innen in einem Verband oder einer Behörde können dies zufrieden stellend leisten.

Alle bekannten Defizite und Probleme bei der ärztlichen Versorgung von MigrantInnen in der Regelversorgung gelten für Papierlose in besonderem Ausmaß: sprachliche und kulturelle Missverständnisse, unnötige Doppeldiagnostik, aufwändige apparative Diagnostik bei psychosomatisch bedingten Beschwerden, kulturell bedingte Konzepte von Krankheit und Behandlung.

Das aus meiner Sicht beste Instrument wäre eine öffentlich finanzierte Einrichtung, welche die Funktion der hausärztlichen Versorgung für klandestine MigrantInnen übernimmt. Durch eine/n dort arbeitende/n Arzt/Ärztin wird der Zugang zu spezialisierter fachärztlicher Leistung und im Bedarfsfall auch zu stationärer Versorgung

eröffnet. Neben der Basisversorgung kann Beratung zu sozialen und aufenthaltsrechtlichen Problemen stattfinden.
Das Modell ermöglicht die Reaktion auf einen kommunal festgestellten Bedarf, ohne eine Gesetzesänderung oder grundsätzliche Änderungen im Gesamtsystem der Gesundheitsversorgung vorauszusetzen. Es konzentriert sich auf fachliche und humanitäre Aspekte und kann dabei in vielen Städten auf bestehenden Strukturen aufbauen, die bereits über Erfahrung verfügen und das Vertrauen papierloser Menschen genießen (STD-Beratungsstellen, Familienhebammen, Beratungsstellen für Schwangere und Familienplanung, Arztmobile, Netzwerke der Flüchtlingsberatung). Ihre Kompetenzen müssen teilweise lediglich erweitert, die Angebote stärker vernetzt und ihre Arbeit finanziell abgesichert werden. Eine solche spezialisierte Einrichtung kann Standards interkultureller Versorgung weitaus eher entsprechen, als dies allgemein im System der Regelversorgung möglich ist. Die Frage der Trägerschaft ist dabei zweitrangig. Ein weiterer Vorteil einer solchen Stelle gegenüber einem System der Kostenerstattung für Leistungen niedergelassener Ärzte/Ärztinnen ist der weitaus geringere bürokratische Aufwand. Auch nach den Erfahrungen der Niederlande mit der Verwaltung eines Fonds hat sich die Zugangskontrolle als zu schwerfällig erwiesen. Nach Ablauf der Probephase von zwei Jahren stellte sich heraus, dass die bereit gestellten Finanzmittel in Höhe von fünf Millionen Euro deswegen nicht vollständig ausgegeben werden konnten.
Aufgabe der Kommune wäre es, in Zusammenarbeit mit Wohlfahrtsverbänden, Kirchen und freien Trägern den Bedarf zu ermitteln, die Mittel bereit zu stellen und eine lokal geeignete Organisationsform zu schaffen. Das ökumenische Projekt "medizinisches Netzwerk Köln" könnte hier ein Beispiel sein.

LITERATUR

Alt, Jörg (2003): Leben in der Schattenwelt, Problemkomplex "illegale" Migration, Karlsruhe.

Alt, Jörg/Fodor, Ralf (2001): Rechtlos? Menschen ohne Papiere. Anregungen für eine Positionsbestimmung, Karlsruhe.

Alt, Jörg (1999): Leben in der Illegalität - Krankheitsbilder und Probleme bei ihrer Behandlung, Vortrag auf der Fachtagung *Migration und Gesundheit - Perspektiven einer multikulturellen Gesellschaft* im Deutschen Hygienemuseum, Dresden am 19./20.11.1999. Online auf URL: http://www.joerg-alt.de/Vortraege/1999-2000 /1999-2000.html [Stand: 2005-01-26].

BMG - Bundesministerium für Gesundheit (2001): Empfehlungen der Arbeitsgruppe "Armut und Gesundheit" des BMG, Migration und gesundheitliche Versorgung, Bonn.

BMG - Bundesministerium für Gesundheit (2000): Empfehlungen der Arbeitsgruppe "Armut und Gesundheit" des BMG, Migration und gesundheitliche Versorgung, Bonn.

Düvell, Franck (2000): Illegaler Aufenthalt und illegalisierte Lebensbedingungen von AusländerInnen in der Bundesrepublik - Ein Diskurs im Überblick, Politische Papiere Nr. 6, hg. vom Antirassismus Büro Bremen, Bremen (aktualisierte Fassung).

Enquete-Kommission des 11. Deutschen Bundestages (1990): Aids: Fakten und Konsequenzen, in: *Enquete-Kommission des 11. Deutschen Bundestages:* Endbericht "Gefahren von Aids und Wege zu ihrer Eindämmung", hg. vom Deutschen Bundestag, Bonn.

Han, Petrus (2003): Frauen und Migration, Stuttgart.

Leidel, Jan (2004): Das Infektionsschutzgesetz - Paradigmenwechsel im Umgang mit STD? In: SPI Forschung (Hg.): Sexuell übertragbare Krankheiten. Ein Lesebuch für die Beratungspraxis, Heidelberg 2004, S. 36 bis 44.

Sozialpädagogisches Institut Berlin (Hg.) (2002): Gesundheitsämter im Wandel, Die Arbeit der Beratungsstellen für STDs und AIDS vor dem Hintergrund des neuen Infektionsschutzgesetzes (IfSG). Eine Gesamtbefragung der Gesundheitsämter in Deutschland, Abschlussbericht, Berlin.

BERATUNG IN DER ABSCHIEBUNGSHAFT

Gisela Nuguid

Von Februar 1994 bis Oktober 2003 hatte die Hamburger Justizbehörde in der Justizvollzugsanstalt (JVA) Glasmoor Abschiebegefangene untergebracht. Dadurch wurde unsere nahegelegene Migrationsberatungsstelle der Diakonie in Norderstedt gelegentlich um Beratungshilfe gebeten. Um diese mit der Zeit zahlreicher werdenden Hilfeersuchen angemessener begegnen zu können, haben wir das Projekt "Beratung und psychosoziale Betreuung von Abschiebungshäftlingen" entwickelt, das vom Europäischen Flüchtlingsfonds (EFF) finanziell unterstützt wird.
Seit dem 1. November 2003 findet die Beratung im Haus I der JVA Fuhlsbüttel statt, wohin die Abschiebungsgefangenen im Oktober 2003 verlegt wurden.[1] Bevor ich auf die Unterbringung und Behandlung der Gefangenen sowie die Inhalte der Beratung zu sprechen komme, möchte ich auf die historischen und rechtlichen Zusammenhänge eingehen, aus denen diese Arbeit entstanden ist.

1. ZUR GESCHICHTE DER ABSCHIEBUNGEN

Die Literatur zur Geschichte der Abschiebung ist nicht sehr umfangreich und auch von einer auf dieses Thema spezialisierten Forschung kann noch nicht gesprochen werden. Was man über die Abschiebungshaft in der Weimarer Republik weiß, findet sich im Wesentlichen in der Literatur über die aus osteuropäischen Ländern in das damalige Deutschland zugewanderten Juden und über Studien zur Geschichte der Ausländergesetzgebung (vgl. Abschiebehaftgruppe Leipzig 2001).
Das erste Abschiebegefängnis in Deutschland entstand im Frühjahr 1920 in der Festung Fort Prinz Karl im bayerischen Ingolstadt. Es wurde eingerichtet, weil die Behörden die betroffenen Menschen nicht so schnell abschieben konnten, wie sie es wollten. Oft war nicht klar, in welches Land sie abgeschoben werden sollten und außerdem gab es nicht genügend Transportkapazitäten. Dieses Lager wurde schon 1924 wieder aufgelöst. Danach wurden Abschiebungsgefangene wieder - wie schon vor dem 1. Weltkrieg - in normale Gefängnisse gesperrt. Auf dem Gelände ehemaliger Kriegsgefangenenlager in Cottbus und in Stargard (Pommern) hatte auch Preußen 1921 die ersten Abschiebegefängnisse eingerichtet, um so genannte "Ostjuden" abzuschieben. Auch sie wurden zwei Jahre später wieder geschlossen.
In der 1938 verabschiedeten Ausländerpolizeiverordnung hieß es im § 7: *"Der Ausländer ist ... durch Anwendung unmittelbaren Zwanges aus dem Reichsgebiet abzuschieben, wenn er das Reichsgebiet nicht freiwillig verlässt oder wenn die Anwendung unmittelbaren Zwanges aus anderen Gründen geboten erscheint. Zur Sicherung der Abschiebung kann der Ausländer in Abschiebehaft genommen werden."* Im Oktober 1938 verhängte Heinrich Himmler ein Aufenthaltsverbot für alle Jüdinnen und Juden aus Polen. Es wurden innerhalb von zwei Tagen 18.000 Menschen festge-

[1] Vgl. Online auf URL: www.hamburgasyl.de/niendorf/abberatung.htm.

nommen - diese Inhaftierungen geschahen mit Bezug auf den zitierten Abschiebeparagraphen der gerade verabschiedeten Ausländerpolizeiverordnung. Zur Einrichtung von besonderen Abschiebegefängnissen kam es nicht. Die vielfältigen Bemühungen, Auswanderungen zu erzwingen, wurden eingestellt, die Ermordung der europäischen Juden beschlossen und durchgeführt.
In der 1949 gegründeten Bundesrepublik galt die Ausländerpolizeiverordnung von 1938 bis zum Inkrafttreten des Ausländergesetzes am 28. April 1965 (BGBl. I v. 28.04.1965, S. 353). Aus dem § 7 der Ausländerpolizeiverordnung wurde der § 16 Ausländergesetz: *"Ein Ausländer ist in Abschiebungshaft zu nehmen, wenn die Haft zur Sicherung der Abschiebung erforderlich ist. Die Abschiebungshaft kann bis zu sechs Monaten angeordnet werden und bis zur Gesamtdauer von einem Jahr verlängert werden."* Bis 1990 kam dieser § 16 AuslG kaum zur Anwendung. Bei den wenigen Fällen von Abzuschiebenden handelte es sich zumeist um straffällig gewordene Ausländer, die in Untersuchungs- oder Strafhaft einsaßen (vgl. Wegener/Durmus 1994, S. 53).
Das neue Ausländergesetz von 1990[2] befasst sich in den §§ 44-48 AuslG mit der Ausweisung von Ausländern. Im so genannten Abschiebungsparagraphen, dem § 57 AuslG wurde die Formulierung mit dem "begründeten Verdacht" eingeführt: *"Ein Ausländer ist zur Sicherung der Abschiebung auf richterliche Anordnung in Haft zu nehmen, wenn der begründete Verdacht besteht, dass er sich der Abschiebung entziehen will."* (§ 57 Abs. 2 Satz 1 AuslG)
1992 kam es zu einer weiteren Änderung des § 57 AuslG. Es wurden zwingende Haftgründe eingeführt: unerlaubte Einreise; Umzug, ohne der Ausländerbehörde dies mitzuteilen; Nichterscheinen zu einem Abschiebetermin; begründeter Verdacht, sich der Abschiebung entziehen zu wollen. Angesichts steigender Zahlen von Abschiebegefangenen kam es gleichfalls 1992 zum Bau der ersten Abschiebungsgefängnisse (vgl. Abschiebehaftgruppe Leipzig 2001). Rechtskräftig verurteilte Straftäterinnen und Straftäter waren unter diesen Gefangenen seither nur noch eine Minderheit.
Am 1.1.2005 ist das Aufenthaltsgesetz (AufenthG) als Teil (Artikel 1) des am 30. Juli 2004 im Bundestag verabschiedeten "Gesetzes zur Steuerung und Begrenzung der Zuwanderung und zur Regelung des Aufenthalts und der Integration von Unionsbürgern und Ausländern (Zuwanderungsgesetz)" in Kraft getreten. Es löst das bis dahin geltende Ausländergesetz ab.

2. DIE GESETZLICHEN GRUNDLAGEN

2.1 AUSWEISUNG

Die Begründung und die Durchsetzung des Ausreisepflicht werden in §§ 50 ff AufentG formuliert (bis 31.12.2004 geregelt in §§ 45ff AuslG.) Hierbei handelt es sich um die rechtliche Anordnung, das Bundesgebiet zu verlassen.

---

[2] BGBl. I v. 14.7.1990, S.1354.

Ausreisepflichtig ist, wer sich unberechtigt im Bundesgebiet aufhält, z.B.:

- Jemand, der ohne Erlaubnis eingereist ist und sich unerlaubt im Bundesgebiet aufhält.
- Jemand, dessen Asylantrag abgelehnt wurde und Klage gegen eine negative Entscheidung rechtskräftig abgeschlossen ist.
- Jemand, dessen Aufenthaltsrecht durch Widerruf, Fristablauf oder nach Erlass einer Ausreiseaufforderung und Abschiebungsandrohung ungültig geworden ist.

2.2 ABSCHIEBUNG

Die Abschiebung ist die Durchsetzung der Ausreisepflicht einer Person. Hierbei handelt es sich um ein Zwangsmittel, mit dem der Aufenthalt in Deutschland beendet wird. Nach der Abschiebung entsteht eine Einreisesperre. Diese kann im Einzelfall zeitlich befristet werden. Eine Wiedereinreise ist erst dann möglich, wenn die Abschiebungskosten erstattet worden sind.

Die Behörde, die die Abschiebung betreibt, ist in der Regel die Ausländerbehörde. Sie ist verpflichtet, alle Möglichkeiten zur Abschiebung, bei denen auf eine Inhaftierung der Betroffenen verzichtet werden kann, auszuschöpfen. Nur wenn der Versuch, jemanden direkt abzuschieben, gescheitert ist und der Grund dafür im Verhalten der abzuschiebenden Person zu sehen ist - wenn er z.B. nicht wie vereinbart am Flughafen oder beim Landesamt war - kann Abschiebungshaft angeordnet werden.

2.3 ABSCHIEBUNGSHAFT

"Die Abschiebungshaft ist keine Strafhaft. Sie dient nur dem Zweck, durch sichere Unterbringung der Abschiebungsgefangenen die Durchführung von Abschiebungen zu ermöglichen." (Heinhold 2004, S. 257)

Auch wenn die Abschiebegefangenen das regelmäßig anders empfinden - die Abschiebehaft ist eine Zivil- oder Verwaltungshaft und hat mit Strafe nichts zu tun. Sie hat keinen sanktionierenden oder rehabilitierenden Charakter, sondern hat lediglich eine Sicherungsfunktion. Eine strafrechtliche Verurteilung muss ihr nicht vorausgegangen sein. Daher gelten nicht die im Strafrecht vorgeschriebenen Verfahrensabläufe, sondern die Regelungen des Gesetzes über das gerichtliche Verfahren bei Freiheitsentziehungen (FreihEntG, § 103 AuslG, seit dem 01.01.2005 § 106 AufenthG). Da es sich um eine Zivilhaft handelt, stehen den Insassen auch keine Rechtsanwälte als Pflichtverteidiger zur Verfügung. Das Einlegen von Rechtsmitteln ist ihnen damit erheblich erschwert, dazu später mehr.

Abschiebungshaft kann nur von einem Richter (Amtsgericht) angeordnet werden. Die Ausländerbehörde muss einen Antrag auf Anordnung der Abschiebungshaft stellen, der dann vom Amtsgericht geprüft wird. Dabei ist die mündliche Anhörung des Betroffenen und seines Ehepartners, wenn dieser sich ebenfalls in Deutschland aufhält zwingend vorgeschrieben. Die Ausländerbehörde selbst hat keinerlei Machtbefugnis, jemanden in die Abschiebungshaft zu nehmen. Zu jeder mit der Abschiebung in Zusammenhang stehenden Freiheitsentziehung ist ausnahmslos eine vorherige richterliche Anordnung erforderlich. Die Ausländerbehörde darf also nicht

"festnehmen" - auch nicht, um den Ausländer oder die Ausländerin dem Amtsrichter vorzuführen. Dies sind erschwerte Bedingungen für die Ausländerbehörde. Und da dieser offizielle Behördenweg umständlich ist, wird er immer öfter umgangen bzw. verkürzt.
Nicht selten wird ein/e AusländerIn in Amtshilfe durch die Polizei ohne richterlichen Beschluss verhaftet und dann erst zum Amtsrichter gebracht, manchmal erst nach 1-2 Tagen Freiheitsentziehung! Dies ist aber nur im Strafrecht legitim, bei dem ein mutmaßlicher Straftäter verhaftet werden kann und dann erst dem Haftrichter vorgeführt wird. Bei der Abschiebungshaft handelt es sich aber um eine Zivilhaft, in der ein solches Vorgehen rechtswidrig - aber eben doch Praxis ist. Immer öfter reicht der bloße Verdacht, jemand könnte sich der Abschiebung entziehen, aus, um ihn zu inhaftieren, ohne dass der Betroffene irgendwelchen Aufforderungen der Ausländerbehörde nicht nachgekommen wäre. Ich habe beispielsweise einen Flüchtling aus Togo kennen gelernt, der mit seiner Tochter zur Verlängerung der Duldung zur Ausländerbehörde ging und dort verhaftet worden ist, weil er auf die Ausreiseaufforderung der Ausländerbehörde zu bedenken gab, er könne doch seine Tochter hier nicht zurücklassen. In vielen Fällen dauert es länger, bis die Ausländerbehörde Reisedokumente von den zuständigen Botschaften erhält. Es gibt dann zwar regelmäßige Anhörungen beim Amtsgericht, bei der erneut über die Verlängerung der Abschiebungshaft entschieden werden muss. Dies wird i.d.R. dann auch getan, wenn die Ausländerbehörde angibt, zügig und ohne Verzögerung gearbeitet zu haben und innerhalb der nächsten Wochen die Reisedokumente von der Botschaft erwartet.[3]
Ab 1. Januar 2005 befasst sich das Kernstück des Zuwanderungsgesetzes - das Aufenthaltsgesetz - im Kapitel 5 mit der Beendigung des Aufenthaltes. Die §§ 45ff. des Ausländergesetzes sind dabei weitgehend übernommen worden.

3. ABSCHIEBEHAFTANSTALTEN

Ich habe die Haftbedingungen in zwei norddeutschen Abschiebehaftanstalten kennen gelernt und möchte diese im Folgenden kurz vorstellen.

[3] Um sich ein Bild über den Umfang der Arbeit der Hamburger Ausländerbehörde (mit der ich in meiner Arbeit zu tun habe) zu machen, hilft ein Blick in die Statistik: Im Jahre 1999 wurden 2042 Abschiebungen vorbereitet und davon 1604 auch tatsächlich durchgeführt. Von diesen abgeschobenen Menschen waren 828 aus der Abschiebehaft und 187 aus der Strafhaft abgeschoben worden - 589 waren nicht aus der Haft gekommen (Bürgerschaft der Freien und Hansestadt Hamburg, Drucksache 16/4911 vom 10.10.2000: Stellungnahme des Senats zu den Ersuchen der Bürgerschaft vom 1./2. März 2000 (Drucksache 16/3930) - Darstellung der Abschiebungspraxis). Aktuellere Zahlen gehen aus einer Großen Anfrage der Abgeordneten Antje Möller et al. (GAL) vom 27.05.2004 hervor, wonach im Zeitraum von 2000 bis 2003 sowie des ersten Quartals 2004 in hamburgischer Zuständigkeit insgesamt 4.932 ausländische Staatsangehörige aus der Haft (Abschiebungs- oder Strafhaft) heraus abgeschoben wurden (Bürgerschaft der Freien und Hansestadt Hamburg, Drucksache 18/337 vp, 25.06.2004, Große Anfrage der Abgeordneten Antje Möller et al. (GAL) vom 27.05.04 und die Antwort des Senats). Diese Zahlen können jedoch rückwirkend nicht differenziert werden, daher ist auch nicht erkennbar, wie viele Personen direkt aus der Abschiebungshaft und wie viele aus der Strafhaft abgeschoben worden sind.

3.1 GLASMOOR

Von Februar 1994 bis Oktober 2003 hatte die Hamburger Justizbehörde ihre erwachsenen männlichen Abschiebegefangenen in der JVA Glasmoor untergebracht. Minderjährige und weibliche Abschiebegefangenen saßen damals wie heute in Hahnöfersand ein, auf einer Elbinsel.
Das Abschiebegefängnis war in einer Container-Bauweise errichtet und hatte 84 Haftplätze für Abschiebegefangene. Es lag auf dem Gelände der JVA Glasmoor, einer Offenen Vollzugsanstalt mit über 200 Plätzen. Von den 84 Haftplätzen waren monatlich durchschnittlich 77,2 Plätze belegt. Die Verweildauer lag im Schnitt bei 28,4 Tagen. Das Personal der Abschiebungshaft bestand aus neun Mitarbeitern des allgemeinen Vollzugsdienstes, ein Vollzugsabteilungsleiter und acht Mitarbeiter eines privaten Sicherheitsdienstes (Bürgerschaft der Freien und Hansestadt Hamburg, Drucksache 17/3781 vom 09.12.2003: Schriftliche Kleine Anfrage der Abgeordneten Simone Kerlin (SPD) vom 02.12.2003 und Antwort des Senats). Die Haftbedingungen von Abschiebegefangenen werde ich im Detail am Beispiel der JVA Fuhlsbüttel vorstellen. Am Beispiel Glasmoor sei nur eine Besonderheit erwähnt: Da die Abschiebungshäftlinge in einem mit Zäunen und Natodraht zwar gut gesicherten, aber separaten, freistehenden Container neben der eigentlichen Haft-anstalt untergebracht waren, konnten sich Leute von außerhalb per Zuruf mit den Gefangenen verständigen und sich ihre Namen sagen lassen, um sie dann besuchen zu können. Die JVA Glasmoor hatte als Abschiebungshaftanstalt offensichtlich eine günstige Lage. Sie liegt in der Nähe des Hamburger Flughafens und ist dennoch aufgrund einer schlechten Verkehrsanbindung für RechtsanwältInnen, Freunden und UnterstützerInnen nicht einfach zu erreichen. Allerdings ließ wohl die Bausubstanz der Container eine längere Nutzung nicht zu. Was die tatsächlichen Beweggründe für die Umverlegung waren, wurde jedoch nie öffentlich gemacht und bleibt daher Gegenstand von Spekulationen.

3.2 FUHLSBÜTTEL

Die JVA Fuhlsbüttel (bundesweit besser bekannt als "Santa Fu") ist ein geschlossener Vollzug für erwachsene männliche Strafgefangene. Für die Abschiebegefangenen wurde das Haus I dieser JVA geräumt. In dem zweistöckigen Gebäude standen bis Ende 2004 erst 56 Haftplätze zur Verfügung. Nach dem Abschluss der Umbaumaßnahmen sollen es ab 2005 dann 98 Haftplätze sein. Auch hier sind neben den Mitarbeitern des Allgemeinen Vollzugsdienstes Mitarbeiter einer privaten Sicherheitsfirma im Einsatz, denen allerdings der direkte Kontakt zu den Insassen untersagt ist.
Von außerhalb der Mauern ist die Abschiebehaftabteilung nicht einsichtig - es können nicht, wie in der JVA Glasmoor Namen zugerufen und Besuche verabredet werden. Trotz der Trennung von der Strafhaft wirkt sich die Strafhaft auf die Gestaltung der Abschiebehaft aus: Zweimal täglich werden alle Gefangenen in der JVA Fuhlsbüttel gezählt - in dieser Zeit müssen die Abschiebegefangenen in ihren Zellen sein, es darf weder Beratung noch eine Freizeitveranstaltung stattfinden. Die Abschiebegefangenen haben keine Beschäftigungsmöglichkeit. Alle zwei Wochen

können sie für jeweils zweieinhalb Stunden Besuch bekommen. Wenn sie nicht gerade mal zum Amtsgericht oder in ein Krankenhaus gebracht werden, sind sie immer in ihrem Trakt. Daher gibt es im Grunde genommen keine Veranlassung, sie mehrmals zu zählen.
Untergebracht sind die Gefangenen in 7-Personen-Zellen. Auf dem Flur gibt es zwei Telefonapparate, eine Dusche und einen Tischtennisraum. Diese können jedoch nur bei aufgeschlossenen Zellen benutzt werden. Das ist täglich von 17 -18 Uhr der Fall. Nur freitags und an Wochenenden werden die Türen zweimal täglich geöffnet, weil die Insassen an diesen Tagen auf den ihnen täglich zustehenden eineinhalbstündigen Hofgang verzichten müssen, da der Hof in dieser Zeit von den Strafgefangenen genutzt wird. In der übrigen Zeit sind die Häftlinge unter Verschluss.
Gab es in der JVA Glasmoor die Möglichkeit mit normalen Telefonkarten zu telefonieren, so ist das in der JVA Fuhlsbüttel nur mit einer PIN-Nummer möglich. Diese erhalten die Gefangenen nur, wenn sie genug Geld haben, um ein Telefonkonto zu beantragen. Es dauert dann mindestens drei Tage, bis die PIN-Nummer erteilt wird und der Betreffende telefonieren kann. Ebenso lange dauert die Kündigung dieses Telefonkontos, so dass es passieren kann, dass der Häftling sein Geld von diesem Konto nicht mehr rechtzeitig vor seiner Abschiebung zurückerhält, denn viele Gefangene erfahren erst sehr kurzfristig ihren Flugtermin. Auch können sie zu diesem Zeitpunkt schlecht sagen, auf welches Konto ihnen das Geld nachgeschickt werden soll. Für die Strafhaft, wo die Leute mitunter jahrelang einsitzen, mag das nicht so problematisch sein, in der Abschiebehaft stellt dies jedoch eine gravierende Verschlechterung gegenüber der Situation mit einem normalen Kartentelefon dar, wie es in der JVA Glasmoor üblich war.
In der JVA Fuhlsbüttel gibt es nur eine Kleiderkammer. Wenn die Gefangenen Teile ihre Habe ausgehändigt bekommen wollen, müssen sie einen Antrag dafür stellen und so dauert es oft bis zu drei Tagen, bis sie an ihre Sachen herankommen. Viele haben gar nichts bei sich, wenn sie verhaftet werden und nach Fuhlsbüttel kommen. Sie können dann unter Umständen Freunde oder Bekannte benachrichtigen lassen, wo ihre Sachen sind und dass man ihnen diese zur JVA bringen möge. Die Freunde packen meist alles in eine Tasche und geben diese an der Pforte der JVA ab, von wo aus sie in die Kleiderkammer gebracht wird.
Wer bei der Festnahme kein Geld bei sich hatte oder von Angehörigen oder Freunden eingezahlt bekommt, erhält ca. sechs Euro pro Woche Taschengeld. Bei der Festnahme wird das eigene Geld in der Regel beschlagnahmt, um damit die Haft- und Abschiebekosten zu begleichen. Nur ca. 75-100 € können behalten werden. Gebrauchsartikel und Lebens- und Genussmittel können sich die Gefangenen über einen Katalog bestellen. Das klappt aber nicht immer und so fällt der Einkauf manchmal aus.
Seit Mitte 2004 beschweren sich die Gefangenen zunehmend über die ärztliche Betreuung. Sie beklagen sich darüber, meistens nur von einem Sanitäter mit Schmerzmitteln versorgt zu werden. Eine Untersuchung beim Arzt wird nach Aussagen einiger Gefangener manchmal erst nach mehrmaligen Anträgen ermöglicht.

Besonders schwierig wird es, wenn eine Untersuchung durch einen Facharzt notwendig ist. In einem Fall konnte erst durch einen Eilantrag beim Gericht erwirkt werden, dass ein Insasse, der nachweislich vor Jahren eine schwere Rückenoperation überstanden hatte und nun wieder über starke Rückenschmerzen klagte, zur Untersuchung in ein Krankenhaus gebracht wurde. Der Betroffene hatte vorher mehrmals um eine fachärztliche Untersuchung gebeten. Es war auch eine Untersuchung im Vollzugskrankenhaus vorgesehen, dann aber wieder abgesagt und um drei Wochen verschoben, weil der zuständige Orthopäde nicht da war. Dies ist sicher nicht die Regel, zeigt aber, wie schwierig es für Abschiebegefangene sein kann, in Notfällen eine angemessene ärztliche Versorgung zu erhalten. Dies hängt sicher auch damit zusammen, dass sie oft nicht wissen, an wen sie sich in solchen Fällen wenden sollen und ihre Sprachkenntnisse oft nicht ausreichen, um ihr Anliegen überzeugend vorzutragen.
Im normalen Strafvollzug haben die Gefangenen die Möglichkeit sich an SozialarbeiterInnen, PsychologInnen, LehrerInnen und Geistliche zu wenden. All diese Professionen sind in der Abschiebehaft nicht vertreten. Es gibt einen Pastor in der JVA, der regelmäßig Gottesdienste abhält, aber da die Abschiebungshäftlinge nicht mit den anderen Gefangenen zusammen kommen dürfen, dürfen sie nicht am Gottesdienst teilnehmen. Zum Glück gibt es einen ghanaischen Pastor, der einmal in die Woche in die JVA zu den Abschiebungshäftlingen kommt. Dies weist auf gravierende Mängel hin, denn eigentlich sollte es auch für Abschiebegefangene eine Möglichkeit geben, an den von der JVA veranstalteten Gottesdiensten teilzunehmen.
Einmal in der Woche kommt eine ehrenamtliche Spielgruppe in die Abteilung der JVA. Diese Gruppe bietet Spiele und Gespräche an, verweist auf unser Beratungsangebot und vermittelt ggf. Besucher für Insassen, die von niemandem besucht werden.

4. DIE ABSCHIEBEGEFANGENEN

Bei den Gesprächen mit den Gefangenen erfahre ich viel über ihre Lebensumstände vor ihrer Verhaftung. Immer wieder sind darunter Menschen, die nicht in Hamburg gewohnt haben, sondern auf der Durchreise verhaftet worden sind. Sie haben in der Regel niemanden, der ihnen etwas in die Haft bringen könnte. Bei denen, die aus Hamburg kommen - und das ist die Mehrheit -, sind viele lange Zeit ganz legal in Hamburg gewesen. Sie haben dadurch Verwandte, Freunde oder Nachbarn, an die sie sich aus der Haft heraus um Hilfe wenden können. Viele sind nur deshalb in Abschiebehaft, weil sie sich nicht richtig um ihre Angelegenheiten gekümmert haben, Termine vergessen haben, Briefe von den Behörden nicht richtig gelesen haben oder aus Angst vor einer Abschiebung oder Inhaftierung gar nicht erst zur Ausländerbehörde gegangen sind - und schon gleiten sie in die Illegalität. Darunter sind auch Menschen, die jahrelang hier gewohnt und gearbeitet haben und teilweise in Deutschland aufgewachsen sind. Wer erst einmal illegal geworden ist, hat so gut wie keine Möglichkeit mehr, sich zu legalisieren, er/sie muss zuerst das Land verlassen.

Natürlich sind nicht alle Insassen "Unschuldslämmer" und einige erzählen mir sicherlich nicht immer ganz die Wahrheit über ihre Situation. In der Abschiebungshaft Glasmoor waren einmal drei junge Polen. Sie hatten angeblich ihre Habe noch in dem Auto, in dem sie aufgegriffen worden waren, und baten mich dafür zu sorgen, dass diese Sachen zu ihnen gebracht wurden. Das war durchaus nicht ungewöhnlich. Oft haben die Betroffenen ihre persönliche Habe zum Zeitpunkt ihrer Verhaftung nicht bei sich, und ich habe dann Kontakt zu Freunden oder Verwandten aufgenommen, um zu veranlassen, dass diese Sachen in die JVA gebracht werden. In diesem Fall musste ich die Polizei um Unterstützung bitten, da ich nicht wusste, wo der Wagen abgestellt worden war. Die Polizei war sehr kooperativ und wollte mir helfen. Nur stellte sich schließlich heraus, dass die Habe, die ich sicherstellen sollte, Diebesgut war.
Aber das war eine Ausnahme. Generell gehe ich davon aus, dass jemand, der in der Abschiebungshaft sitzt, bei der Regelung seiner Angelegenheiten Hilfe braucht - egal was er sich zu schulden kommen ließ.

5. BERATUNG

Bevor ich auf die Inhalte meiner Beratungstätigkeit zu sprechen komme, muss ich die Umstände schildern, unter denen sie stattfindet. Da ich keinen Schlüssel besitze, muss ich zu meinen Beratungsterminen, die zweimal in der Woche stattfinden, von Beamten durch die verschiedenen Türen gebracht werden. Bis zu dem Raum, in dem die Beratung stattfindet, müssen neun Türen auf- und zugeschlossen werden. Allein schon aufgrund dieses Vorgangs bin ich zu Beginn von den Vollzugsbeamten eher als jemand wahrgenommen worden, die unnötige Arbeit macht und so war die Akzeptanz durch die Beamten auch sehr unterschiedlich. Die Beamten in der Strafhaft wissen, dass die Gefangenen mit denen sie normalerweise zu tun haben, wegen Straftaten verurteilt worden sind und dass sie in Haft sind, um resozialisiert zu werden. Den Beamten eröffnet sich damit eine Zielmaxime für ihre Arbeit. Die Gefangenen sind für eine vorbestimmte Zeit inhaftiert und die Beamten können sich dementsprechend auf sie einstellen. In der Abschiebehaft ist das anders. Die Beamten haben es mit Personen zu tun, die nicht bestraft werden sollen, die nur für eine kurze Zeit da sind und die nicht dahin wollen, wohin man sie abschieben will. Die Abschiebegefangenen haben Angst vor der Abschiebung und mit dieser Situation umzugehen, ist für die Beamten nicht leicht.
Inzwischen sehen die Beamten aber, dass durch meine Beratung der Druck auf die Abschiebehäftlinge verringert wird und so weisen mich einzelne Beamte bereits auf bestimmte Gefangene hin: *"Mit dem da müssen Sie auch mal sprechen."* Die Vollzugsbediensteten leiden selbst auch unter diesen Rahmenbedingungen. Das in der Abschiebehaft eingesetzte Personal kommt eigentlich aus der Strafhaft und wechselt häufig. Eine besondere Vorbereitung auf die völlig andere Problematik der Abschiebungshäftlinge erhalten sie meines Wissens nicht.

Bei dem Raum, in dem meine Beratung stattfindet, handelt es sich um das Besuchszimmer der Abschiebungsgefangenen. Ich habe dort keinen PC und kein Telefon. Die Nachbereitung der Beratungsgespräche - Telefonate, Korrespondenz, Recherche - muss in meinem Büro in Norderstedt stattfinden. Dies nimmt die meiste Zeit in Anspruch. Die Gefangenen, die zu mir wollen, müssen zuerst einen Antrag stellen. Ich darf nicht einfach zu ihnen gehen und sie über das Beratungsangebot informieren. Ein Aushang und die Beamten informieren die Gefangenen über mein Angebot Aber viele wissen trotzdem nichts von der Beratungsmöglichkeit. Am besten klappt die Weitergabe der Information über Mundpropaganda durch die Insassen, die mich bereits kennen gelernt haben. Aber wenn die Fluktuation gerade mal sehr hoch ist und viele sehr schnell abgeschoben werden, dann habe ich das Gefühl, dass ich mit der Bekanntgabe der Beratung wieder von vorne anfangen muss.
Meine Tätigkeit in der Abschiebehaft hat zwei Schwerpunkte: die ausländerrechtliche Klärung und die Beratung und die Hilfsmaßnahmen im sozialen bzw. familiären Bereich.

5.1 DIE AUSLÄNDERRECHTLICHE KLÄRUNG

Ich stelle fest, was zur Anordnung der Abschiebungshaft geführt hat, ob ein Asylantrag gestellt oder Klage erhoben wurde, Fristen einzuhalten sind, sofortige Beschwerde eingelegt werden muss/kann, ein/e Rechtsanwalt/in beauftragt wurde bzw. eine/r vermittelt werden soll. Sehr häufig ist es notwendig, den Insassen zu erklären, warum sie überhaupt im Gefängnis sind (viele sind zum ersten Mal im Gefängnis). "*Ich habe doch nichts verbrochen, keine Drogen genommen, niemanden getötet, nicht gestohlen ...*", höre ich immer wieder. Es ist dann wenig hilfreich für die Betroffenen, wenn sie den Unterschied zwischen Zivil- und Strafhaft erfahren und dass sie ja eigentlich nur "sichergestellt" werden, damit sie sich der Abschiebung nicht noch einmal entziehen können. Aber ‚Knast' ist ‚Knast' - und das bleibt auch bei einer Rückkehr in ihr Heimatland wie ein Makel an ihnen hängen.
Selten gelingt es, die Abschiebung zu verhindern oder gegen die Anordnung der Abschiebungshaft mit einer "Sofortigen Beschwerde" Erfolg zu haben. Allzu oft heißt es in der Ablehnung: *"... konnte nicht glaubhaft machen, dass auf die Anordnung der Abschiebungshaft verzichtet werden kann"*.
Wenn die Abschiebung unausweichlich ist, und die Gefangenen sich darauf eingestellt haben, geht es oft um die Frage, ob sie wieder zurückkommen dürfen? Bei vielen ist das die Rückkehr zur eigenen Frau, zu den Kindern und anderen Verwandten. Zu erläutern ist dabei die Einreisesperre, die Möglichkeiten für eine Befristung und die Bedeutung der Übernahme der Abschiebungskosten in diesem Zusammenhang. Die Voraussetzung für die Befristung der Einreisesperre ist die Übernahme der Kosten für die Abschiebung - in Hamburg kostet ein Hafttag etwa 75 €. Dann kommen noch die Flugkosten dazu und noch Gebühren. Nach dem 11. Sept. 2001 wurde beschlossen, das niemand allein fliegen darf, der mit Gewalttätigkeiten aufgefallen ist, und sei es nur eine Rangelei. Diese Anweisung kam nicht von der Ausländerbehörde, sondern von der Flugsicherung - wer mit der Polizei zu

tun hatte, darf nur noch in Begleitung abgeschoben werden. Da das durch den BGS gemacht wird, muss gewartet werden, bis ein geeigneter Flug gefunden ist.
Vor kurzem hatte ich einen Fall, der zu diesem Thema passt: Die Person wollte unbedingt nach Hause, seine Kumpels, die mit ihm verhaftet worden sind, waren alle schon weg, nur er saß schon seit Wochen da, weil der BGS noch niemanden hatte, der ihn begleiten konnte. Dadurch war das Laissez-passer, das Dokument, das ihm die Ausreise ermöglicht, abgelaufen. Es musste nun noch einmal beantragt werden und das dauerte wieder einige Wochen. Er sitzt jetzt zwei Monate nur wegen dieser Prozedur im Gefängnis. Bevor er wieder einreisen kann, muss er nicht nur die Kosten für all diese Hafttage, sondern auch für die Begleitung bezahlen.
Wenn die Leute abgeschoben werden, bekommen sie einen Stempel in ihren Pass, der aussagt, dass sie abgeschoben wurden. Dieser Stempel verbleibt nun mitunter lebenslang in ihrem Pass, mit all den Nachteilen, die dies mit sich bringt. Wer später einmal einen Anspruch hat, wieder einzureisen, z.B. weil er mit einer Deutschen verheiratet ist und Kinder hat, kann in seinem Heimatland zur deutschen Botschaft gehen und ein Einreisevisum stellen. Die Ausländerbehörde hat bei der Prüfung der Wiedereinreise einen Ermessensspielraum. War er nur zuvor illegal eingereist oder hat sich in Deutschland etwas zu schulden kommen lassen, wird dies entsprechend gewichtet werden. Dann kann es sein, dass es zwei Jahre dauert, bis er wieder einreisen darf. Für die Familien ist das sehr dramatisch, einige zerbrechen daran.
Viele können nicht abschätzen, wie die konkreten Verhältnisse in ihrem Herkunftsland aussehen, sie haben panische Angst vor der Rückkehr und sie wehren sich aus dieser Angst heraus gegen die Abschiebung. Sie werden durch die Angst krank und bräuchten neben medizinischer Versorgung auch eine psychotherapeutische Betreuung. Diese unterbleibt jedoch. Stattdessen werden die Betroffenen als gewalttätig eingestuft.
Besonders hart ist die Inhaftierung auch für so genannte ‚DÜ-Fälle', also Insassen die aus einem Drittland in die Bundesrepublik eingereist sind und bei denen geprüft werden muss, ob dieses Land den Betreffenden gemäß den Vereinbarungen nach dem Dubliner Übereinkommen (daher "DÜ") wieder zurücknimmt. Es dauert meistens ca. zwei Monate, bis das Drittland auf die Anfrage Deutschlands reagiert - wenn überhaupt. Handelt es sich um eine Ablehnung, bemüht sich die Ausländerbehörde erst dann um eine Abschiebung in das Herkunftsland, was auch noch mal einige Wochen dauern kann. Auf diese Weise kommen schnell einige Monate Inhaftierung zusammen. Ein Beispiel, das mir noch gut in Erinnerung ist, war ein albanischer Flüchtling aus Schweden, der sich Sorgen um seine Frau machte, die unterwegs zu ihm nach Schweden war. Er hatte sich entschlossen ihr entgegenzufahren und ausgerechnet verabredet, sie am Hamburger Hauptbahnhof abzuholen, um dann sofort wieder mit ihr nach Schweden zurückzufahren. Er musste zwei Monate in Hamburg in der Abschiebehaft zubringen, bevor er wieder nach Schweden konnte. Und in diesem Fall gelang es noch durch den Kontakt zu einer Migrationsstelle in Schweden, die Aufklärung über die Richtigkeit seiner Angaben zu beschleunigen.

Es gibt in der Abschiebungshaftanstalt natürlich auch jene, die vorher eine Straftat verbüßt haben und dann als Folge ausgewiesen werden. Auch aus dieser Gruppe will ich ein Beispiel aufführen. Ein Kurde aus der Türkei, 50 Jahre alt, lebte seit 20 Jahren in der Bundesrepublik. Er besaß eine Aufenthaltsberechtigung, hatte Arbeit, war verheiratet und hatte drei Kinder. Seine gesamte Großfamilie lebte ebenfalls in der Bundesrepublik. Als er, wie er selbst sagte, vor Jahren einmal "Mist gebaut" hatte und zu einer drei Jahre dauernden Haftstrafe verurteilt wurde, kam es im Anschluss an die Strafhaft zur Abschiebung in die Türkei. Die Ehe ging daran kaputt. Das Heimweh und die Sehnsucht nach seinen Kindern veranlassten ihn drei Jahre nach der Abschiebung mit einem Besuchervisum nach Deutschland zu kommen. Er wollte seine Kinder besuchen, aber seine Frau verweigerte dies. Er musste das Jugendamt einschalten. In dieser Zeit lief dann das Touristenvisum aus. Er ging einen Tag zu spät zur Ausländerbehörde, um es verlängern zu lassen und wurde umgehend in die Abschiebungshaft gebracht. Bei ihm konnte die Abschiebung nicht verhindert werden. Ich habe jedoch nach wie vor Kontakt zu ihm und biete ihm an, bei der Regelung seiner familiären Angelegenheiten und ggf. einer legalen Einreise behilflich zu sein. Er hatte seinen Fehler vor Jahren bereits eingesehen und die Haftstrafe akzeptiert. Was er nicht verstehen konnte war, warum er aus seiner Sicht zweimal bestraft wurde, denn durch die Abschiebung ist seine ganze Familie auseinander gebrochen.
Wenn man erlebt, wie penibel die Gesetze angewendet werden, wenn es um solche Fälle geht, muss man erstaunt feststellen, dass es auch ganz andere Arten des Umgangs mit Dokumenten und Gesetzen gibt: In letzter Zeit sind immer wieder Flüchtlinge und so genannte "Illegale" aus afrikanischen Ländern mit "EU-Papieren" nach Afrika abgeschoben worden. Bei diesen "EU-Papieren" handelt es sich nicht um Papiere, die im Herkunfts- oder Heimatland anerkannt sind, was den Abschiebegefangenen zusätzliche Angst vor der Rückkehr bereitet. Selbst wenn die zuständige Botschaft ausdrücklich erklärt, dass mit solch einem Dokument die Einreise nicht erlaubt ist, versucht die Ausländerbehörde Abschiebungen damit durchzuführen - zum Teil mit Erfolg. Manchmal gelingt es einem Abzuschiebenden aber auch, sich dagegen zu wehren. So wurde z.B. ein Angolaner der von seiner Botschaft kein Laissez-passer - Dokument erhielt, einige Tage später trotzdem mit dem "EU-Dokument" abgeschoben. Da er gut deutsch sprach, hat er den Piloten darauf aufmerksam gemacht, dass er unfreiwillig mit falschen Papieren mitfliegt und wahrscheinlich von den angolanischen Grenzbehörden zurückgeschickt wird. Der Pilot hat ihn daraufhin nicht mitgenommen. Er wurde später sogar freigelassen, weil in absehbarer Zeit kein gültiges Reisedokument zu beschaffen war. Solch eine Vorgehensweise ist nur bei Linienflügen möglich, bei denen der Pilot entscheiden kann, ob er einen Passagier mitnimmt oder nicht. Daher werden "problematische Schüblinge" zunehmend bundesweit gesammelt und dann mit einem Charterflug abgeschoben. Unter dem Charterflug, der am 13. September 2004 von Hamburg nach Afrika ging, waren auch fünf Insassen aus der Abschiebehaft Fuhlsbüttel. Entgegen der Darstellung in den Medien am nächsten Tag, war darunter kein Straftäter!

Es gibt aber in letzter Zeit auch viele, die einfach so schnell wie möglich zurück wollen. Ich helfe ihnen z.B. mit Anrufen bei Verwandten im Heimatland, damit von dort ein neuer Pass beschafft werden kann. Aber selbst wenn Papiere vorhanden sind, zieht sich die Abschiebung auch in solchen Fällen manchmal wochenlang hin. Grund kann sein, dass es keinen Flugtermin gibt oder der Bundesgrenzschutz keine Begleitung stellen kann. Ein anderes Problem ist die finanzielle Lage der Abschiebungshäftlinge. In der Regel fehlt ihnen das Geld für die Beauftragung eines Rechtsanwaltes bzw. einer Rechtsanwältin. Da es sich um eine Zivilhaft handelt, steht ihnen kein "Pflichtverteidiger" zur Verfügung, was zur Folge hat, dass Rechtshilfe nur vereinzelt oder gar nicht stattfinden kann. Bei einer Abschiebung werden die Häftlinge nur zum nächsten größeren Flughafen des Herkunftslandes geflogen. Das geringe so genannte ‚Koffergeld' in Höhe von 10,- €, das ihnen im Bedarfsfall auf Antrag ausgehändigt wird, reicht meistens nicht, um in die abgelegenen Heimatorte zu gelangen. Auch hier versuche ich, Angehörige im Heimatland zu erreichen, damit er/sie vom Flughafen abgeholt werden kann. Abschließend ist darauf hinzuweisen, dass es Bundesländer gibt, in denen die Auffassung vertreten wird, dass es zu den rechtsstaatlichen Mindestanforderungen gehört, dass auch für Ausländer in den Abschiebehaftanstalten eine unabhängige und kompetente Rechtsberatung sichergestellt sein muss. In Nordrhein-Westfalen sind deshalb in den Abschiebegefängnissen Beratungsstellen eingerichtet worden, die seit 1996 kostenlose anwaltliche Rechtsberatung anbieten.[4]

5.2 DIE BERATUNG UND HILFSMAẞNAHMEN IM SOZIALEN/FAMILIÄREN BEREICH

Im sozialen und familiären Bereich geht es häufig um Kontaktvermittlung zur Familie und Freunden, um Vaterschaftsanerkennungen, Hochzeiten (auch in der JVA), Habesicherung, Kontakt im Heimatland und auch die Beratung und Betreuung von Angehörigen. Den Kontakt zur Familie herzustellen ist sehr wichtig, dazu gehört es, die Familie darüber zu informieren, wo der Gefangene ist und dass er besucht werden kann. Bei jungen Frauen ist es ein wenig dramatischer, denn ihnen muss erklärt werden, wie der Ablauf ist und wann sie ihren Mann noch mal sehen können. Einmal kam hier ein junges Pärchen aus dem ehemaligen Jugoslawien an, sie war hochschwanger, hatte im Gegensatz zu ihm aber eine Aufenthaltsgenehmigung. Bei einer Kontrolle ist er festgenommen worden und kam direkt in die Abschiebehaft. Sie war völlig ratlos und wusste nicht, wohin sie sich wenden sollte. Sie ist dann zu irgendeinem dubiosen Bekannten gegangen und ihr Mann, der in der Abschiebehaft saß, hat mich total aufgeregt angesprochen und um Hilfe gebeten, damit ich sie da weghole. Ich konnte ihr einen Platz im Frauenhaus besorgen. Es hat ihm sehr geholfen, dass er wusste, dass seine Freundin versorgt ist. Im Falle dieses jungen Mannes ist es mit Hilfe eines Anwalts gelungen, ihn aus der Abschiebehaft zu holen. Er war schon mal abgeschoben worden, aber kein Land im ehemaligen Jugoslawien wollte ihn aufnehmen. Da er nachweisen konnte, dass er

[4] Siehe auch Rechtsberatung in Abschiebungshaft. Online auf URL: http://www.abschiebungshaft.de.

nicht abgeschoben werden kann, konnte er aus der Abschiebehaft entlassen werden. Alle Nachfolgeländer haben es abgelehnt, ihm Papiere auszustellen. Damit war klar, dass die Abschiebung ohne sein Verschulden nicht möglich war, was zu seiner Freilassung führte. Die Sicherungs- oder Abschiebehaft ist nämlich nur vertretbar, wenn eine Person innerhalb von drei Monaten abgeschoben werden kann. Ein anderer Fall ist der eines Algeriers, der über sechs Monate in Abschiebehaft war. Die algerische Botschaft hatte kein Papier ausgestellt und erst nach sechs Monaten konnte er dann gehen, da es eindeutig war, dass es nicht seine Schuld war, dass er ohne Papiere war.

Aber es geht in der Beratung auch um die Probleme innerhalb der JVA: Kleiderkammer, ärztliche Versorgung, Besuchsregelung, Gespräche mit der Anstaltsleitung. Ganz wichtig ist die psychosoziale Betreuung der Gefangenen, denn sie haben einen sehr großen Gesprächsbedarf. Besonders die länger Inhaftierten nutzen gerne die Möglichkeit, wenigstens hin und wieder mit jemand zu sprechen. Selbst wenn die Abschiebung nicht zu verhindern ist (was meistens der Fall ist), wird die Möglichkeit, mit jemandem zu sprechen, dankbar angenommen.

Abschiebungen sind nur selten zu verhindern und Lösungsmöglichkeiten in vielen Bereichen nur begrenzt anzubieten. Als Beraterin rennt man oft gegen Mauern und fragt sich, was man eigentlich mit der Beratung bewirkt, besonders angesichts der Massenabschiebungen durch Charterflüge, wie ich bereits erwähnte, bei denen anschließend in den Medien über die gelungene Abschiebung von angeblichen Straftätern zu lesen war, von denen man selbst genau weiß, dass darunter einfach nur Menschen waren, die aus lauter Angst vor dem, was sie in ihrer Heimat erwartet - vielleicht Folter und Tod, vielleicht auch "nur" eine ungewisse Zukunft, Arbeitslosigkeit, Hunger und Verwahrlosung - nicht freiwillig ausreisen wollten. Sie werden bei uns kriminalisiert und wie Straftäter behandelt.

Dennoch bedanken sich erstaunlicherweise immer wieder viele Insassen für die Hilfe, auch wenn eine Abschiebung nicht verhindert werden konnte. Sie sind froh, dass ihnen jemand zugehört hat, noch einmal alles versucht und sie in ihrem Empfinden, "nichts Schlimmes verbrochen zu haben" und eigentlich im Gefängnis fehl am Platz zu sein, bestätigt hat. Da wirkt es schon manchmal beschämend auf mich, wenn ich des öfteren - gerade von Afrikanern, die vorher noch ein idealisiertes Bild vom demokratischen Deutschland hatten - zu hören bekomme, "nach Deutschland komme ich bestimmt nicht zurück, nachdem man mich hier so schlecht behandelt hat!"

Um so mehr halte ich es für unabdingbar, nicht nachzulassen in dem Bestreben, diese menschenunwürdige Behandlung unserer ausländischen Mitbürger zu beobachten, transparent zu machen und anzuklagen, in der Hoffnung, damit letztlich doch zu einem besseren politischen und gesellschaftlichem Klima für sie beitragen zu können.

6. ÖFFENTLICHKEITSARBEIT

Man merkt, wenn man Leute aus dem Ausland nach Deutschland einladen will, wie abgeschottet unsere Grenzen schon sind. Viele kriegen einfach kein Visum mehr. Das ist den meisten Menschen in Deutschland nicht bewusst. Mein Mann kommt von den Philippinen und wir haben in den letzten Jahren zweimal ganz persönlich erlebt, wie jemand, den wir aus der Verwandtschaft meines Mannes einladen wollten, kein Visum bekommen hat. Das erweckt in meinem Freundeskreis ungläubiges Erstaunen. Die denken zuerst, dass die philippinischen Behörden niemand ausreisen lassen wollen, aber es ist die deutsche Botschaft, die keine Einreisegenehmigung gibt. Gerade aus diesen ungläubigen Reaktionen in meinem eigenen Freundes- und Bekanntenkreis wird deutlich, dass die meisten Mitbürger gar nicht wissen, wie sehr wir schon eingemauert sind und wie schwer es ist, jemand legal in unser Land zu holen.
Wenn von Abschiebung in den Medien berichtet wird, kann man Worte hören wie: "Schon wieder Verbrecher abgeschoben." Hier wird dann der Flüchtlingsrat Hamburg aktiv oder die Arbeitsgruppe kirchliche Flüchtlingsarbeit in Hamburg. Diese Arbeitsgruppen betätigen sich in der Öffentlichkeit. Und manchmal mit sehr deutlichen Worten:
"Abschiebungshaft ist ein Abschreckungsinstrument in der Kette der Abwehr von Flüchtlingen, die Schutz vor Verfolgung, Folter oder Armut in der Bundesrepublik Deutschland suchen. Abschiebungshaft stellt einen schwerwiegenden Eingriff in die Menschenrechte von ausländischen Menschen dar - sie ist Freiheitsentzug ohne Verurteilung wegen eines kriminellen Delikts. Die Folgen für die Betroffenen sind gravierend: Retraumatisierung und Depressionen bis hin zu Suizidversuchen. Als kirchliche Flüchtlingseinrichtung im Sprengel Hamburg lehnen wir die Abschiebungshaft grundsätzlich ab." (Online auf URL: http://www.hamburgasyl.de /asyl04.htm Stand 2005-01-19)

LITERATUR

Abschiebehaftgruppe Leipzig (2001): Geschichte der Abschiebehaft, Referat. Online auf URL: http://www.fluechtlingsrat-lpz.org/ashg/text/d9.htm [Stand 2005-01-19].
Deutsche AIDS-Hilfe e.V. (2000): In Haft, Berlin.
Heinhold, Hubert (2004): Abschiebungshaft in Deutschland, Karlsruhe.
Wegner, Jörg/Durmus, Ali (1994): Die Ausweisung von Ausländern mit verfestigtem Aufenthaltsstatus nach dem neuen Ausländergesetz, Berlin.

"ILLEGALE", "ASYLBEWERBERINNEN" UND ANDERE "NICHTDEUTSCHE" IN DER POLIZEILICHEN KRIMINALSTATISTIK

Werner Lehne

Die Zahlen in der "Polizeilichen Kriminalstatistik" (PKS) sind in der öffentlichen Diskussion um Fragen der Kriminalitätsentwicklung generell und um Fragen der "Ausländerkriminalität" insbesondere die zentrale Bezugsgröße. Sowohl in der Diskussion um die Frage nach der Entwicklung bestimmter Kriminalitätsformen (z.B. Gewaltkriminalität oder "Schleuserkriminalität") als auch um die Frage nach der "Ausländerkriminalität" generell oder differenzierter nach der Kriminalitätsbelastung[1] bestimmter Ausländergruppen (sind AusländerInnen generell oder junge männliche Ausländer oder Asylbewerber oder Ausländer bestimmter Herkunft überdurchschnittlich mit Kriminalität belastet?) sind es die Zahlen der PKS, um die die Diskussion kreist.

Wie bei jeder Statistik, ist eine auch nur einigermaßen seriöse Einschätzung der Aussagekraft ihrer Zahlenwerte, Tabellen und Verlaufskurven nur möglich, wenn man um den Entstehungsprozess der Statistik weiß. Unter welchen Voraussetzungen wurde in der PKS ein Sachverhalt als eine Straftat vom Typ X gezählt, unter welcher Voraussetzung wird eine Person als Tatverdächtiger einer Tat Y erfasst?

1. DER ENTSTEHUNGSPROZESS DER PKS[2]

Die PKS wird auf Länderbasis und damit als Landesstatistik von den Landespolizeien der Bundesländer geführt. Die Bundesstatistik wird in einem zweiten Schritt vom Bundeskriminalamt (BKA) auf Grundlage der zugelieferten Landesstatistiken erstellt. Ein Vorfall wird in der PKS dann als eine bestimmte Straftat erfasst, wenn die Polizei davon Kenntnis erlangt und die Voraussetzungen für die Einleitung eines strafrechtlichen Ermittlungsverfahrens als gegeben ansieht. Konkret ist für eine Erfassung in der PKS notwendige und hinreichende Voraussetzung, dass der Polizei Hinweise auf den Verdacht einer Straftat vorliegen, denn in diesem Fall ist die Polizei aufgrund des in Deutschland geltenden Legalitätsprinzips verpflichtet,

[1] Unter der Kriminalitätsbelastung einer Bevölkerungsgruppe versteht man die Relation zwischen der Gesamtzahl dieser Bevölkerungsgruppe gemäß Bevölkerungsstatistik und der Anzahl ihrer Mitglieder, die innerhalb eines Jahres in der PKS als Tatverdächtige registriert wurden. Üblicherweise wird diese Relation als "Tatverdächtigenbelastungsziffer" (TVBZ) angegeben, konkret als Anzahl der Tatverdächtigen pro 100.000 Bevölkerungsgruppenmitglieder. Beispiel: gäbe es 5 Millionen Nichtdeutsche in der Bevölkerungsstatistik und 50.000 tatverdächtige Nichtdeutsche in einem Jahr in der PKS, dann läge die TVBZ der Nichtdeutschen in diesem Jahr rechnerisch bei 1.000 (50.000/50). Auf die Unwägbarkeiten dieser Berechnung wird später noch eingegangen.

[2] Zu der generellen Problematik der Verzerrungen in der PKS und der begrenzten Aussagekraft siehe Lehne 2002.

ein Ermittlungsverfahren einzuleiten. Insgesamt in ca. 95% aller Fälle erlangt die Polizei von einem Sachverhalt dadurch Kenntnis, dass ein/e Bürger/in sich mit einer Meldung bzw. Anzeige an die Polizei wendet. Die restlichen Fälle gehen auf Erkenntnisse aus der eigenständigen Kontrolltätigkeit der Polizei zurück. Während im Bereich der Alltagskriminalität sowie auch vieler schwerer Delikte die Polizei so gut wie ausschließlich über Anzeigen Kenntnis von einem Vorfall erhält, ist es in anderen, speziell den "opferlosen" Deliktbereichen[3], umgekehrt. Dort, z.B. im Drogenbereich oder bei den Verstößen gegen das Ausländer- und Asylverfahrensgesetz, werden fast gar keine Anzeigen von Privatpersonen erstattet und ist polizeiliche Kenntnisnahme abhängig von der Intensität und Ausrichtung polizeilicher Kontrollen.

Für die Verfolgung von Straftaten ist die Staatsanwaltschaft (StA) zuständig, die bei dieser Aufgabe aber von der Polizei (Hilfsorgan der StA) unterstützt wird. Konkret übernimmt die (Landes-)Kriminalpolizei in den meisten Fällen selbständig die Bearbeitung bis zur Abgabe der Akte an die StA. Neben den Landespolizeien gibt es in Gestalt des Bundesgrenzschutzes (aber auch noch Zollkriminalamt und BKA) eine weitere (Bundes-)Polizei in Deutschland, die insbesondere auf Bahnhöfen und Flughäfen, in Zügen, an den Außengrenzen und in der Nähe der EU-Binnengrenzen tätig ist und schwerpunktmäßig grenzbezogene Straftaten verfolgt. Auch die vom BGS festgestellten Straftaten werden an die jeweilige Landespolizei gemeldet, dort weiter bearbeitet und in der PKS registriert.

Im Kern besteht die PKS aus Angaben zu Straftaten und Tatverdächtigen.[4] Beide werden zum Zeitpunkt des Abschlusses der polizeilichen Ermittlungen, d.h. bei Abgabe der Akte an die Staatsanwaltschaft, für die PKS erfasst. Das entsprechende Jahr ist dabei nicht notwenig das Jahr, in dem die vermeintliche Tat stattgefunden hat.[5]

2. DIE DUNKELFELDPROBLEMATIK UND ANDERE UNWÄGBARKEITEN

Durch den beschriebenen Prozess der Kenntnisnahme von Vorfällen, die möglicherweise eine Straftat beinhalten, bekommt die Polizei zwangsläufig nur von einem kleinen Ausschnitt aller entsprechenden Ereignisse Kenntnis. Bei "opferlosen Delikten" gerät z.B. nur der kleine Ausschnitt an Verstößen in den polizeilichen Blick, der von Polizeibeamten konkret beobachtet/festgestellt und zur Anzeige gebracht wird. Wie groß und welcher Art dieser Ausschnitt ist, hängt dabei von der Intensität und den Schwerpunktsetzungen der Polizei ab. Bei den übrigen Delikten (95%) entscheidet sich am Anzeigeverhalten der Bevölkerung, welcher Ausschnitt kriminalisierbarer Geschehnisse der Polizei zur Kenntnis gelangt. Aus der Dunkel-

[3] Opferlos werden Delikte genannt, bei denen es keine individuellen und unmittelbar Geschädigten gibt.

[4] Daneben gibt es noch Angaben zu Schadenshöhen, Tatorten, Schusswaffeneinsatz etc.

[5] Im Extrem kann es sich um weit zurückliegende Taten handeln, die aktuell aber erst abschließend bearbeitet wurden. Als Beispiel seien die Grenzschützenfälle an der ehemaligen innerdeutschen Grenze genannt, die nach der Vereinigung strafrechtlich aufgearbeitet und erst zum Zeitpunkt des Abschlusses dieser Ermittlungen in den 1990er Jahren in die PKS als Fälle von Tötungsdelikten aufgenommen wurden.

feldforschung ist bekannt, dass nur ein Bruchteil solcher Vorkommnisse angezeigt wird. Dabei ist davon auszugehen, dass die Quote der angezeigten Vorfälle je nach Delikt sehr unterschiedlich ausfällt. Dunkelfeldforschungen sind zu dem Ergebnis gekommen, dass die Anzeigequote dabei zwischen 10 und 80% variiert. Während es schwer vorstellbar ist, dass ein Kfz-Diebstahl oder ein Banküberfall nicht angezeigt wird, ist es z.B. bei Fällen von Vergewaltigung bekannt, dass in erheblichem Umfang, aus Scham oder um sich nicht den psychischen Belastungen eines anschließenden Verfahrens auszusetzen oder auch aus Angst vor dem Täter, seitens der Opfer von einer Anzeige abgesehen wird. In Fällen von möglicher Körperverletzung oder auch von Straßenraub, häufig zwischen Personen, die einander persönlich bekannt sind, hängt die Frage der Anzeigeerstattung davon ab, ob der Vorfall als weniger schwerwiegende Rauferei, die es intern zu regeln gilt, oder eben als mögliche Straftat gewertet wird. Bei materiellen Schädigungen wird eine Anzeige häufig nur dann erstattet, wenn der Schaden als schwerwiegend eingestuft wird und wenn eine Anzeigeerstattung Voraussetzung dafür ist, dass ein bestehender Versicherungsschutz in Anspruch genommen werden kann. Bei Delikten wie Ladendiebstahl oder Leistungserschleichung werden nur solche Fälle angezeigt, in denen von privaten Kontrolleuren Personen auf frischer Tat erwischt wurden.

Nun könnte man vermuten, dass all diese Verzerrungsfaktoren relativ konstant wirken und dass entsprechend zwar von einem Dunkelfeld auszugehen sei, dass die Zahlen in der PKS und insbesondere deren Entwicklung über die Zeit trotzdem eine zuverlässige Aussage darüber zulassen, in welchen Bereichen sich das Kriminalitätsaufkommen erhöht hat und in welchen es rückläufig ist. Allerdings ist auch eine solche Annahme nicht haltbar. Die vorgenannten Verzerrungsfaktoren sind nämlich keineswegs konstant, sondern unterliegen systematischen Veränderungen. Zum einen werden in den Bereichen, in denen die Registrierungen in der PKS von der Kontrollintensität und Selektivität der Polizei abhängen, bewusst immer wieder neue Schwerpunkte gesetzt. Speziell im Bereich der Verfolgung von Verstößen gegen das Betäubungsmittelgesetz (BtMG) gab es in den letzten Jahren starke Veränderungen in der Kontrollpolitik. Der Personalaufwand, mit dem solche Delikte verfolgt werden, unterlag starken Schwankungen und der Verfolgung von KonsumentInnen und StraßendealerInnen wurde sehr unterschiedliche Bedeutung beigemessen. So können erhebliche Anstiege entsprechender Registrierungen in der PKS, wie sie gelegentlich aufgetreten sind, mit gutem Grund auf eine Intensivierung der Kontrolle von KonsumentInnen und StraßendealerInnen zurückgeführt werden und sagt wahrscheinlich nichts über die Entwicklung der Anzahl entsprechender Verstöße aus. Eine ähnliche Problematik gilt auch für die polizeiliche Verfolgung des Straftatbestands der illegalen Einreise, dem zunehmende Aufmerksamkeit gewidmet wurde.

Zum anderen ist auch das Anzeigeverhalten der Bevölkerung keineswegs konstant. Im Bereich der Delikte, die mit einem materiellen Schaden einhergehen, verändert sich die Anzeigeneigung mit Veränderungen in den einschlägigen Versicherungsbedingungen (z.B. Erhöhung der Selbstbeteiligung). In anderen Bereichen ist das Anzeigeverhalten auch davon abhängig, wie entsprechende Vorfälle in der Öffentlichkeit bewertet werden und welches Gewicht ihrer strafrechtlichen Verfolgung beigemessen wird. So wurden in den letzten Jahren z.B. gezielt Kampagnen durchgeführt, durch die die Bürger dazu angehalten werden sollten, bestimmte Delikte (z.B. Straßenraub und Körperverletzung unter Jugendlichen) als schwerwiegende Vorfälle zu werten und zur Anzeige zu bringen. Genauso gibt es immer wieder öffentliche Debatten über bestimmte Formen von Straftaten (sexueller Missbrauch von Kindern, Gewalt in der Familie), die ebenfalls einen Einfluss auf das Anzeigeverhalten haben dürften.

Sämtliche der oben beschriebenen Faktoren haben einen Einfluss darauf, wie sich die Registrierung einzelner Straftaten im Laufe der Zeit verändert, ohne dass diese Veränderungen irgend etwas darüber aussagen würden, dass entsprechende Schädigungsereignisse häufiger oder seltener aufgetreten wären. Die PKS ist entsprechend kein Spiegel des Kriminalitätsaufkommens in der Gesellschaft, sie bringt vielmehr zum Ausdruck, in welchem Umfang die Polizei in einem bestimmten Zeitraum mit strafrechtlichen Ermittlungsverfahren belastet war, in welchem Umfang Bürger Konflikt- und Schädigungssituationen gegenüber der Polizei vorgebracht haben, die dort strafrechtlich weiterverarbeitet wurden, und zu einem kleinen Teil, welche Schwerpunkte die Polizei im Rahmen ihrer Kontrolltätigkeit gesetzt hat.[6]

3. TATVERDÄCHTIGE IN DER PKS

Die PKS weist, wie bereits erwähnt, neben der Anzahl registrierter Straftaten auch noch andere Informationen aus, insbesondere Angaben über die ermittelten Tatverdächtigen (TV). Abgesehen von sehr wenigen Fällen insbesondere im Bereich schwerer Delikte (z.B. Tötungsdelikte), bei denen aufwendige kriminalpolizeiliche Ermittlungsarbeit zu einem TV führt, werden die TV der Polizei entweder mit der Anzeige von den Anzeigeerstattern benannt oder die Anzeige resultiert überhaupt nur daraus, dass die Polizei einen TV im Rahmen ihrer Kontrolltätigkeit (z.B. wegen Drogen- oder ausländerrechtlichen Delikte) erwischt hat.[7]

Grundsätzlich handelt es sich bei den TV schlicht um Personen, die von dem Anzeigeerstatter bzw. der Polizei einer Straftat beschuldigt werden, unabhängig davon, wie fundiert diese Anschuldigung ist. Entsprechend wird auch im späteren Verfahren nur ein Teil (ca. 1/3) dieser TV angeklagt bzw. verurteilt. In der Mehrzahl der Fälle ist der Tatvorwurf also entweder unbegründet, die vorgeworfene Tat ist nicht nachzuweisen oder wird zumindest als nicht anklagewürdige Bagatelle gewertet. Deshalb wird gelegentlich auch von der PKS als "Tatverdachtsstatistik" (z.B. Geißler 2003, FN 1) gesprochen.[8]

---

[6] Zum Thema "Schleuserkriminalität" und deren Niederschlag in der PKS siehe Helmut Dietrich in diesem Buch.

[7] Vergleichbar verhält es sich mit Kaufhausdetektiven und Kontrolleuren im ÖPNV. Auch sie erstatten i.d.R. nur Anzeige, wenn sie einen dazugehörigen Tatverdächtigen erwischt haben.

[8] Zu der Differenz zwischen TV und Angeklagten bei Nichtdeutschen siehe Mansel/Albrecht 2003b.

Neben den Straftaten, derer die TV verdächtigt werden, wird in den Jahresberichten (PKS) nach einer Vielzahl soziodemographischer Merkmale differenziert, insbesondere: Alter, Geschlecht, Staatsangehörigkeit, Aufenthaltsstatus. Durch die Miterfassung dieser Merkmale kann für die unterschiedlichsten Bevölkerungsgruppen (Männer, Frauen, Jugendliche, Heranwachsende, AusländerInnen, TürkInnen etc.) die Kriminalitätsbelastung errechnet[9] und bezugnehmend darauf diskutiert werden, ob Jungen krimineller als Mädchen, Jugendliche krimineller als Erwachsene, AusländerInnen krimineller als Deutsche sind.
Während es eine Differenzierung zwischen deutschen und nichtdeutschen TV in der PKS bereits seit 1953 gibt, wurde mit der "Neugliederung der bundeseinheitlichen Kriminalstatistik" mit Wirkung vom 1. Januar 1971 für die nichtdeutschen Tatverdächtigen eine weitere Differenzierung nach deren "Aufenthaltsgrund" eingeführt (BKA 2004, I-III). Dabei gibt es die Kategorien "illegaler" versus "legaler" Aufenthaltsstatus und bei letzterem weitere Unterteilungen: "Asylbewerber/in", "Arbeitnehmer/in", "Student/in - Schüler/in" etc.[10]

4. "AUSLÄNDERKRIMINALITÄT" IN DER PKS UND IN DER GESELLSCHAFTLICHEN DEBATTE

"Ausländerkriminalität", anfänglich noch als "Gastarbeiterkriminalität" bezeichnet, ist spätestens seit Anfang der 1980er Jahre ein prominentes Thema in der öffentlichen ebenso wie in der wissenschaftlichen Diskussion.[11] Zentraler Bezugspunkt dieser Debatte war und ist der Umstand, dass in der PKS die Kriminalitätsbelastung der ausländischen Bevölkerung deutlich höher ausfällt als die der deutschen. Je nach Ausrichtung wurde dieser Befund in der politischen Debatte genommen, um entweder verstärkte Integrationsbemühungen oder aber auch eine Reduktion des Zuzugs zu fordern. In der wissenschaftlichen Debatte wurde nach den Ursachen der überhöhten Kriminalitätsbelastung auf zwei sehr unterschiedlichen Ebenen geforscht: Die einen suchten nach den Ursachen in den Lebensbedingungen, Einstellungen etc. der AusländerInnen (Kulturkonflikt?, soziale Benachteiligung? etc.), die anderen nach den Gründen der erhöhten Registrierung von AusländerInnen in der PKS auf der Ebene der Anzeigeerstattung, der polizeilichen Verdächtigung und der logischen und Rechenoperationen, die bei der Errechnung der TVBZ stattfinden. Ich beschränke mich an dieser Stelle weitgehend auf die Debatte auf der letztgenannten Ebene.

[9] Siehe FN 1.
[10] Die bundesweiten Einführung einer "Echttäterzählung" erfolgte im Jahre 1984 (BKA 2004b). Echttäterzählung bedeutet, dass eine Person, die innerhalb eines Berichtsjahres mehrfach als TV eines identischen Deliktes in einem Bundesland in Erscheinung getreten ist, nur einmal als TV gezählt wird. Dieses Prinzip wird allerdings nur innerhalb der Bundesländer konsequent eingehalten. Bei der Zusammenführung der Landesstatistiken zur Bundesstatistik kommt es hingegen trotzdem zu Mehrfachzählungen, sofern jemand in verschiedenen Bundesländern als TV registriert worden war.
[11] Siehe z.B. Albrecht/Pfeiffer 1979; BKA 1989; Chaidou 1984; Hamburger et al. 1981; Mansel 1985; Pilgram 1993; Villmow 1993.

Wie stellt sich die Überbelastung der Nichtdeutschen in der PKS dar? Zuerst einmal findet man z.B. in der Bundes-PKS für das Jahr 2003 einen Anteil Nichtdeutscher an allen TV von 23,5%. Nimmt man die Verstöße gegen das Ausländer- und Asylverfahrensgesetz, die praktisch nur Nichtdeutsche begehen können, heraus, dann sind es noch 19% aller TV, die keine deutsche Staatsangehörigkeit aufweisen.[12] Dem gegenüber beträgt der Bevölkerungsanteil der Nichtdeutschen lediglich 9%. (Zahlenwerte nach BKA 2004) Sind "AusländerInnen" also mehr als doppelt so hoch mit Kriminalität belastet wie Deutsche? Diese Rechnung ist inzwischen ausgiebig und plausibel widerlegt worden. Ganz grob gibt es dabei fünf Kritikkomplexe:

a) Unter den registrierten nichtdeutschen TV gibt es eine erhebliche Anzahl an Personen, die nicht in der Bevölkerungsstatistik erfasst sind: z.B. "Durchreisende", "Illegale", "Stationierungskräfte". Dadurch wird die TVBZ[13] der "AusländerInnen" künstlich überhöht. Ein rechnerischer Ausgleich ist nicht möglich, da die Größe der entsprechenden Personengruppen nicht bekannt ist.
Dieser Kritik kann und wurde weitgehend dadurch Rechnung getragen, dass die Tatverdächtigengruppen differenziert nach Aufenthaltsstatus betrachtet werden und dass eine TVBZ nur für die Personengruppen durchgeführt wird, die auch in der Bevölkerungsstatistik erfasst sind, z.B. die nichtdeutschen ArbeitnehmerInnen.[14] Betrachtet man allerdings die TVBZ dieser Gruppe in der Bundes-PKS für 2003, dann fällt sie mit einem Wert von 5.388 immer noch doppelt so hoch aus wie der Wert von 2.584 für die deutsche Wohnbevölkerung (BKA 2004, S. 99 u. 125).

b) Die nichtdeutsche Wohnbevölkerung hat eine andere Alters- und Geschlechtsstruktur als die deutsche. Der Anteil der (jungen) Männer, die auch bei der deutschen Bevölkerung besonders stark mit Kriminalität belastet sind - TVBZ der männlichen deutschen 18-21jährigen im Jahre 2003: 12.046! (BKA 2004, S. 99) -, ist bei den Nichtdeutschen höher und führt dadurch zu einer künstlichen Erhöhung der TVBZ der Gesamtgruppe.
Ein Weg, diesen Effekt zu kontrollieren, ist der Vergleich der spezifischen Alters- und Geschlechtsgruppen miteinander. Das hat z.B. Heinz (2003) für Baden-Württemberg getan. Ein Vergleich der männlichen Jugendlichen und Heranwachsenden erbrachte lediglich (immer) noch eine 1,8-fache Überbelastung der Nichtdeutschen gegenüber den Deutschen in dieser Altersgruppe.

[12] Wir werden später sehen, dass die registrierte Kriminalität der "Illegalen" so gut wie vollständig verschwindet, wenn man die entsprechenden Delikte weglässt. Möglicherweise ist dies ein Grund dafür, dass die Kriminologie diese Gruppe zunehmend aus den Augen verloren hat.

[13] Siehe FN 1.

[14] So wird seit 1989 in der PKS auf die Errechnung der TVBZ für AusländerInnen generell verzichtet (PSB 2001, S. 312).

c) Die nichtdeutsche Wohnbevölkerung weist eine andere und ungünstigere sozioökonomische Struktur auf als die deutsche. Arbeitslosigkeit, Armut, geringer Bildungs- und Ausbildungsstand, all das ist bei der nichtdeutschen Bevölkerung stärker verbreitet. Und genau diese sozialen Belastungsfaktoren fallen statistisch gesehen auch bei der deutschen Bevölkerung mit einer erhöhten Kriminalitätsbelastung zusammen.[15]
Da der Sozialstatus nicht in der PKS mit erfasst wird, ist die nachträgliche Bildung von Vergleichsgruppen erforderlich.[16] Bei diesen Verfahren werden Indices über die Merkmale "Beruf" bzw. "soziale Schicht" oder "Schulabschluss" errechnet, mit denen die prozentuale Mehrbelastung der deutschen Vergleichsgruppe ermittelt werden soll. Nach den Ergebnissen solcher Studien liegt die Kriminalitätsbelastung junger AusländerInnen insgesamt nicht deutlich über jener dieser fiktiven Vergleichsgruppe junger deutscher Tatverdächtiger (Heinz 2003).

d) Anzeigeverhalten: Es besteht die Möglichkeit, dass Nichtdeutsche von Deutschen eher wegen einer möglichen Verfehlung, eines Konflikts etc. angezeigt und von der Polizei eher verdächtigt werden als Deutsche.
Nach neueren Ergebnissen zu dieser bereits lange kontrovers diskutierten Frage ist in der Tat von einer erhöhten Anzeigeneigung Deutscher gegenüber ihnen unbekannten Zuwanderern auszugehen. Während gegenüber (fremden) Deutschen in nur 38% der anzeigefähigen Sachverhalte eine Anzeige erfolgt, liegt diese Quote gegenüber Zuwanderern bei 56% (Mansel/Albrecht 2003a). Gleichwohl erklärt auch dieser Unterschied nur einen Teil der statistischen Überbelastung.

e) "Statusdelikte"[17]: Insbesondere die Gruppe der Nichtdeutschen mit einem prekären Aufenthaltsstatus ist in hohem Maße durch Delikte belastet, die nur diese Gruppe begehen kann und die mit dem Aufenthaltsstatus zu tun hat: Verstöße gegen das Ausländer- und Asylverfahrensgesetz plus Urkundenfälschung (z.B. Passfälschung). Auf diese Problematik wird anschließend noch im Detail eingegangen.
Zusammenfassend kann der Stand der quellen- und methodenkritischen Diskussion so beschrieben werden, dass die kriminalstatistische Überbelastung der Nichtdeutschen weitgehend ein Artefakt ist. Vergleicht man (hinsichtlich Alter, Geschlecht, Schicht etc.) vergleichbare Bevölkerungsgruppen miteinander, dann ergeben sich nur noch geringe Unterschiede und manchmal, wie etwa bei der Gesamtgruppe der "ArbeitsmigrantInnen" ergibt sich sogar eine geringere Belastung als bei einer parallelisierten deutschen Vergleichsgruppe (Geissler 2003).
Was an Auffälligkeit bei der Gruppe der ArbeitsmigrantInnen und deren Nachkommen (Arbeitnehmer, Gewerbetreibende, Schüler und Studenten - alle mit gesichertem Aufenthaltsstaus) übrig bleibt, ist ab Mitte der 90er Jahre eine größere

[15] Dabei kann man diese Belastungsfaktoren im Sinne von Sack (im Vorwort dieses Buches) auch als Selektionsfaktoren auffassen.
[16] Zum Beispiel B. Staudt 1986; Mansel 1989; Geissler/Marissen 1990.
[17] Zum Begriff "Statusdelikte" siehe Steffen 1992, S. 57 und PSB 2001, S. 319.

Anfälligkeit der MigrantInnenkinder für bestimmte schwere Delikte als bei der deutschen Vergleichpopulation (Geissler 2003).
Letztlich wird mit den vorangegangenen Ausführungen eine Selbstverständlichkeit sichtbar: Weder die Staatsangehörigkeit, noch die ethnische Zugehörigkeit, noch der Status als MigrantIn macht die Menschen krimineller oder auch weniger kriminell. Es ist das Gemenge aus den Merkmalen der Lebensumstände (wozu neben den objektiven Gegebenheiten auch die Erwartungen, Perspektiven und Maßstäbe gehören) aus denen Konflikte und kriminalisierbare Verhaltensweisen resultieren, und es sind die Reaktion auf diese Verhaltensweisen (durch MitbürgerInnen als Anzeigeerstatter, Polizei als Kontroll- und Anzeigenaufnahmeinstanz und Justiz als Anklage- und Aburteilungsinstanz), die darüber entschieden, ob und in welchem Umfang Kriminalität produziert und registriert wird.
Im Folgenden soll im Detail auf die besondere Problematik der Nichtdeutschen mit prekärem Aufenthaltsstatus eingegangen werden.

5. NICHTDEUTSCHE MIT PREKÄREM AUFENTHALTSSTATUS UND IHRE SPUREN IN DER PKS

Wie oben bereits angesprochen, wird bei den nichtdeutschen TV in der PKS zwischen den Kategorien "illegaler" versus "legaler" Aufenthalt und weitergehend beim legalen Aufenthalt zwischen "Stationierungskräften und Angehörigen", "TouristInnen/Durchreisenden", "StudenInnen/SchülerInnen", "ArbeitnehmerInnen", "Gewerbetreibenden", "AsylbewerberInnen", und der Restkategorie "Sonstige" differenziert. Die Kategorie "Sonstige" ist besonders problematisch, werden hier doch sehr verschiedene Konstellationen zusammengefasst: Arbeitslose, geduldete abgelehnte AsylbewerberInnen, sonstige Flüchtlinge, BesucherInnen etc. (vgl. BKA 2004, S. 120).

Personen mit einem prekären Aufenthaltsstatus finden sich hierbei in drei Untergruppen wieder: bei den "Illegalen", bei den legalen AsylbewerberInnen und bei einem Teil der Gruppe "Sonstige", z.B. den geduldeten abgelehnten AsylbewerberInnen. Diese letztgenannte Gruppe der Sonstigen wird im Folgenden wegen ihrer heterogenen Zusammensetzung nicht weiter berücksichtigt.

Abbildung 1: Anzahl und Anteil ausgewählter Delikte, derer Nichtdeutsche verdächtigt werden, differenziert nach Aufenthaltsstatus

	Straftaten insgesamt	Verstöße gegen das Ausländer- u. Asylverfahrensgesetz	Urkundenfälschung	Ladendiebstahl	Leistungserschleichung	Rohheitsdelikte	Verstöße gegen das BtMG	Rest
TV gesamt	**2.355.161** **100%**	**142.737** **6%**	**54.586** **2,3%**	**433.513** **18,4%**	**128.359** **5,5%**	**553.657** **23,5%**	**212.491** **9%**	**(35,3%)**
TV Nichtdeutsche gesamt	**553.750** **100%** *(23,5%)*	**132.378** **23,9%** *(92,7%)*	**25.901** **5,4%** *(47,4%)*	**92.710** **16,7%** *(21,4%)*	**33.368** **6%** *(26%)*	**119.639** **21,6%** *(21,6%)*	**42.416** **7,6%** *(20%)*	**(18,8%)**
"Illegale"	**96.197** **100%** *(4%)*	**88.729** **92,3%** *(62%)*	**8.178** **8,5%** *(15%)*	**1.830** **2%** *(0,4%)*	**951** **1%** *(0,75%)*	**1.405** **1,5%** *(0,25%)*	**1.210** **1,3%** *(0,6%)*	**(0%)**
AsylbewerberInnen	**73.573** **100%** *(3%)*	**19.003** **25,8%** *(13,3%)*	**4.158** **5,7%** *(7,6%)*	**20.393** **27,7%** *(4,7%)*	**6.964** **9,5%** *(5,4%)*	**14.181** **19,3%** *(2,6%)*	**5.475** **7%** *(2,6%)*	**(5%)**

Datenbasis: BKA 2004. Prozentwerte kursiv in Klammern = Spaltenprozente bezogen auf TV gesamt, sonst Zeilenprozente bezogen auf Straftaten gesamt.

* Die Gesamtzahl der TV einer Gruppe ist niedriger als die Summe der TV der Untergruppen, da es in den Fällen zu Mehrfacherfassungen kommt, in denen eine Person in mehreren Untergruppen auffällig geworden ist. Dadurch ist die Kategorie "Rest" (Differenz zwischen der Gesamtzahl und der Summe der Fallzahlen der ausgewählten Unterkategorien) eine nur orientierende und keine reale Größe.

Die beliebte Frage nach der Kriminalitätsbelastung der "Illegalen" und der "AsylbewerberInnen" lässt sich aus verschiedenen Gründen nur schwer beantworten. Zum einen fehlt es jeweils an gesichertem Wissen über die zahlenmäßige Größe der Bezugsgruppe. Bei den "Illegalen" liegt das in der Natur der Sache.[18] AsylbewerberInnen hingegen werden zwar in der Bevölkerungsstatistik erfasst,[19] durch die starke permanente Fluktuation sind diese Zahlen aber nur begrenzt aussagekräftig. Zum anderen zeigt die obige Tabelle, dass ein für beide Gruppen unterschiedlich großer Teil der Registrierungen auf "Statusdelikte" (Alt 2003, Anlage 8, S. 3) zurückgeht, die begangen werden, um Entscheidungen über den Aufenthaltsstatus zu beeinflussen bzw. ausschließlich aus der illegalen Einreise oder dem illegalen Aufenthalts resultieren.[20] Bei den "Illegalen" machen diese Vergehen quasi die Gesamtzahl der Registrierungen aus, bei den "AsylbewerberInnen" 31,5%. Wollte man die Kriminalitätsbelastung dieser beiden Gruppen z.B. mit der der deutschen Tatverdächtigengruppe vergleichen, müssten solche Delikte auf jeden Fall herausgerechnet werden. Das hätte rein rechnerisch zur Folge, dass sich bei der Kriminalitätsbelastung der "Illegalen" ein extrem niedriger und bei den "AsylbewerberInnen" eine weiterhin deutlich erhöhter Wert ergeben würde.

5.396 tatverdächtige *"Illegale"* ergeben bei einer angenommenen Größe der Bevölkerungsgruppe von 500.000 rechnerisch eine *TVBZ*[21] *von 1.079.*[22]

47.013 tatverdächtige *"AsylbewerberInnen"* ergeben bei einer angenommenen Größe der Bevölkerungsgruppe von 164.000 Bevölkerung (offizielle Zahl aus der Bevölkerungsstatistik) rechnerisch eine *TVBZ von 28.666.*

Wie lassen sich diese erstaunlichen Zahlenwerte interpretieren? Beginnen wir mit den "Asylbewerbern": Die relevanten Delikte, wegen derer AsylbewerberInnen als TV registriert werden, sind neben den Statusdelikten (Verstöße gegen das Ausländer- und Asylverfahrensgesetz, Urkundenfälschung) Ladendiebstahl, Leistungserschleichung (meist Schwarzfahren), Rohheits- und BtMG-Delikte.

---

[18] Schätzungen gehen von 500.000 bis zu 1.500.000 Personen aus (vgl. z.B. Alt 2003, Anlage 4).

[19] Im Jahr 2002 waren gemäß einer Auflistung der Bundes-Integrationsbeauftragten 164.000 Personen als Asylbewerber ohne abgeschlossenes Verfahren registriert. Online auf URL: http://www.integrationsbeauftragte.de /download/datentab9.pdf.

[20] Dazu gehören auch die Fälle von Urkundenfälschung, i.d.R. Fälschungen von Papieren und Dokumenten zwecks illegaler Einreise oder Aufenthaltsverlängerung.

[21] Tatverdächtigenzahlen beinhalten hier jeweils die Summe der TV aus den Delikten Ladendiebstahl, Leistungserschleichung, Rohheitsdelikte, Verstöße gegen das BtMG - ohne Verstöße gegen das Ausländer- und Asylgesetz, ohne Fälschungsdelikte etc.

[22] Bei 1 Mio = TVBZ 540; bei 1,5 Mio = TVBZ 360.

Bei all diesen Delikten bzw. Deliktgruppen ist der Anteil der Asylbewerber an allen TV mit mindestens 2,6% deutlich höher als der offizielle Bevölkerungsanteil von 0,2%.[23] Hervorzuheben ist dabei, dass der Anteil der AsylbewerberInnen an den TV bei den leichten Delikten Ladendiebstahl und Leistungserschleichung mit 4,7% und 5,4% doppelt so hoch ausfällt wie bei Rohheits- und BtMG-Delikten. Ein wichtiger, aber nicht kalkulierbarer Faktor der künstlichen Erhöhung dieser Werte ist darin zu sehen, dass innerhalb eines Jahres eine viel größere Anzahl an AsylbewerberInnen sich für begrenzte Zeit in Deutschland aufgehalten hat, als an einen bestimmten Stichtag für die Bevölkerungsstatistik gezählt wird.[24] Allerdings ist kaum anzunehmen, dass allein auf diesen Umstand die Überrepräsentation der AsylbewerberInnen in der PKS zurückzuführen ist. Will man eine Idee von den möglichen weiteren Hintergründen der Überrepräsentation bekommen, muss man sich die relevanten Einzeldelikte vergegenwärtigen:

19.003	TV wg. Verstößen gegen das Ausländer- und Asylverfahrensgesetz
davon	
10.289	*TV wg. Verstößen gegen §§ 84, 85 Asylverfahrensgesetz*[25]
4.158	TV wg. Urkundenfälschung
20.393	TV wg. Ladendiebstahl
6.964	TV wg. Leistungserschleichung,
14.181	TV wg. Rohheitsdelikten
davon	
4.968	*TV wg. gefährlicher/schwerer Körperverletzung*
6.156	*TV wg. vorsätzlicher leichter Körperverletzung*
3.044	*TV wg. Freiheitsberaubung, Nötigung, Bedrohung*
5.475	TV wg. BtMG-Delikte
davon	
2.595	*TV wg. allg. Verstöße*
3.130	*TV wg. Handel, Schmuggel*

Datenquelle BKA 2004, Zahlenwerte = Tatverdächtigenzahlen (TV mit dem Aufenthaltsstatus AsylbewerberIn) für Deutschland 2003

[23] Bei einer Gesamtbevölkerungszahl von 82,44 Mio für 2003 in Deutschland entspricht eine Anzahl von 164.000 registrierten AsylbewerberInnen ca. 0,2% der Bevölkerung (vgl. auch BKA 2004, S. 123).

[24] Dieses "sich für begrenzte Zeit aufhalten" kann sich sowohl darauf beziehen, dass die Person anschließend ausgereist ist oder abgeschoben wurde, genauso aber auch darauf, dass der Status als Asylbewerber sich in den eines (geduldeten) abgelehnten (im Einzelfall auch anerkannten) Asylbewerbers gewandelt hat, der nicht mehr als Asylbewerber für die Bevölkerungsstatistik (und fortan auch die PKS) gezählt wird (vgl. auch Traulsen 1993, S. 443).

[25] § 84 = Verleitung zur missbräuchlichen Asylantragstellung, § 85 Sonstige Straftaten, speziell wiederholte Verstöße gegen statusbedingte Aufenthaltsbeschränkungen, Auflagen etc.

Lässt man die Statusdelikte außen vor, dann spielen bei der Registrierung aller übrigen Delikte zwei Ebenen eine mögliche Rolle:

a) die Möglichkeit, dass AsylbewerberInnen in ihrer ganz besonderen Situation (i.d.R. seit kürzerer Zeit, für unbestimmte Zeit, mit unsicherer Perspektive, ohne Arbeitserlaubnis, in Spezialunterkünften untergebracht etc.) bestimmte Vergehen (z.B. Ladendiebstahl, Schwarzfahren, Drogenkonsum und -handel[26]) häufiger und vielleicht auch ungeschickter begehen und dass sie überdurchschnittlich oft in kriminalisierbare Konflikte untereinander oder auch mit anderen geraten (Rohheitsdelikte);

b) die Möglichkeit, dass AsylbewerberInnen erhöhter polizeilicher Kontrolle unterliegen und von professionellen Kontrolleuren (Kaufhausdetektive, Fahrkartenkontrolleure) ebenso wie von sonstigen Beteiligten eher verdächtigt und schneller angezeigt werden als andere.

Es ist sehr wahrscheinlich, dass hier ein Zusammenwirken beider Größen vorliegt. Dieser Frage soll aber nicht weiter nachgegangen werden. Vielmehr soll im Folgenden zu klären versucht werden, warum sich die Situation der "Illegalen" nicht vergleichbar mit der der "AsylbewerberInnen" darstellt. Auch die "Illegalen" leben in einer prekären Situation in einem fremden Land mit unsicherer Perspektive, ohne legale Einkommensmöglichkeiten etc. Warum werden sie statistisch im Grunde nur wegen der Statusdelikte auffällig?

6. "ILLEGALE"

Ein möglicher Grund für die geringe Registrierung von TV mit dem Aufenthaltsstatus illegal könnte darin bestehen, dass hier überwiegend Personen erfasst werden, die schon bei ihrer Einreise oder kurz danach aufgegriffen, wegen illegaler Einreise o.Ä. registriert und gleich wieder abgeschoben werden. Diese Personen würden gar nicht als "Illegale" in Deutschland gelebt haben und hätten deshalb auch keine Möglichkeit, wegen sonstiger Straftaten als TV registriert zu werden.
Gestützt wird die These erste einmal durch den Umstand, dass 84,6% der Verstöße gegen das Ausländer- und Asylverfahrensgesetz bei der Gruppe der "Illegalen" auf den Tatvorwurf unerlaubte Einreise (27.320 Fälle = 30,8%) und "illegaler Aufenthalt" (46.827 Fälle = 52,8%) zurückzuführen ist.

[26] Polizeiliche Auffälligkeit wegen Ladendiebstahls oder Schwarzfahren gefährdet anders als bei "Illegalen" i.d.R. nicht die Existenz als AsylbewerberIn.

Abbildung 2: TV wegen Verstößen gegen das Ausländer- und Asylverfahrensgesetz, differenziert nach Aufenthaltsstatus und Delikt

	Verstöße gegen das Ausländer- u. Asylverfahrensgesetz	davon unerlaubte Einreise	davon illegaler Aufenthalt	davon gegen das Asylverfahrensgesetz	Rest
TV gesamt	**142.737** *100%*	**33.509** *23,5%*	**69.529** *48,7%*	**12.071** *8,5%*	**27.628** *19,3%*
TV nichtdeutsche gesamt	**132.378** *100%*	**33.188** *25,1%*	**57.586** *43,5%*	**11.867** *8,9%*	**29.737** *22,5%*
"Illegale"	**88.729** *100%*	**27.320** *30,8%*	**46.827** *52,8%*	**483** *0,5%*	**14.099** *15,9%*
"AsylbewerberInnen"	**19.003** *100%*	**2.577** *13,6%*	**3.079** *16,2%*	**10.289** *54,1%*	**3.058** *16,1%*

Datenquelle: BKA 2004

Allerdings kann der Tatverdacht des illegalen Aufenthalts auch gegenüber Personen erhoben werden, die sich schon lange in Deutschland aufhalten und hat per Definition jeder "Illegale" gegen einen der beiden Tatbestände verstoßen.[27]

Wie groß der Anteil der Registrierungen ist, der aus der Kontrolltätigkeit direkt an den Grenzen resultiert, kann annähernd den Statistiken des BGS entnommen werden, der diese Art der Polizeiaufgaben wahrnimmt. Gemäß Jahresbericht des BGS für das Jahr 2002 (BGS 2003) wurden in diesem Jahr 22.638 TV wegen unerlaubter Einreisen und 27.323 TV wegen unerlaubten Aufenthalts vom BGS festgestellt. Selbst wenn man davon ausgehen würde, dass all diese Feststellungen zu Anzeigen und damit zu TV-Registrierungen wegen der entsprechenden Delikte geführt hätten, stünden den ca. 103.479 entsprechenden TV-Registrierungen der PKS 2002 nur ca. 50.000 Feststellungen des BGS in 2002 gegenüber.[28]

Und selbst bei den Feststellungen des BGS ist spätestens seit Einführung der Schleierfahndung nicht mehr zwangsläufig davon auszugehen, dass diese an der Grenze oder in Grenznähe erfolgten. Mit Wirkung vom 1.9.1998 wurde dem BGS, offiziell als Ersatz für den Wegfall der Kontrollen an den EU-Binnengrenzen, die gesetzliche Befugnis eingeräumt, über den Grenzbereich (im Umkreis von 30 km um die Grenzen) hinaus, auf Bahnhöfen, Flughäfen und in Zügen "verdachtsunabhängige" Personenkontrollen durchzuführen. Diese Befugnis zur "Schleierfahndung" sollte zwar explizit der "Verhinderung oder Unterbindung unerlaubter Einreise in das Bundesgebiet dienen" (§ 22 Abs. 1a Bundesgrenzschutzgesetz), ist aber natürlich auch eine Bedrohung für illegal sich in Deutschland bereits aufhaltende Personen. Man könnte vermuten, dass die Schleierfahndung einen wesentlichen Beitrag zur vermehrten Entdeckung und Registrierung von "Illegalen" leistet. Dem ist aber offenbar nicht so. Den 103.479 im Jahre 2002 registrierten TV ohne legalen Aufenthaltsstatus, stehen für das entsprechende Jahr nur 4.347 Anzeigen des BGS wegen entsprechender Delikte gegenüber, die aus der Tätigkeit des BGS im Sinne der Schleierfahndung herrühren. 37.215 wegen illegaler Einreise registrierten TV ohne legalen Aufenthaltsstatus stehen in diesem Jahr 852 entsprechende BGS-Anzeigen aus der Schleierfahndung gegenüber.[29]

---

[27] Dass trotzdem bei 16-17% der "Illegalen" keine solche Registrierung erfolgte, kann nur so erklärt werden, dass bei manchen Dienststellen beim gleichzeitigen Vorliegen eines schwereren Delikts wie z.B. einer Urkundenfälschung nur das schwerere Delikt gezählt wird (vgl. Alt 2003, Anlage 4, S. 4).

[28] Zahlenwerte nach BGS 2003, S. 28. Es ist unbekannt, wie viele dieser in der Tätigkeitsstatistik des BGS erfassten Fälle tatsächlich im hier zur Diskussion stehenden Sinne in die PKS eingegangen sind (vgl. Alt 2003, Anlage 4).

[29] Zahlenwerte zitiert nach Kant 2004, S. 46-55, basierend auf einem Erfahrungsbericht des BMI.

Es lässt sich also festhalten, dass es einige Anhaltspunkte dafür gibt, dass ein Anteil von max. 50% der registrierten "Illegalen" bei der Einreise oder kurz danach wegen illegaler Einreise oder illegalem Aufenthalt in der PKS erfasst wird und es sich bei diesen Personen gar nicht um illegal in Deutschland Lebende handelt. Nur bei den verbleibenden ca. 50% bzw. 50.000 registrierten TV ohne legalen Aufenthaltsstatus ist davon auszugehen, dass es sich um Personen aus der Gruppe derer handelt, die sich längerfristig in Deutschland illegal aufhalten. Aber selbst wenn man nur von 50.000 "echten" registrierten "Illegalen" ausgeht, besteht auch deren Registrierung, abgesehen von den ca. 5.500 Registrierungen wegen anderer Delikte, ausschließlich aus "Statusdelikten".
All das ändert folglich nichts daran, dass die geschätzte TVBZ der Illegalen mit maximal rund 1.100 (siehe Berechnung oben) gegenüber 2.584 für die deutsche Wohnbevölkerung (BKA 2004) ein extrem niedriger Wert wäre. Zurückzuführen wäre dieser niedrige Wert vor allem auf die außergewöhnlich seltene Registrierung bei den (Massen-)Delikten "leichter Diebstahl" (spez. Ladendiebstahl) und "Rohheitsdelikte" (Körperverletzung, Freiheitsberaubung/Nötigung/Bedrohung).
Warum werden "Illegale" extrem selten wegen der genannten Delikte als TV registriert? Auch hier spielen prinzipiell zwei Komponenten zusammen: das rechtskonforme versus rechtswidrige Verhalten der Betreffenden und das Kontroll- und Anzeigeverhalten Dritter. In diesem Fall spricht alles für die These, dass Personen, die sich längerfristig ein Leben in der Illegalität aufgebaut haben und für die eine Überprüfung durch die Polizei, z.B. wegen einer Anzeige wegen Ladendiebstahls oder Körperverletzung, ein existenzielles Risiko darstellt, im kontrollierbaren Verhaltensbereich kriminalisierbares Verhalten weitgehend unterlassen. Bezogen auf das Delikt Ladendiebstahl ist das z.B. gut vorstellbar. Bei den angesprochenen Rohheitsdelikten dürfte diese Erklärung nur begrenzt greifen, hier spielt möglicherweise eine Rolle mit, dass wegen Rohheitsdelikten überwiegend junge Männer registriert werden, die sich in spezifischen Szenen bewegen. Möglicherweise meiden entsprechende Jugendliche und junge Männer Szenen, in denen es häufiger zu gewalttätigen Auseinandersetzungen kommt.
Auf den Punkt gebracht kann man also sagen, dass die Registrierung von "Illegalen" in der PKS deutliche Anhaltspunkte dafür liefert, dass das Leben in der Illegalität zu großen Teilen so gestaltet wird und eben auch gestaltet werden muss, dass möglichst keine polizeiliche Auffälligkeit erzeugt wird und dass zu diesem Zwecke im Bereich des steuerbaren Verhaltens ein besonderes Maß an Konformität des Verhaltens an den Tag gelegt wird. Dabei handelt es sich allerdings um eine Konformität, die aus einer permanenten existenziellen Bedrohung resultiert, der Bedrohung sich gegenüber amtlichen Stellen ausweisen zu müssen, was entweder gar nicht oder nur mit gefälschten Papieren möglich ist.[30]

---

[30] Vgl. Hofer (1993), der vom Zwang zur Unauffälligkeit spricht und die psychischen Kosten davon beschreibt.

Nicht vergessen werden darf dabei auch, dass die Registrierung von Gewaltdelikten zu wesentlichen Teilen Resultat der Einschaltung der Polizei bei Konflikten im sozialen Nahraum (in Beziehungen, Familien etc.) ist. Auch bei "Illegalen" ist natürlich davon auszugehen, dass es zu entsprechenden Konflikten untereinander kommt, die in die Gewalt eskalieren und zu psychischen und körperlichen Bedrohungen und Schädigungen einzelner Beteiligter führen. Allerdings haben die Beteiligten in der Situation der Illegalität faktisch nicht die Möglichkeit, die Polizei zwecks Konfliktregelung oder Schutzgewährung zu mobilisieren. Nicht nur für die/den illegale/n Angezeigte/n, auch für den/die illegale AnzeigeerstatterIn bedeutet jeder Polizeikontakt eine existenzielle Bedrohung. In diesem Sinne kann man die geringe Registrierungsrate "Illegaler" bei entsprechenden Delikten als Indikator für deren Schutzlosigkeit bezüglich von Konflikten im sozialen Nahbereich ansehen.
Die Registrierungen von jährlich fast 100.000 "Illegalen" in der PKS wegen der Delikte "Illegale Einreise", "unerlaubter Aufenthalt" und "Urkundenfälschung" spiegelt, wie wir gesehen haben, vielleicht zur Hälfte gescheiterte Versuche der illegalen Einreise wieder, drückt zumindest in den restlichen 50.000 Fällen aber auch individuelle Katastrophen dergestalt aus, dass die illegale Existenz einer Person aufgeflogen ist. Bei 500.000 "Illegalen" wäre das jeder Zehnte innerhalb eines Jahres. Direkte kriminelle Bedrohungen bzw. Schädigungen für die Bevölkerung scheinen von der Gruppe der "Illegalen" faktisch gar nicht auszugehen.

7. ENTWICKLUNGSTENDENZEN

Betrachtet man die Entwicklung der Anzahl der registrierten TV differenziert nach Aufenthaltsstatus für die letzten 5 Jahre (1998-2003), dann ergeben sich folgende Trends:

a) Die Anzahl der registrierten "ArbeitnehmerInnen" sowie der "SchülerInnen und StudentInnen" entwickelt sich konstant;

b) die Anzahl der "Sonstigen" steigt etwas an;

c) die Anzahl der "AsylbewerberInnen" ebenso wie der "Illegalen" sinkt kontinuierlich.

Abbildung 3

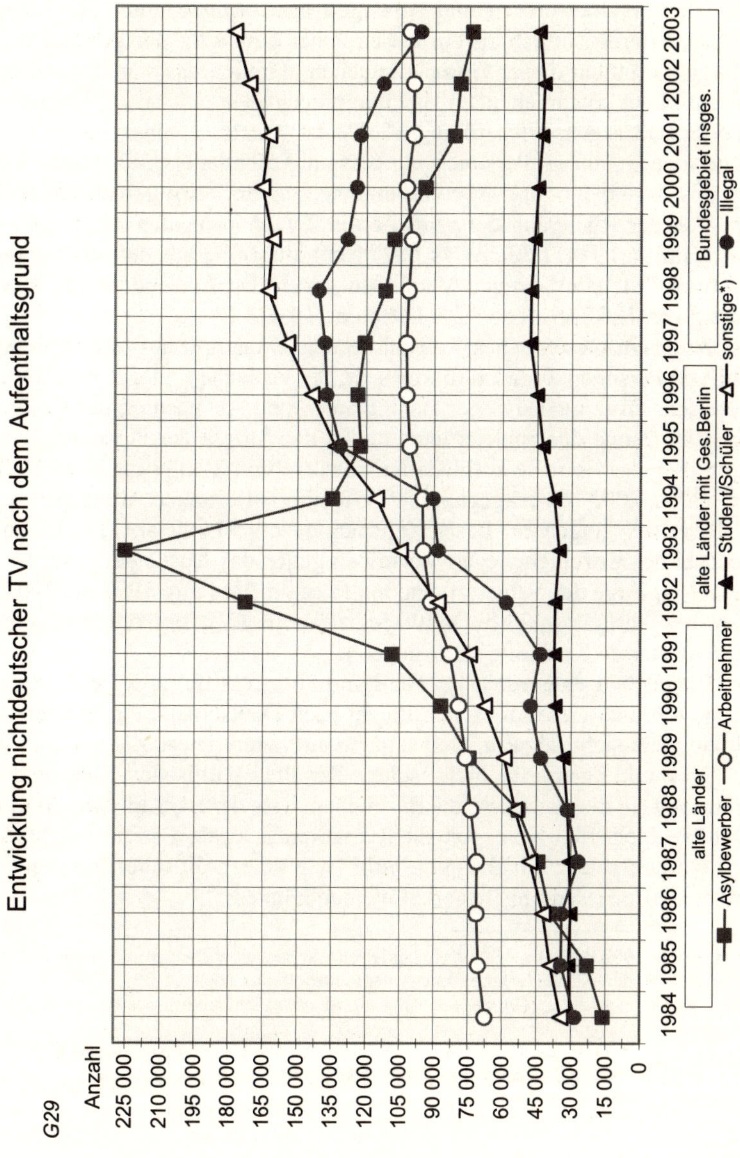

Quelle: Bundeskriminalamt 2004, S. 121

Die Registrierungshäufigkeit hängt dabei zumindest von vier ineinander greifenden Faktoren ab: Veränderungen des zahlenmäßigen Umfangs der jeweiligen Population, Veränderungen in der Statuszuschreibung, Veränderungen im Bereich des strafrechtsrelevanten Verhaltens und Veränderungen im Kontroll- und Anzeigeverhalten.
Die sinkende Zahl registrierter tatverdächtiger AsylbewerberInnen dürfte vor allem zwei Gründe haben: die stark sinkende Zahl von AsylbewerberInnen seit der Asylrechtsreform 1992 sowie die Erfassung einer zunehmenden Zahl von abgelehnten aber geduldeten Asylbewerbern und sonstigen Flüchtlingen unter der Kategorie "Sonstige".[31] Letzteres ist auch als ein wesentlicher Grund für den Anstieg der Anzahl der Registrierungen dieser Gruppe zu sehen, nämlich das ständige zahlenmäßige Anwachsen der entsprechenden Bevölkerungsgruppe.
Die sinkende Zahl registrierter "illegaler" TV ist Ausdruck davon, dass eine zunehmend geringere Zahl an Personen mit diesem Aufenthaltsstatus wegen Verstößen gegen das Ausländer- und Asylverfahrensgesetz auffällig geworden ist. Konkret speist sich der Rückgang der registrierten TV ohne legalen Aufenthaltsstaus von 140.779 auf 96.197 (Differenz 44.582) fast vollständig aus dem Rückgang der Registrierungen "Illegaler" wegen Verstößen gegen das Ausländer- und Asylverfahrensgesetz von 128.756 zu 88.729 (Differenz 40.023).[32]
Zumindest zu einem wesentlichen Teil dürfte dies wiederum auf das Zurückgehen der Anzahl von Personen zurückzuführen sein, die versuchen, illegal nach Deutschland einzureisen. Trotz intensivierter Bemühungen und Ausweitung der Kontrollbefugnisse z.B. im Sinne der Schleierfahndung ist die Anzahl der Personen, die vom BGS wegen illegaler Einreise aufgegriffen wurden, von 27.024 im Jahre 1998 auf 22.638 im Jahre 2002 zurückgegangen.[33] Die Registrierungen "Illegaler" wegen "illegaler Einreise" gingen in dieser Zeitspanne von 53.059 auf 37.214 zurück. Selbst die Zahl der Anzeigen wegen Verstößen gegen das Ausländer- und Asylverfahrensgesetz im Zuge der Schleierfahndung liegt für die Jahre 1999 bis 2002 relativ konstant bei jährlich 4.000 bis 4.500 registrierten TV,[34] obwohl hier von einer deutlich intensivierten Kontrolle auszugehen ist.
Wie viele "Illegale" in einem Jahr bei BGS und Polizei auffällig werden, hat natürlich damit zu tun, wie viele Menschen illegal nach Deutschland einzureisen versuchen und wie viele sich illegal in Deutschland aufhalten. Diese Zahlen unterliegen ständigen Schwankungen, die nicht selten Resultat politischer Entscheidungen sind. So führt Alt (in diesem Buch) als Beispiel an, dass der BGS im Jahr 2002 weniger "Illegale" aufgegriffen habe, seit für RumänInnen legale Einreisemöglichkeiten geschaffen worden seien; ein Beispiel dafür, wie über politische Entscheidungen illegale in legale Einreisen umgewandelt werden können.

---

[31] So ist von 1998 bis 2002 zwar die Zahl der registrierten AsylbewerberInnen von 285.000 auf 164.000 gesunken, die Anzahl der AusländerInnen mit Aufenthaltsbefugnis nach §§ 30, 32 AuslG aber von 122.000 auf 166.000 gestiegen (Online auf URL: http://www.integrationsbeauftragte.de/download /datentab9.pdf).

[32] Eigene Berechnung auf der Basis der Zahlenwerte der Bundes-PKS des BKA der verschiedenen Jahre.

[33] Zahlenwert nach Alt 2003, Anlage 4, S. 1 und BGS 2003, S. 28.

[34] Zahlenwert nach Kant 2004.

Ein Beispiel in entgegengesetzte Richtung liefert das Zuwanderungsgesetz, das keine Altfallregelegung größeren Stils vorsieht, wodurch in nächster Zeit eine größere Zahl an Menschen ihren Aufenthaltsstatus verlieren und damit die Gruppe der "Illegalen" ohne Neuzugänge aus dem Ausland zahlenmäßig verstärken dürften.

LITERATUR

Albrecht, Peter-Alexis/Pfeiffer, Christian (1979): Die Kriminalisierung junger Ausländer. Befunde und Reaktionen sozialer Kontrollinstanzen. Weinheim/München.

Alt, Jörg (2003): Leben in der Schattenwelt, Karlsruhe.

BGS (Bundesgrenzschutz) (2003): Tätigkeitsbericht des BGS für das Jahr 2002. Online auf URL: http://www.bundesgrenzschutz.de/downloads/jahresberichte /2002/2002.pdf.

BKA (Bundeskriminalamt) (2004), Polizeiliche Kriminalstatistik für die Bundesrepublik Deutschland (PKS) Berichtsjahr 2003. Wiesbaden.

BKA (Bundeskriminalamt) (Hg.) (1989): Ausländerkriminalität in der Bundesrepublik Deutschland, Wiesbaden.

Chaidou, Anthozoe (1984): Junge Ausländer aus Gastarbeiterfamilien in der Bundesrepublik Deutschland. Ihre Kriminalität nach offizieller Registrierung und nach ihrer Selbstdarstellung, Frankfurt a.M.

Geissler, Rainer (2003): Gesetzestreue Arbeitsmigranten, in: Soziale Welt 54, S. 373-381.

Geissler, Rainer/Marissen, Norbert (1990): Kriminalität und Kriminalisierung junger Ausländer, in: Kölner Zeitschrift für Soziologie und Sozialpsychologie 42, S. 663ff.

Hamburger, Franz/Seus, Lydia/Wolter, Otto (1981): Zur Delinquenz ausländischer Jugendlicher. Bedingungen der Entstehung und Prozesse der Verfestigung, Wiesbaden.

Heinz, Wolfgang (2003): Jugendkriminalität in Deutschland. Kriminalstatistische und kriminologische Befunde. Eine Internet-Veröffentlichung im Konstanzer Inventar Kriminalitätsentwicklung. Online auf URL: www.uni-konstanz.de/rtf /kik/.

Hofer, Konrad (1993): In einer Welt der Illegalität. Unter SchwarzarbeiterInnen aus Polen, in: Pilgram, Arnold (Hg.): Grenzöffnung, Migration, Kriminalität. Jahrbuch für Rechts- und Kriminalsoziologie 1993, Baden-Baden, S. 115-126.

Kant, Martina (2004): "Evaluation" der Schleierfahndung, in: Bürgerrechte und Polizei/CILIP 77, S. 46-55.

Lehne, Werner (2002): Die begrenzte Aussagekraft der Polizeilichen Kriminalstatistik, in: Humanistische Union (Hg.): Innere Sicherheit als Gefahr, Berlin, S. 96-112.

Mansel, Jürgen (1985): Gefahr oder Bedrohung? Die Quantität des "kriminellen" Verhaltens der Gastarbeiternachkommen, in: Kriminologisches Journal 17, S. 169-185.

Mansel, Jürgen (1989): Die Selektion innerhalb der Organe der Strafrechtspflege am Beispiel von jungen Deutschen, Türken und Italienern, Frankfurt u.a.

Mansel, Jürgen/Albrecht, Günter (2003a): Die Ethnie des Täters als Prädikator für das Anzeigeverhalten von Opfern und Zeugen, in: Soziale Welt 54, S. 339-372.

Mansel, Jürgen/Albrecht, Günter (2003b): Migration und das kriminalpolitische Handeln staatlicher Strafverfolgungsorgane. Ausländer als polizeilich Tatverdächtige und gerichtlich Abgeurteilte, in: Kölner Zeitschrift für Soziologie und Sozialpsychologie 55, S. 679-715.

Pilgram, Arnold (Hg.) (1993): Grenzöffnung, Migration, Kriminalität. Jahrbuch für Rechts- und Kriminalsoziologie 1993, Baden-Baden.

PSB (Bundesministerium des Innern, Bundesministerium der Justiz) (Hg.) (2001): Erster Periodischer Sicherheitsbericht, Berlin.

Staudt, Gerhard (1986): Kriminalität, soziale Lage und Rechtsetzung sowie Rechtsanwendung aus der Perspektive von jungen Türken, Italienern und Deutschen, Diss. Saarbrücken.

Steffen, Wiebke (1992): Ausländerkriminalität in Bayern, hg. vom Bayerischen Landeskriminalamt, München.

Traulsen, Monika (1993): Die Kriminalität der Asylbewerber. Oder: Wie kriminell ist die Kriminalität der Asylbewerber? In: Kriminalistik 47, S. 443-446.

Villmow, Bernd (1993): Stichwort Ausländerkriminalität, in: Kaiser, Günther/*Kerner, Hans Jürgen/Sack, Fritz/Schellhoss, Hartmut* (Hg.) (1993) Kleines Kriminologisches Wörterbuch, 3. Aufl., Karlsruhe, S. 39-48.

Ausblicke und Perspektiven

Ein spannungsgeladenes Feld: Die Wahrung der sozialen Rechte von Menschen in der Illegalität als Aufgabe der Kommune. Das Beispiel München

Philip Anderson

1. Vorläuferstudien zum Phänomen der "illegalen Migration"

Das Phänomen der in der Illegalität lebenden MigrantInnen in Deutschland wurde lange Zeit weder von Forschung, Medien, Politik noch Zivilgesellschaft zur Kenntnis genommen. Dabei gilt in anderen Ländern schon seit langem die Erkenntnis, je mehr legale Zugangswege versperrt werden, desto mehr nimmt die illegale Zuwanderung tendenziell zu (vgl. Harding 2000). Dies war in Deutschland spätestens mit dem so genannten Asylkompromiss von 1993 (im Zusammenwirken mit einer äußerst restriktiven Handhabung der Familienzusammenführung) der Fall. Erst ab Mitte der 90er Jahre fanden erste Versuche einer wissenschaftlichen Erforschung des Phänomens statt (vgl. Alt 1999; Cyrus 1997; Cyrus/Vogel 2001). Vor allem durch die bahnbrechende Studie "Illegal in Deutschland" von Jörg Alt ist ein umfassender Einblick in die empirische Wirklichkeit des Lebens in der Illegalität gelungen. Diese Studie über das Leben in der Illegalität in Leipzig hat in der Forschungslandschaft als auch in kirchlich-karitativen Kreisen einiges bewegt, ebenso wie unter Basisgruppen der Migrations- und Flüchtlingsarbeit und Menschenrechtsinitiativen (vgl. Sekretariat der deutschen Bischöfe 2001). Es fand aber auch seit den späten 90er Jahren eine wachsende punktuelle Aufklärung über das Leben von MigrantInnen in der Illegalität durch Medienberichte statt. Durch die zunehmend engagierte Öffentlichkeitsarbeit von Basisgruppen, MedizinerInnen, Ehrenamtlichen etc., ist die Existenz und prekäre Lage dieser Population vor allem der Großstädte allmählich ins Bewusstwein breiterer gesellschaftlicher Gruppen gelangt. In der öffentlichen Diskussion stellte man aber fest, dass man über die empirische Wirklichkeit dieser Menschen - vor allem in Westdeutschland - immer noch viel zu wenig wusste.

2. Hintergrund der Münchner Studie

Die Durchsetzung einer Studie über das Leben in der Illegalität im Auftrag der Landeshauptstadt München war nicht unproblematisch. Nachdem die Idee für eine solche Studie als Antrag der Fraktion der Grünen/Bündnis 90 im Stadtrat eingebracht wurde, dauerte es eine Weile, bevor sich die Stadtverwaltung zu einer Präzisierung des Themas - und damit zu einem Bekenntnis zum Thema als kommunalem Auftrag - durchringen konnte. Obwohl sich die sozialen Nöte und gesundheitlichen Belange dieser ausgegrenzten Gruppe, ebenso wie die Einhaltung der Menschenrechte ihnen gegenüber, gerade auf kommunaler Ebene gut zu untersuchen

sind, wagte man sich nur zögerlich an ein derartiges Projekt (Uihlein 1997). Ein Gesprächspartner aus der Verwaltung formulierte es treffend, das Thema sei "vermintes Gebiet".
Die gewichtigsten Gegenargumente waren: Man könne auf kommunaler Ebene sowieso nichts machen, da der gesetzliche Rahmen zu eng gesteckt sei. Oder: Es sei ohnehin ein primär ordnungspolitisches bzw. strafrechtliches Problem und das Feld sei nicht wirklich zuverlässig zu erfassen. Die BefürworterInnen argumentierten dagegen: Erstens habe die Kommune einen sozialen Auftrag im Hinblick auf alle BewohnerInnen der Stadt, auch gegenüber diesen ‚unsichtbaren' Menschen, die aber ohne Zweifel da sind. Zweitens: Sinn einer solchen Studie sei es, vor diesem Hintergrund die Handlungs- und Ermessensspielräume gerade auf kommunaler Ebene zu prüfen, da hier der Lebensmittelpunkt der Betroffenen sei. Und schließlich: Auch wenn dieses Feld wirklich schwer zu erfassen ist - insbesondere hinsichtlich einer statistischen Zuverlässigkeit -, lassen sich vor allem zu sozialen, bildungsspezifischen und gesundheitlichen Problemen Erkenntnisse gewinnen - und gerade dies wäre für viele Großstädte mit einem hohen MigrantInnenanteil dringend geboten. Diese letztgenannten Argumentationsstränge haben in der stadtinternen Münchner Diskussion schließlich die Oberhand gewonnen.

3. Zur methodischen Problematik

Es wird oft die Frage gestellt, wie man methodisch bei der Durchführung einer empirischen Studie zum Thema Menschen in der Illegalität vorgehen kann (vgl. Alt 2003). Naturgemäß handelt es sich um ein Untersuchungsfeld von und unter Menschen, die nichts - oder so wenig wie möglich - von sich preisgeben wollen. Das Thema ist für offizielle oder halb-offizielle Stellen der gesundheitlichen Versorgung oder sozialen Beratung und Betreuung, für helfende Menschen verschiedener Couleur und erst recht für die Betroffenen, ihre Verwandte und Freunde, mit Angst und Unsicherheit besetzt. Wenn ein Forscher im offiziellen Auftrag die Zusammenhänge ihres alltäglichen Lebens - ihre soziale Lage, die Frage der Arbeit, den Umgang mit gesundheitlichen Problemen, Bildung und Qualifizierung, die prekäre Situation der Frauen der Kinder - ergründen will, dann ist umso mehr Vorsicht angesagt.
Die Untersuchung stützte sich vor diesem Hintergrund zunächst auf Kontakte in der Münchner Migrations- und Asylszene. Vertrauenspersonen in diesem Sinne waren RechtsanwältInnen, MitarbeiterInnen in der Migrations- und Flüchtlingsarbeit, MedizinerInnen und TherapeutInnen, SozialberaterInnen, kirchlich Engagierte, (informelle) VertreterInnen der ethnischen *Communities* u.v.a.m. Erst durch Interviews mit diesen Kennern der Szene konnte das Untersuchungsfeld abgesteckt und skizziert werden, sowie weitere Kontakte - nach dem "Schneeballprinzip" - zu gegenwärtig oder ehemalig in der Illegalität lebenden Betroffenen angebahnt und ausgebaut werden. Manche ließen sich nach der Vermittlung letztlich doch nicht auf ein persönliches Interview ein. Etliche sagten kurzfristig ab. Allen war es überlassen,

das preiszugeben, was sie für richtig hielten, und das Gespräch dementsprechend zu "zensieren".

Auch wenn Interviews zustande kamen, blieben Vorsicht und Misstrauen verständlicherweise bestehen: Werden diese Informationen hinsichtlich des Einzelnen und der "Überlebensstrategien" *wirklich* anonymisiert und vertraulich behandelt? Wozu werden solche Daten von der Stadt/vom Staat gebraucht? Und überhaupt: Welchen Nutzen hat das Ganze für die einzelne Person? Diese Fragen verdienen es, so aufrichtig wie möglich beantwortet zu werden: Als Durchführender einer von der Kommune in Auftrag gegebenen Studie konnte ich nicht mit Sicherheit sagen, was mit allen erhobenen Daten passieren würde. Ich konnte aber nach gesicherten Methoden Einzelpersonen, Quellen sowie "Informationspfade" anonymisieren. Dabei betonte ich auch, dass es der Stadt in diesem Falle um den Ansatz der Wahrung der sozialen Rechte ging, nicht um Sicherheitsbelange - die sich sowieso durch andere Institutionen und Vorgehensweisen besser realisieren lassen würden.

Zur Frage, welchen Nutzen eine Gesprächsbereitschaft für den Einzelnen hat, gibt es vor allem zwei Antworten. Manche entschieden sich dazu über ihre Erfahrungen zu berichten, in der Annahme, dass es ihnen selbst vielleicht nicht helfen würde, aber "vielleicht den anderen, die nach mir kommen". Für die InterviewpartnerInnen war daher der Anspruch einer sozialen und politischen Solidarität mit ihrer Kooperation verbunden. Bei anderen InterviewpartnerInnen wiederum war dies eine Gelegenheit, endlich offen über diese Dinge reden zu können. Nicht selten wurde nämlich konstatiert, dass man nicht mal mit den eigenen Landsleuten wirklich frei sprechen könne (wegen der Angst denunziert zu werden). In diesem geschützten Interviewraum war es manchmal möglich, sich durch das Aussprechen der Belastungen ein wenig Erleichterung zu verschaffen. Nicht selten ging dies mit der Einsicht einher, dass das Thema in Deutschland in unehrlicher Weise verdrängt würde; auch von den Experten wurde in den Interviews betont, dass man endlich offener und aufrichtiger mit diesem Thema umgehen müsse.

Neben der bereits erwähnten Hauptschwerpunkte der Studie wurde im Stadtrat beschlossen, einen weiteren Fokus auf Frauen und Kinder zu richten, da sie als besonders schutzbedürftige Gruppe gelten. Es war daher wichtig zu eruieren, welche Konsequenzen sich gerade aus den Problemen dieser Gruppen für die Kommune ziehen lassen. Und: Im Laufe des Projekts ist es deutlich geworden, dass die Rolle der Menschen, die helfen und unterstützen, als Basisgruppen, Solidaritätsnetzwerke, als Professionelle in der sozialen Arbeit oder Gesundheitsversorgung, als SeelsorgerInnen, als engagierte Ehrenamtliche oder als PartnerIn, FreundIn bzw. Verwandte - dass die Rolle aller dieser Menschen bis jetzt von der Forschung zu sehr ignoriert wurde, aber sicherlich besondere Aufmerksamkeit verdient.

4. DURCHFÜHRUNG EINER KOMMUNALEN STUDIE ZU "ILLEGALITÄT" ALS "DYNAMISCHER PROZESS"

Zunächst eine Übersicht zum Zeitraster des Projekts:

- 8. März 2001: Beschluss des Stadtrats zur Durchführung einer kommunalen Studie
- Mai 2001 bis Juli 2002: Durchführung der Studie und Abgabe des Endberichts
- September 2002 bis März 2003: Interne Abstimmung über die endgültige Präsentation des Berichts mit Empfehlungen für den Stadtrat
- 5. Juni 2003: Beschluss des Stadtrats (Sozialausschuss) zur Überprüfung von Empfehlungen auf die Umsetzbarkeit für die Kommune[1]
- 29. April 2004: Beschluss des Stadtrats (Sozialausschuss), die Vorlage des Sozialreferats zu den praktikablen Empfehlungen von den Referaten umsetzen zu lassen

Erst im Laufe der Studie wurde ersichtlich, wie wichtig es war, dass per Stadtratbeschluss ein stadtinterner Arbeitskreis zur Begleitung der Studie eingerichtet wurde. Dies bedeutete, dass die für das Thema wesentlichen Referate der Stadtverwaltung (Sozialreferat, Ausländerbehörde, Gesundheitsreferat und Schulreferat) den gesamten Prozess begleiteten - d.h. Statistiken, Hintergrundinformationen und Positionspapiere mitlieferten und ihrerseits Zwischenberichte des Projekts kommentierten. Zum Schluss hat sich der Arbeitskreis intensiv mit dem Endbericht auseinandergesetzt. Naturgemäß mussten die Stellungnahmen der verschiedenen Referate aufgrund der jeweiligen Aufgabenstellungen sehr unterschiedlich ausfallen - die Einigung hinsichtlich der Befürwortung der im Bericht enthaltenen Schlussfolgerungen und Empfehlungen zu erlangen, war dementsprechend mühsam.

Dazu kam eine strukturelle Besonderheit. Die Stellung der Ausländerbehörde in der Münchner Kommune ist diffizil, da sie sich in einem verwaltungspolitischen Spannungsfeld befindet. Einerseits ist die Behörde Teil der Stadtverwaltung, andererseits ist der oberste Dienstherr dieser Behörde das bayerische Innenministerium. Es war bekannt, welche Haltung Innenminister Beckstein dem Ansinnen gegenüber einnahm, die sozialen Rechte von *sans papiers* auf kommunaler Ebene untersuchen zu lassen. Er schien keine Zuständigkeit der Kommune für die Wahrung der sozialen Rechte dieser Gruppe anzuerkennen und konnte die Durchführung des Projekts deswegen gar nicht gutheißen.

Vor diesem Hintergrund konnte die Leitungsebene der Ausländerbehörde das Projekt nur mit viel Fingerspitzengefühl hinsichtlich der eigenen Spielräume begleiten. Als es um konkrete, "ans Eingemachte" gehende Empfehlungen ging, hätte diese prekäre Gratwanderung in eine hartnäckige Blockadetaktik münden können. Letztlich hat man sich aber bereit gezeigt, im Geiste einer konstruktiven Kritikfähigkeit klar zu positionieren und den weiteren Prozess mitzugestalten.

[1] Vgl. hierzu Beschluss Nr. 141 des Ausländerbeirats der Stadt München vom 26. Mai 2003.

Im Nachhinein wird offensichtlich, dass die Begleitung des Projekts durch den stadtinternen Arbeitskreis zwar zeitweise mühsam gewesen sein mag, aber von eminenter Wichtigkeit für die Bereitschaft, mit den Erkenntnissen der Untersuchung weiterzuarbeiten. Dadurch waren die Referate von Anfang an einbezogen, konnten sich mit der Entstehungsgeschichte und den Ergebnissen des Projekts eher identifizieren. Man merkt das Resultat seitdem: Einzelne MitarbeiterInnen bringen viele Ideen und Kompetenzen mit, um jene Empfehlungen umzusetzen, die sie in ihrem jeweiligen Arbeitszusammenhang für realitätsnah und zielführend erachten.

5. ZENTRALE ERGEBNISSE[2]

Vor allem für die Bereiche: Gesundheitsversorgung, Unterstützung von "illegalen" MigrantInnen in sozialen Notlagen (insbesondere Frauen und Kinder), Arbeit und Beschäftigung, Schule, der Zuständigkeitsbereich der Ausländerbehörde und zu den Wegen aus der Illegalität sind Empfehlungen gemacht und von der Verwaltung aufgegriffen worden. Hier in Kürze die wichtigsten Ergebnisse und die entsprechenden Empfehlungen der Studie:

Gesundheit:

- Klarstellung, dass medizinisches Personal durch ihre Hilfe im Notfall keine Straftat begeht; darüber hinaus, dass keine Mitteilungspflicht an die Behörden besteht (vgl. Alt/Fodor 2001).
- Gründung eines Fonds für die Finanzierung von Nichtversicherten im ambulanten und stationären Bereich.
- Ein Plenum der Sachkundigen sollte sich mit den medizinischen Problemen der Kinder, schwangeren Frauen (Option der anonymen Geburt), Umgang mit ansteckenden Krankheiten (TBC, Hepatitis, AIDS) und der Einrichtung einer mobilen Versorgung für obdachlose Menschen in der Illegalität befassen.

Arbeit und Beschäftigung:

- Ein Zeichen der Stadt durch die Auftragsvergabe wäre wichtig: Arbeitgeber, welche die Abhängigkeit von MigrantInnen ohne gültige Papiere ausnützen, sollen von der öffentlichen Vergabe ausgeschlossen werden.
- Koordinierung der Beratungs- und Vernetzungsarbeit mit Gewerkschaften, engagierten Rechtsanwälten und Basisgruppen, um "illegale" MigrantInnen zu ihrem vorenthaltenen Lohn vor dem Arbeitsgericht zu verhelfen (vgl. den unterstützenden Ansatz von Cyrus 1998, 2001), d.h. einschließlich eines Verzichts auf die Aufenthaltsstatusfeststellung vor Gericht (vgl. Rerrich 2002).

[2] Für eine ausführliche Darlegung der Schlussfolgerungen und Empfehlungen aus der Münchner Studie siehe Anderson (2003, S. 85-97). Aus Platzgründen kann hier nicht auf weitere wichtige Themen eingegangen werden, wie die Wohnsituation, polizeiliche Kontrollen, die Lebensplanung u.v.m. (vgl. Anderson 2004 a,b,c.).

Ausländerbehörde/Wege aus der Illegalität:

- Fortbildungsmaßnahmen für Sachbearbeiter der Ausländerbehörde und für die Polizei, um interkulturelle Kompetenz zu fördern und in den Ordnungsbehörden vorhandene stereotype Vorstellungen und Abwehrhaltungen MigrantInnen gegenüber abzubauen.
- Ausstellung von vorläufigen Geburtsurkunden, um die Rechte des Säuglings und Kleinkindes zu sichern.
- Ermessensspielräume zugunsten der Betroffenen nutzen, um Illegalität zu vermeiden, z.B. durch eine möglichst großzügige Auslegung der Familienzusammenführung.
- Erweiterung der Rückkehrhilfen für Menschen in der Illegalität, um Ausreisewilligen eine Perspektive im Herkunftsland zu geben.
- Vernetzung der Behörden mit Nicht-Regierungs-Organisationen, Beratungs-, Migrationsdiensten und ethnischen *Community*-VertreterInnen, um Fallkonstellationen auf anonymer Basis für Einzelpersonen zu besprechen.

6. DIE UMSETZUNG DER ERGEBNISSE IM KOMMUNALPOLITISCHEN ZUSAMMENHANG

Nachdem die Studie fertig gestellt und vom begleitenden Arbeitskreis und von den vertretenen Referaten für tragbar befunden wurde - wenn auch an der einen oder anderen Stelle mit Bauchschmerzen - dauerte es doch noch einige Zeit, bevor man sich zur Veröffentlichung der Studie durchringen konnte. Es kamen immer wieder Anfragen von fachlich Interessierten - MedizinerInnen, RechtsanwältInnen, VertreterInnen von Nicht-Regierungs-Organisationen und ethnischen Basisgruppen -, wann es mit den Ergebnissen der Studie zu rechnen sei. Angesichts der politischen Brisanz des Themas hatte man an verschiedenen Stellen der städtischen Verwaltung und Politik vermutlich Angst vor der eigenen Courage bekommen. Erst als eine Anhörung im bayerischen Landtag Ende Mai 2003 mit dem Schwerpunkt ‚Illegalität in Deutschland und im besonderen München' die Aufmerksamkeit der lokalen und überregionalen Medien auf das Thema lenkte (Die Grünen 2003), wurde unter der Ägide des Sozialreferats die Präsentation der Studie und ihren Empfehlungen im Stadtrat und in der breiteren Öffentlichkeit in Angriff genommen.
Ab diesem Zeitpunkt verlieh die deutliche Federführung durch die Stelle für interkulturelle Arbeit im Sozialreferat dem Prozess der Veröffentlichung und nunmehr der Umsetzung von konkreten Empfehlungen eine andere, dezidierte Note. Die Stadt München ist seitdem dabei, eine Reihe von Empfehlungen aus der im Herbst 2003 publizierten Studie "*Dass Sie uns nicht vergessen - Menschen in der Illegalität in München*" auf der Grundlage des Stadtratbeschlusses vom 29. April 2004 (auf URL: www.stadt.muenchen.de abrufbar) umzusetzen.

Aus dem bisher Geschilderten ist deutlich geworden, dass erst das Zusammenwirken von einem interessierten Fachpublikum, der Medienaufmerksamkeit und dem Engagement von Einzelpersonen innerhalb der Verwaltung und Land- bzw. Stadtpolitik, die Ergebnisse des Projekts an die Öffentlichkeit bringen konnte. Auf diese Weise entstand der Druck, mit diesen Erkenntnissen zu arbeiten und nicht die Studie "in der Schublade verschwinden zu lassen".

Auch für den weitergehenden Prozess der Umsetzung kommunaler Strategien ist die Kooperation der diversen kommunalpolitischen Akteure von Belang: StadtpolitikerInnen, Verwaltung, Gewerkschaften, die Kirchen, engagierte MedizinerInnen, die Wohlfahrtsverbände, Nicht-Regierungs-Organisationen sowie Experten der sozialen und migrationspolitischen Szene - alle nehmen eine bestimmende Rolle in dieser Entwicklung ein. Dabei ist eine harmonische Zusammenarbeit zwischen den benannten Akteuren keine Selbstverständlichkeit. Um nur zwei Beispiele zu benennen: Erstens ist für Basisgruppen, die sich seit einiger Zeit mit Zivilcourage um Menschen in der Illegalität gekümmert haben, die plötzliche, Medienaufmerksamkeit erheischende Umtriebigkeit mancher in der Stadtpolitik und -verwaltung in Sachen "Illegaler" äußerst suspekt. Zweitens: Auch wenn die Verwaltung in diesem Themenkomplex Interesse an einer Kooperation mit Nicht-Regierungs-Organisationen zeigt, ist dies unter Umständen ein mühsames Geschäft, weil die gegenseitigen Vorbehalte (sowie die entgegensetzten Aufgabenstellungen, Selbstverständnisse usw.) eine fruchtbare Kooperation erschweren. Aber ein Dialog findet statt, Ansätze einer Zusammenarbeit lassen sich allmählich aufbauen. Hinter diesem Ringen um Formen der Kooperation verbirgt sich manchmal die grundsätzliche Frage für alle Beteiligten: Sind Behörden und Basisinitiativen/Nicht-Regierungs-Organisationen gegenseitig bereit, von lange gepflegten Feindbildern Abschied zu nehmen?

Die Referate der Stadtverwaltung sind für ihren Teil durch den Stadtratsbeschluss vom 29. April 2004 verpflichtet, alle Empfehlungen so weit wie möglich umzusetzen. Die aktivsten Referate dabei sind das Gesundheitsreferat, die Ausländerbehörde und (federführend) das Sozialreferat, aber auch das Schulreferat wurde in die Pflicht genommen.

Im Folgenden werden die verschiedenen Ansätze dargestellt mit denen sozialen Problemen auf kommunaler Ebene begegnet werden kann. Anschließend folgt eine Analyse der empfindlichsten Stellen in der Interaktion zwischen den Behörden und anderen beteiligten Akteuren außerhalb der Verwaltung anhand der folgenden Fragestellung: Inwiefern lassen sich solche Ansätze einer menschenrechtsorientierten Politik im Sinne eines sozialen Auftrags der Kommune in diesem Dickicht der Zuständigkeiten - gerade auf lokaler Ebene - realisieren?

Das Thema der Gründung eines Fonds zur Finanzierung der ambulanten und stationären medizinischen Versorgung von "Illegalen" nimmt in der Palette der gesundheitspolitischen Maßnahmen eine zentrale Rolle ein. Zurzeit befasst sich ein Arbeitskreis aus städtischen Referaten, Kirchen, Wohlfahrtsverbänden, engagierten ÄrztInnen und Nichtregierungsorganisationen in München mit diesem Thema. Es geht zum einen um die Suche nach der notwendigen Rechtskonstruktion einer solchen Initiative, um innerhalb des bestehenden rechtlichen Rahmens agieren zu

können. Da es unter Umständen um die Verwendung von Steuergeldern gehen könnte, ist die Begrifflichkeit wichtig, das heißt es handelt sich um einen Fonds für Nichtversicherte. Ferner steht zur Überprüfung, auf welchem Wege Steuergelder von der Stadt in einen solchen Fonds einbezahlt werden können, z.B. per Zuschuss oder über den Umweg einer Stiftung. Die grundsätzliche Frage der Finanzierung muss neben organisatorischen Fragen, wie den konkreten Modalitäten des Abrufs von Geldern durch niedergelassene Ärzte oder Krankenhäuser, noch geklärt werden. Dabei kann auf bestehende Modelle aus anderen Ländern (z.B. ein Stiftungsmodus wie in den Niederlanden) zurückgegriffen werden.
Der Arbeitskreis befasste sich auch mit der hiermit verbundenen Frage der Einrichtung einer Anlaufstelle, vergleichbar mit der Stelle der Malteser Migranten Medizin unter der Leitung von Dr. Adelheid Franz in Berlin, die sich an Zuwanderer in der Illegalität wendet. In München ist eine ähnliche Stelle - womöglich von einer Nicht-Regierungs-Organisation betrieben - mit medizinisch-rechtlichem Schwerpunkt notwendig. Dies stellte eine Erweiterung der Aufgaben der bisherigen Freiwilligeninitiative Café 104 dar. Bisher angedachte Vorstellungen gehen dahin, einen "Schutzraum" für "Illegale" analog solcher Räume für DrogenkonsumentInnen (Gesundheitsräume) zu errichten, wo eine medizinische Versorgung, psychische Betreuung, Beratung und eine Interessenvertretung in ein integriertes Konzept münden könnten. Dies ist bisher in Deutschland nicht mal ein erstrebenswertes Fernziel, wenn über die sozialen Probleme von Menschen in der Illegalität gesprochen wird. Wichtig dabei ist auch die Bereitschaft der Sicherheits- und Ordnungsbehörden, allen voran der Polizei, die Existenz einer solchen Stelle zu dulden, damit ein solcher, von humanitären, aber auch von sozialpolitischen Überlegungen geleiteter Ansatz auf kommunaler Ebene überhaupt erprobt werden kann.
Andere Initiativen im Bereich der Gesundheitsversorgung beziehen sich auf die besonders schutzbedürftigen Gruppen. So wird zurzeit ein Modus für die anonyme Geburt für Frauen in der Illegalität in städtischen Krankenhäusern ausgearbeitet. Bisher gab es zwar in einem städtischen Krankenhaus die Option der anonymen Geburt (d. h. Frauen können gebären, ohne die Angabe von Personalien), dies war aber faktisch für *sans papiers* mit dem Zwang zur Freigabe des Kindes für eine Adoption verbunden, da die leibliche Mutter nur innerhalb eines begrenzten Zeitraums nach der Geburt durch Identitätspreisgabe ihren Anspruch, das Kind doch zu behalten, noch geltend machen durfte. Dies kam naturgemäß für die meisten Frauen in der Illegalität nicht in Frage, da die Aufforderung zur Ausreise bzw. Abschiebehaft/Abschiebung die Konsequenz wäre. Auf anonymer Basis versucht man nun, die Entbindung von Frauen aus der Illegalität mit anschließendem Verbleib des Säuglings bei der Mutter zu ermöglichen.
Dies steht in Verbindung damit, dass die Ausländerbehörde grundsätzlich eine Duldung für "illegale" Frauen während der Schwangerschaft bzw. des Mutterschutzes ausstellt, d. h. im Zeitraum von drei Monaten vor der Geburt bis drei Monaten danach. Die Frauen werden zwar nach Ablauf dieser Zeit zur Ausreise aufgefordert, die Erfahrung zeigt aber, dass die Ordnungsbehörden nicht über die Kapazitäten

verfügen, um durch Polizeipräsenz für eine geordnete Ausreise direkt aus dem Krankenhaus zu sorgen.
Es wird weiter in einem ärztlichen Fachgremium des Referats für Gesundheit und Umwelt nach Untersuchungsmöglichkeiten für Menschen in der Illegalität mit Verdacht auf ansteckende Krankheiten gesucht. Aus den Erfahrungen von niedergelassenen Ärzten weiß man, dass die schwer zu beantwortende Frage dabei ist: Wie soll man den Rahmen schaffen, damit sich diese irregulären MigrantInnen nicht nur für eine Erstuntersuchung, sondern eine kontinuierliche Behandlung aus der Illegalität heraus trauen?
Zum Thema Gesundheitsversorgung bleibt eine weitere wichtige Frage offen: Wie steht es mit der mobilen Versorgung von MigrantInnen, die auf der Straße leben bzw. nicht zu erreichen sind. ÄrztInnen und Ehrenamtliche aus karitativen Organisationen berichteten davon, dass manche "Illegale" auf der Straße landen. Es wäre wichtig, die mobile Gesundheitsversorgung so weit zu öffnen, dass dieses Klientel erreicht werden kann, bzw. bestehende Ansätze, die es im kirchlich-karitativen Bereich bereits gibt, auszubauen.
Auch das Thema *Kinder in der Illegalität* wird hinsichtlich der medizinischen Versorgung und des Rechts auf den Schulbesuch aufgegriffen. Es zeigte sich während der Untersuchung, dass vor allem Familien- und KinderärztInnen auf Stadtteilebene mit medizinischen Problemen der Kinder von MigrantInnen in der Illegalität konfrontiert werden. Sie berichteten, dass in der Illegalität lebende Eltern nur im Falle von besorgniserregenden Krankheitssymptomen der Kinder in die Praxen kommen. Es erfolgt dann zwar eine Notbehandlung, dass weitere Termine zur Weiterbehandlung oder Nachsorge wahrgenommen werden, ist dann aber selten, weil die Eltern zu viel Angst haben. MedizinerInnen erleben die Tatsache, dass sie diese Kinder meist nicht mehr zu Gesicht oder auch gar nicht erreichen können, als belastend. Das Referat für Gesundheit und Umwelt steht vor der Aufgabe, vertrauensbildende Maßnahmen zu entwickeln, um diese Eltern für die Behandlung und Nachsorge ihrer Kinder zu gewinnen.
Bezüglich des Rechts auf Schulbesuch nimmt die Stadt München nun offiziell die gleiche Haltung ein wie die Stadt Freiburg, nämlich, dass jedes Kind das Recht auf Schulbildung ungeachtet des Aufenthaltsstatus hat. Konkret bedeutet dies, dass Lehrkräfte voraussichtlich angehalten werden, von einer Statusfeststellung der Eltern bei der Anmeldung an der Schule abzusehen, das heißt seitens des Schuldirektors oder Lehrers werden keine schriftlichen Nachweise des legalen Aufenthalts verlangt. Man weiß aus Interviews, dass einzelne LehrerInnen - mit Unterstützung des Direktors - es auf sich nehmen, die Kinder so lange es geht zu unterrichten. Problematisch wird es dann, wenn Finanzierungsfragen z.B. in Verbindung mit Maßnahmen wie Schullandheimaufenthalte in Zusammenarbeit mit Behörden offiziell geregelt werden müssen. Über die Grundschule hinaus bleibt aber das grundsätzliche Problem bestehen. Spätestens bei dem Übergang von der Grundschule in die weiterführende Schule wird der Schulbesuch in der Praxis sehr schwer zu ermöglichen.

Die Ausländerbehörde ist besonders beim Thema Frauen in der Illegalität aktiv, insbesondere hinsichtlich des Schutzes von Frauen in der Zwangsprostitution und als Opfer von Menschenhandel (*trafficking*). Die Leitung der Ausländerbehörde kooperiert (gemeinsam mit der Polizei) eng mit Fraueninitiativen gegen Menschenhandel und sexueller Ausbeutung, z.B. durch die Errichtung von runden Tischen sowie Einzelfallbesprechungen. Sie verfolgen dabei das gemeinsame Interesse, solche, auf lukrative Nischen der Sexindustrie spezialisierte Banden zu zerschlagen. Oft geht es im Einzelfall vor allem um die "mentale Bereitschaft" (Einstellung) der Behörde, Ermessensspielräume zugunsten der betroffenen Frauen auszulegen. Für Frauen, die aus der Zwangsprostitution befreit werden, gibt es eine Duldung für die Dauer des Prozesses (Zeuginnenschutzregelung), dazu wird i.d.R. eine Ausbildungs- oder Arbeitsmöglichkeit anvisiert.

Ein qualitativ neuer Schritt besteht in der Bereitschaft der Ordnungsbehörde, SozialarbeiterInnen, BeraterInnen und Andere, aktiver zu unterstützen und für eine Verbreitung von zuverlässigen Informationen im Einzelfall auf anonymer Basis zu sorgen. Ergänzend dazu sind Beratungsangebote des Flüchtlingsamtes für die MigrantInnenorganisationen zu sehen, z.B. im Rahmen der EU-finanzierten Rückkehrhilfen. Dieses Programm wird zurzeit für Menschen in der Illegalität unter bestimmten Umständen erweitert, wenn sie zur geordneten Ausreise bereit sind. Dadurch sollen aus der Sicht der Ausländerbehörde Hilfenetzwerke Unterstützung bei der Verbreitung von akkuraten Informationen erfahren, z.B. zur Frage, ob in jeweiligen Fall die Aussicht auf ein Bleiberecht besteht. Entsprechende Veranstaltungen finden mit den Beratungsdiensten und Unterstützergruppen statt, um für den Aufbau von Netzwerken zur anonymen Beratung im Einzelfall zu werben.

Bis dato war es nicht möglich, eine rechtlich stichhaltige Lösung für das Problem der fehlenden Geburtsurkunde von in der Illegalität geborenen Kindern zu finden. Da das Kind i.d.R. nicht registriert ist, fehlt eine Geburtsurkunde. Sie wird aber für die Anmeldung bei der Kinderkrippe, für den Kindergarten und manchmal vor der Durchführung notwendiger medizinischer Maßnahmen (frühkindlichen Untersuchungen, Impfungen) für Säuglinge und Kleinkinder verlangt. Es wird zurzeit nach Alternativen gesucht, z.B. durch die Ausstellung einer vorläufigen Urkunde.

Manchmal wird an den vorgenannten Stellen auch gegen die Maßnahmen agiert, so wird z.B. der ordnungsgemäße und auch ordentliche Umgang mit Papieren unterminiert. Nur: Ist der Fokus auf "Dokumentenechtheit" nicht manchmal behördlicherseits ein wenig Selbstbetrug? Es wird beispielsweise von manchen offiziellen Stellen berichtet, dass es an Ort und Stelle in der Praxis oft unmöglich ist, die Echtheit von Papieren wirklich zu kontrollieren. Man müsste die Dokumente nämlich verschicken, um sie von Experten im Labor untersuchen zu lassen - dies würde in der Praxis Tage dauern. Meist ist ein solches Verfahren aber im Verwaltungsalltag nicht praktikabel. Von daher ist die Prüfung der Dokumente im Endeffekt nicht ergiebig.

7. NEUE KOMMUNALE PERSPEKTIVEN IM UMGANG MIT MIGRANTINNEN IN DER ILLEGALITÄT: "EIN ZIVILGESELLSCHAFTLICHES LEHRSTÜCK?"

Die Auseinandersetzung um die Frage, wie die kommunale Verantwortung gegenüber den Menschen in der Illegalität wahrzunehmen ist, beschränkt sich aber nicht auf den offiziellen Prozess der Umsetzung von Empfehlungen und der damit verbundenen Erprobung von rechtlichen Spielräumen. Fast noch wichtiger ist die daraus entstehende Dynamik der lokalen Diskussion.
Eine wichtige Wirkung der regionalen, München-spezifischen Offenlegung dieses Themas stellt die zunehmende Bereitschaft der "Helfenden" dar, offener über Ihre Arbeit zu reden (Robbers 1995). SozialberaterInnen, MitarbeiterInnen der Migrationsdienste und MedizinerInnen geben zu erkennen, dass es eine große Erleichterung ist, überhaupt die Arbeit mit dieser Klientengruppe zu einem fachlich zu besprechenden Thema aufwerten zu können. Jetzt kann man die einzelnen Probleme klarer benennen, bei Bedarf Rat und Unterstützung von anderen Institutionen ersuchen und weitere Handlungsoptionen durch Vernetzungen erproben. Ebenso wichtig für die einzelnen Professionellen: Man weiß sich eher durch die eigenen Vorgesetzten und die Leitung der Einrichtung/des Referats in seinem humanitär geleiteten Handeln zuverlässig unterstützt.
Ein weiteres Beispiel für die neue Offenheit in Sachen Umgang mit *sans papiers* wäre die breite Öffnung der Münchner Ärzteschaft für die Thematik. Seit Jahren hatten einzelne, in der Flüchtlingsarbeit tätige Ärzte versucht, klare Stellungnahmen der Berufsverbände auf lokaler und Bundesebene zu erreichen. Es ging ihnen darum, auf die prekäre und mangelhafte gesundheitliche Versorgung von Flüchtlingen nach dem Asylbewerberleistungsgesetz hinzuweisen, aber auch das Thema Menschen in der Illegalität auf die Tagesordnung zu bringen. Dies erwies sich aber immer wieder als außerordentlich schwierig.
Nachdem die Diskussion um die Notwendigkeit von gesundheitlichen Vernetzungen in München als Konsequenz der pro-aktiven Haltung des Referats für Gesundheit und Umwelt bei der Entwicklung von Fürsorge- und Versorgungsmaßnahmen für (voll- und minderjährige) Menschen in der Illegalität entfacht worden ist, hat sich auch die Münchner Ärztekammer geöffnet: Nach kontroversen Debatten wurde beschlossen, die Maßnahmen der Stadt München auf diesem Gebiet nach Kräften und ohne inhaltliche Einschränkung zu unterstützen. Mit diesem Beschluss im Rücken können sich jetzt engagierte ÄrztInnen "aus der Deckung wagen" und kreativer das anvisierte Programm mitgestalten. Dies zeigt sich konkret z.B. durch ihr Mitwirken im Arbeitskreis zur Gründung eines Gesundheitsfonds.
Schließlich kann man ein Beispiel aus dem kirchlich-karitativen Bereich der Unterstützung für Menschen ohne gültige Papiere zitieren. Der Leiter der spanisch sprechenden Mission der Caritas, Pfarrer Alberto Martinez, setzt sich seit vielen Jahren mit den Alltagsproblemen der LateinamerikanerInnen in München auseinander. Dabei macht er bei ihnen keinen Unterschied, welchen Aufenthaltsstatus sie haben; vor allem geht es ihm um die sozialen Probleme (die Suche nach Wohnung und

Arbeit, die Isolation und Verarmung), um Gesundheitsprobleme, um die psychischen Belastungen des Lebens als "Illegale" und die besonderen Probleme von Frauen und Kindern - kurz um die Palette der seelsorgerischen Betreuung als Aufgabe eines Geistlichen, der sich für diese schutzbedürftige soziale Gruppe einsetzt. Lange Zeit war seine Arbeit intern nicht unumstritten und im Grunde in einer Grauzone des diskreten halböffentlichen Agierens angesiedelt. Im Zuge der öffentlichen Diskussion über die überaus anschaulichen Probleme der Menschen in der Großstadt hat Pfarrer Martinez klar und öffentlich Stellung für die sozialen Rechte und die Menschenrechte der Menschen ohne gültigen Status - auch in den regionalen Medien - bezogen. Damit hat er erheblich zu einer klaren Positionierung der katholischen Kirche und der Caritas in der Münchner Debatte zu Gunsten der Rechte von "Illegalen" beigetragen.

Die Darstellung der gesellschaftlichen Diskussion auf kommunaler Ebene in München muss aber zwangsläufig das einschließen, was bis jetzt fehlt. Ein wichtiges Thema im Zuge der Untersuchung war die Rolle des Kontrollverhaltens der Polizei bei der Illegalisierung von MigrantInnen. Gezielte Kontrollen nach Ethnie und Hautfarbe mögen zwar erhöhte Aufgriffszahlen für bestimmte Nationalitäten ergeben - dies funktioniert aber nach dem Muster der sich selbst erfüllenden Prophezeiung. Da man vermehrt bestimmte ethnische Gruppen kontrolliert, erscheinen sie zwangsläufig häufiger in der Kriminalstatistik.[3] Es kommt aber hinzu, dass einzelne Fälle von inhaftierten "Illegalen" (nicht nur) in der Münchner Untersuchung auf stereotype Vorstellungen nach "Rasse" und Hautfarbe in den Köpfen vieler PolizistInnen hinweisen. Zwei Gesprächspartner nämlich, die auf der Durchreise durch Deutschland gewesen waren, verbrachten mehrere Monate in der Untersuchungshaft, weil die Gültigkeit ihrer Aufenthaltspapiere bzw. Angaben (jeweils für Italien und Großbritannien) angezweifelt wurden. In beiden Fällen dauerte es sehr lange, bis die endgültige Bestätigung ihrer wahrheitsgemäßen Angaben zur Ausreise führte. In beiden Fällen fragten die Gesprächspartner schwarzafrikanischer Herkunft, ob nicht die Hautfarbe für ihre Festnahme und Inhaftierung entscheidend gewesen waren.

Es wäre wünschenswert, wenn aus solchen Erfahrungen die Erfordernis interkultureller Trainings auf allen Ebenen der Münchner Polizei hergeleitet würden: Ansätze dazu scheinen aber sehr zaghaft zu sein. Dies löst das Problem zwar nicht bei der Wurzel, nämlich dass jeweils die durch die Polizei festgelegten Schwerpunkte auch entsprechend stärker kontrolliert und damit erfasst werden und die Polizei nicht die Anstrengung unternimmt, der Öffentlichkeit deutlich zu machen, dass ihre Statistik nur ein Abbild ihrer Tätigkeit, nicht aber eines Phänomens ist. Die positive Wirkung für den individuellen Umgang während einer Kontrolle aber würde sicher spürbar werden. Darüber hinaus wäre es als vertrauensbildende Maßnahme zum einen sinnvoll, seitens des Polizeipräsidiums regelmäßige Veranstaltungen mit

[3] Dies ist eine schon lange kontrovers geführte Diskussion in München. Die Grünen im Stadtrat haben immer wieder auf diesen "sich-selbst-erfüllenden" Charakter der Münchner Ausländerkriminalstatistik hingewiesen.

Vertretern der ethnischen *Communities* zu installieren. Zum anderen könnte man PolizistInnen - wenn möglich aus den größten ethnischen Gruppen der Stadt - als Kontaktpersonen für Konfliktfälle benennen. Aus den positiven Erfahrungen anderer Kommunen und Städte könnte man auf diesem Gebiet einiges lernen.[4]

Bei der Entwicklung neuer kommunaler Ansätze, um die sozialen Probleme von Menschen ohne gültige Papiere in den Griff zu bekommen, darf man aber etwas nicht außer Acht lassen, und zwar die Frage, inwieweit diese Menschen in ihren jeweiligen Lebenswelten zu erreichen sind. Es liegt in der Natur der Dinge, dass "Illegale" eigene abgeschottete Welten bilden. Sie sorgen dafür, dass sie möglichst unauffällig sind. Dies hat zur Konsequenz, dass sie über viel elementares Wissen der Mehrheitsgesellschaft nicht verfügen. Dies fängt damit an, dass sie i.d.R. nicht zwischen staatlich und nicht staatlichen Einrichtungen unterscheiden (Migrationsdienst eines Wohlfahrtsverbandes und einer Beratungsstelle des städtischen Sozialdienstes). Alle Stellen dieser Art haben in den Augen der Betroffenen den quasi staatlichen Nimbus des "offiziellen Deutschland".

Vor diesem Hintergrund ist es außerordentlich schwierig für die Kommune - auch in Zusammenarbeit mit kundigen Basisinitiativen auf Stadtteilebene - diese Menschen mit neuen, zu erprobenden Beratungs- und Versorgungsangeboten zu erreichen. Viele Menschen in der Illegalität existieren in Lebenswelten innerhalb der eigenen ethnischen Gruppe - wenn nicht gänzlich isoliert. Sie können nur durch neue Vernetzungsstrategien erreicht werden, welche diese Welten außerhalb der *Mainstream*-Gesellschaft zumindest punktuell berühren. Auch Vertrauenspersonen der *Communities*, Mundpropaganda und Informationen an einschlägigen Stellen wie Nischen des *Ethnic Business* (Restaurants, Cafes, Lebensmittelgeschäften) sind von entscheidender Bedeutung. Das bedeutet, man wird neue Strukturen entwickeln und neue Wege finden müssen, um diese Menschen überhaupt zu erreichen, dort, wo sie leben.

Spannend wird es bei der Frage nach einer beabsichtigten Anlaufstelle für "Illegale". Es handelt sich um Fragen wie: Soll eine solche Stelle aktiv von der Stadt unterstützt werden, und wenn, in welcher Weise? Oder: Ist dies eher - wie manche meinen - Sache der Nichtregierungsorganisationen oder der ehrenamtlichen/kirchlichen Szene, im Grunde eine "rein zivilgesellschaftliche Aufgabe"? Weiter: Wie muss eine solche Stelle geschaffen sein, um das eigentliche Klientel im oben beschriebenen lebensweltlichen Sinne vertrauensbildend anzusprechen?

Schließlich zeigt sich, dass andere Städte daran interessiert sind, aus den Münchner Erfahrungen zu lernen und - ihren regionalen Besonderheiten entsprechend - einen ähnlichen Weg zu gehen, denn die meisten großen Kommunen sehen sich mit einer vergleichbaren Sachlage konfrontiert. Die Stadt München will das Thema auf inter-kommunaler Ebene (mittels Verbreitung durch den deutschen Städtetag) vorantreiben - andere Kommunen werden aufgefordert, bei Bedarf die Lage hinsichtlich

[4] An dieser Stelle seien vor allem Frankfurt am Main und Berlin genannt, die solche vertrauensbildende Maßnahmen mit den ethnischen *Communities* seit längerem praktizieren und damit gute Erfahrungen machen.

der Menschen in der Illegalität in ihrem Zuständigkeitsbereich genauer zu untersuchen. Im Rahmen von Einzelveranstaltungen kann der Erfahrungsaustausch zwischen den Kommunen hinsichtlich *Best Practice* im Umgang mit diesem Thema gefördert werden (vgl. Picum 2003).
Zusammenfassend lässt sich festhalten, dass die Stadt München bei der Auseinandersetzung mit diesem Thema versucht, einen neuen Weg zu gehen. Von Bedeutung ist auch die Evaluation des damit verbundenen Entscheidungs- und Umsetzungsprozesses,

- um die Stärken und Schwächen in der Zusammenarbeit der institutionellen Akteure beschreiben und analysieren zu können.
- Um die praktische "Tauglichkeit" der anvisierten gesundheitlichen und sozialen Initiativen aus der Sicht der beteiligten Akteure auf der kommunalen Ebene einzuschätzen.
- Um die Übertragbarkeit dieses sozialpolitischen Ansatzes für Kommunen bundesweit zu überprüfen.

Die begleitende Evaluation bietet die Möglichkeit, den Transfer von Erfahrungen und Erkenntnissen sowohl auf wissenschaftlicher Ebene als auch in die Praxis anderer Kommunen und ihren Verwaltungen zu sichern.

8. AUSBLICK

Die Erprobung von neuen Ansätzen, um der Herausforderung durch Menschen ohne gültige Papiere auf kommunaler Ebene besser begegnen zu können, kann nicht für sich politisch isoliert betrachtet werden. Dafür gibt es zu viele Verzahnungen und Kompetenzüberschneidungen zwischen Bund und Ländern. Deswegen stellt sich die Frage, welche Ergebnisse über die kommunalen Grenzen hinaus von diesem Vorgehen der Stadt München zu erwarten sind. Zum jetzigen Zeitpunkt (Herbst 2004) lassen sich die Umrisse einiger wesentlicher Themen erkennen.
Zum einen bietet diese Herangehensweise die Möglichkeit, empirisch viel mehr über die tatsächlichen Lebenslagen zu erfahren. Die kontinuierliche Auseinandersetzung mit den sozialen, gesundheitlichen und anderen Problemen - statt ihrer offiziellen Verdrängung - kann eine Verbesserung der Lage der Betroffenen selbst, der Arbeitssituation der mit Ihnen konfrontierten Professionellen/Institutionen ermöglichen. Längerfristig könnte dieser Ansatz eine wirklichkeitsnähere Versorgungsstruktur für die ansässige MigrantInnenbevölkerung in den Großstädten nach sich ziehen. Solche Themen sind auch weit über den kommunalen Zuständigkeitsbereich von Belang.
Konkret wird es aber in der sozialen und gesundheitspolitischen Arbeit auch um die Erfassung von Fallkonstellationen gehen. Diese Statistiken und gesammelten Erfahrungen können die Grundlage für die Entwicklung von Härte- und Altfallregelungen werden, die in erweiterte Konzepte von einer pluralistischen, kreativ gestaltbaren Zuwanderung einfliesen können. Damit soll auf eine einwanderungspolitische Binsenweisheit hingewiesen werden, die in Deutschland immer noch

nicht ausreichend zur Kenntnis genommen wird. Diese besagt, dass Migrationsprozesse per se nicht ordentlich ablaufen, d. h. in Zeiten von erhöhtem globalem Migrationsdruck sind rein ordnungs- und sicherheitspolitisch orientierte Instrumente der Kontrolle bei weitem nicht adäquat, um der Differenziertheit von Wanderungsmotiven und -bewegungen gerecht zu werden.
Man braucht andere Instrumente, welche der Vielfalt der überwiegend gesetzesbeachtenden MigrantInnenbiographien entsprechen. Das heißt u.a.: neue temporäre Arbeitsmöglichkeiten, erleichterte Formen der Aufenthaltsstatusänderung im Lande, aber auch: Nachdenken über andere Formen der Regularisierung von hier ansässigen MigrantInnen, deren Lebensmittelpunkt aus diversen "unordentlichen" Gründen Deutschland geworden ist (vgl. Alt 1999, 2003).
In den letzten Jahren entstand manch ermutigende Initiative, um die Menschen- und sozialen Rechte dieser ausgegrenzten Gruppe "von unten" zum Diskussionsgegenstand zu machen. Daraus können auf europaweiter Ebene Grundlagen für Kooperationen zwischen Basisinitiativen der Betroffenen und ihren Unterstützern, sozialen Einrichtungen, der Wissenschaft und der engagierten Verwaltung entstehen. Von Seiten der Medien kann zum Teil mit einer aufgeschlosseneren Haltung gerechnet werden. Zudem gilt es, auf die Politik und die breite Öffentlichkeit nach dem Motto: "steter Tropfen höhlt den Stein" einzuwirken.

LITERATUR

Alscher, Stefan/Münz, Rainer/Özcan, Veysel (2001): Illegal anwesende und illegal beschäftigte Ausländerinnen und Ausländer in Berlin (Demographie aktuell), Berlin.
Alt, Jörg (1999): Illegal in Deutschland, Karlsruhe.
Alt, Jörg (2003): Leben in der Schattenwelt, Karlsruhe.
Alt Jörg/Fodor, Ralph (2001): Rechtlos? Menschen ohne Papiere - Anregungen für eine Positionsbestimmung. Karlsruhe.
Anderson, Philip (2003): "Dass Sie uns nicht vergessen" - Menschen in der Illegalität in München, hg. von der Stelle für interkulturelle Arbeit der LHS München.
Anderson, Philip (2004a): Unsichtbar in der deutschen Großstadt - Erkenntnisse aus einer Studie über Menschen in der Illegalität in München, in: *Moosmüller, A.* (Hg.): Tagungsband Zuwanderung und Integration, München, S. 177-190.
Anderson, Philip (2004b): Aus Überzeugung handeln: Die soziale Arbeit mit Menschen in der Illegalität, in: Fritz, Florian/Groner, Frank (Hg.): Wartesaal Deutschland, Stuttgart, S. 114-134.
Anderson, Philip (2004c): "Illegale in der Großstadt" - Erkenntnisse einer Studie aus München zu Migranten/innen in der Illegalität, in: Migration und soziale Arbeit - IZA 26 (3/4), S. 290-298.
Cyrus, Norbert (2001): Rechtssicherheit und Konfliktfähigkeit stärken. Ein arbeitsmarktbezogner Ansatz zur Sozialen Arbeit mit Menschen ohne Aufenthaltsstatus in Berlin, in: Migration und Soziale Arbeit - IZA 23 (1), S. 28-33.

Cyrus, Norbert (1997): Den Einwanderungskontrollen entgangen. Bestandsaufnahme und Anmerkungen zur unkontrollierten Zuwanderung in die Bundesrepublik Deutschland am Beispiel polnischer Staatsangehöriger, in: *Dankwortt, Barbara/Lepp, Claudia* (Hg.): Von Grenzen und Ausgrenzung. Interdisziplinäre Beiträge zu den Themen Migration, Minderheiten und Frauenfeindlichkeit, Marburg, S. 35-56.

Cyrus, Norbert (1998): Unterstützung statt Kontrollen: Der unterstützende Ansatz - Ein Konzept für die Durchsetzung tariflicher Standards auf deutschen Arbeitsmärkten unter Beachtung sozialer und grundrechtlicher Standards, in: epd-Dokumentation 1 (4-5), 26-34.

Cyrus, Norbert/Vogel, Dita (2001): Ausbeuterische Arbeitgeber - Schwarzarbeiter - Illegale Ausländer - Ist die Schwerpunktsetzung von Arbeitsmarktkontrollen diskriminierend? IAPASIS - Deutschland, Working Paper 1/2001.

Harding, Jeremy (2000): The Uninvited: Refugees at the Rich Man's Gate, London.

PICUM (Platform for International Coordination on Undocumented Migrants) (2003): Book of Solidarity (Volume I, Belgium, Germany, the Netherlands, the United Kingdom), Brüssel.

Rerrich, Maria S. (2002): "Bodenpersonal im Globalisierungsgeschehen." "Illegale" Migrantinnen als Beschäftigte in deutschen Haushalten, in: Mittelweg 36, 11(Okt./Nov.), S. 4-22.

Robbers, Gerhard (1995): Gutachten: Soziale Arbeit mit Menschen in der Illegalität, in: Zeitschrift für Caritasarbeit und Caritaswissenschaft, Beiheft 1, S. 41ff.

Sekretariat der deutschen Bischöfe (Kommission für Migrationsfragen) (2001): Leben in der Illegalität in Deutschland - eine humanitäre und pastorale Herausforderung, Berlin.

Uihlein, Hermann (1997): Menschen in Illegalität als Aufgabe der Sozialarbeit, in: Migration und soziale Arbeit - IZA 19 (1), S. 54-57.

WEITERE QUELLE

Die Grünen im bayerischen Landtag: Sans-Papiers im Freistaat Bayern (Dokumentation der Anhörung vom 27.05.2003), München.

KIRCHENASYL IN NORDELBIEN - EIN AUSLAUFMODELL?

Martin Link

"Asyl ist ein Schutz vor Arrest, der von einer dazu befugten Macht jemandem gewährt wird, der sich auf der Flucht vor einer anderen Macht befindet. Asyl, die ursprüngliche Bedeutung des griechischen Wortes ist ,Bewahrung vor Arrest', ist immer ein wichtiger Bestandteil unseres Rechtssystems gewesen." (Bianchi 1988, S. 138)

Heute kennen wir nur noch eine Gewährung von Asyl auf einem anderen Territorium, als jenes, von dem der Flüchtende kommt. Nahezu unbekannt ist indessen, dass das Asylrecht früher eine wesentlich breitere Bedeutung gehabt hat. Der niederländische Kriminologieprofessor Hermann Bianchi hat die Geschichte des Kirchenasyls - ebenso wie andere Formen der frühen Streitschlichtung im Rahmen einer biblischen Gerechtigkeit - untersucht und zeigt, dass die ursprüngliche Bedeutung von Asylrecht nämlich auch war, *"dass man Schutz vor Arrestierung durch die eigene Regierung in seinem eigenen Land und auf seinem eigenen Territorium erhalten konnte"* (Bianchi 1988, S. 139).

Auch etwas anderes ist in Vergessenheit geraten, nämlich der Begriff der Freistätte, der Orte des Asyls beschreibt: *"Eine Freistätte ist ein deutlich erkennbarer Ort, an dem das inländische Asylrecht Wirklichkeit werden kann. Die englische Sprache verwendet hier den Begriff ,sanctuary', was soviel wie ,Heiligtum' bedeutet. Andere Staaten verwenden häufig den Begriff ,Asyl', wie das französische, oder einen anderen Ausdruck, der das gleiche wie Freistätte oder Rückzugsort oder Freistatt bedeutet."* (Bianchi 1988, S. 140) Derartige Freistätten sind bereits bei den Ursprüngen der menschlichen Kultur zu finden. Bianchi beschreibt prähistorische Zeichnungen, die als heilige Stätten ausgelegt werden können, und "*an die sich Flüchtlinge zurückgezogen hatten, um die Hilfe und den Schutz von Geistern, von Kräften aus einer anderen Welt zu erflehen."* (1988, S. 140)

Freistätten und mit ihnen das inländische Asylrecht, waren im Altertum und im europäischen Mittelalter allgemein akzeptiert. Dabei pflegten die Pharaonen Ägyptens den Tempeln Asylrecht zuzusprechen. Als Julius Cäsar Ägypten eroberte, bestätigte er diese Asylrechtszusprechung (1988, S. 139). Freistätten waren zudem ein *"fest verankerter und bedeutender fundamentaler Bestandteil des mosaischen Rechts, so wie auch anderer alter Rechtssysteme"* (1988, S. 141). Nach den Gesetzen des Mose konnten alle Flüchtlinge in Freistätten Zuflucht finden, egal ob sie nun verfolgt wurden, weil sie schuldig einer Tat oder politischen Auffassung waren oder ob sie unschuldig verfolgt wurden. Diese altertümlichen Freistätten waren daher manchmal sehr groß. Sie konnten ganze Ortschaften umfassen, denn sie boten den unterschiedlichsten Menschen[1] und mit ihnen ihren Familien, Verwandten

[1] Hier zählt Bianchi z.B. auf: politsche Gegner, Rebellen, Schuldner, geflohene Kriegsgefangene, Menschen anderen Glaubens oder anderer Meinung etc. (1988, S. 142).

und Bekannten Zuflucht. Manche Tempelgebiete in Ägypten hielten Platz für 40 000 geflohene Einwohner, die dann für den Tempel arbeiteten. Die wichtigste Funktion der Freistätten, so Bianchi, war ihr präventiver Effekt: die Chance auf ein besseres Leben, entweder durch die angestrebte Versöhnung von TäterInnen und Opfern oder ein besseres Leben an einem anderen Ort, sollte eine Versöhnung bzw. Streitschlichtung nicht erfolgreich sein (1988, S. 142ff.).
Im Mittelalter wurden die Bedingungen des inländischen Asylrechtes ganz offenbar, es *"basierte auf einer besonderen Auffassung vom Rechtssystem ... Das Rechtssystem wurde als ein Doppelsystem betrachtet, das Regeln für eine dialektische Beziehung zwischen den beiden Teilen enthielt. Gerechtigkeit und Billigkeit, so glaubte man, konnten eigentlich nur erreicht werden, wenn es zwei Systeme gab ... Während einer bestimmten Zeit hat die Kirche im Mittelalter als ein dialektisch anderes System funktioniert, so wie sich das kanonische Recht vom weltlichen Recht unterscheidet."* (Bianchi 1988, S. 139)
Nach der Reformation aber veränderte sich die Funktion der Kirchengebäude und somit auch die des Asylrechts. Bis dahin war nach der römisch-katholischen Lehre Gott ständig im Altarsakrament anwesend und wo Gottes Anwesenheit deutlich erkennbar war, war das doppelte Rechtssystem nicht infrage gestellt. Flüchtlinge konnten hier den direkten Schutz Gottes und damit des anderen - göttlichen - Rechtssystems erhalten (1988, S. 150). Nach der Reformation war der neuen Lehre zufolge Gott überall dort anwesend, wo mehrere Menschen ihn anriefen. Gott ist im Gebet anwesend und dies ist nicht an einen Ort gebunden. Das hatte zur Folge, dass die Besonderheit der Kirchen als Freistätten überging auf ganze Städte - "Freistädte". Diese privilegierten Städte hatten besonders in den Niederlanden bis etwa Ende des 18. Jahrhunderts Hoch-Konjunktur. Aber auch in Dänemark, das Ende des 17. Jahrhunderts vom Deutschen Reich und insbesondere Preußen in seinen Grenzen bedroht wurde, rief Freistädte aus. Ein Beispiel ist die jütländische Stadt "Fredericia". Hier fanden bis zur Aufhebung des Freistätten-Privilegs im Jahre 1827 religiös Abtrünnige, römisch-katholische Gläubige, Schuldner und andere Personen Asyl, da Dänemark lutheranisch war. Die Verteilung des Privilegs "Freistadt" sorgte für einen schnellen Zuwachs in einer solchen Stadt, was u.a. einer der Gründe für diese Zuteilung war. Doch selbst noch im 20. Jahrhundert bildete sich eine Freistadt in Dänemark heraus: "Christiania", gelegen in Kopenhagen.
Angesichts dieser weitreichenden Historie erscheint es erstaunlich, dass das inländische Asylrecht heute nicht mehr verbreitet ist. Im Unterschied zur protestantischen Lehre gibt es nämlich bis heute in der römisch-katholischen Kirche das fest verankerte Recht auf Gewährung von Freistätten - dieses wurde niemals abgeschafft! (1988, S. 156) Bianchi weist jedoch darauf hin, dass dieses Recht in Europa und Nordamerika von der römisch-katholischen Kirche kaum genutzt wird, obwohl es ihr zusteht. Ganz im Kontrast zu Lateinamerika, wo es im Zuge der Bewegung der Befreiungstheologie sehr umfangreich angewandt wird.

Die *"Freistätte ist ein Ort, der Freiheit von der Rechtspflege durch die Behörde genießt, der als Zufluchtsort von Menschen auf der Flucht vor Rechtsverfolgung oder vor Rache dient und der den Menschen Schutz vor Verhaftung und Gewalt bietet, wodurch sie in die Gelegenheit versetzt werden, ihre Streitigkeiten beizulegen."* (Bianchi 1988, S. 159) Mit dieser Freistättendefinition argumentiert Bianchi für den aktuellen Einsatz von Freistätten. Er zeigt auf, wie auch moderne Freistätten mit dem geltenden Recht harmonisieren,[2] und dass sie alles andere als Illusionen in einer vermeintlich so kompliziert gewordenen Gesellschaft sind. Vielmehr sieht er sie - neben diversen anderen Modellen - als eine gebotene Alternative für unser gegenwärtiges Rechtsdenken an.
Bianchi sieht Menschen ohne Aufenthaltsstatus als eine Gruppe von Personen, für die heute Freistätten installiert werden müssten. Gerade weil Ausweisungen schneller durchgeführt würden, als die zugrunde liegenden Prüfungsverfahren - sei ein Schutz vor Abschiebung notwendig, wie sie die Freistätte realisiert.[3] Freistätten seien dabei eine äußerst notwendige Ergänzung des Rechtssystems und der Rechtsordnung (Bianchi 1988, S. 159).
In Deutschland entstand Mitte der 80er Jahre eine Kirchenasylbewegung, die sich ganz in diesem Sinne für Menschen einsetzte, *"denen durch eine Abschiebung nicht auszuschließende Gefahren für Leib, Leben und Freiheit drohen, oder für die mit einer Abschiebung nicht hinnehmbare soziale, inhumane Härten verbunden sind."* (BAG "Asyl in der Kirche" 1998, S. 21) In den Worten von Pfarrer Quandt von der Kirchengemeinde "Heilig Kreuz Passion" in Berlin-Kreuzberg: *"Das Kirchenasyl selbst ist sozusagen die klassische Form der Einzelhilfe für statuslose Flüchtlinge."* (Quandt 2000, S. 43)
Zum ersten Kirchenasyl in der Bundesrepublik kam es 1983, als aus dem Bürgerkrieg im Libanon geflohene LibanesInnen und PalästinenserInnen in den Räumen des Gemeindehauses der Heilig-Kreuz-Kirche aufgenommen wurden. Ausgelöst wurde die Bereitschaft für dieses erste Kirchenasyl durch den Tod des kurdischen Flüchtlings Cemal Altun. Während der Verhandlung gegen ihn stürzte er sich am 30. August 1983 aus dem Fenster (vgl. Seibert 2003, S. 177).

---

[2] Bianchi zeigt z.B. anhand dem Immunitätsprinzip von Botschaften auf, dass es heute noch zahlreiche Reste des inländischen Asylrechts gibt (1988, S. 157).

[3] Während dieses Aufenthaltes sollen die Asylsuchenden zu ihren Rechten kommen und alle Berufungsmöglichkeiten ausschöpfen können. Er sieht es dabei als sehr wichtig an, dass diese Freistätten niemals zu geheimen und völlig abgeschlossenen Orten werden, da sich sonst innerhalb kürzester Zeit eine neue Art von Gefängnis entwickeln könnte (Bianchi 1988, S. 163). Wichtig sei auch das so genannte "Freie Geleit" der Personen, die dort Zuflucht finden. Dieses "Freie Geleit" ist "ein Dokument, das vor Arrest schützt und von einer dazu befugten Behörde einer Person verliehen wurde, die rechtmäßig verfolgt wird. Das Freie Geleit gibt einem Verfolgten das Recht zu einer Freistätte zu reisen, ohne Gefahr zu laufen, unterwegs verhaftet zu werden. In der Geschichte war das Freie Geleit aus verständlichen Gründen eine notwendige Ergänzung des Asylrechts", so Bianchi zur Verankerung und Tradition dieser Selbstverständlichkeit (Bianchi 1988, S. 165f.).

1. DER ÖKUMENISCHE ARBEITSKREIS ASYL IN DER KIRCHE

Seit zehn Jahren gibt es den ökumenischen Arbeitskreis ‚Asyl in der Kirche', dessen Mitglieder sich im Gebiet der nordelbischen Kirche dem Thema "Kirchenasyl" widmen. In diesem Zeitraum ist viel passiert. Das weitgehend entkernte Asylgrundrecht hat, wie zu erwarten war, in dieser Zeit ein Wesentliches seiner demokratischen Generosität und seiner einstigen humanitären Strahlkraft verloren. Die bundesweiten Folgen einer solchen Asyl- und Flüchtlingspolitik sind in zu vielen Fällen dramatisch: Zwischen Januar 1993 und Dezember 2003 sind 61 Personen bei Anschlägen auf Flüchtlingsunterkünfte umgekommen. Mindestens 636 wurden zum Teil erheblich verletzt. Durch rassistische Angriffe auf der Straße starben zwölf Menschen, 529 wurden in solchen Situationen verletzt. 121 Menschen sind der ihnen drohenden Abschiebung durch Selbstmord zuvorgekommen. Allein 47 kamen in der Abschiebungshaft zu Tode; ca. 500 von Abschiebung bedrohte Menschen, im Amtsdeutsch "Schüblinge" genannt, haben sich aus Verzweiflung verletzt oder zu töten versucht. 329 davon befanden sich dabei in Abschiebungshaft. Fünf Flüchtlinge kamen während ihrer Abschiebung zu Tode. 234 wurden im Zuge von dabei erlittenen Zwangsmaßnahmen verletzt. Bekannt wurde, dass in 21 Fällen zuvor Abgeschobene nach der Rückkehr in ihr Herkunftsland umgebracht worden sind. Von 361 Personen konnte in Erfahrung gebracht werden, dass sie nach der Ankunft im Zielland der Abschiebung von so genannten Sicherheitsorganen misshandelt oder gefoltert wurden. 57 Menschen verschwanden nach vollzogener Abschiebung spurlos (vgl. Heinhold 2004, S. 50; Antirassistische Initiative e.V. 2004).

Es wundert also kaum, dass das so genannte Kirchenasyl für viele zur ultimativen Instanz gerät. Immens sind die Erwartungen, kaum erfüllbar erscheinen die Hoffnungen, mit denen sich von Abschiebung Bedrohte in den Schutz der Kirche begeben. Und dennoch, die Zwischenbilanz der inzwischen zehnjährigen Kirchenasylbewegung ist auch im Gebiet der nordelbischen Kirche unter dem Strich positiv: 45 Gemeinden haben in dieser Zeit Kirchenasyle durchgeführt. Sie wurden von Menschen angefragt, die von gerechtfertigter Angst vor einer zwangsweisen Rückführung nach Pakistan, Mazedonien, Ghana, Syrien, der Türkei, der D. R. Kongo, Algerien, Kamerun, dem Libanon, Togo oder Sri Lanka beherrscht waren. In einem Drittel der Fälle dauerte der sozusagen "freiwillige Freiheitsentzug" innerhalb kirchlicher Mauern ein Jahr und länger. 27-mal wurde das Kirchenasyl positiv, das heißt mit einem endgültigen oder zumindest vorläufigen Bleiberecht abgeschlossen. In allerdings zwölf Fällen konnte den Behörden keine positive Lösung abgetrotzt werden. Im Herbst 2004 dauerten vier Kirchenasyle in Schleswig-Holstein und eines in Hamburg noch an.

Gemeinden, die sich zu dieser Art konkreter Solidaritätsarbeit entschließen, finden sich nicht selten ganz unvermittelt zwischen den verbalen Fronten politischer Kontrahenten wieder. Kirchenasyl ist ein Politikum. Staatsanwaltliche Ermittlungsverfahren gegen PastorInnen und KirchenvorsteherInnen wegen des Verdachts des Verstoßes gegen § 92 AuslG (seit 01.01.2005 § 95 AufenthG) wurden im Gebiet der nordelbischen Kirche allerdings regelmäßig eingestellt.

Aber auch liberale Landesfürsten werden bisweilen dünnhäutig. So hat eine auch behördenintern erheblich umstrittene Verhaftung einer Kirchenasyl-genießenden, schwer traumatisierten kurdischen Mutter 2003 im schleswig-holsteinischen Friedrichstadt erhebliche Unruhe in der Kirche und der lokalen Bevölkerung gestiftet. Erheblich waren die Irritationen, als bekannt wurde, dass im Ergebnis dieses Vorfalls, Innenminister Klaus Buß und sein Bischof vorhatten, sich auf eine quasi staatskirchenvertragliche Festlegung über die Praxis und abgestimmte Durchführungsqualität des Kirchenasyls zu einigen. Dies war jedoch nicht durchsetzbar, nicht zuletzt, weil die Gemeinden der Nordelbischen Ev.-Luth. Kirche eigenständige Körperschaften sind und somit jeweils souverän ihre Entscheidungen über das "Ob" und das "Wie" eines Kirchenasyls fällen. Herausgekommen sind im Dezember 2003 schließlich Empfehlungen der nordelbischen Kirchenleitung, die in den Gemeinden in vielen Fällen als Anregung verstanden worden sind, sich positiv auf das Thema Kirchenasyl und jene, die eines brauchen könnten, einzulassen.

1.1 EMPFEHLUNGEN DER NORDELBISCHEN KIRCHENLEITUNG

"Die Kirchenleitung beschließt: Empfehlung für die Durchführung eines ‚Kirchenasyls'

1. Vor Gewährung eines ‚Kirchenasyls' geschieht eine Vorprüfung durch den Träger des ‚Kirchenasyls' (Kirchenvorstand oder Kirchenkreisvorstand) in Absprache mit der/dem Flüchtlingsbeauftragte/n und Fachleuten.

2. Die Entscheidung über ein ‚Kirchenasyl' fällt der Träger in Absprache mit der Pröpstin/dem Propst. Eine Information geht an die Bischöfin/den Bischof. Eine vorläufige Befristung des ‚Kirchenasyls' wird festgelegt.

3. Gleichzeitig erfolgt die Meldung an die zuständige Ausländerbehörde und das Innenministerium durch die/den Flüchtlingsbeauftragte/n und an die ‚BAG Asyl in der Kirche'.

4. Die Frage, der Zeitpunkt und die Art und Weise der Veröffentlichung entscheidet der Träger in Absprache mit den Schutzsuchenden und mit der/dem Flüchtlingsbeauftragte/n.

5. Die kirchenleitenden Gremien nehmen die Entscheidung des Trägers ernst und erklären ihre Bereitschaft, das ‚Kirchenasyl' zu beraten, zu begleiten und zu unterstützen.

6. ‚Kirchenasyle' finden in kirchlichen Räumen statt, die der Religionsausübung dienen.

7. Die Träger des ‚Kirchenasyls' delegieren in Absprache mit der/dem Flüchtlingsbeauftragten Personen für weitergehende Beratungen und Verhandlungen.

8. Kirchliche Leitungsgremien versichern sich fachlicher Beratung und Begleitung bei gegebenenfalls notwendigen Gesprächen mit übergeordneten Behörden.

9. Alle an der Durchführung des ‚Kirchenasyls' Beteiligten kommen auf Einladung des Trägers regelmäßig zur gemeinsamen Besprechung zusammen.

10. Nach Beendigung des ‚Kirchenasyls' erfolgt eine Auswertung."

(Auszug aus dem Beschluss der Nordelbischen Kirchenleitung auf der Sitzung vom 1./2. Dezember 2003)

1.2 DIE ANTWORT DES LANDES SCHLESWIG-HOLSTEIN

Ein weiteres Ergebnis ist ein innenministerieller Brief an die Bischöfinnen und den Bischof der nordelbischen Kirche,[4] in dem der Kieler Innenminister zwar klar macht, dass auch künftig keine öffentliche Finanzierung von Kirchenasylen zu erwarten sei. In dem er aber auch versichert, dass "das Land das Hausrecht der Kirche" und deren Souveränität über die Räume, die der Religionsausübung dienen, selbst zu entscheiden, respektiere.

"Ich stelle fest:
1. Das Land respektiert das Hausrecht der Kirche in Räumlichkeiten, die der Religionsausübung dienen, unabhängig davon, ob es sich um ein so genanntes stilles oder um ein in die Öffentlichkeit getragenes "Kirchenasyl" handelt. Ausreisepflichtige und zur Festnahme ausgeschriebene Personen werden zum Zwecke der Durchsetzung der Ausreisepflicht nur festgenommen, wenn ihr Aufenthalt außerhalb der kirchlichen Räume festgestellt wird; handelt es sich um Familien, werden nur volljährige Mitglieder festgenommen.
2. Eine finanzielle Unterstützung der betroffenen Personen aus öffentlichen Mitteln erfolgt nicht.
3. Das Innenministerium erwartet von den Kirchengemeinden, dass das Recht und die Pflicht der zuständigen Behörden respektiert wird, den Aufenthalt der Personen zu beenden, bei denen die Rechtslage keinen weiteren Aufenthalt zulässt und alle rechtlichen Möglichkeiten ausgeschöpft sind, einen Aufenthalt zuzulassen.
4. Das Innenministerium erwartet, dass die Kirchengemeinden engen Kontakt mit den Behörden halten. - Der zuständigen Ausländerbehörde, ggf. auch derjenigen, in deren Bezirk das Kirchenasyl stattfindet, ist die Aufnahme und die Beendigung unverzüglich anzuzeigen. Dabei sollen bei der Aufnahme die Gründe dafür mitgeteilt und dargelegt werden, welche Ziele in formaler und zeitlicher Hinsicht verfolgt werden. Die zuständige Ausländerbehörde wird die Angelegenheit gegebenenfalls in Kontakt mit der für den Aufenthaltsort zuständigen Ausländerbehörde überprüfen und das Ergebnis der Kirchengemeinde mitteilen. Das Innenministerium wird auf Bitten der Kirchengemeinde die Entscheidung der Ausländerbehörde fachaufsichtlich überprüfen lassen. Die Überprüfung kann auch durch die Härtefallkommission beim Innenministerium vorgenommen werden. Das Innenministerium erwartet auch nach einem negativen Ergebnis der Überprüfung eine Kooperation mit der Ausländerbehörde. Das Innenministerium bittet, die Gewährung des Kirchenasyls nach einer solchen Entscheidung zu überprüfen und die Aufhebung des Kirchenasyls durch Beratung der Betroffenen mit dem Ziel einer freiwilligen Befolgung der Ausreisepflicht zu erwägen.
5. Das Innenministerium weist darauf hin, dass seine Haltung zu Fällen des Kirchenasyls nur dann wahrgenommen werden kann, wenn es sich um Personen handelt, für die zuvor eine schleswig-holsteinische Ausländerbehörde zuständig war,

[4] Dies Schreiben ging gleichzeitig den Ausländerverwaltungen im Bundesland zur Kenntnis.

und damit eine eigene Zuständigkeit für die Überprüfung mit dem Ziel der Aufenthaltsgewährung besteht. Bei Personen aus anderen Bundesländern hat allein die dort zuständige Ausländerbehörde ausländerrechtliche Maßnahmen zu treffen und deren Rechtmäßigkeit zu verantworten. Sie ist insoweit Gesprächspartner der aufnehmenden Kirchengemeinde. Die um Amtshilfe ersuchte schleswig-holsteinische Ausländerbehörde muss die Amtshilfepflicht erfüllen, sie unter Beachtung der Verhältnismäßigkeit durchführen und dabei das Ziel der Maßnahme verwirklichen. An dieser Standortbestimmung will ich mein Verhalten in Fällen des Kirchenasyls gern messen lassen. Ich wäre Ihnen dankbar, wenn Sie diese Positionsbestimmung bei der Herausgabe kircheninterner "Leitlinien" und "Handreichungen" berücksichtigten."

(Auszug aus dem Schreiben des Innenministers des Landes Schleswig-Holstein, Herrn Klaus Buß, zum Thema "Kirchenasyl" vom 16. Dezember 2003 an Frau Bischöfin Jepsen, Frau Bischöfin Wartenberg-Potter und Herrn Bischof Dr. Knuth)

1.3 DIE GEMEINDEN UND DAS KIRCHENASYL

In den Gemeinden wirkt ein Kirchenasyl erfahrungsgemäß auf die hier haupt- und ehrenamtlich Engagierten wie eine Qualifizierungsoffensive, die an Effektivität keinen Vergleich zu scheuen braucht. Gemeindemitglieder beherrschen das A und O des Flüchtlings- und Ausländerrechts alsbald nahezu perfekt und müssen sich von Behörden oder Politikern diesbezüglich nichts mehr vormachen lassen. Die Verkündigung erhält einen bereichernden Fokus. PastorInnen und Kirchenvorsteher entwickeln sich in kürzester Zeit zu Spezialisten in nachhaltigem Gemeinwesen-*Networking*. Ein hohes Niveau interkultureller Kompetenz wird fast zwangsläufig bei allen Beteiligten zum persönlichen Qualifikationsmerkmal.
Dabei müssen die Gemeinden und Kirchenvorstände nicht von vorn anfangen. Der nordelbische Arbeitskreis "Asyl in der Kirche" hat eine achtseitige Handreichung verfasst, die sich wie eine Gebrauchsanleitung für diese Form der Solidarität mit von Abschiebung bedrohten Menschen liest. Zu Beginn eines jeden Kirchenasyls werden die Entscheidungen der für die Ausweisung zuständigen Behörden gründlich überprüft. Schon oft konnte nachgewiesen werden, dass ein neues Asylverfahren erfolgversprechend ist. Erhebungen der "Bundesarbeitsgemeinschaft Kirchenasyl", aber auch Auswertungen einzelner Landesarbeitgemeinschaften haben gezeigt, dass über 70% der "Kirchenasyl-Fälle" erfolgreich waren.
Exemplarisch sei an dieser Stelle die Stimme eines Gemeindemitglieds der Kirchengemeinde Dülken aufgezeigt, der beschreibt, warum er solch ein Kirchenasyl unterstützte:
"Ich hörte von meiner Frau, dass die Pfarre St. Cornelius "die Kurden vom Wanderkirchenasyl" aufnimmt. Sofort hatte ich allerlei Gedanken, was "die Kurden" wohl brauchen könnten. Mit jedem Besuch mehr wurde mir deutlich, dass diese Gedanken nur das Zweitwichtigste waren, und daß es für das Wichtigste keine Geschäfte gibt. Ich kannte "das Kurdenproblem" nur aus der Zeitung, und nun traf ich Kurden, über die andere wenig und - wie ich lernte - oft nicht richtig geschrieben hatten. Das Wichtigste war der schlichte Gedanke, dass es "die Kurden" gar nicht gibt,

sondern dass es Fatma und Hassan gibt, Doran und Mehmet. Und Fatma, Hassan, Doran und Mehmet wollen das, was ich seit Jahren ohne mein Zutun geschenkt bekomme: Mit ihren Familien, jeder an seiner Stelle, in Frieden leben, als Mütter und Väter Kindern beim Aufwachsen helfen, im Staat, in dem man lebt, die eigene Religion, Sprache und Kultur pflegen. Ist dieser Wunsch nicht verständlich, darf man ihn ablehnen? Der Weg, um das zu erreichen, was wir in Dülken eben einfach haben, ist für Fatma, Hassan, Doran und Mehmet mit einem Elend gepflastert, das uns verstummen läßt, sobald wir davon erfahren haben. Ich musste nur eines tun: Zulassen, daß ich gefühlsmäßig sehr angesprochen werde. Auf dem Weg, den Fatma, Hassan und die anderen kurdischen Freunde beschreiten müssen, den sie sich nicht selbst ausgesucht haben, durfte ich sie ein Stück begleiten, und fühle mich nun verpflichtet, diesen Weg auch ohne sie weiterzugehen, hier im Alltag, hier in Dülken: Ich muß aufmerksam die Zeitung lesen, darf nicht verzagen, wenn mein Leserbrief nicht abgedruckt wird, ich darf nicht den Mut verlieren, wenn ich einen Mann mit 50 Jahre alten Überzeugungen treffe, der schreiend auf der Straße sein schlechtes Gewissen herausbrüllt, statt sich bei einer Tasse Tee die Dinge erklären zu lassen: Ein Volk, wenige Flugstunden von uns entfernt, wird verfolgt. Dem Volk muß geholfen werden. Und ein Nachmittag, an dem 15 Kinder lachend einem Zauberer zusehen, ist für die Kinder eine Hilfe und für uns ein Geschenk. Und es gibt kein Gesetz, was das verbieten kann." (Michael Decker in: Ev. Kirchengemeinde Dülken 1998, o.S.)

Über die Dauer des Kirchenasyls kann zu Beginn noch nichts gesagt werden. Es kann nur wenige Wochen, es kann aber auch viele Monate dauern. Dies soll nicht darüber hinwegtäuschen, dass ein Kirchenasyl regelmäßig auch eine für alle Beteiligten kaum zu ertragende Belastung sein kann. Wer Tränen abwischt, macht sich die Hände nass. Das zum Teil monate- oder jahrelange Eingesperrtsein unter kirchlichem Dach und die bleibende, oft wachsende Angst der Schutzsuchenden, zehrt an den Nerven aller Beteiligten. Aber auch die Tatsache, dass ein Kirchenasyl in der Regel mit einer zumindest zwischenzeitlichen Veränderung der gemeindlichen Schwerpunkte - nicht selten mit der Verdrängung lieb gewonnener Bereiche einhergeht, gerät den Beteiligten nicht selten zur Prüfung. Und dennoch. In Zeiten, in denen Kirche und Diakonie aufmerksam nach innovativen Konzepten für gemeindediakonisches Handeln sowie nach einer Erfolg versprechenden ökumenischen und missionarischen Praxis Ausschau halten, kann das Projekt "Kirchenasyl" einmal mehr zum *Best-Practice*-Modell geraten. Erneut verdeutlicht ein Mitglied der Kirchengemeinde Dülken, warum:

"Am Schluss bleibt die Frage offen, was es den kurdischen Gästen gebracht hat. Haben wir ihnen helfen können? Was haben wir erreicht, indem wir unsere Sprachlosigkeit überwunden haben? Wir haben ganz viel erreicht, so glauben wir, denn der WEG IST UNSER ZIEL. WIR haben sie begleitet auf ihrem ungewissen Weg. SIE haben uns angerührt und aufgerüttelt, Farbe zu bekennen, wahrhaftig zu sein. WIR haben Zeit miteinander geteilt. SIE sind uns herzlich begegnet und haben uns als ihre Freunde behandelt. WIR haben sie hoffentlich in ihrem Mut bestärkt, auszuhalten gegen alle gesetzlichen Verordnungen. SIE haben uns die Augen geöffnet für die Not

und die Bedrängnis, der so viele Menschen in Deutschland ausgesetzt werden. WIR haben Gemeinschaft erfahren dürfen, als wir uns darauf eingelassen haben, sie in der Hospitalstraße zu besuchen. SIE haben Menschen in Dülken zusammengeführt, die sich sonst sicher nicht begegnet wären. Der WEG - die Wanderung - ist das Ziel." (Dorothee Spinrath in: Ev. Kirchengemeinde Dülken 1998, o.S.)

2. PERSPEKTIVE

Das "Kirchenasyl" ist natürlich keine flüchtlingspolitische Lösung. Eine solche anzubieten bleibt Aufgabe und Möglichkeit der Politik und des Staates. Eine Bereitschaft von Politik bzw. Staat, ihre Möglichkeiten zu nutzen, potentiellen Kirchenasylen die Ursache zu nehmen, ist jedoch nicht zu beobachten. Durch die mit dem neuen Zuwanderungsgesetz erhoffte echte gesetzliche Härtefallregelung und eine Bleiberechtsregelung für Geduldete wären möglicherweise viele Beschlüsse über Kirchenasyle obsolet geworden. Doch was nun mit dem Zuwanderungsgesetz vorgelegt worden ist, wird potentiellen Fällen kaum gerecht werden. Darüber hinaus werden künftig Asylberechtigungen und Aufenthaltserlaubnisse von anerkannten Flüchtlingen regelmäßig zur Disposition gestellt. Auch alle in den vergangenen Jahren anerkannten Genfer Konventions-Flüchtlinge müssen sich auf einen Widerruf ihrer Flüchtlingseigenschaft gefasst machen.

Im Ergebnis bleibt zu befürchten, dass das so genannte Kirchenasyl auch in der kommenden Ära des Zuwanderungsbegrenzungsgesetzes kein Auslaufmodell zu werden scheint. Damit ist ein Wunsch von Bischof Huber nicht in Erfüllung gegangen, den er im Vorwort zum Handbuch Kirchenasyl (Just 2003) äußerte: "Aufgabe der Kirchen bleibt es, Flüchtlingen beizustehen, wenn ihnen der notwendige Schutz versagt wird, notfalls auch im Rahmen von Kirchenasyl. Was dabei zu berücksichtigen und zu bedenken ist, zeigt dieser Band. Ich begleite es mit einem doppelten Wunsch. Dieses Buch möge häufig benutzt werden - und das Kirchenasyl möge nur selten vonnöten sein."

LITERATUR

Antirassistische Initiative e.V. (2004): Bundesdeutsche Flüchtlingspolitik und ihre tödlichen Folgen - 1993 bis 2003, Presseerklärung vom 12.02.2004, Berlin. Online auf URL: http://www.berlinet.de/ari [Stand 2005-01-03].

Bianchi, Hermann (1988): Alternativen zur Strafjustiz: biblische Gerechtigkeit, Freistätten, Täter-Opfer-Ausgleich, München/Mainz.

Bundestagsfraktion (Hg.): Menschsein - auch ohne Aufenthaltsstatus. Berlin, S. 43-45.

Ev. Kirchengemeinde Dülken (Hg.) (1998): Wanderkirchenasyl, in: Gemeindebrief aspekt, Mai 1998, Online auf URL: http://www.ekir.de/ek.duelken/aspekt /aspekt1.htm [Stand 2005-01-19].

Heinhold, Hubert (2004): Abschiebungshaft in Deutschland, Karlsruhe.

Just, Wolf-Dieter/Sträter, Beate (Hg.) (2003): Kirchenasyl. Ein Handbuch, Karlsruhe.

Nordelbischer Arbeitskreis Asyl in der Kirche (2003): Handreichung Kirchenasyl, Hamburg.

Quandt, Jürgen (2000): Erfahrungen von Illegalität, in: Bündnis 90/Die Grünen, Bundestagsfraktion (Hg.): Menschsein - auch ohne Aufenthaltsstatus, Berlin, S. 43-45.
Seibert, Hannah/Jung, Tanja (2003): Asyl in der Kirche, in: *Projekttutorien "Lebenswirklichkeiten von Flüchtlingen in Berlin"/"Behörden und Migration"* (Hg.): Verwaltet, entrechtet, abgestempelt - wo bleiben die Menschen. Einblicke in das Leben von Flüchtlingen in Berlin, Berlin, S. 175-182.

WEITERFÜHRENDE QUELLE IM INTERNET

URL: www.kirchenasyl.de

LEGALISIERUNGSPROGRAMME FÜR ILLEGALE MIGRANTINNEN

Yolanda Bakker

Während der Studienwoche zu "Menschen in der Illegalität" in Hamburg kamen oft Legalisierungsprogramme für illegale MigrantInnen zur Sprache. Wie fast immer in der deutschen Diskussion, wurden sie sehr kontrovers diskutiert. Die einen sehen Legalisierungsprogramme als DIE Lösung für Menschen in der Illegalität, als ein Beispiel einer anderen, weniger restriktiven Migrationspolitik. Für die anderen sind Legalisierungsprogramme inakzeptabel, weil sie eine anziehende Wirkung haben oder völlig unrealistisch, weil wir nicht alle illegale MigrantInnen aufnehmen können. In beiden Fällen werden sie fast immer nur oberflächlich betrachtet, ohne genau hinzuschauen, was Legalisierungsprogramme genau sind und welche Auswirkungen sie denn eigentlich haben.
In diesem Beitrag möchte ich anhand dreier exemplarischer Legalisierungsprogramme in Belgien und Spanien, beide im Jahre 2000, und in Großbritannien im Jahre 1998 das Phänomen intensiver und struktureller betrachten.[1] Dabei stehen die folgenden Fragen im Mittelpunkt: Wie entstehen Legalisierungsprogramme? Wie sehen die unterschiedlichen Legalisierungsprogramme in den jeweiligen europäischen Ländern aus? Welche Probleme und Vorzüge weist die Durchführung des jeweiligen Legalisierungsprogramms auf und welche kurz- und langfristigen Auswirkungen haben sie? Am Ende werde ich kurz auf Arbeitsgruppenergebnisse der Studienwoche eingehen, bei der die Frage diskutiert wurde, wie ein mögliches Legalisierungsprogramm in Deutschland aussehen könnte. Meine Empfehlungen für zukünftige Legalisierungsprogramme schließen den Beitrag.

1. DEFINITION DER LEGALISIERUNGSPROGRAMME

"Wir brauchen alternative Umgehensweisen mit illegaler Migration und eine Öffnung der legalen Möglichkeiten, zum Beispiel Legalisierungsprogramme."[2]

Was sind Legalisierungsprogramme? Legalisierungsprogramme sind zeitlich befristete Programme, die mehreren oder einer Zielgruppe von MigrantInnen ohne regulären Aufenthalts- und/oder Arbeitsstatus anhand von bestimmten Kriterien ermöglicht, ihre Aufenthalts- und/oder Arbeitserlaubnis zu legalisieren. Wichtige Merkmale sind, dass die Programme zeitlich befristet sind und dass sie illegalen

[1] Für Belgien und Spanien beziehe ich mich auch auf eigene Interviews mit VertreterInnen von MigrantInnen-NGO's, Gewerkschaften, Behörden, Anwälte und Richter, die an den Legalisierungsprogrammen in beiden Länder beteiligt waren (vgl. auch Bakker 2004). Für Großbritannien beziehe ich mich vor allem auf die Forschungsarbeiten von Anderson (2001) und Phizacklea (2001).
[2] Die fortlaufenden Zitate stammen von ReferentInnen der Studienwoche.

MigrantInnen die Möglichkeit bieten, ihren Aufenthalt zu legalisieren, ohne dass sie wie sonst ausreisen müssen, um dann legal wieder einreisen zu können. Viele Legalisierungsprogramme richten sich oft nicht nur an MigrantInnen ohne legalen Aufenthaltsstatus, sondern bieten auch jenen mit einem prekären legalen Aufenthalt (AsylbewerberInnen, Geduldeten) die Möglichkeit, ihren Aufenthaltsstatus zu verbessern.

In fast allen europäischen Ländern hat es bisher mehrmals Legalisierungsprogramme gegeben. Die Behauptung, dass es in Deutschland bis dato keine Legalisierungsprogramme gegeben hat, ist nur zutreffend, wenn die Altfallregelungen für AsylbewerberInnen außer Betracht bleiben, weil sie MigrantInnen ohne legalen Aufenthaltstitel ausdrücklich ausschließen. Im europäischen Vergleich aber sind Altfallregelungen für AsylbewerberInnen oft Teil der größer angelegten Legalisierungsprogramme. Aus gesamteuropäischer Sicht ist es darum nicht korrekt die Altfallregelungen außer Betracht zu lassen. Legalisierungsprogramme werden oft auch Regularisierung/-skampagne' genannt, oder Amnestie, Schlussstrichregelung, *'one-off procedure'* in Großbritannien, *'Sanatoria'* in Italien oder seit neuestem ein *'generaal pardon'* in den Niederlanden.

Es wäre eine Missinterpretation, Legalisierungsprogramme als einmaligen Gnadenakt für illegale MigrantInnen anzusehen. Sie sind ein weitverbreitetes Instrument der Migrationspolitik in Europa. Legalisierungen werden sowohl temporär als auch permanent organisiert, auf individueller oder kollektiver Basis, wie De Bruycker (2000) und Apap et al. (2000) in ihren vergleichenden Studien von Legalisierungsprogrammen in acht europäischen Ländern analysierten. Der Staat kann sich dazu aus Schutz- oder auch aus Opportunitätsgründen entscheiden. Er kann durch nationale Gesetzgebung oder internationale Rechtsprechung sogar dazu verpflichtet sein, z.B. durch Rechtsprechung des Europäischen Gerichtshofs für Menschenrechte (Apap et al. 2000, S. 270).

2. PRO & CONTRA VON LEGALISIERUNGSPROGRAMMEN

"Die Beispiele der Legalisierungsprogramme wie unter anderem in Italien und Frankreich zeigen, dass Illegalität ein einfach zu behebendes Problem ist - man muss es nur tun!"

"Amnestien sind Blödsinn. Sie funktionieren nicht. Man sollte das Reizthema Legalisierung zurückstellen und erst mal anfangen, die sozialen Rechte zu stärken."

Legalisierungsprogramme sind sehr umstritten; es gibt BefürworterInnen und GegnerInnen aus unterschiedlicher Motivation, welche ich hier in Kurzform Revue passieren lasse. Die Forderung nach Legalisierung wird von vielen Migranten-NGO's und ‚linken' Gruppen aus der Überzeugung begründet, dass kein Mensch illegal sei. Freizügigkeit und die Garantie von sozialen- und Menschenrechten sollten für alle Menschen, unabhängig vom Aufenthaltsstatus, gelten. Aber nicht nur die außenparlamentarischen Gruppen sehen die Legalisierungsprogramme für illegale MigrantInnen in den meisten süd-europäischen Ländern als beispielhaft an. Im Menschenrechtsbericht des Europäischen Parlaments (1998) über die Achtung der Menschenrechte im Jahre 1996 wird die ausschließlich repressive Einwanderungspolitik scharf kritisiert. Der Bericht fordert die Mitgliedstaaten der EU auf, die sozialen und ökonomischen Rechte der MigrantInnen aus Drittstaaten anzuerkennen und dem positiven Beispiel der Legalisierungsprogramme in Griechenland, Spanien, Italien und Portugal zu folgen. Der Aufenthalt illegaler MigrantInnen auf ihrem Staatsgebiet soll legalisiert werden, um die Gewährung ihrer Grundrechte zu garantieren (Europäisches Parlament 1998: 8). Bei der Abstimmung des Berichtes votierten vor allem die Christdemokraten und die Rechtskonservativen gegen die Ausweitung des Menschenrechtsbegriffes auf wirtschaftliche und soziale Rechte (Migration und Bevölkerung 1998). In Spanien jedoch waren auch Arbeitgeberverbände für die Legalisierung, weil das Kontingentsystem für die befristete Anstellung von ausländischen Arbeitnehmern viel zu zeitaufwändig war und nicht gut funktionierte. In manchen Sektoren (Agrar, Bau) drohten Umsatzeinbüßen, weil zu wenig Arbeiter angeheuert werden konnten. Gleichzeitig versuchte die spanische Regierung mit Hilfe des Legalisierungsprogramms große Teile der in Spanien vielfältig vorkommenden Schattenwirtschaft zu legalisieren.

Andere Befürworter sehen Legalisierungsprogramme als ein geeignetes Mittel zur Bereinigung einer überlasteten Bürokratie. Durch eine Ausnahmeregelung wird die Glaubwürdigkeit einer restriktiven Migrationspolitik des Staates wiederhergestellt. Zu viele illegale MigrantInnen untergraben die Glaubwürdigkeit, da sie sichtbar machen, dass die Abschiebungspolitik und Steuerung der Migration nicht funktioniert. Andere argumentieren aus ökonomischer Sicht für eine Legalisierung, weil sie eine billigere und realistischere Lösung sei als die Abschiebung aller illegalen MigrantInnen.

Gegner von Legalisierungsprogrammen argumentieren, dass sie eine restriktive Migrationspolitik untergraben würden. Eine Legalisierung würde Rechtsbrecher belohnen und die MigrantInnen bestrafen, die ‚zu dumm' waren, um nur die legalen Wege zu benutzen. Andere argumentieren dagegen, weil durch die Aufnahme von zu vielen illegalen MigrantInnen der Sozialstaat zu sehr belastet würde oder weil es durch ein temporäres Legalisierungsprogramm zu einer Rechtsungleichheit käme zwischen den AntragstellerInnen und früheren oder zukünftigen illegalen MigrantInnen, die keine Legalisierungsmöglichkeit hatten. Des Weiteren gibt es Gegner, die aus praktischen Gründen gegen ein Legalisierungsprogramm sind, da sie von einer anziehenden Wirkung auf zukünftige MigrantInnen oder illegale MigrantInnen aus anderen europäischen Ländern ausgehen. Man kann grundsätzlich gegen Legalisierungsprogramme sein, wegen ihrer Einmaligkeit, die keine grundsätzliche Lösung bietet für die strukturelle Illegalisierung. Durch die Kurzfristigkeit und den dadurch geballten Ansturm auf die Behörden entstehen zu viele praktische Probleme bei der Bearbeitung der Anträge. Der Andrang liefert der Presse Bilder zur Bestätigung einer Invasion Europas durch die illegalen MigrantInnen. Und letztlich werden Legalisierungsprogramme als Teil einer restriktiven

Politik gesehen, weil sie ein Instrument sind, um eine noch restriktivere Einwanderungspolitik einzuführen.
Bei all diesen unterschiedlichen Blickwinkeln respektive Ansichten, lohnt es sich, einige Legalisierungsprogramme etwas genauer zu betrachten.

3. ENTSTEHUNG DER LEGALISIERUNGSPROGRAMME

Beim Zustandekommen der Legalisierungsprogramme spielten MigrantInnen- und Menschenrechtsgruppen eine wichtige Rolle. In Großbritannien war die jahrelange Öffentlichkeits- und politische Arbeit zweier MigrantInnenorganisationen, die sich für die Arbeits- und Aufenthaltssituation von illegalen Haushaltshilfen stark machten (*United Workers Associations* [Vereinigte Arbeiter Verbände] - vorher ‚*Waling Waling*' - und Kalayaan) entscheidend für das Zustandekommen des Legalisierungsprogramms für ausländische Haushaltshilfen ohne regulären Aufenthaltsstatus (Anderson 2001a, S. 3). In Belgien haben MigrantInnen-, Menschenrechts- und kirchliche Organisationen sich 1998 zu einer nationalen Bewegung zur Legalisierung zusammengetan. Diese Organisationen haben mit ihrer Öffentlichkeits- und politischen Arbeit das Bewusstsein innerhalb der Bevölkerung für sowohl die problematische Situation der MigrantInnen ohne Aufenthaltstatus geweckt, als auch für AsylbewerberInnen, die schon seit Jahren auf eine Entscheidung ihrer Asylanträge warten. In Spanien waren es vor allem regionale Aktionen von MigrantInnen- und Menschenrechtsorganisationen, die in 1998 und 1999 z.B. durch Kirchenbesetzungen dem Ruf nach einer Legalisierung der illegalen MigrantInnen Nachdruck verliehen. Arbeitgeberverbände und Gewerkschaften kritisierten die unflexible und ineffektive Kontingentpolitik, mit der zwischen 1993 und 1999 die jährliche Anwerbung von ArbeitsmigrantInnen reguliert wurde und forderten ein Legalisierungsprogramm für MigrantInnen, die eine Arbeit hatten (Zapato-Barera 2003, S. 6).
Der gesellschaftliche und politische Druck einer Legalisierungsbewegung und ihrer UnterstützerInnen (Kirchen, Gewerkschaften, anti-rassistische Vereine) alleine reicht für das Zustandekommen eines Legalisierungsprogramms nicht aus. In allen europäischen Ländern sind sie die Folge eines Zusammenspiels von folgenden weiteren Faktoren: eine Gesetzesänderung und/oder ein Regierungswechsel, ein Todesfall oder Skandal. Für eine neue Regierung ist es leichter, eine neue Politik anzufangen, und dabei die Schuld für die menschenunwürdige Situation der illegalen MigrantInnen oder die mangelhafte Umsetzung der bisherigen Politik/Gesetze der alten Regierung zuzuschieben. Ein Beispiel hierfür ist Belgien: Nach dem Regierungswechsel 1999 war die Legalisierungskampagne eine der ersten Aktivitäten der neuen Regenbogenregierung (bestehend aus Sozialdemokraten, Grünen und Sozialisten), um sich zu profilieren (Martiniello 2003, S. 232). Das Legalisierungsprogramm war gleichzeitig ein Instrument, um das Asylsystem von den langjährigen Altfällen zu bereinigen und ein neues, schnelleres Asylverfahren einzuführen. In Spanien stimmte 1999 eine breite Koalition, aber mit Gegenstimme der Partido Popular, für das neue Ausländergesetz 4/2000, das im Januar 2000 in Kraft trat (Zapato-Barrero 2003). Das neue Ausländergesetz versprach neben dem Legalisie-

rungsprogramm auch weitgehende soziale und politische Rechte (Versammlungsfreiheit, politische Tätigkeit, Streikrecht) für alle MigrantInnen in Spanien, unabhängig von ihrem Aufenthaltsstatus. Als im März 2000 die Partido Popular die Wahl gewann, war die Einstellung der liberalen Migrationspolitik durch die Einführung eines restriktiven Ausländergesetzes (Ausländergesetz 8/2000) im Juli 2000 eines ihrer erste Aktivitäten (Gortázar 2000, S. 295). In Großbritannien hatten einige NGO's jahrelang Lobbyarbeit für die Verbesserung der Aufenthaltsbestimmungen ausländischer Haushaltshilfen betrieben, vor allem mit Abgeordneten der oppositionellen Labour Partei (Gould 1998, Kalayaan 1998). Als New Labour nach dem Regierungswechsel 1997 an die Macht kam, lösten die Abgeordneten der Labour Partei ihre alten Versprechen ein. Im Juni 1998 gab die Labour Regierung bekannt, den Aufenthaltstitel von ausländischen Haushaltshilfen unabhängig von einem einzigen Arbeitgeber zu machen und somit einen Arbeitsgeberwechsel zu ermöglichen. Es wurde ein spezielles Legalisierungsprogramm für die ausländischen Haushaltshilfen, die durch die alte Regelung ihren Aufenthaltstitel verloren hatten, geschaffen (Anderson 2001a, S. 5).

In allen Ländern spielten Todesfälle oder Skandale eine wichtige Rolle im Entstehungsprozess der Legalisierungsprogramme. Es ist nicht der Tod oder die unmenschlichen Lebensbedingungen der einzelnen MigrantIn an sich, die zu einem Legalisierungsprogramm führen, sondern die erfolgreiche Skandalisierung des jeweiligen Einzelfalles in den Medien. Hierdurch erst verleiht der tragische Einzelfall den unmenschlichen Folgen der bürokratischen Migrationspolitik oder den menschenunwürdigen Arbeitsumständen von illegalen MigrantInnen ein reales Gesicht. Im September 1998 erstickte in Belgien eine junge Nigerianerin bei ihrer Abschiebung. Dies führte zu einer politischen Debatte über die Missstände bei der Abschiebungspolitik. Es gab viele Presseberichte über die hohe Anzahl von geduldeten MigrantInnen und die Ineffektivität der Abschiebungspolitik in Belgien. Der damalige Innenminister sah sich aufgrund der Ereignisse dazu gezwungen zurückzutreten. Im August 1999 gab es einen weiteren aufsehenerregenden Todesfall. Im Laderaum eines Flugzeuges wurden zwei afrikanische Jungen aus Guinea tot aufgefunden. Die beiden Jungen waren während der Reise in ihrem Versteck erfroren und trugen einen Brief bei sich, mit der Bitte an die Bevölkerung Europas, den Menschen in Afrika zu helfen, die Armut und Kriege zu überwinden. Die Todesfälle machten vielen BelgierInnen deutlich, dass Flüchtlinge ihr Leben riskieren, um nach Europa zu kommen. In Spanien führten die ausländerfeindlichen Pogrome in Ca n'Anglada, in der Nähe von Barcelona, im Juni 1999 und im Februar 2000 zu einer nationalen und internationalen Medienberichterstattung (Zapato-Barrero 2003). Da sich die Einwanderungsdebatte in Spanien vor allem auf ArbeitsmigrantInnen fokussiert, hatte ein ganz normaler Verkehrsunfall, bei dem 14 illegale ArbeitsmigrantInnen aus Ecuador ums Leben kamen, Anfang 2001 einen viel größeren Einfluss auf die Entstehung des Legalisierungsprogramms als die täglichen Bilder der anspülenden (anonymen) Leichen an den Küsten Spaniens. In Großbritannien gab es seit Ende der achtziger Jahre mehrere Aufsehen erregende Medienberichte über Haushaltshilfen, die sklavenähnlich gehalten wurden (z.B. The Daily Telegraph,

19. August 1997). Die NGO Kalayaan (1998) hatte bis 1998 mehr als 2000 Fälle von Frauen, die von ihren Arbeitgebern ausgebeutet oder misshandelt wurden, dokumentiert. Da ihr Aufenthaltsrecht an ihren Arbeitgeber gebunden war, hatten Haushaltshilfen kaum Möglichkeiten, ihre Arbeitgeber anzuklagen. Im Mai 1997 bekam eine gerichtliche Klage von drei philippinischen Haushaltshilfen gegen ihre Arbeitgeber, Mitglieder der königlichen Familie Saudi Arabiens, große Aufmerksamkeit in der Presse (Pressemitteilung Kalayaan 1997).

4. GESTALTUNG DER LEGALISIERUNGSPROGRAMME

"Nur im Rahmen der Europäischen Union kann ich mir eine Schlussstrich-Amnestie vorstellen, die den ganzen Mist, der sich in den letzten Jahren im Ausländerbereich angehäuft hat, regelt."

Die bisher vorgestellten Legalisierungsprogramme zeigen, wie unterschiedlich die Programme allein von der formalen Seite aus sein können. In Belgien gab es eine Antragsfrist von drei Wochen, in Spanien von vier Monaten und in Großbritannien von fünfzehn Monaten. Letzteres mit der Möglichkeit, auch nach Ende der Antragsfrist einen individuellen Antrag einzureichen. Der Unterschied bei den Antragsfristen ist dadurch zu erklären, dass Belgien und Spanien versuchten, mehrere Gruppen (eigentlich so viele wie möglich) von illegalen MigrantInnen zu erreichen. Wegen der Einmaligkeit des Programms wurde die Antragsfrist sehr kurz gehalten. Die dreiwöchige Frist in Belgien wurde von meinen Interviewpartnern als viel zu kurz kritisiert, weil es für viele AntragstellerInnen nicht möglich war, innerhalb von drei Wochen alle Dokumente zusammenzubekommen. Die viermonatige Frist in Spanien wurde von den Beteiligten, mit denen ich gesprochen habe, als sehr praktikabel beurteilt. Das Legalisierungsprogramm in Großbritannien richtete sich nur auf eine bestimmte Gruppe von illegalen MigrantInnen: Haushaltshilfen, die ihren legalen Aufenthalt in Großbritannien verloren hatten. Da die Zielgruppe begrenzt war, konnte die Antragsfrist auch viel länger sein, und sogar auf individueller Basis weitergeführt werden, ohne dass die Maßnahme ihren Ausnahmecharakter verlor.

4.1 DIE KRITERIEN DER LEGALISIERUNG

In allen drei Ländern gab es bei den Kriterien, die AntragsstellerInnen zur Legalisierung berechtigen, ähnliche Ausgangsvoraussetzungen: die Einreise vor einem Stichdatum und ein polizeiliches Führungszeugnis, das außer Verstößen gegen aufenthaltsrechtliche Bestimmungen keine sonstigen, strafrechtlichen Verstöße vorweist. Nichterfüllung dieser Ausgangsbedingungen führte zum Ausschluss vom Legalisierungsprogramm. Die weiteren Bedingungen, die zu erfüllen und noch wichtiger nachzuweisen waren, waren sehr unterschiedlich.

In Belgien wurde das Legalisierungsprogramm mit dem Legalisierungsgesetz[3] vom 22. Dezember 1999 beschlossen. Antragsberechtigt waren illegale MigrantInnen, die nachweisen konnten, dass sie vor dem 1. Oktober 1999 in Belgien waren und entweder 1) mehr als vier Jahre (Familien mit schulpflichtigen Kindern drei Jahre) auf einen Beschluss ihres Asylantrages warteten; oder 2) deren Rückkehr in ihr Heimatland oder in einen anderen Staat, wo sie jemals einen legalen Aufenthalt hatten, aus nicht-selbstverschuldeten Gründen nicht möglich war; oder 3) ernsthaft krank waren; oder 4) die aus humanitären Gründen oder durch nachweisbare und dauerhafte soziale Beziehungen integriert waren. Letztes Kriterium wurde erfüllt, wenn die Person mehr als sechs Jahre (fünf Jahre für Familien mit Kindern im Schulalter) in Belgien war und/oder nachweisen konnte, jemals einen legalen Aufenthalt in Belgien besessen zu haben und/oder nachweisen konnte, dass er/sie in den letzten fünf Jahren keine Grenzübertrittsbescheinigung bekommen hatte. Die erste Kategorie war durch die Registrierung im Asylbewerbersystem sehr leicht nachzuvollziehen. Bei der zweiten Kategorie wurde eine Liste mit sechs unsicheren Herkunftsländern der International Organisation of Migration (IOM)[4] benutzt. Im Januar 2000 galten demzufolge als unsichere Herkunftsländer: Sierra Leone, Somalia, Irak, Afghanistan, Liberia und Jugoslawien (Belgrad). Die Zugehörigkeit zur dritten Kategorie musste über ein ärztliches Attest nachgewiesen werden. Die vierte Kategorie sorgte durch die Benutzung der "und/oder"-Konstruktion für sehr unterschiedliche Interpretationen. Bei der restriktiven Interpretation mussten alle Bedingungen erfüllt werden, bei einer großzügigeren Interpretation reichte es aus, wenn eine der Bedingungen erfüllt wurde. Dies bedeutete in der Praxis, dass viele illegale MigrantInnen nicht unbedingt fünf oder sechs Jahre Aufenthalt nachweisen mussten. Für den Nachweis des langjährigen Aufenthaltes in Belgien wurden nicht nur offizielle Behördenschreiben akzeptiert, sondern auch Nachweise von NGO's, private Korrespondenz mit Poststempel, Rechnungen mit Namen und viele andere Belege, bei denen ein Beweischarakter anerkannt wurde.

In Spanien wurde das Legalisierungsprogramm im königlichen Dekret 239/2000[5] und im Ausländergesetz 4/2000[6] festgelegt. Antragsberechtigt waren illegale MigrantInnen, die nachweislich vor dem 1. Juni 1999 in Spanien eingereist waren und 1) die in den letzten drei Jahren einen legalen Aufenthaltstitel hatten und diesen nicht hatten verlängern können, oder 2) die vor dem 31. März 2000 einen Antrag auf Aufenthalts-/Arbeitserlaubnis in Spanien eingereicht hatten, oder 3) AsylbewerberInnen, die vor dem 1. Februar 2000 einen Asylantrag gestellt haben, der

---

[3] Gesetz vom 22. Dezember 1999 betreffend die Regularisierung des Aufenthaltes von bestimmten Kategorien von Ausländern, die sich im Reichsgebiet aufhalten (Belgisch Staatsblad vom 10. 01. 2000).

[4] Zur Kritik an der IOM siehe online auf URL: www.aha-bueren.de/iom.htm.

[5] Königliches Dekret 239/200 vom 18. Februar 2000, das das Verfahren der Regularisierung von AusländerInnen, wie vorgesehen, in der ersten Übergangsbestimmung des Gesetzes 4/2000, vom 11. Januar 2000 über die Rechte und Freiheiten der AusländerInnen in Spanien und ihrer sozialen Integration festlegt.

[6] Gesetz 4/2000 vom 11. Januar 2000, über die Rechte und Freiheiten von AusländerInnen in Spanien und ihre soziale Integration.

noch nicht bearbeitet bzw. abgelehnt worden war oder 4) Familienmitglieder von einer der oben genannten Kategorien oder 5) Familienmitglieder von sich legal aufhaltenden MigrantInnen in Spanien oder 6) Familienmitglieder von spanischen oder EU-BürgerInnen. Die Kriterien wurden von den meisten NGO's als gut und praktikabel bewertet. Es wurde kein Arbeitsvertrag gefordert. Aufgrund des ökonomischen Wachstums gab es eine große Nachfrage nach ArbeiterInnen im Niedriglohnsektor, wodurch die Angst vor Arbeitslosigkeit nicht so groß war. Auf dem spanischen Arbeitsmarkt ist es generell schwer, eine legale Arbeit zu bekommen, auch unter Spaniern ist illegale Arbeit weit verbreitet. Nur der Antrag auf eine Aufenthalts-/Arbeitserlaubnis vor dem 31. März 2000 oder einen Asylantrag vor dem 1. Februar 2000 reichte für die Legalisierung aus. Auch das Recht auf Familienzusammenführung wurde durch die Legalisierungsmöglichkeit für Familienmitglieder von den illegalen Migranten und Migrantinnen respektiert. Das Problem in Spanien lag nicht in den Kriterien, sondern in der Voraussetzung zur Bearbeitung des Antrages: die Einreise vor dem Stichtag (den 1. Juni 1999). Dieses Datum lag viel zu weit zurück, mehr als ein halbes Jahr vor dem Inkrafttreten des Gesetzes, wodurch sehr viele neu eingereiste illegale MigrantInnen keine Chance hatten. Etwa 60.000 Anträge wurden abgewiesen, weil sie nicht nachweisen konnten, vor dem 1. Juni 1999 in Spanien eingereist zu sein. Es gab viele Proteste und Gerichtsverfahren gegen diesen Ausschlussgrund, welche zu einer erneuten Beurteilung derjenigen Anträge führten, die nur aufgrund des Einreisetages abgewiesen worden waren.

In Großbritannien konnten ausländische Haushaltshilfen zwischen dem 23. Juli 1998 und dem 23. Oktober 1999 einen Antrag einreichen, wenn sie die folgenden Kriterien erfüllten: die legale Einreise vor dem 23. Juli 1998 mit einem Eintrag als Haushaltshilfe im Pass, einen Arbeitgeberwechsel aufgrund von nachweislicher Misshandlung oder Ausbeutung, der Nachweis einer kontinuierlichen Arbeit als Haushaltshilfe und eine Bestätigung der derzeitigen Arbeitgeber, dass das Beschäftigungsverhältnis weitergeführt wird (IND 2002). Da das Aufenthaltsrecht ausländische Haushaltshilfen nach dem 23. Juli 1998 das Recht eingestand, unter bestimmten Bedingungen ihren ursprünglichen Arbeitgeber zu wechseln, bestand auch nach der *Deadline* vom 23. Oktober 1999 weiterhin für Haushaltshilfen, die nachweislich vor dem 23. Juli 1998 in Großbritannien eingereist sind und alle andere Bedingungen erfüllten, die Möglichkeit, einen Legalisierungsantrag zu stellen. Die Aufhebung der Ausweisungsprozedur für AntragstellerInnen, die bei den meisten Legalisierungsprogrammen üblich ist, um so viele illegale Migranten und Migrantinnen wie möglich zu legalisieren, gilt hier aber nicht mehr. AntragstellerInnen nach dem 23. Oktober 1999 mussten grundsätzlich eine Ausweisung befürchten, da standardmäßig eine Ausweisungsprozedur eingeleitet wurde. Die Behörde konnte ausnahmsweise und auf individueller Basis den Legalisierungsantrag bewilligen, wenn die AntragstellerIn glaubwürdige Beweise vorlegte, dass sie/er von ihrem/seinem ursprünglichen Arbeitgeber misshandelt worden war oder begründete Angst vor Misshandlung hatte (IND 2002).

4.2 BEARBEITUNG DURCH DIE BEHÖRDEN

In Belgien wurde eine neue, unabhängige Legalisierungskommission eingerichtet, in Spanien behandelten das Innenministerium und die regionalen Ausländerbehörden die Anträge, in Großbritannien war die 'Home Office', das Innenministerium zuständig. Das belgische Beispiel ist, was seine Form angeht, einmalig in Europa. Die Legalisierungskommission bestand aus einem Sekretariat und zu Beginn elf Kammern, die aus jeweils einem (ehemaligen) Richter, einem/r Anwalt/Anwältin und einer/m VertreterIn einer MigrantInnen-NGO bestand. Das Sekretariat beurteilte alle eingehenden Anträge zuerst. Bei einem klaren Ja (alle Bedingungen erfüllt) oder Nein (keine Bedingung erfüllt) schickte das Sekretariat direkt eine positive oder negative Empfehlung an den Innenminister. Wenn ein Antrag unklar war oder noch Fragen geklärt werden mussten, wurde das Dossier an eine Kammer weitergeleitet, die eine persönliche Anhörung des Antragsstellers durchführte. Analog der Sprachteilung im Lande konnte der Antrag in drei Sprachen (französisch, niederländisch, deutsch) eingereicht werden. Die Kammern waren dabei auch nach den Sprachen aufgeteilt. Die Einrichtung einer neuen, unabhängigen Kommission hatte Vor- und Nachteile. Die Zusammenstellung der Kommission hat viel Misstrauen bei den AntragstellerInnen abgebaut. Die persönliche Anhörung fanden viele meiner Interviewpartner aus den Kammern ein zeitaufwendiges, aber sehr geeignetes Mittel, um die Situation der Illegalität, bei der gerade oft die schriftlichen Nachweise fehlten, zu beleuchten. Gleichzeitig verschlang die Einrichtung der Kommission sehr viel Zeit und die Prozedur war sehr aufwendig. Viele AntragstellerInnen warteten ein bis zwei Jahre auf das Ergebnis. Ein weiterer Nachteil war die ungleiche Behandlung auf verschiedenen Ebenen. Die französischsprachigen Kammern waren oft viel großzügiger als die niederländischsprachigen Kammern. Auch zwischen den unterschiedlichen Kammern gab es große Unterschiede, abhängig von ihren Zusammensetzungen. Auch wurden viele Anträge, die zu Beginn des Legalisierungsprogramms dran kamen, viel großzügiger beurteilt, als Fälle die am Ende des Programms verhandelt wurden. Da in Belgien nicht die Ausländerbehörde, sondern eine neue Institution zuständig war, wurde das Funktionieren dieser Behörde viel öffentlicher diskutiert. In Spanien und Großbritannien gibt es kaum Informationen über die Art der Bearbeitung der Anträge durch die MitarbeiterInnen der Behörden. In meinen Interviews mit den spanischen Behörden gab es keine Bereitschaft, kritisch über die Art der Beurteilung zu reden. Für Großbritannien berichtet Anderson (2001a, S. 5) von einem bürokratischen Chaos, weil die zuständige Abteilung des Innenministeriums in der Antragszeit in ein anderes Gebäude umzog und auf ein anderes Computersystem umgestellt wurde. Viele Akten waren zeitweilig verschwunden und die Bearbeitungszeit betrug oft mehr als ein Jahr. Von den 150 Anträgen, die bis Dezember 1998 eingereicht wurden, waren nur drei Fälle (alle positiv) entschieden worden. Die genauen Kriterien wurden erst Januar 1999 klar definiert, wodurch viele Anträge erst viel später eingereicht wurden (Anderson 2001a, S. 5).

4.3 EINBINDUNG DER NGO'S

In allen drei Ländern wurden die NGO's in den Legalisierungsprozess eingebunden. Diese Einbindung von NGO's in ein Legalisierungsprogramm ist entscheidend für den Erfolg des Programms. Eine Folge der restriktiven Migrationspolitik ist die tief verwurzelte Angst von illegalen MigrantInnen vor einer zwangsweisen Festnahme und der Abschiebung ins Heimatland bei der Aufdeckung ihres illegalen Aufenthaltes oder Arbeitsverhältnisses. Das grundsätzliche Misstrauen von illegalen MigrantInnen gegenüber Ausländerbehörden und Polizei bewirkt, dass viele illegale MigrantInnen, obwohl sie die Kriterien erfüllen, keinen Antrag auf Legalisierung stellen. Bei der Antragstellung müssen sie ihre Wohn- und Arbeitsverhältnisse preisgeben. Diese Information steht bei einer Ablehnung des Antrages der Behörde zur Verfügung und vereinfacht ihre Aufdeckung. Die NGO's waren ein wichtiger Mediator zwischen den illegalen MigrantInnen und den Behörden.

In Belgien ging die Einbindung der NGO's am weitesten. Sie waren nicht nur als Mediatoren während und als Berater bei der Gestaltung des Legalisierungsprogramms beteiligt, sondern die NGO-VertreterInnen, die in den Kammern saßen, waren auch entscheidungsbefugt. Trotzdem berichteten die Mitglieder der Kammern, dass sie bei vielen Anhörungen erst mal das grundsätzliche Misstrauen der AntragstellerIn abbauen mussten, bevor diese bereit waren, über ihre Situation zu sprechen. Auch im Vorfeld des Legalisierungsprogramms haben belgische NGO's viele Informationsveranstaltungen durchgeführt, um so viele illegale MigrantInnen wie möglich über die Legalisierung zu informieren.

In Spanien gab es eine Zusammenarbeit zwischen den Ausländerbehörden und den größten MigrantInnenorganisationen (Caritas, CEAR und Cruz Roja) und Gewerkschaften (UGT und CCOO). Legalisierungskandidaten konnten über die genannten MigrantInnenorganisationen und Gewerkschaften einen Antrag einreichen. Der Antrag musste also nicht direkt bei den Behörden eingereicht werden, die juristischen BeraterInnen der NGO's und Gewerkschaften berieten die Antragsteller über ihre Chancen, kontrollierten ihren Antrag auf Vollständigkeit, unterstützten sie bei der Beschaffung der fehlenden Dokumente und reichten nur die Akten ein, die die Kriterien erfüllten. Diese Akten wurden von den Behörden bevorzugt behandelt. Kandidaten, die trotzdem einen Legalisierungsantrag einreichten wollten, konnten dies weiterhin außerhalb der NGO's, auf individueller Basis tun. Der Vorteil der Zusammenarbeit war, das viele illegale MigrantInnen, die keine gute Chance hatten, auch keinen direkten Kontakt mit den Behörden aufzunehmen brauchten und sich nicht in den langen Warteschlangen vor den Behörden anzustellen brauchten. Da die NGO's und Gewerkschaften auch Ansprechpartner für die Behörden blieben, gab es viel weniger Kommunikationsstörungen. Nachteil war, dass nicht alle illegale MigrantInnen die Möglichkeit dieser Beratung und Vorselektion nutzen konnten, weil nicht jeder Kontakt zu NGO's oder Gewerkschaften hat.

In Großbritannien waren drei NGO's, die die Interessen der ausländischen Haushaltshilfen vertraten, die *Commission for Filipino Migrant Workers* (CFMW), die *Waling-Waling* und die *Kalayaan-Justic for Domestic Workers* sowie die TGWU-Gewerkschaft (*Transport und General Workers Union*) an der Entstehung des Legalisierungsprogramms beteiligt. Vor allem die NGO Kalayaan verhandelte mit der Labour-Regierung über die Kriterien und Bedingungen des Programms und war auch in der Ausführung des Programms eingebunden. In den Fällen wo kein Pass auffindbar war und somit auch die Einreise als Haushaltshilfe nicht nachgewiesen werden konnte, wurde die Dokumentation von Kalayaan zur Rate herangezogen. Kalayaan sollte bestätigen, wann die Antragstellerin sich das erste Mal an Kalayaan gewendet hatte und dass die Antragstellerin seitdem kontinuierlich als Haushaltshilfe gearbeitet hatte (IND 2002). Für die NGO war diese Rolle sehr problematisch, da diese Regelung die Haushaltshilfen, die sich nie an Kalayaan gewendet hatten, ausschloss und Kalayaan ihre Aufzeichnungen nie mit diesem Ziel geführt hatte (Anderson 2001a). Die Bestätigung von Kalayaan hat in schwierigen Fällen aber oft geholfen, über die Aufnahme in das Legalisierungsprogramm entscheiden zu können.

4.4 STATISTISCHE DATEN

Die Anzahl der Anträge bei den Legalisierungsprogrammen liegen bei allen drei Ländern sehr weit auseinander. In Spanien gab es fast 250.000 Anträge, in Belgien etwas mehr als 37.000, die etwa 60.000 Personen betrafen und in Großbritannien nur ein paar tausend. Die Zahl der AntragstellerInnen ist in Großbritannien so niedrig, weil das Legalisierungsprogramm sich nur auf eine ganz bestimmte Zielgruppe von illegalen MigrantInnen richtete: Haushaltshilfen, die von ihrem Arbeitgeber ausgebeutet worden waren. Die Anzahl der AntragstellerInnen ist in Spanien etwa vier mal so hoch wie in Belgien, aber wenn man die betroffenen Personen im Bezug zu der Gesamtbevölkerung setzt, die in Spanien ebenfalls etwa vier mal so hoch ist wie in Belgien, hatten die Programme in diesen beide Ländern eine ähnliche Dimension.

Zum Legalisierungsprogramm in Großbritannien gibt es keine statistischen Daten über die Anzahl der Anträge und wie viele aus welchen Gründen bewilligt oder nicht bewilligt wurden. Dies zeigt, wie schwierig das Thema in Großbritannien ist. Aus Angst vor einer anziehenden Wirkung des Legalisierungsprogramms weigert sich die Regierung, das Programm offiziell als "Legalisierung" zu bezeichnen, obwohl in den Ausführungsinstruktionen von *Regularisation Programms* die Rede ist (IND 2002). In der Ausländerstatistik gibt es keine spezifischen Daten zum Legalisierungsprogramm. Es ist anzunehmen, dass die übergroße Mehrheit der Anträge von Frauen gestellt wurde, da Haushaltshilfen mehrheitlich weiblich sind und ausschließlich Beispiele von weiblichen Haushaltshilfen genannt werden. Genaue Zahlen über die Anzahl der Männer und Frauen fehlen. Der NGO Kalayaan schätzte 1998, dass etwa 3.000-4000 illegale Haushaltshilfen vom Legalisierungsprogramm profitieren werden (Gould 1998).

In Belgien wurden insgesamt 37.108 Anträge eingereicht, die etwa 60.000 Personen betrafen.[7] Insgesamt 25.350 (68,3 %) Anträge wurden positiv entschieden, 5.898 (15,9%) Anträge wurden abgewiesen, 770 (2%) wurden aus Gründen der öffentlichen Sicherheit und Ordnung ausgeschlossen und bei 739 (2%) Anträgen war die strafrechtliche Untersuchung noch im Gange. Insgesamt 3.979 Anträge (10,7) hatten sich mit der Zeit erledigt (z.B. weil die Antragstellerin schon eingebürgert worden war, oder mittlerweile ausgereist oder verstorben war) und 372 Anträge (1%) mussten im Februar 2003 noch bearbeitet werden. Die Herkunftsländer der AntragstellerInnen unterschieden sich sehr. Prozentual kamen die meisten AntragstellerInnen aus der ehemaligen belgischen Kolonie Kongo (17,6%) und aus Marokko (12,4%), Herkunftsland vieler GastarbeiterInnen in Belgien. Die meisten AntragstellerInen (77%) beriefen sich auf das Kriterium: "humanitäre Gründe und langjährige soziale Beziehungen", 24% waren langjährige AsylbewerberInnen, 23% stellten einen Antrag, weil ihre Rückkehr nicht möglich war, 9% wegen einer schwerwiegenden Krankheit und 20% führten mehrere Gründe an.[8] Im Jahre 2002, als die Legalisierung noch im Gange war, wurden durchschnittlich mehr als 80 % der Anträge bewilligt, nur die Anträge aufgrund der Kategorie der "unmöglichen Rückkehr", hatten sehr viel schlechtere Chancen.[9] Nur 59% der Anträge in dieser Kategorie wurden bewilligt, weil erstens anhand einer Liste der IOM nur sechs genannte Länder als unsicher galten. Zweitens wurde oft die Identität der Betroffenen aus den unsicheren Herkunftsländer bezweifelt. Drittens wurde vom Innenminister nicht nur die Rückkehr ins Heimatland, sondern auch in ein anderes Land, wo der/die AntragstellerIn jemals legal seinen oder ihren Aufenthalt hatte, miteinbezogen.[10]

In Spanien gab es 247.598 Anträge, wovon 163.913 (66%) bewilligt wurden.[11] 69.162 Anträge (28%) wurden abgewiesen und 14.523 (6%) wurden archiviert oder waren im Oktober 2001 noch in Bearbeitung. Die meisten AntragstellerInnen kamen aus Marokko (65.941, ein Viertel aller Anträge), Ecuador (23.221), Kolumbien (15.153), China (12.079) und Pakistan (11.502). Der Prozentsatz der Bewilligungen war viel höher für AntragstellerInnen aus lateinamerikanischen (mehr als 80%) und osteuropäischen Ländern (zwischen 68% und 82%) als für afrikanische (zwischen 45% und 68%) und asiatische AntragstellerInnen (zwischen 58% und 72%). Die sprachliche und kulturelle Nähe der lateinamerikanischen Länder zu Spanien wird zur hohen Anzahl positiver Entscheidungen beigetragen haben, aber

[7] Stand am 11. Februar 2003, Pressemitteilung des Innenministeriums.

[8] Innenminister, Pressekonferenz am 1. März 2000 über die Legalisierung des Aufenthaltes durch die Legalisierungskommission in Brüssel.

[9] Antwort der Innenminister auf die parlamentarische Anfrage Nr. 576 von Guido Tastenhoye, am 2. Mai 2002, veröffentlicht am 9. Juli 2002, QRVA 50 128.

[10] Information aus internem Schreiben der Legalisierungskommission am 6. März 2000 und am 24. September 2001, betreffend die Identität und Nationalität.

[11] Alle Daten in diesem Abschnitt sind abgeleitet aus der Migrationsstatistik 2002, vom spanischen Ministerium für Arbeit und soziale Angelegenheiten (Anuario de Migraciones 2002, Ministerio de Trabajo y Asuntos Sociales, Madrid).

dieses Argument bietet überhaupt keine Erklärung für den hohen Prozentsatz der Bewilligungen von Personen aus osteuropäischen Ländern. (In einer TV-Sendung habe ich gehört, wie die katholischen Polinnen den islamischen Marokkanern vorgezogen wurden - weil sie katholisch waren.) Es gab auch große Unterschiede zwischen den Behörden in den unterschiedlichen Regionen. In Madrid und Murcia wurden rund 80% der Anträge bewilligt, in Barcelona und Almeria nur ungefähr 53%. Anfänglich war die Bewilligungsquote noch viel niedriger, weil viele AntragstellerInnen nicht nachweisen konnten, vor dem 1. Juni 1999 in Spanien eingereist zu sein. Ein Legalisierungsprogramm, das die Mehrheit der AntragstellerInnen in der Illegalität belässt, verfehlt jedoch sein Ziel. Deswegen wurde aufgrund der enormen Proteste und Klagewellen am 20. Februar 2001 ein neues königliches Dekret[12] verabschiedet, dass eine neue Beurteilung der abgewiesenen Anträge ermöglichte.

4.5 AUFENTHALTSSTATUS DER LEGALISIERTEN

Die illegale MigrantInnen, die das Legalisierungsprogramm erfolgreich durchlaufen haben, bekamen in den drei Ländern jeweils einen unterschiedlichen Aufenthaltsstatus. In Belgien bekamen alle erfolgreichen Kandidaten unabhängig von der Kategorie des Antrags eine unbefristete Aufenthaltserlaubnis erteilt. In Großbritannien bekamen Haushaltshilfen eine unbefristete Aufenthaltserlaubnis, wenn sie nachweisen konnten, dass sie mehr als vier Jahre kontinuierlich als Haushaltshilfe gearbeitet hatten und zur Zeit der Antragstellung eine feste Arbeit nachweisen konnten (IND 2002). Antragstellerinnen, die weniger als vier Jahre in Großbritannien als Haushaltshilfe gearbeitet hatten, bekamen eine befristete Aufenthaltserlaubnis von zwölf Monaten, wenn sie eine Arbeit nachweisen konnten. In Spanien bekamen Familienmitglieder von SpanierInnen und EU-Bürger eine Aufenthaltsgenehmigung für fünf Jahre (Real Decreto 239/2000, Artikel 5). Alle anderen, die meisten, bekamen normalerweise eine Aufenthaltsgenehmigung für ein Jahr. Diese einjährigen Aufenthaltsgenehmigungen bieten für die meisten MigrantInnen nur eine kurzweilige Legalisierung, weil es sich oft als sehr schwierig erweist, diese zu verlängern. Das Legalisierungsprogramm bot AntragstellerInnen, die im Besitz eines gültigen Aufenthaltstitels waren, ebenfalls die Möglichkeit, ihren Aufenthaltstitel zu verbessern. Diese bekamen einen Aufenthaltstitel für einen längeren Zeitraum, als die bisherige Aufenthaltsgenehmigung umfasste.

4.6 EVALUATION DER PRAKTISCHEN UMSETZUNG DER LEGALISIERUNGSPROGRAMME

Beim Legalisierungsprogramm in Spanien waren die Kriterien von vornherein klar und es standen Informationen in unterschiedlichen Sprachen zur Verfügung. Das Problem bestand für viele AntragstellerInnen im Nachweis der Einreise vor dem

[12] Königliches Dekret 142/2001, vom 20. Februar 2001, veröffentlicht im Offiziellen Staatsblatt Spaniens (Boletín Oficial del Estado Nr. 44).

Stichtag. Als klar wurde, dass viele Anträge nur aus diesem Grunde abgewiesen wurden, führten die sozialen Proteste und Klagen zu einer nochmalige Überprüfung und einer Änderung des Einreisedatums. Die Zusammenarbeit der Behörden mit den NGO's und den Gewerkschaften hatte einen sehr positiven Einfluss auf die Bearbeitung dieser Anträge. Nicht alle AntragstellerInnen nutzten diesen Weg. Es gab viele Probleme, die auf das Management des bürokratischen Aufwandes zurückzuführen waren. Bei den Behörden gab es nicht genügend qualifiziertes Personal. Über Zeitarbeitsfirmen wurde kurzfristig Personal angestellt, um die Akten zu bearbeiten, oft aber ohne ausreichende Kenntnisse im Migrationsbereich. Auch gab es viele Kommunikationsprobleme. Die Behörden hatten Schwierigkeiten, die AntragstellerInnen über Post oder Fax zu erreichen, und die AntragstellerInnen hatten Schwierigkeiten die Behörden telefonisch zu erreichen oder mussten stundenlang in Schlangen anstehen. Es gab in Spanien zudem große Unterschiede in der Handhabung der Anträge. Die ungleiche Behandlung der Anträge entstand einerseits, weil regionale Behörden die Anträge und die Beweise sehr unterschiedlich beurteilten, wodurch die Anerkennungsquote regional sehr unterschiedlich war. Andererseits variierte die Anerkennungsquote auch sehr je nach dem Herkunftsland der AntragstellerIn. NGO's berichteten von AsylbewerberInnen, die von den Behörden rechtswidrig dazu aufgefordert wurden, ihren Asylantrag zu widerrufen. Da die Bearbeitung so lange dauerte, hatte sich die Arbeitssituation vieler AntragstellerInnen wieder geändert und war eine nochmalige Überprüfung notwendig. Viele MigrantInnen, die das Legalisierungsprogramm erfolgreich durchlaufen hatten, hatten Probleme bei der Verlängerung ihres Aufenthaltes nach einem Jahr.
In Belgien wurde die persönliche Anhörung vor den Kammern der unabhängigen Legalisierungskommission und der hohe Prozentsatz an positiven Entscheidungen als sehr positiv beurteilt. Das Legalisierungsprogramm bot erfolgreichen KandidatInnen eine dauerhafte Lösung, da sie eine unbefristeten Aufenthalts- und Arbeitserlaubnis bekamen. Der sichere Aufenthaltsstatus während der Legalisierungsprozedur ermöglichte den KandidatInnen eine legale Arbeit aufzunehmen und bestimmte Berufsausbildungen anzufangen, wodurch sich viele schon während des Legalisierungsprogramms integrierten. Am Anfang des Legalisierungsprogramms gab es bei viele Gesellschaftsschichten in Belgien das Bewusstsein, dass sich die illegalen MigrantInnen in einer sehr schwierigen Situation befinden und die Notwendigkeit besteht, eine Lösung zu suchen. Die NGO's arbeiteten daher nicht nur mit den Behörden zusammen, sondern ihre VertreterInnen hatten auch in den Kammern der Legalisierungskommission eine Entscheidungsbefugnis. Problematisch war dagegen die lange Anlaufzeit, bis die Legalisierungskommission erstmals installiert war und wirklich zu arbeiten anfing, weil sich hierdurch das Programm insgesamt verzögerte. Auch in Belgien gab es interne Managementprobleme, vor allem verursacht durch die Einrichtung einer völlig neuen Behörde. Die Antragsfrist von nur drei Wochen war viel zu kurz, wodurch viele Anträge nicht oder nur unvollständig eingereicht wurden und nachher viele lose Dokumente nachgeschickt und bearbeitet werden mussten. Die Formulierung der Kriterien war nicht eindeutig, wodurch es sehr unterschiedliche Interpretationen gab, nach denen agiert werden musste.

Zwischen dem französisch- und niederländischsprachigen Gebiet gab es durchaus eine ungleiche Handhabung. Auch entschieden die unterschiedlichen Kammern im jeweiligen Sprachgebiet sehr unterschiedlich: je nach Zusammensetzung der Kammer, nach Zeitpunkt der Bearbeitung des Antrags und nach Herkunft des/der AntragstellerIn. Das ganze Legalisierungsprogramm war sehr zeitaufwendig und hatte unter politischen Konflikten zwischen dem Innenminister und dem Parlament und dem Innenminister und der Ausländerbehörde, die nur eine Nebenrolle im Legalisierungsprogramm hatte, zu leiden. Je länger das Legalisierungsprogramm andauerte, desto mehr richtete sich die Aufmerksamkeit der Medien auf die internen Probleme in der Kommission und auf einige damit in Zusammenhang stehenden Betrugsfälle.

Obwohl die NGO's in Großbritannien beim Zustandekommen des Legalisierungsprogramms eine große Rolle spielten und das Legalisierungsprogramm sich nur auf eine Zielgruppe richtete, waren die aufgestellten Kriterien für die Haushaltshilfen in Großbritannien schwierig zu erfüllen, weil sie nicht auf die Realität vieler der illegalen ausländischen Haushaltshilfen zugeschnitten waren. Das größte Problem war, dass die Mehrheit der Haushaltshilfen nicht über ihren eigenen Pass verfügte (Anderson 2001b, S. 18). Der Pass wird üblicherweise vom Arbeitgeber einbehalten, vor allem bei Haushaltshilfen, die von ihrem Arbeitgeber ausgebeutet oder misshandelt worden waren. Dieses Problem wurde dank der Lobbyarbeit der NGO's von der Regierung wahrgenommen und über die Heranziehung der Akten von Kalayaan in Problemfällen versucht zu lösen (IND 2002). Dies betraf aber nur die Haushaltshilfen, die mit Kalayaan Kontakt aufgenommen hatten, wodurch eine große Gruppe von Personen ohne Pass von dieser Möglichkeit ausgeschlossen wurde. Bei der Neubeschaffung des Passes hatten AntragstellerInnen aus bestimmten Ländern auch Probleme bei der Botschaft ihres Herkunftslandes. Einige Haushaltshilfen trafen dort auf ihren früheren Arbeitgeber, der sie ausgebeutet hatte. Andere Haushaltshilfen ohne Aufenthaltsstatus wurden sehr herabwürdigend von ihrer Botschaft behandelt und hatten Schwierigkeiten, einen neuen Pass zu bekommen. Anderson (2001b, S. 19f.) berichtet zum Beispiel von einer indischen Legalisierungskandidatin, die von ihrem Hohen Kommissar als ungehorsame Frau beschimpft wurde, weil sie von ihrem Arbeitgeber weggelaufen war. Zweitens bekamen Haushaltshilfen in der Zeit vor dem Legalisierungsprogramm oft nicht den richtigen Stempel in den Pass und hatten deswegen Schwierigkeiten, die Kriterien zu erfüllen. Sie wurden als private Begleitpersonen ihres Arbeitgebers betrachtet und bekamen keinen eigenständigen Aufenthaltstitel (Anderson 2001a, S. 2). Ein weiteres Problem war die Trennung zwischen Haushaltshilfe im privaten und gewerblichen Bereich. Wenn Haushaltshilfen einreisen und einen Stempel im Pass erhalten, ist die Arbeitserlaubnis gebunden an eine bestimmte Arbeit (Haushaltshilfe) und an einen bestimmten Sektor ("im privaten Haushalt" oder "anderer als privater Bereich"). Es ist Haushaltshilfen auch weiterhin nicht erlaubt, als Haushaltshilfe vom privaten Sektor in den nicht-privaten Sektor zu wechseln und umgekehrt (Anderson 2001b, S. 16). Eine Haushaltshilfe, die bei einer Familie angestellt worden ist, darf also nur bei anderen Familien arbeiten und nicht die gleiche Arbeit als

Putzfrau im Hotel oder in einem anderen Gewerbe nachgehen. Die Legalisierungskandidaten brauchten auch eine Bestätigung ihrer Arbeitgeber. Diese wurde ihnen von vielen Arbeitgebern verweigert, weil sie befürchteten, sich damit selbst zu schaden (Phizacklea/Anderson 2001, S. 2).

5. ERGEBNISSE DER ARBEITSGRUPPEN

"Seht Euch an, in welchem Land wir leben. Deutschland und Österreich sind die einzigen Länder in der EU, die kein Legalisierungsprogramm haben. Das ist die Politik in dem Land, in dem wir leben."

Im Anschluss an meine Präsentation der drei Legalisierungsprogramme in Belgien, Großbritannien und Spanien diskutierten die TeilnehmerInnen der Studienwoche in drei Arbeitsgruppen über ein mögliches Legalisierungsprogramm in Deutschland. Wie könnte anhand der Analyse der existierenden Legalisierungsprogramme und aufgrund der Erfahrungen der TeilnehmerInnen mit illegalen MigrantInnen in Deutschland ein Legalisierungsprogramm aussehen? Die entscheidenden Punkte waren:

- die Zielgruppe/-n,
- die Form der Legalisierung (permanent oder temporär, welche Institutionen sollten sie durchführen),
- die Kriterien, die erfüllt werden sollten,
- welche Dokumente dies nachweisen sollten,
- welche Kosten und Gebühren entstehen würden
- und welcher Aufenthaltstatus folgen sollte.

Da die Zeit viel zu kurz war, sind die Gruppen zu keinem endgültigen Vorschlag gekommen, aber auf dem Weg dahin gab es viel Austausch und sowohl übereinstimmende als auch divergierende Einsichten.
Die erste Arbeitsgruppe wollte eine Legalisierung, die sich in kleinen Schritten an mehrere Zielgruppen richtet (illegale ArbeitsmigrantInnen, *Overstayer*, MigrantInnen mit einem prekären Aufenthalt, Härtefälle etc.), mit jeweils unterschiedlichen Kriterien. Die beiden anderen Arbeitsgruppen wollten die Zielgruppen nicht eingrenzen, sondern so breit wie möglich fassen. Sie vertraten die Grundmaxime: Legalisierung ist ein Menschenrecht und illegale MigrantInnen haben ein Recht auf Rechte. Die Arbeitsgruppen waren sich einig darüber, dass es eine permanente Legalisierungsform geben soll. Zum Beispiel mittels einer ständigen Kommission, mit VertreterInnen aus Behörden, NGO's und Sachverständigen. Die Einbindung der NGO's, um eine Vorselektion im Legalisierungsprozess zu ermöglichen, wurde erwogen. Das belgische Beispiel der persönlichen Anhörung wurde von einer Arbeitsgruppe abgelehnt, weil es zu zeitaufwendig und selektiv angesehen wurde.

Die Kriterien wurden nicht von allen Arbeitsgruppen diskutiert. Die erste Arbeitsgruppe sah Arbeit oder Aussicht auf Arbeit als ein wichtiges Kriterium. Der Bezug von Sozialleistungen sollte minimiert werden, obwohl es Ausnahmeregelungen geben sollte, zum Beispiel für alleinerziehende Frauen oder behinderte oder kranke MigrantInnen. Es wurde ein Punktesystem vorgeschlagen, bei dem zum Beispiel Sprachkenntnisse, Schulbesuch der Kinder, die Länge des Aufenthaltes und humanitäre Gründe bewertet werden könnten. Bei zwei Arbeitsgruppen waren schwere Straftaten im polizeilichen Führungszeugnis ein Ausschlussgrund für die Legalisierung, mit einer eventuellen Ausnahme für ehemalige Drogenabhängige.
Die erste Arbeitsgruppe befürwortete einen zunächst befristeten Aufenthaltsstatus von zum Beispiel drei Jahren, der nach Erfüllung bestimmter Bedingungen in einen unbefristeten Aufenthaltsstatus umgewandelt werden könnte. Die anderen Arbeitsgruppen forderten als Ergebnis der Legalisierung einen unbefristeten Aufenthaltsstatus, der eventuell befristet werden sollte, wenn bei einer AntragstellerIn Straftaten vorliegen.
Die Frage der Kosten und Gebühren wurden von keiner der Arbeitsgruppen diskutiert. Die Dokumente, die als Beweise anerkannt werden, sollten sehr breit gefasst werden. Die erste Arbeitsgruppe schlug Erklärungen von Nachbarn, NGO's und anderen Institutionen vor. Der oder die AntragstellerIn sollte nicht strafrechtlich für den vorangegangenen illegalen Aufenthalt belangt werden. Bei ArbeitgeberInnen sollten eventuell eine symbolische Strafe für das illegale Arbeitsverhältnis verhängt werden. Die zweite Arbeitsgruppe wollte Erklärungen von Zeugen, Gewerkschaften und ArbeitgeberInnen einbeziehen, die bei einer Legalisierung des Arbeitsverhältnisses nicht strafrechtlich verfolgt werden sollten.
Am Ende der Veranstaltung hinterfragte die Leitung der Studienwoche den allgemein akzeptierten Ausschlussgrund der straffällig gewordenen MigrantInnen. Die Trennung zwischen kriminellen und nicht-kriminellen Ausländern würde aus kriminologischer Sicht zu einer weiteren Stigmatisierung und Ausgrenzung von ausländischen Straftätern, den ‚wirklich Bösen', führen. Diese Trennung zwischen ‚kriminellen' und ‚nicht-kriminellen' MigrantInnen zeigte sich beispielhaft beim Legalisierungsprogramm in Belgien. Hier bekamen die Fälle von einzelnen Legalisierungskandidaten, die straffällig geworden waren, eine ungeheuere öffentliche Aufmerksamkeit, als es im Jahre 2001 mit dem Legalisierungsprogramm in Belgien noch immer nicht schnell (genug) voran ging. Die Einrichtung der unabhängigen Legalisierungskommission brauchte mehr als ein halbes Jahr Anlaufzeit und als die persönlichen Anhörungen für die Kammern Ende 2000 so richtig anfingen, wurde klar, wie zeitaufwendig die persönlichen Anhörungen waren. Aufgrund des politischen Drucks versuchte der Innenminister, den Legalisierungsprozess zu beschleunigen. Einige niederländischsprachige Magistrate sahen durch diese Vorgehensweise das polizeiliche *Screening* der LegalisierungskandidatInnen gefährdet. Sie richteten sich an die Presse mit dem Aufruf, dass so wie die Legalisierung derzeit verlaufe, Tür und Tor für Kriminelle geöffnet würden (HUMO Nr. 3175/29 vom 10. Juli 2001). Das Thema der Legalisierung wurde in Belgien, wie anderswo auch oft, zur Frage, wer Legalisierung eigentlich verdienen würde. MigrantInnen, am

besten Familien mit Kindern, die sich in die Gesellschaft integriert hatten, hatten die besten Chancen. MigrantInnen, die strafrechtlich auffällig geworden waren, wurden als ‚Kriminelle' bei allen Legalisierungsprogrammen ausgeschlossen, ohne dass genauer nach den Gründen der Straffälligkeit und der Wahrscheinlichkeit einer Wiederholung im Zukunft geguckt wurde. Eine Legalisierung von ‚Kriminellen' ließe sich der Bevölkerung nicht verkaufen.

6. Empfehlungen für zukünftige Legalisierungsprogramme

Die Erfahrungen mit den Legalisierungsprogrammen in Belgien, Spanien und Großbritannien zeigen, dass die Einbindung von NGO's und Gewerkschaften eine sehr positive Auswirkung auf das Funktionieren von Legalisierungsprogrammen haben. Obwohl einige NGO's große ideologische und praktische Vorbehalte über die Zusammenarbeit mit den Ausländerbehörden hatten und die Interpretation der Kriterien zur Zeit der Antragstellung oft nicht deutlich waren, hatten sie eine wichtige Mittlerfunktion zwischen den Behörden und den illegalen MigrantInnen. Durch ihre juristische Beratung (gegen keine oder sehr geringe Bezahlung), ihre Vorkontrolle der Akten auf Vollständigkeit und ihr Kontakt mit den Behörden hatten sie großen Einfluss auf den Erfolg eines Legalisierungsprogramms. Bei zukünftigen Legalisierungsprogrammen ist eine gute Einbindung und Zusammenarbeit zwischen den Behörden, den NGO's und Gewerkschaften in der Konzeption und Ausführung des Legalisierungsprogramms anzustreben, sowohl im Interesse der Behörden als auch im Interesse der AntragstellerInnen.

Die Kriterien sollten am Anfang der Antragsfrist eindeutig sein, und ihre Beurteilung und Auslegung sollte mit den NGO's und Gewerkschaften diskutiert worden sein. Es ist erstrebenswert, die Informationen über das Legalisierungsprogramm in mehreren Fremdsprachen zur Verfügung zu stellen, vorzugsweise in den Sprachen der meisten illegalen MigrantInnen. Die Antragsfrist sollte mindestens drei Monate betragen, damit die AntragstellerInnen ausreichend Zeit haben, alle notwendigen Unterlagen für ihren Antrag zu besorgen, so dass nachher nicht ein unnötig zeitaufwendiges Dokumentenchaos bei den Behörden entsteht, weil immer noch lose Unterlagen nachgeschickt und zugeordnet werden müssen. Der Angst der Behörden, dass durch eine monatelange Antragsfrist illegale MigrantInnen aus anderen europäischen Ländern angezogen werden, sollte nicht durch eine kurze Antragsfrist, sondern durch Klarheit über die Kriterien und die erforderlichen Dokumente begegnet werden.

Die Bearbeitungsdauer der Anträge sollte nicht mehr als sechs Monate betragen. Wenn die Bearbeitung länger dauert, sollte standardmäßig eine einjährige Aufenthalts- und Arbeitserlaubnis erteilt werden. Es kann auch so wie in Belgien geregelt werden, dass die AntragstellerInnen während der Bearbeitung der Legalisierungsanträge einen klaren Aufenthaltsstatus bekommen, womit sie arbeiten und eine Ausbildung anfangen dürfen, so lange, bis über ihren Antrag entschieden wurde. Bei einer längeren Bearbeitungszeit sollte der Antrag nicht nur aufgrund der Ausgangssituation bei der Antragstellung beurteilt werden, sondern sollten auch die

Änderungen in der Lebens- und Arbeitssituation des Antragsstellers/der Antragstellerin in die Beurteilung des Antrags miteinbezogen werden.
In komplizierten Fällen sollte die Möglichkeit einer persönlichen Anhörung vorgesehen werden. Gerade bei illegalen MigrantInnen ist es oft schwierig, Dokumente als Nachweise vorzulegen, die den illegalen Aufenthalt oder die illegale Arbeit beweisen können. Eine persönliche Anhörung vor einer unabhängigen Kommission wurde von vielen Beteiligten im Legalisierungsprogramm in Belgien, obwohl sehr zeitintensiv, als sehr positiv bewertet, gerade in den Fällen, wo die Beweislage aufgrund schriftlicher Dokumente sehr dünn war.
Zukünftige Legalisierungsprogramme sollten die Kosten für die Legalisierung so niedrig wie möglich ansetzen. In den hier analysierten Legalisierungsprogrammen hielten sich die Kosten der Legalisierungen für die AntragstellerInnen in Grenzen. In vielen europäischen Ländern ist aber gerade die Tendenz zu beobachten, dass die Bearbeitungsgebühren für Aufenthalts- und Arbeitsgenehmigungen explosiv steigen. In Großbritannien wird zurzeit (September 2004) überlegt, die Gebühren für eine Arbeitserlaubnis, die derzeitig bei £ 121 anfangen, auf mindestens £ 230 bis maximal £ 495 pro Antrag zu erhöhen.[13] Bei einem zukünftigen Legalisierungsprogramm sind es nicht nur diese Bearbeitungsgebühren, die auf den Antragsteller zukommen. Auch die Gebühren für die Rechtsberatung und die Beschaffung der vielen, oft offiziellen Dokumente und die amtliche Übersetzung, die als Beweise eingereicht werden müssen. Schon ohne die jetzige Bearbeitungsgebühr, ist die Legalisierung des Aufenthaltes für viele Antragsteller mit hohen Kosten und einem immensen Zeitaufwand verbunden. Wenn die Kosten zu hoch sind, werden viele illegale MigrantInnen, die eigentlich die Kriterien erfüllen, aus ökonomischen Gründen nicht am Legalisierungsprogramm teilnehmen können.
Legalisierungsprogramme sollten eine längerfristige Aufenthalts- und Arbeitserlaubnis von mindestens zwei Jahren bieten. Eine einjährige Aufenthalts-/ Arbeitserlaubnis, wie sie in Spanien erteilt wird, ist zu kurz. Sie führt nur zu einer kurzfristigen Verringerung der Anzahl von illegalen MigrantInnen, weil die Kriterien bei der Verlängerung schwer zu erfüllen sind. Bei kurzfristigen Arbeitsverhältnissen bleibt zu wenig Zeit, um einen neuen Arbeitgeber zu finden, der gleichzeitig auch die ganzen bürokratischen Hürden für die Regelung des Aufenthaltes auf sich nehmen will. Die Erteilung von unbefristeten Aufenthalts- und Arbeitserlaubnissen im Legalisierungsprogramm Belgiens bot eine grundsätzliche Lösung für die erfolgreichen TeilnehmerInnen. Eine mögliche Zwischenlösung zwischen zwei Jahren und einem unbefristeten Aufenthalt wäre, die Länge des erteilten Aufenthaltsrechts bzw. der Arbeitserlaubnis anhand einem Punktesystem zu erteilen, bei dem zum Beispiel die Länge des bisherigen Aufenthaltes im Land, schulpflichtige Kinder, nachweisbare Integration, Arbeitserfahrung, Arbeitsmarktchancen etc. eine Rolle spielen. In diesem Punktesystem könnte auch ohne weiteres die Straffälligkeit vom

[13] Pressemitteilung des Innenministeriums (Immigration and Naturalisation Directorate, Home Office UK) vom 8. September 2004: "Consultation launched on immigration fee increases”. Online auf URL: http://www.ind.homeoffice.gov.uk/ind/en/home/news/press_releases/consultation_launched.html.

AntragstellerIn aufgenommen werden. Die Straffälligkeit sollte kein generelles Ausschlusskriterium sein, sondern in den Fällen, wo AntragstellerInnen in der Vergangenheit straffällig geworden sind, wäre eine Aktenanalyse und eine persönliche Anhörung ein geeignetes Mittel, um die Gründe der Straffälligkeit, die Chance auf Wiederholung und ihre Gewichtung im ganzen Lebenslauf im Gastland zu beurteilen.

Am wichtigsten wäre, Legalisierungsprogramme als ein Instrument der Migrationspolitik zu sehen, die eine pragmatische Lösung für eine große Gruppe von illegalen MigrantInnen bieten können. Legalisierungsprogramme sind zu oft als eine Art Schlussstrichregelung benutzt worden, um danach eine noch restriktivere Migrationspolitik einzuführen, die langfristig zu noch mehr illegalen MigrantInnen führt. Es ist gerade die restriktive Migrationspolitik die illegalisiert, die bewirkt, dass einerseits viele MigrantInnen, die einen legalen Aufenthalts- und Arbeitsstatus hatten, ihren Aufenthalt verlieren. Andererseits reisen die, die keine Chance auf einen legalen Aufenthalt haben, von vorne herein illegal oder als TouristIn ein, um danach einen Aufenthalt als illegale MigrantIn zu versuchen. Es sind die fehlenden legalen Möglichkeiten für die MigrantInnen, die schon im Lande sind, die das Problem der illegalen Migration verursachen. Es ist an der Zeit, Abstand zu nehmen von der Idee, dass man Migration über die Botschaften in den Herkunftsländern steuern kann. Europa braucht pragmatische Lösungen für die MigrantInnen, die schon im Lande sind. Legalisierungsprogramme bieten, sofern sie vernünftig gestaltet werden, eine mögliche Lösung.

LITERATUR

Anderson, Bridget (2001a): Devil is in the Detail: Some Lessons to be Drawn from the UK Government's recent Regularisation of Migrant Domestic Workers. Online auf URL: http://www.picum.org/DOCUMENTATION/Regularisation/REGULA RISATION OF MIGRANT DOMESTIC WORKERS.pdf.

*Anderson, Bridge*t (2001b): Multiple Transnationalism: Space, the State and Human Relations. Paper presented at Workshop on Transnational Migration: Comparative Perspectives, June 30 - July 1, 2001 at Princeton University.

Apap, Joanna/De Bruycker, Philippe/Schmitter, Catherine (2000): Regularisation of Illegal Aliens in the European Union. Summary Report of a Comparative Study, in: European Journal of Migration and Law 2, S. 263-308.

Bakker, Yolanda (2004): One Step forward ... three Steps back. Legalisation Campaigns for ‘illegal’ Migrants: Examples of a Decriminalisation Policy towards illegal Migrants in Europe? An Analysis of Recent Campaigns in Some European Countries, Unveröffentlichte Diplomarbeit an der Universität Hamburg, Institut für Kriminologische Sozialforschung, Hamburg.

Baldaccini, Anneliese (2003): Country Report on United Kingdom, in: *Jan Niessen/Schibel, Yongmi/Magoni, Raphaele* (Hg.): EU and US Approaches to the Management of Immigration (Migration Policy Group), Brussels.

De Bruycker, Philippe (Hg.) (2000): Les régularisations des étrangers illégaux dans l'Union Européenne. Regularisations of illegal immigrants in the European Union. Bruylant, Bruxelles.

Europäisches Parlament (1998): Annual Report on Respect for Human Rights in the European Union (1996), Committee on Civil Liberties and Internal Affairs. Rapporteur, Mrs Aline Pailler. 28. January 1998, Document Number A4-0034/98) (DOC_EN\RR\344\344978 - PE 224.436/fin. Online auf URL: http:// www2.europarl.eu.int/omk/sipade2?PUBREF=//EP//NONSGML+REPORT+A4-1998-0034+0+
DOC+PDF+V0//EN&L=EN&LEVEL=4&NAV=S&LSTDO C =Y.

Gortázar, Cristina J. (2000): The regularisation of illegal immigrants in Spain, in: *de Bruycker, Philippe* (Hg.): Les régularisations des étrangers illégaux dans l'Union Européenne. Regularisations of illegal immigrants in the European Union, Bruxelles, S. 291-342.

Gould, Jean (1998): The Immigration Status of Overseas Domestic Workers in the UK and Kalayaan's Negotiations with the UK Government. Conference Paper for the Conference for the Rights for Migrant Domestic Workers, London. Online auf URL: http://ourworld.compuserve.com/homepages/kalayaan/home.htm.

IND - (Immigration & Nationality Directorate of the Home Office, United Kingdom) (2002): Annex BB - The Regularisation Programme. Online auf URL: http://www.ind.homeoffice.gov.uk/ind/en/home/laws_policy/policy_instructions/table_of_contents/chapter_5/annexes/annex_bb_the_regularisation.textonly.html?.

Kalayaan (1997): Judgement on the Case Against Saudi Royal Family. Pressemitteilung vom 20. Mai 1997. Online auf URL: http://ourworld.compuserve.com /homepages/kalayaan/lh_media_1.htm.

Kalayaan (1998): Home Office Minister to give Evidence to select Committee Enquiry on new Proposals to Prevent the Abuse of Overseas Domestic Workers. Pressemitteilung vom 13. Mai 1998. Online auf URL: http://ourworld. compuserve.com/homepages/kalayaan/lh_media_1.htm.

Martiniello, Marco (2003): Belgium's Immigration Policy. Documentation Note in: International Migration Review, Jg. 37, Nr. 1 (Spring), 225-232.

Migration und Bevölkerung (1998): Europäisches Parlament kritisiert Asylpolitik der EU-Staaten, in: Migration und Bevölkerung (03). Online auf URL: http://www.network-migration.org/miginfo/migration_und_bevoelkerung/artikel /980302.htm.

Phizacklea, Annie/Anderson, Bridget (2001): Impact of legal status and children on transnational household strategies of migrant domestics. Research Briefing No. 3. Transnational Communities Research Programme of the Economic & Social Research Council. Online auf URL: http://www.transcomm.ox.ac.uk/briefings /brief3.pdf.

Zapato-Barrero, Ricard (2003): Country report on Spain, in: *Niessen, Jan/Schibel, Yongmi/Magoni, Raphaele* (Hg.): EU and US Approaches to the Management of Immigration. Brussels. Online auf URL: http://www.migpolgroup.com /uploadstore /Spain.pdf.

ILLEGALITÄT ALS ASPEKT DER GLOBALISIERENDEN WELT-GESELLSCHAFT - ANSÄTZE FÜR EINEN PRAGMATISCHEN UMGANG MIT EINER SCHWIERIGEN SITUATION

Jörg Alt

1. MIGRATIONSSYSTEMATISCHE ERKENNTNISSE[1]

1.1 DER MIGRATIONSSYSTEMANSATZ

Vielerorts ist inzwischen anerkannt, dass illegale Migration keine simple Funktion ist zwischen *Push*- und *Pull*faktoren, zwischen Entscheidungen Einzelner und den Angeboten verbrecherischer Schleusergruppen. Vielmehr ist es eine der normalen und verbreiteten Begleiterscheinungen der globalisierten Weltgesellschaft. Dies belegen beispielsweise Erkenntnisse des so genannten Migrationssystemansatzes, bei dem davon ausgegangen wird, dass Migrationsbewegungen zu weiten Teilen Spuren folgen, die einerseits schon in den vorangegangenen Jahrhunderten gelegt wurden, andererseits durch Entwicklungen in jüngerer Zeit beschleunigt oder erst eröffnet wurden. Kritz und Zlotnik beschreiben das Ziel des Ansatzes wie folgt: Internationale Migrationsbewegung ist "one type of linkage between nation states" und der Migrationssystemansatz beabsichtigt "to analyse its interrelations with other types of flows and exchanges that also tie countries to one another" (1992, S. 15). Die Verbindungen zwischen unterschiedlichen Ländern können historische, wirtschaftliche oder politische Ursachen haben. Darüber hinaus müssen aber auch *"interaction between different types of migrant flows or different types of migration statuses"* (1992, S. 15) berücksichtigt werden - etwa zwischen GastarbeiterInnen, AsylbewerberInnen, TouristInnen und "Illegalen". Zudem spielen Rahmenbedingungen wie geographische Lage, Arbeits- und Wohnungsmarkt eine Rolle. Im "Kontext dieser Geschichte hat sich die aktive Beteiligung der reichen Länder an den heutigen Migrationssystemen entwickelt" (Sassen 2000, S. 14). Beachtet man all dies, so kann eine "Geopolitik der Migration" (2000, S. 154ff.) oder eine "transnationale Migrationstopographie" (Bade 2000, S. 69) für jeweils näher untersuchte Gebiete erstellt werden.

Anhand der Städte Leipzig, München und Berlin möchte ich nachfolgend das Zutreffen des Migrationssystemansatzes zeigen, und zwar geschichtlich-geographisch anhand der dort anzutreffenden legalen und illegalen MigrantInnen-*Communities* sowie, in Bezug auf aktuelle Rahmenbedingungen, anhand des Arbeits- und Wohnungsmarktes.

[1] Die Inhalte dieses Abschnitts werden ausführlicher behandelt in Alt 2004b, dort finden sich auch detailliertere Verweise und Belege.

1.2 GESCHICHTE UND GEOGRAPHISCHE LAGE

Leipzigs MigrantInnen kommen vorwiegend aus Mittel- und Osteuropa sowie den Ländern der GUS-Staaten. Diese Einbindung hat Wurzeln, die lange in der Geschichte der Handelsstadt zurückliegen, sie wurden zwangsweise nochmals besonders intensiv "gepflegt" in der Zeit der sowjetischen Besatzung, als nur die Verbindungen nach Osten überhaupt offen standen. Ausnahmen waren WerkvertragsarbeiterInnen aus "sozialistischen Bruderländern" wie Vietnam, Angola und Mozambique. Leipzig hat erst nach der Wende Anschluss an das "Asylbewerber-Verteilungssystem" erhalten, welches in der Bundesrepublik seit den frühen 1980er Jahren AsylantragstellerInnen aus aller Welt gemäß einem Proportionenschlüssel den Kommunen zuweist. Leipzigs AusländerInnenanteil ist halb so groß wie der nationale Durchschnitt, es dominieren weißhäutige Menschen, was diesen Ort für farbige ‚Illegale' unattraktiv macht. München war eher zu den Ländern der ehemaligen k.u.k. Monarchie hin geöffnet. Aus diesen Ländern kamen auch eine Reihe von GastarbeiterInnen, was, zusammen mit der geographischen Lage, zuletzt deutliche Auswirkungen in der Zuwanderung "Illegaler" während des Balkankrieges zeigte. Münchens AusländerInnenanteil ist, aufgrund von GastarbeiterInnenzuwanderung, Asylzuweisungen, eines hohen Anteils an ausländischen StudentInnen und Geschäftsleuten usw. doppelt so hoch wie der nationale Durchschnitt, entsprechend ist München auch attraktiver für farbige "Illegale". Berlin weist in mehrfacher Hinsicht Besonderheiten aus: Bis zum Ende des 2. Weltkrieges war es eine offene Metropole, mit Zuwanderung aus Mittel- und Osteuropa. Während des Kalten Krieges entwickelte sich der Ostteil von Berlin ähnlich wie Leipzig, während der Westteil, von der Mauer abgeschottet, erst in den späten 1960er Jahren mit der Gastarbeiteranwerbung begann. Da sich die traditionellen Anwerbegebiete in Mittel- und Osteuropa verschlossen, die klassischen Anwerbegebiete Westdeutschlands (Italien, Spanien, Griechenland) bereits von westdeutschen ArbeitgeberInnen "abgegrast" waren, blieben nur Jugoslawien und die Türkei, was erklärt, warum gerade diese beiden ethnischen Gruppen in Berlin so stark vertreten sind. Hinsichtlich der Asylmigration kamen viele Menschen in den 1980er Jahren nach Westberlin. Einige hatten zwar keinerlei historische Verbindungen nach Deutschland (z.B. die Tamilen), wollten aber die Einreisemöglichkeit mit der DDR-Airline Interflug, über den Grenzübergang Friedrichstraße, nutzen. Der AusländerInnenanteil spiegelt den Gang von Berlins zweigeteilter Migrationsgeschichte bis heute: im Westteil Berlins liegt er deutlich über, im Ostteil deutlich unterhalb des nationalen Durchschnitts.

In allen drei Städten kann man eine Korrelation zwischen den historisch dort ansässig gewordenen legalen Nichtdeutschen und der "illegalen" Bevölkerung feststellen.[2] Illegale Migration als *Embedded Migration* bedeutet hier: Es besteht ein

[2] Vgl. hierzu die Korrelationen zwischen den Top Ten der legalen und illegalen Bevölkerungsgruppen in Leipzig, München und Berlin in der Materialanlage zu Alt 2004b, zum Download eingestellt auf URL: www.joerg-alt.de/publikationen/publikationen.html (vgl. auch Alt 2003, S. 266-270).

Migrationszusammenhang innerhalb und unterhalb der gewachsenen legalen Migrations-*Communities*.

1.3 ARBEITS- UND WOHNUNGSMARKT

Während der Datenerhebung zur Münchener Feldstudie (vgl. Alt 2003) erzählten mir Gesprächspartner aus der Südukraine in 2001/2002, dass Leipzig trotz sich verschlechternder Konjunktur immer noch vergleichsweise attraktiv für Ukrainer sei, die Arbeit auf dem Bau suchen - und entsprechend die Männer aus ihrem Dorf primär nach Leipzig und Umgebung ziehen würden. Die Frauen hingegen würden sich eher nach München orientieren, weil dort eine starke Nachfrage nach privater Haushalts- und Pflegearbeit bestand. Diese "arbeitsmarktbedingte" Zweiteilung der Migrationswege liegt an vielen Faktoren, wie z.B. dem unterschiedlich hohen Kontrollgrad auf Baustellen, dem unterschiedlichen Vorgehen bei der anschließenden Strafverfolgung, der Tatsache, dass die Schwarzarbeit von Deutschen in Haushalten in Leipzig noch nicht sozial geächtet war (in München hingegen dies als typischer "AusländerInnenjob" verschrien war) und der höheren Anzahl an Single- und Doppelverdiener-Haushalten in München. Auf dem Wohnungsmarkt hatten "Illegale" in Leipzig keine Probleme. Es stehen dort viele (unsanierte) Altbauten leer, auch wollen VermieterInnen lieber (Unter-)MieterInnen haben als leerstehende Wohnungen - und sind dann an Papieren nicht sonderlich interessiert. In München hingegen ist der Wohnungsmarkt nicht nur für Deutsche schwierig, sondern erst Recht für "Illegale": Es ist wenig zu haben, und das, was zu haben ist, zu horrenden Preisen. Entsprechend überfüllt sind die Quartiere, entsprechend hoch die Mieten - und ohne soziale Beziehungen hat man kaum Chancen, überhaupt irgendwo in günstiger Lage etwas zu finden. Die geschilderten Lebensbedingungen haben Auswirkungen auf die Lohnhöhe: Verdient ein Leipziger "illegaler" Bauarbeiter zwischen drei und fünf Euro, werden in München schon bis zu zwölf Euro gezahlt. Unterm Strich, nach Abzug von Miete und anderen Lebenshaltungskosten, kehren die Väter aus Leipzig und die Mütter aus München mit annähernd gleich hohen Ersparnissen in ihr ukrainisches Dorf zurück.

In Berlin spielt der Bau noch eine bedeutende Rolle bei der illegalen AusländerInnenbeschäftigung, wenngleich die Zeit des Baubooms auch hier lange vorbei ist. Zugleich ist vor allem in Westberlin private illegale AusländerInnenbeschäftigung stark vertreten, wo mit München vergleichbar hohe Löhne gezahlt werden (ein Radiomoderator zahlt beispielsweise in Westberlin 12 €/Stunde für eine osteuropäische Putzkraft). Anders als in Leipzig und München besteht in Berlin eine starke "Dienstleistungsbranche" für die spezifischen Bedürfnisse "Illegaler", wo Papiere aller Art (Einladungen, Sozialversicherungsausweise, Führerscheine, in- und ausländische Personalausweise und Pässe) ebenso zu beziehen sind wie Medikamente, Gewürze und andere schwer erhältliche Güter aus den Herkunftsländern. Ebenso kann hier per "Hawalla Banking"[3] Geld transferiert oder Kurier- und Überführungsaufträge aufgegeben werden - vom gebrauchten Auto bis zum Brief ist alles regelbar. Für den Bereich des Wohnens ist auch in Berlin die Bedeutung von Netzwerken festzustellen, was etwa anhand der Situation entlassener Abschiebungshäftlinge beobachtet werden kann: Jene, die Kontakte zu in Berlin lebenden Landsleuten haben (oder Zugang zu den Schleusern, von denen sie ihre "Reisepakete" erworben haben), sind schnell verschwunden. Jene, die alleine kamen, aufgrund einer Transitsituation oder aufgrund eines unvollständigen Migrationspaketes (welches z.B. nur den Grenzübertritt, nicht aber die Erstintegration in Deutschland umfasste) hier "gestrandet" sind, finden kaum ein Unterkommen und sind auf einheimische Hilfsstrukturen angewiesen. Aufgrund des oben (in 1.2) Gesagten würde nahe liegen, dass farbige "Illegale" (Vietnamesen ausgenommen) nicht im Osten, sondern eher in Stadtteilen des Berliner Westens mit hohem AusländerInnenanteil wohnen, während "Illegale" aus den ehemaligen Warschauer Pakt-Staaten oder solche mit Beziehungen zu AussiedlerInnen verstärkt im Osten leben. Dem scheint nicht so zu sein: Die Malteser Migranten Medizin, die versuchen, PatientInnen zu ÄrztInnen und Betreuungseinrichtungen in der Nähe ihrer Wohnung zu vermitteln, stellt fest, dass farbige ‚Illegale‘ durchaus in Stadtvierteln mit einem "weißen Straßenbild" leben - dies gilt für das noble Neu-Westend ebenso wie für Ostberliner Stadtteile, die eher für ihren hohen Anteil an rechten Schlägerbanden als für ihren AusländerInnenanteil bekannt sind. Letzteres könnte damit zusammenhängen, dass Wohnraum in Ostberlin einfacher und billiger erhältlich ist als in Westberlin, wo verfügbare Kontingente bereits von lang ansässigen MigrantInnengruppen für die mit ihnen Verbundenen "aufgemietet" wurden.

1.4 ZWISCHENBILANZ

Dies sind nur einige Anzeichen dafür, wie verwoben illegale Migrationsbewegungen mit gewachsenen Strukturen sind, wie transnationale soziale Räume zunehmend Migrationsherkunfts- und Zielländer verbinden und wie sehr deutsche BürgerInnen Teil dieses Systems sind - sei es als binationale EhepartnerInnen, als Freunde oder als gewerbliche oder private ArbeitgeberInnen, die ihre zuverlässigen HelferInnen um keinen Preis verlieren wollen. Innerhalb dieser Netzwerke zirkulieren die nötigen Tipps und Ressourcen, wie man die immer perfekter werdenden Grenzkontrollen austricksen kann. Der Erfindungsreichtum von MigrantInnen und ihren "Dienstleistern" innerhalb dieser Netzwerke ist enorm: Gerade weil Behörden die neu entwickelten und praktizierten Wege erst finden müssen, gleicht dieses *Business* einem Katz- und Mausspiel: Für jeden Weg, den die Behörden stopfen, gilt eine zentrale Regel, die Castells in seinem viel beachteten Buch "Die Netzwerkgesellschaft" wie folgt formuliert: "Ist ein solches Netzwerk erst einmal hergestellt, so wird jeder Knoten, der sich ausklinkt" oder ausgeklinkt wird, "einfach

[3] Hawalla-Banking, arabischen oder indischen Ursprungs, bezeichnet einen Weg, Bargeld schnell, billig und unentdeckt über Grenzen zu bringen

übergangen, und die Ressourcen - Kapital, Information, Technologie, Güter, Dienstleistungen, qualifizierte Arbeit" oder illegale MigrantInnen "fließen einfach weiter durch das übrige Netzwerk." (2003, S. 156f.)[4]

2. Das neue Zuwanderungsgesetz

Blickt man zurück auf die Empfehlungen der Unabhängigen Kommission "Zuwanderung", den Stellungnahmen der Verbände und Kirchen zum Koalitionsentwurf des Zuwanderungsgesetzes sowie all jenem, was die politischen Parteien auf diesem Gebiet vor dem 11. September 2001 für möglich und sinnvoll erachtet hatten,[5] fällt einem zunächst all das auf, was in diesem Gesetz NICHT verändert wurde.

- Humanitär motivierte Hilfe wurde nicht vom Straftatbestand der Beihilfe zu unerlaubtem Aufenthalt ausgenommen,
- "illegalen" Kindern wird der Schulbesuch nicht ermöglicht,
- trotz Problemanzeige wurden keine Verbesserungen bei der medizinischen Versorgung "Illegaler" und deren Schutz vor Ausbeutung überlegt.

2.1 Direkte Auswirkungen

Stattdessen enthält das Aufenthaltsgesetz (AufenthG) einen Paragraphen zur "Verteilung unerlaubt eingereister Ausländer" sowie sieben Paragraphen, die die Bereiche Zurückweisung, Zurückschiebung, Schleusung sowie Er- und Übermittlung von Daten unerlaubt eingereister Personen betreffen. Damit verbleiben die direkt auf unerlaubte Zuwanderung und unerlaubten Aufenthalt bezogenen Maßnahmen wie bisher vor allem im Bereich von Kontrolle. Damit verbleibt man aber im Reich der Symbolpolitik, denn schon seit Jahren gibt es Anzeichen, dass repressive Ansätze illegale Zuwanderungsmechanismen verändern, die Zuwanderung selbst aber nicht verhindern können: Die illegale Einreise über die Grüne oder Blaue Grenze macht einen immer kleineren Anteil am irregulären Migrationsgeschehen aus.[6] Stärker ist die Verwendung gefälschter Papiere oder Mogeleien beim Visumserteilungsverfahren - dies wird auch vom Bundesgrenzschutz inzwischen erkannt.[7] Genau diese

---

[4] Zur Analyse von illegaler Migration als einem so genannten "Netzwerkgeschehen" siehe Alt 2003, S. 397ff.

[5] Siehe hierzu Anlage 11 ("Positionen der Unabhängigen Kommission Zuwanderung und der politischen Parteien zu Illegalität") sowie Anlage 12 ("Positionen nichtstaatlicher Institutionen und Organisationen zu Illegalität") meiner Studie, zum Herunterladen eingestellt auf URL: www.joerg-alt.de/publikationen/ material-anlagen/materialanlagen.html.

[6] Die Darlegungen dieses Unterkapitels 2.1. werden ausführlicher behandelt in Alt 2004b, dort finden sich auch detailliertere Verweise und Belege.

[7] Hubertus Wollny vom Grenzschutzpräsidium Nord in einem Vortrag an der Polizei-Führungsakademie Münster (27.-29.10.2003): *"Einer der neuesten Trends der Einreise in das Schengen-Gebiet ist der Missbrauch von Schengen-Visa, indem Botschaften über die wahren Gründe der beabsichtigten Reise ... bzw. die nicht vorhandene Rückkehrbereitschaft getäuscht werden .... Des Weiteren konnte die Nutzung von gefälschten und verfälschten Reisepässen, Visa, Aufenthaltsgenehmigungen, Personalausweisen, Führerscheinen, Versicherungsdokumenten sowie der Missbrauch von echten Dokumenten festgestellt werden."* (Wollny 2003, S. 11f.)

Variante der illegalen Migration, die so genannte scheinbar legale Einreise, wird kaum zu unterbinden sein: Die Abwehrbestrebungen der Innenbehörden kollidieren zunächst mit den Politikzielen anderer Ministerien, die grenzübergreifende Migration fördern wollen, etwa dem Wirtschaftsministerium und dem Auswärtigen Amt. Schließlich ist man im Zeitalter der Globalisierung an der Einreise und dem vorübergehenden Aufenthalt bestimmter Personengruppen sehr interessiert und wirbt geradezu um sie, um etwa im "Wettbewerb um die klügsten Köpfe" mithalten zu können oder Deutschland als weltoffenes und freundliches Land darzustellen, welches man als Tourist gerne besucht und mit dem man gerne Handel treibt. Neben Geschäftsleuten und hochbegabten StudentInnen sind auch BesucherInnen, Touristinnen, Au Pairs oder (Sprach-) StudentInnen hochwillkommen.
Zwar will man mit biometrischer Aufrüstung Pässe fälschungssicher machen und auf diese Weise Missbrauch verhindern. Solche Mittel werden aber, wenn ihre Fehleranfälligkeit irgendwann einmal beseitigt sein wird, lediglich an Flughäfen im erhofften Ausmaß funktionieren. Illegale Einreise an den Grenzübergängen wird auch mit biometrischer Zusatzsicherung aufgrund der schieren Masse der Reisebewegungen nicht kontrollierbar und entsprechend nicht zu verhindern sein. Der Bundesgrenzschutz meldet folgende Ein- und Ausreisebewegungen nur für den Bereich der Schengen-Außengrenze:

Abbildung 1: Ein- und Ausreisen im grenzüberschreitenden Verkehr (ohne Schengen-Binnengrenze und Flugverkehr zwischen den Schengenstaaten)

2002	2001	2000
436 580 484	457 332 844	495 378 265

Quelle: Jahresbericht 2002, Bundesministerium des Inneren 2003, S. 28

Selbst die Pressesprecherin beim Bundesinnenministerium, Gabi Holtrup, räumt ein, "dass trotz intensivierter grenzübergreifender Kooperation und mehr Geld für Personal und technische Ausrüstung eine lückenlose Kontrolle unmöglich ist. Holtrup: ‚Natürlich wird nicht jedes Auto an einer Schengengrenze kontrolliert, sonst würde der Verkehr zusammenbrechen'" (Rheinischer Merkur, 11.12.2003).
Indirekte Auswirkungen[8]
Gravierender als die direkten Auswirkungen des Zuwanderungsgesetzes auf den Problemkomplex Illegalität sind dessen indirekte Auswirkungen, die meiner Ansicht nach zur Illegalisierung und Kriminalisierung von Menschen beitragen werden. Hierzu einige Beispiele:

[8] Die Inhalte dieses Abschnitts werden ausführlicher behandelt in Alt 2004a, dort finden sich auch detailliertere Verweise und Belege.

2.1.1 LEGALE ZUGÄNGE UND OPTIONEN WERDEN VERSCHLOSSEN

Einen starken Einfluss hat die Terrorismusbekämpfungsdebatte auf das Zuwanderungsgesetz ausgeübt, etwa bei der Visapolitik und den damit zusammenhängenden Verfahren (vgl. §§ 5,6 und 49 AufenthG). Nach den Terroranschlägen vom 11. September 2001 wurde unter den visapflichtigen Staaten nochmals eine besondere Gruppe von "Problemstaaten" (TBGE 2001, S. 55) identifiziert, bei denen, um die Zuwanderung von Terroristen zu verhindern bzw. Rückführungsprobleme schon im Vorfeld beseitigen zu können, besonders scharf geprüft wird; namentlich erwähnt werden etwa Ägypten, Iran, Afghanistan und Pakistan.[9] Dabei wird aber nicht stehen geblieben. Im Begründungsteil zum Regierungsentwurf des Zuwanderungsgesetzes heißt es im Hinblick auf das Visumsverfahren: *"Als wahrscheinliche Brennpunkte mit besonders hohem Aufkommen an Anfragen sind neben den GUS- und Mittel-Ost-Europäischen-Staaten vor allem Länder mit bekannt hohem Migrationsdruck wie z.B. die Türkei, China, Iran, Pakistan, Indien, Nigeria, Ghana, Algerien, Tunesien, Marokko, Kolumbien, Ekuador und Bolivien zu erwarten."* (ZuwGE 2001, S. 63)

In beiden Auflistungen fällt zunächst ein beachtlicher Anteil an Staaten auf, die bekannt sind für ihre Menschenrechtsverletzungen. Deshalb können diese Maßnahmen auch Flüchtlingen die Einreise erschweren - entgegen der Mahnung des Hohen Flüchtlingskommissars der Vereinten Nationen (UNHCR), nach der Sorge getragen werden soll, dass die beabsichtigten Maßnahmen zur Zuwanderungskontrolle (a) Flüchtlinge nicht unnötigerweise kriminalisieren, und (b) die schutzwürdigen Belange von Flüchtlingen nicht dadurch gefährdet werden. Hierbei ist der UNHCR durchaus der Meinung, dass Flüchtlingsschutz mit der Zielrichtung der vom Innenministerium im Zuge der Terrorbekämpfung häufig zitierten Resolution 1373 des UN-Sicherheitsrates in Einklang gebracht werden kann.[10]

Es fällt sodann auf, dass unter den oben genannten Ländern solche sind, aus denen besonders viele "Illegale" nach Deutschland kommen.[11] Entsprechend drängt sich der Eindruck auf: Eine Reihe von Maßnahmen im Vorfeld der Einreise dienen weniger der Terrorismusbekämpfung als anderen Zwecken, denn: Top-Terroristen reisen in aller Regel weder illegal ein, noch stellen sie Asylanträge, noch besitzen sie Pässe von "Problemstaaten": Aufgrund der für sie besonders wichtigen Unauffälligkeit

[9] Vgl. § 49 Abs. 3 AufenthG, ZuwGE 2001: 83 sowie Spiegel-Online vom 02.06.2002.

[10] Vgl. UNHCR 2001. Gerade bei Flüchtlingen ist bekannt, dass sie oft auf falsche oder gefälschte Papiere angewiesen sind, um überhaupt ihr Land verlassen zu können. Insbesondere würde kein Staat, wenn er die Personen wirklich verfolgt, Papiere auf ihren wirklichen Namen ausstellen - dies zwingt geradezu zur Annahme einer vorgetäuschten Identität, wenn man etwa sicher stellen will, dass der Verfolgerstaat aufgrund der möglichen Kooperation deutscher Behörden mit jenen anderer Ländern, etwa im Zusammenhang mit der Terrorismusbekämpfung, von den eigenen Ausreise- und Fluchtabsichten informiert wird.

[11] Vgl. Alt 2003, S. 267-269 sowie Anlage 7 ("Überprüfung migrationssystematischer Aussagen"), basierend auf Statistiken der Grenzschutzdirektion Koblenz, Berichtszeitraum 2000-2001, Az. I 31-11 10 01/Jl Sta, Koblenz, 18.06.2002. Zum Herunterladen eingestellt auf URL: www.joerg-alt.de /publikationen/materialanlagen/materialanlagen.html.

werden sie alles zu vermeiden suchen, was sie in die Nähe von irgendetwas bringt, was die deutsche Gesetzgebung bzw. Verwaltung als "problematisch" definiert - seien es entsprechende Herkunftsländer oder das Milieu der "Illegalen". Deshalb wird man sie auch nicht über eine "identitätssichernde Sprachaufzeichnung" erwischen. Man erinnere sich in diesem Zusammenhang: Von den Attentätern des 11. Sept. 2001 hielt sich bis auf eine Ausnahme niemand "illegal" in Deutschland auf (vgl. SPIEGEL 36/2002, S. 122), drei der vier Todespiloten gehörten zu jenen *High Potentials*, die Deutschland auch und gerade mit dem jetzigen Zuwanderungsgesetz im weltweiten Wettbewerb um die klügsten Köpfe verzweifelt für seine Universitäten zu gewinnen sucht. Also ist der Schluss nahe liegender, dass unter dem Vorwand der Terrorismusbekämpfung Instrumente installiert werden sollen, mit deren Hilfe unerwünschte Zuwanderung bekämpft werden soll.

2.1.2 Behörden können MigrantInnen gegenüber mit schwer widerlegbaren Unterstellungen arbeiten

Beispiel Statusverbesserung:
In § 25 Abs. 3 AufenthG wird festgelegt, dass jenen Ausländern, bei denen individuell "die Voraussetzungen für die Aussetzung der Abschiebung nach § 60 Abs. 2, 3, 5 oder 7 vorliegen", eine Aufenthaltserlaubnis erteilt werden "soll" (was prinzipiell eine Verbesserung zum bisherigen "kann" darstellt). Gleich werden hiervon jene ausgeschlossen, bei denen "die Ausreise in einen anderen Staat möglich und zumutbar ist" und die "wiederholt oder gröblich gegen entsprechende Mitwirkungspflichten" verstoßen. Gerade Flüchtlinge, die über keinerlei Unterlagen verfügen, könnten hier zu erwartende Unterstellungen nicht widerlegen.

Beispiel Sozialhilfe:
Ein ähnlicher "Kniff" wird im Asylbewerberleistungsgesetz eröffnet. Nach Artikel 8 (Änderung des Asylbewerberleistungsgesetz) Nr. 3 wird § 2 Abs. 1 AsylbLG, dahingehend geändert, dass nach Ablauf der 36-Monatsfrist von den verbesserten Sozialhilfeleistungen nach BSHG all jene ausgeschlossen werden, die die "Dauer des Aufenthalts ... rechtsmissbräuchlich selbst beeinflusst haben". Auch hier ist eine Möglichkeit zur Unterstellung, von der - angesichts bisheriger Erfahrung - sicherlich weiter Gebrauch gemacht wird und gegen die sich die Betroffenen kaum werden zur Wehr setzen können.

2.1.3 Unbestimmte Rechtsbegriffe eröffnen weite Handlungsspielräume zu Ungunsten von MigrantInnen

Beispiel Ausweisung:
In § 54 Nr. 5 i.V.m. § 5 Abs. 4 AufenthG wird ein neuer Ausweisungsgrund eingeführt. Er ermöglicht die Ausweisung, wenn die freiheitliche demokratische Grundordnung gefährdet ist, aber auch wenn bei der Verfolgung politischer Ziele zu Gewaltanwendung aufgerufen wurde. Das Bundesjustizministerium hat in seiner Stellungnahme zum ersten Entwurf des Terrorismusbekämpfungsgesetz die Weite und

Unbestimmtheit dieser Vorschrift kritisiert: Vom Wortlaut seien nicht nur terroristische Gewalttaten erfasst, sondern auch kritische Äußerungen z.B. gegen Menschenrechtsverletzungen (Bundesministerium der Justiz 2001, S. 21, 24).

Beispiel Abschiebungsaussetzung:
Ähnlich dürfte es bei der Umsetzung des § 60a AufenthG verlaufen, nach der eine oberste Landesbehörde die Abschiebungen von "Ausländern" und bestimmten "Gruppen" bis zu 6 Monate aussetzen kann (!).[12] Auch diese Personen können (!) unter die Bestimmungen von § 25 AufenthG Abs. 5 fallen, in dem steht, dass eine Duldung spätestens nach 18 Monaten (bisher 24 Monaten) durch eine Aufenthaltserlaubnis ersetzt werden "soll" (eine Verbesserung zum bisherigen "kann").[13] Aber erneut werden mögliche und großzügig interpretierbare Ausschlussgründe gleich mitgeliefert, wenn es heißt: *"Eine Aufenthaltserlaubnis darf nur erteilt werden, wenn der Ausländer unverschuldet an der Ausreise gehindert ist. Ein Verschulden des Ausländers liegt insbesondere vor, wenn er falsche Angaben macht oder über seine Identität oder Staatsangehörigkeit täuscht, oder zumutbare Anforderungen zur Beseitigung der Ausreisehindernisse nicht erfüllt."*
Ergo: Zwar wird die Ermessensfreiheit der Behörden an einigen Stellen durch die Ersetzung bisheriger "Kann"-Bestimmung durch "Soll"-Bestimmungen eingeschränkt, gleichzeitig ermöglichen so genannte "unbestimmte Rechtsbegriffe" wie etwa "in absehbarer Zeit" oder "unverschuldet" weite Handhabungsspielräume. Entsprechend wird es entscheidend darauf ankommen, wie diese Bestimmungen praktisch umgesetzt und ausgelegt werden. Bisherige Erfahrungen im Umgang mit Geduldeten legen indessen nahe, dass Behörden von restriktiven Möglichkeiten großzügig Gebrauch machen werden, d. h. Kettenduldungen oder sie ersetzende "Bescheinigungen" mit den darauf aufbauenden Missständen, vor allem der ‚Illegalisierung' der Betroffenen, werden fortdauern oder sich gar verschärfen.

---

[12] *"(1) Die oberste Landesbehörde kann aus völkerrechtlichen oder humanitären Gründen oder zur Wahrung politischer Interessen der Bundesrepublik Deutschland anordnen, dass die Abschiebung von Ausländern aus bestimmten Staaten oder von in sonstiger Weise bestimmten Ausländergruppen allgemein oder in bestimmte Staaten für längstens sechs Monate ausgesetzt wird. Für einen Zeitraum von länger als sechs Monaten gilt § 23 Abs. 1.*
(2) Die Abschiebung eines Ausländers ist auszusetzen, solange die Abschiebung aus tatsächlichen oder rechtlichen Gründen unmöglich ist und keine Aufenthaltserlaubnis erteilt wird.
(3) Die Ausreisepflicht eines Ausländers, dessen Abschiebung ausgesetzt ist, bleibt unberührt.
(4) Über die Aussetzung der Abschiebung ist dem Ausländer eine Bescheinigung auszustellen."

[13] *"Einem Ausländer, der vollziehbar ausreisepflichtig ist, kann abweichend von § 11 Abs. 1 eine Aufenthaltserlaubnis erteilt werden, wenn seine Ausreise aus rechtlichen oder tatsächlichen Gründen unmöglich ist und mit dem Wegfall der Ausreisehindernisse in absehbarer Zeit nicht zu rechnen ist. Die Aufenthaltserlaubnis soll erteilt werden, wenn die Abschiebung seit achtzehn Monaten ausgesetzt ist."*

2.1.4 RESTRIKTIVE AUSLEGUNG VON ERMESSENSSPIELRÄUMEN WIRD VORGEGEBENEN ODER IST ZU ERWARTEN

Nach der Rechtsprechung des Bundesverfassungsgerichtes ist "Familie" im Sinne von Art. 6 Grundgesetz die Gemeinschaft von Eltern und Kindern *ohne* Rücksicht darauf, ob diese volljährig und schon aus dem Haushalt ausgeschieden sind oder noch minderjährig und von den Eltern abhängen (Bundesverfassungsgericht, Urteil vom 05.02.1981, 2 BvR646/80, BVerfGE 57, 170). Dieser Leitgedanke der Kernfamilie ist im Zuwanderungsgesetz nicht konsequent umgesetzt: Je nach Status der Eltern, nach Sprachkenntnissen des Kindes bzw. danach, ob das Kind gemeinsam mit den Eltern eingereist ist, ist die Grenze für den Nachzug laut § 32 AufenthG sowohl 16 als auch 18 Jahre, und zwar nicht abhängig von der Qualifikation der Kinder, sondern von der Qualifikation der Eltern. Denn für die 16- bis 18-jährigen Kinder von Personen mit einer Niederlassungserlaubnis ist der Nachzug außerhalb des Familienverbundes möglich, ohne dass sie über Deutschkenntnisse verfügen müssen. An dieser Stelle ist zu fragen, welches Familienbild einer Regelung zugrunde liegt, nach der die Kinder von Hochqualifizierten besser gestellt werden als sonstige Kinder. Zwar kann Kindern nach § 32 Abs. 4 AufenthG auch abweichend von den in § 32 Abs. 2 und 3 AufenthG dargelegten Kriterien eine Aufenthaltserlaubnis erteilt werden, das Bundesinnenministerium beeilte sich aber mit der Klarstellung, dass etwaige Spielräume restriktiv gehandhabt werden.[14]

Ganz ausgenommen von der Möglichkeit des Familiennachzugs sind Angehörige von Personen, die aus tatsächlichen Gründen nicht ausreisen können und deshalb eine Aufenthaltserlaubnis erhalten. Begründet wird dies mit dem vorübergehenden Charakter des Aufenthaltes bzw. der bestehenden Ausreisepflicht.[15] Leider bleibt dabei außer Acht, dass tatsächliche Ausreisehindernisse keineswegs stets nur ein oder zwei Jahre dauern. Die Altfallregelung der Innenministerkonferenz vom 19. Nov. 1999 zeigt dies: Damals erschien eine Regelung auch für Personen notwendig, die sich seit mindestens zehn Jahren mit einer Duldung in Deutschland aufhielten und aus tatsächlichen Gründen nicht ausreisen konnten. In solchen Fällen wäre nach dem Gesetzentwurf ein Nachzug erst möglich, wenn das hier lebende Familienmitglied eine Niederlassungserlaubnis erhält - was frühestens nach sieben Jahren der Fall sein wird, aber auch dann noch im Ermessen der Behörde steht (§ 26 Abs. 4 AufenthG). Da § 29 AufenthG die allgemeinen Voraussetzungen für den Familiennachzug regelt, verleiht auch § 30 Abs. 1 Nr. 4 AufenthG in diesen Fällen keinen Anspruch auf Ehegattennachzug, so lange nur die Aufenthaltserlaubnis erteilt wurde. Es fehlt somit an einer Ausnahmeregelung, die darauf Rücksicht nimmt, ob der Aufenthalt so lange dauert, dass eine weitere Trennung nicht mehr zugemutet werden kann.

---

[14] Stellungnahme des Bundesministeriums des Innern zum Zuwanderungsgesetz vom 18. Juni 2004, S. 3: Bei Kindernachzug gilt demnach eine "restriktive Ermessensregelung".

[15] § 29 Abs. 3 S. 2 AufenthG, vgl. ZuwGE 2001: 76 (Bezug nehmend auf § 25 Abs. 4 und 5 AufenthG). Nicht ganz eindeutig ist, ob sich das Kriterium des vorübergehenden Aufenthaltes auch auf § 25 Abs. 5 oder nur auf Abs. 4 AufenthG bezieht.

2.2 AUSKLAMMERUNG WICHTIGER ILLEGALISIERUNGSMECHANISMEN

Ebenso bedeutsam für das Ausmaß an illegalem Aufenthalt sind jene "Illegalisierungsmechanismen", die seit langem bekannt sind und die dennoch nicht im Zuwanderungsgesetz angegangen werden.[16] Im Folgenden gehe ich auf die drei wichtigsten Aspekte ein.

2.2.1 MÄNGEL IM ASYLVERFAHREN, AUSWEISUNGSPRAXIS

Seit langem ist bekannt, dass ein fehlender Zugang zu Beratung (und sich dadurch eröffnenden Möglichkeiten zu falscher Beratung) ein wichtiger Grund ist, dass viele Flüchtlinge, etwa aufgrund von Traumatisierungen oder kulturellen Prägungen, mit den Erfordernissen und Abläufen des Asylverfahrens nicht klarkommen, deshalb im Anhörungsverfahren "patzen", Fristen vergessen oder sonst Ansatzpunkte bieten, aufgrund deren das Asylbegehren abgewiesen werden kann. Auf all diese Missstände wird im neuen Zuwanderungsgesetz nicht angemessen eingegangen. Im Gegenteil: Die Anforderungen an die Kooperation Minderjähriger werden verschärft. Bestimmungen wie etwa die in § 49 AufenthG legen nahe, dass man seitens des Gesetzgebers sehr bemüht ist, Minderjährigen, die ihnen aufgrund internationaler Verträge zustehende und zugesicherte altersbedingte Vorzugsbehandlung zu verweigern. Dort heißt es etwa in den Absätzen 2 und 4: *"(2) Bestehen Zweifel über die Person, das Lebensalter oder die Staatsangehörigkeit des Ausländers, so sind die zur Feststellung seiner Identität, seines Lebensalters oder seiner Staatsangehörigkeit erforderlichen Maßnahmen zu treffen ... (4) Maßnahmen .... sind die Aufnahme von Lichtbildern und Fingerabdrücken sowie die Vornahme von Messungen und ähnlichen Maßnahmen. Diese sind zulässig bei Ausländern, die das 14. Lebensjahr vollendet haben. Zur Feststellung der Identität sind diese Maßnahmen nur zulässig, wenn die Identität in anderer Weise, insbesondere durch Anfragen bei anderen Behörden nicht oder nicht rechtzeitig oder nur unter erheblichen Schwierigkeiten festgestellt werden kann."* Hierbei ist unklar, auf wessen Seite im Fall von "Zweifeln" die Beweislast ruht, was "nur unter erheblichen Schwierigkeiten" bedeutet und welche Eingriffe der Ausdruck "ähnliche Maßnahmen" beinhaltet. Dabei ist aus der Flüchtlingssozialarbeit durchaus bekannt, dass Kinder in Krisenzeiten schnell wie "Kleine Erwachsene" aussehen, das bedeutet aber nicht, dass ihre Entwicklung auch altersgemäß verläuft und sie deshalb keinen Anspruch mehr auf eine kindgemäße Behandlung hätten. Im Gegenteil! Dessen ungeachtet wird aber in § 80 Abs. 1 und 2 AufenthG festgelegt: *"(1) Fähig zur Vornahme von Verfahrenshandlungen nach diesem Gesetz ist ein Ausländer, der das 16. Lebensjahr vollendet hat, sofern er nicht nach Maßgabe des Bürgerlichen Gesetzbuchs geschäftsunfähig oder im Falle seiner Volljährigkeit in dieser Angelegenheit zu betreuen und einem Einwilligungsvorbehalt zu unterstellen wäre. (2) Die mangelnde Handlungsfähigkeit eines Minderjährigen steht seiner Zurückweisung*

[16] Bedenken wurden vorgetragen in Alt 1999, Teil III/1 sowie Alt 2002.

und Zurückschiebung nicht entgegen. Das Gleiche gilt für die Androhung und Durchführung der Abschiebung in den Herkunftsstaat, wenn sich sein gesetzlicher Vertreter nicht im Bundesgebiet aufhält oder dessen Aufenthaltsort im Bundesgebiet unbekannt ist." Dabei ist das deutsche Asyl- und Ausländerrecht auch nach der jetzigen "Reform" selbst für deutsche Experten nur mit Mühe durchschaubar und handhabbar, geschweige denn für (unbegleitete) minderjährige Nichtdeutsche.

Ebenso ist bekannt, dass viele Flüchtlinge aus Angst untertauchen, weil sie die Ausreiseaufforderung und Abschiebungsandrohung missverstehen und in Panik geraten. Nach § 59 Abs. 3 AufenthG stehen *"dem Erlass der Androhung ... das Vorliegen von Abschiebungsverboten nicht entgegen ..."*. Gerade Personen, die der Sprache nur mangelhaft mächtig sind und denen nur selten ausreichende Beratungsmöglichkeiten zur Verfügung stehen, werden ein solches Papier erhalten, "Abschiebung" lesen, in Panik geraten und untertauchen. Die Abschiebung muss im Gegensatz zur aktuellen Rechtslage nach einem Jahr nicht erneut angedroht werden, was die Unsicherheit der Menschen erhöhen wird. Diese Beibehaltung trotz aller Warnungen verleitet zu dem Schluss, dass der Gesetzgeber diese Reaktion von MigrantInnen dulden, wenn nicht sogar fördern will.

2.2.2 FAMILIENMIGRATION

Der Familienbegriff nichteuropäischer Kulturen umfasst nicht nur Eltern und minderjährige Kinder, sondern selbstverständlich auch (erwachsene) Brüder und Schwestern, Onkel, Tanten, Großeltern usw. Entlang dieser Großfamilien laufen viele illegale Migrationsprojekte - was nahe liegt: Schließlich laufen durch die Netzwerke dieser transnationalen sozialen Räume eine Fülle von Ressourcen, die nicht nur während der Migration selbst, sondern auch bei der Ankunft und beim Fußfassen in der neuen Umgebung von allergrößter Bedeutung sind. Für diese Migrationsbewegungen trifft das neue Gesetz keinerlei Regelungen. Hinsichtlich eines derartig erweiterten Familienverständnis in nichteuropäischen Kulturen bemerkt § 36 AufenthG nur recht lapidar, dass "sonstigen Familienangehörigen eines Ausländers" der Nachzug erlaubt werden "kann" (!), wenn es "zur Vermeidung einer außergewöhnlichen Härte erforderlich ist".

Auch die ursprünglich von der Koalition vorgesehenen Regelungen in § 20 AufenthG hätten in diesem Bereich greifen und viel Elend vermeiden können: Neben den Zulassungskriterien Ausbildung, Berufserfahrung, Alter und Sprachkenntnissen war in § 20 Abs. 3 Nr. 5 AufenthG (vgl. ZuwGE 2001, S. 71) auch das Vorhandensein von (gut integrierten) Verwandten in Deutschland als Zulassungserteilungskriterium festgeschrieben. Konkret: Migrationsbewegungen, die aufgrund vorhandener Migrationsbereitschaft und -möglichkeit ohnehin mit einer gewissen Wahrscheinlichkeit stattfinden, hätten so in legalen Strukturen eingefangen werden können; die schon in Deutschland lebenden Verwandten und Bekannten hätten zudem den Neuankömmlingen bei der Erstorientierung und dem Sprachelernen helfen können - ein Pluspunkt unter dem Integrationsleitziel und dem Aspekt hier auftretender Kostenminimierung. Aber: Dieser Paragraph wurde auf Druck der Union gestrichen.

2.2.3 KEINE REGELUNGEN FÜR NIEDRIG QUALIFIZIERTE JOBS

Empirische Forschung belegt nicht nur für Deutschland, dass gerade im Bereich der niedrig- und gering qualifzierten Beschäftigung illegale Ausländerbeschäftigung mit der damit verbundenen Ausbeutung in hohem Ausmaß stattfindet. Darüber hinaus legen Erkenntnisse nahe, dass bestimmte Branchen in diesem Bereich, gerade im Zeitalter der Globalisierung und Deregulierung, ohne die Beschäftigung illegaler, williger und billiger Arbeitskräfte überhaupt nicht mehr überlebensfähig wären. Wichtige Beschäftigungsfelder sind etwa Bau, Landwirtschaft, Reinigungs-, Hotel- und Gaststättengewerbe, private Alten- und Krankenpflege. Alle verfügbaren Erkenntnisse zeigen, dass auch in Deutschland, gerade angesichts der demographischen Entwicklungen, in diesen Sektoren ein Bedarf an gering qualifizierten Arbeitskräften besteht, der nicht durch deutsche Arbeitslose befriedigt werden kann. Hier kann angenommen werden, dass bei unveränderten bzw. nur einseitig (repressiv) veränderten Rahmenbedingungen auch zukünftig viele ‚Illegale' tätig sein dürften und entsprechend ein konstruktives Nachdenken über alternative Regelungsansätze angebracht gewesen wäre.

Ebenso wäre Folgendes für die Überlegungen zum Zuwanderungsgesetz von Bedeutung gewesen: Eine beachtliche Anzahl "Illegaler" kommt mit der Absicht eines vorübergehenden Aufenthalts nach Deutschland, um Geld für ein bestimmtes Projekt zu verdienen, etwa ein eigenes Haus, eine Wohnung, ein Geschäft, die Tilgung von Schulden, die finanzielle Absicherung einer Operation, eines Kur- oder Krankenhausaufenthalts. Erst aufgrund der hier vorgefundenen Lebens-, Beschäftigungs- und vor allem Ausbeutungsverhältnisse verlängert sich dann bei vielen der Aufenthalt. Um hier mehr Berechenbarkeit zu erreichen, wären befristete Beschäftigungsverhältnisse sinnvoll gewesen, in Verbindung mit Vorkehrungen, die eine Rückkehr nach Ablauf der befristeten Arbeitszeit sicherstellen.[17]

Die Abwesenheit von Regelungen in diesen Bereichen gibt Anlass zum Verdacht, dass die Gesetzesvorlage am gegenwärtigen Zustand nichts ändern will und der Devise folgt: ‚Die, die ohnehin unerlaubt kommen und hier (unerlaubt) arbeiten, mögen dies weiter tun - wir müssen uns um die kümmern, die erst eine Einladung brauchen, bevor sie sich auf den Weg machen.' Anders gesagt: Die Abwesenheit von Regelungen nähren den Eindruck, dass man diese Bereiche auch weiterhin den dort aufgrund operierender "Angebot-und-Nachfrage-Mechanismen" tätigen "Illegalen" überlassen will - ohne sich aber um eine Stärkung ihrer Rechte zu kümmern.

[17] Andere EU-Staaten haben mit solchen befristeten Programmen offensichtlich gute Erfahrungen. In Spanien scheint die Rückreise von Personen, die befristet ins Land gelassen werden, zu gelingen. Bei der Rückkehr müssen sie sich im Heimatland beim spanischen Konsulat melden, eine Voraussetzung, zu einem späteren Zeitpunkt wieder nach Spanien reisen zu dürfen - vgl. EUK 2004, S. 8 sowie Alt 2003, S. 474f.

2.3 ZWISCHENBILANZ

Was als Paradigmenwechsel in der deutschen Zuwanderungspolitik begann, endete als das, was Ausländerpolitik bislang meistens war: Gefahrenabwehrpolitik. Nur unter verschärften Bedingungen, die durch die Terroranschläge vom 11. September 2001 und 11. März 2004 verursacht wurden. Wie deutlich die Auswirkungen der Terrorismus-Bekämpfungsdebatte auf das Zuwanderungsgesetz sind, verdeutlicht etwa das Gutachten "Illegale Einwanderung in die EU. Regelung und Maßnahmen in Deutschland" der Wissenschaftlichen Dienste des Deutschen Bundestags. Dort heißt es:
"Klarstellend sei darauf hingewiesen, dass der Schwerpunkt des Terrorismusbekämpfungsgesetzes nicht in der generellen Bekämpfung der illegalen Einwanderung liegt. Potenzielle Terroristen stellen nur einen geringen Bruchteil der illegalen Einwanderer. Allerdings erhalten die durch das Terrorismusbekämpfungsgesetz eingeführten allgemeinen verschärfenden Regelungen insbesondere im Ausländerrecht oftmals auch Bedeutung für die Bekämpfung von nichtterroristisch motivierter illegaler Einwanderung" (2004, S. 8).
Mit diesem Gesetzespaket beweist die deutsche Politik einmal mehr, dass sie immer noch nicht in der globalisierenden Welt angekommen ist. Weniger denn je müssen Menschen heutzutage fragen, was ihnen erlaubt ist, sondern eher, was ihnen möglich ist. Dies gilt für den Arbeitgeber, der seine Firma im Wettbewerb halten will, für die Familie, deren Pflegegeld nicht für die Betreuung der Großmutter reicht, ebenso wie für Flüchtlinge, Familienangehörige oder ArbeitsmigrantInnen, die sich durch Migration Hoffnungen auf eine Verbesserung ihrer Lebenssituation machen. Als Faustregel ist aus meiner Sicht zu beobachten: ‚Überall dort, wo angesichts der bestehenden Nachfrage keine legalen Zuwanderungsmöglichkeiten existieren, werden illegale Zuwanderungsmöglichkeiten gesucht, die - aufgrund zunehmender Integration weiter Bereiche unserer Welt - auch gefunden werden können.‘
Insofern werden illegale Zuwanderung und unerlaubter Aufenthalt auch weiterhin vorkommen, wenngleich sich die Situation für MigrantInnen und UnterstützerInnen nochmals verschärfen wird: Es ist schließlich nicht ausgeschlossen, dass die Politik, da sie angeblich die regelbare Zuwanderung abschließend behandelt hat, nun umso härter gegen die ungeregelte Zuwanderung vorgehen wird. Ungeachtet der Folgen, die dies für unsere Rechtskultur und für viele Menschen in Not ebenso haben wird wie für die wachsende Bedeutung krimineller "DienstleisterInnen". Dies ist aber keine Lösung. Deshalb soll zum Abschluss dieses Kapitels die Erklärung stehen, die Christa Nickels, die Vorsitzende des Menschenrechtsausschusses des Deutschen Bundestags, bei der Abstimmung über das Zuwanderungsgesetz am 1.7.2004 nach § 31 Abs. 1 Geschäftsordnung des Bundestags zu den Parlamentsakten gegeben hat:

"Das gerade zustande gekommene Gesetz zur Steuerung und Regelung von Zuwanderung lässt den humanitären Bereich der illegalen Zuwanderung und des illegalen Aufenthalts weiterhin ungeregelt. Dieser Bereich ist in diesem Gesetz kein Thema. Und dies, obwohl auch nach der ‚aufenthaltsrechtlichen Legalisierung' vieler tausender Menschen durch den EU-Beitritt der zehn ost- und mitteleuropäischen Länder schätzungsweise immer noch zwischen 500.000 und eine Million Menschen in Deutschland in diesem rechtlosen Zustand leben müssen. Probleme werden nicht gelöst, indem man sie verschweigt oder ausklammert. Umgehend müssen folgende Punkte angegangen werden:

- *§ 96 AufenthG: Es muss klargestellt werden, dass humanitär motivierte Hilfe nicht unter den Straftatbestand der Beihilfe zu unerlaubtem Aufenthalt fällt. Haupt- und Ehrenamtliche, die hier für Staat und Gesellschaft wertvolle subsidiäre Arbeit leisten, dürfen nicht kriminalisiert werden ....*
- *§ 87 AufenthG: Es muss klargestellt werden, dass außer dem Sozialamt niemand zur Er- und Übermittlung aufenthaltsrelevanter Daten an die Ausländerbehörde verpflichtet ist: Ärzte, Pädagogen, Sozialarbeiter, Richter usw. haben klare berufsspezifische Aufgaben, diese dürfen nicht zur Migrationskontrolle und Denunziation instrumentalisiert werden."*

3. Forderungen und Argumentationslinien für individuelle und zivilgesellschaftliche Akteure

In aller Deutlichkeit muss in Erinnerung gerufen werden: Das, was vor den Anschlägen vom 11. Sept. 2001 in Bezug auf die globalisierungsbedingten illegalen Migrationsbewegungen, vor allem in den Bereichen der Flucht-, Familien- und Arbeitsmigration an Richtigem und Wichtigem gesagt und vorgeschlagen wurde, ist trotz Terrorismusbekämpfung immer noch richtig und wichtig. Insofern ist das eine zu tun, ohne das andere zu vernachlässigen, wobei eine Grenzziehung schwierig ist und gerade deshalb eine konstante Abwägung und Justierung erfordert. Prioritär scheinen aus meiner Sicht, neben den bereits von Christa Nickels angemahnten Punkten,

- dass der Problemkomplex Illegalität endlich konstruktiv und angemessen von der deutschen gesellschaftspolitischen Öffentlichkeit zur Kenntnis genommen wird,
- dass ‚Illegale' die ihnen nach deutschem Recht zustehenden sozialen Rechte (medizinische Versorgung, Schulbesuch, Recht auf Lohn) angstfrei in Anspruch nehmen können.

Wie aber kann all das eingefordert und der Politik abgerungen werden? Hier scheint mir, dass der Rückstand Deutschlands im Umgang mit Illegalität der größte Vorteil sein könnte: Wo nichts ist, kann man Gutes schaffen und dabei aus Erfahrungen anderer Länder ebenso lernen wie Erkenntnisse aus Forschung und Wissenschaft aktuell berücksichtigen und so zu einer sehr modernen und problemangemessenen Umgangsweise kommen. Während ich zu konkreten Vorschlägen andernorts Ausführliches dargelegt habe (zuletzt Alt 2003, Kapitel IX), möchte ich an dieser Stelle für zivilgesellschaftliche Akteure[18] einige Argumentationslinien für die Lobbyarbeit zur Verfügung stellen.

3.1 POLITIKER AN EIGENE FORDERUNGEN ERINNERN BZW. MAHNEN, DENEN IHRER EXPERTEN BESSER RECHNUNG ZU TRAGEN

Beispiel deutsche Sprache:
Koalition und Union betonten in den Verhandlungen zum Zuwanderungsgesetz die Bedeutung der deutschen Sprache als Integrationsfaktor. Dies schien einer der wenigen Punkte zu sein, wo rundherum Einigkeit bestand. Ist dies aber wirklich der Fall, spricht eigentlich alles für eine Legalisierung tausender, zum Teil schon sehr lange legal und/oder illegal in Deutschland lebender Menschen, die aufgrund von Überlebensnotwendigkeit große Anstrengungen erbrachten, um nicht nur die Sprache zu erlernen, sondern die sich darüber hinaus "in die Lebensverhältnisse der Bundesrepublik Deutschland" eingefügt haben, weil ihnen dies ein unauffällig-angepasstes Leben unter uns ermöglichte.

Beispiel Bekämpfung von Schleuserunwesen und Menschenhandel:
Will man Schleuser und Menschenhändler bekämpfen und mögliche Strafmaße auch ausschöpfen? Dann müssen Polizei und Justiz auch dazu in die Lage versetzt werden; die fordert etwa das Bundeskriminalamt seit Jahren und nennt konkrete Vorschläge dazu. Hier sei die Lektüre der "Lageberichte Menschenhandel" des Bundeskriminalamtes sehr empfohlen, das beklagt:
"Es entsteht der Eindruck, dass Menschenhandel zwar auf politischer Ebene eine herausragende Rolle spielt, die sich allerdings im polizeilichen Alltag nicht entsprechend widerspiegelt. Auf europäischer Ebene wurden Rahmenbeschlüsse gefasst, in denen die Bedeutung des Deliktes herausgestellt wurde ... Gleichzeitig wurden weniger Ermittlungsverfahren durchgeführt und bei der Polizei wurde Personal, das bei der Bekämpfung dieses Kontrolldeliktes eingesetzt war, für andere Aufgaben abgezogen." (Bundeskriminalamt 2002, S. 33)
Diese Forderung, die der Verfasser unterstützt (vgl. Alt 2003, S. 484f.), macht - auch und gerade - Sinn, weil die Grenzen des bisherigen Grenzüberwachungsregimes deutlicher als bisher zugegeben werden: All dies spricht für eine Umwidmung von vorhandenem Personal aus der flächendeckenden Kontrolle der Grünen Grenze und der Grenzübergänge hin zu gezielter Fahndungsarbeit, und für eine Umwidmung vorhandener Gelder u.a. in die Einrichtung bzw. zur besseren Ausstattung von Fonds zur Finanzierung von Zeugenschutzprogrammen.

---

[18] Zivilgesellschaft wird von Merkel/Lauth wie folgt definiert: *"Die Zivilgesellschaft befindet sich in einer vorstaatlichen oder nichtstaatlichen Handlungssphäre und besteht aus einer Vielzahl pluraler, auf freiwilliger Basis gegründeter Organisationen und Assoziationen, die ihre spezifischen materiellen und normativen Interessen artikulieren und autonom organisieren. Sie ist im Zwischenbereich von Privatsphäre und Staat angesiedelt"* (2000, S. 7). Dadurch werden Individuen und Familien, die rein private Zwecke verfolgen, ebenso ausgeschlossen wie kommerzielle profitorientierte Unternehmen und parteipolitische Verbände.

3.2 ERFAHRUNGEN MIT GUTEN ANSÄTZEN ZUGEBEN UND DIESE AUSWEITEN

Der deutliche Rückgang an unerlaubten Einreisen im Jahr 2002 ist weniger zurückzuführen auf die Arbeit des Bundesgrenzschutzes als vielmehr auf die Einführung der Visafreiheit für Rumänen. Dies hatte zur Folge, dass diese Gruppe, die zuvor einen bedeutenden Anteil an unerlaubt Einreisenden stellte, auf einmal nicht mehr in der Statistik auftaucht.[19] Entsprechend sollte dieses Rezept auch im Hinblick auf andere Länder ausgeweitet werden. Man kann dann immer noch sehen, wie man Pendelbewegungen und Rückkehrbereitschaft durch andere Maßnahmen weiter absichern kann (zu letzterem vgl. Alt 2003, S. 472ff., 486f.).

3.3 SICH AN POSITIVEN ERFAHRUNGEN ANDERER LÄNDER ORIENTIEREN

Jedes nationales Rechts- und Sozialsystem ist einzigartig, und entsprechend sind Regelungen anderer Ländern selten 1:1 übertragbar. Aber: Trotzdem kann man von allen Ländern lernen. Europäische Harmonisierung ist nicht nur eine Gelegenheit, die *Worst Practices* der EU Mitgliedsstaaten zu kopieren und auszuweiten, sondern, etwa im Hinblick auf die Sicherstellung der Volksgesundheit, auch einmal die *Best Practices* ernsthaft auf Übernehmbarkeit hin zu überprüfen. Auch zu Legalisierungskampagnen gibt es in Italien neue Erkenntnisse: Die dortige Arbeit erbringt Belege dafür, dass MigrantInnen nach der Legalisierung zu pendeln beginnen, d. h. das Land temporär oder gar für einen längeren Zeitraum wieder verlassen.[20]

3.4 KONSENS UND KOHÄRENZ FESTSTELLEN, UM KOMPROMISSMÖGLICHKEITEN AUSZULOTEN

Es besteht in der Zielformulierung mehr Übereinstimmung zwischen verschiedenen Gruppen als gemeinhin angenommen wird. So gibt es weder in Wissenschaft, Kirchen noch Politik ernstzunehmende Vertreterinnen, die "Illegalitätspolitik" auf Dauer-Einwanderung bzw. Dauer-Aufenthalt hin gestalten wollen. Es gibt zudem genügend Beispiele für Interessenkohärenzen (vgl. Alt 2001b, S. 74), d.h. Fälle, wo die Interessen von MigrantInnen und UnterstützerInnen durchaus mit denen von harten *Law and Order*-PolitikerInnen - wenngleich aus unterschiedlichen Motivationen - konvergieren, z.B. Gesundheit (Ansteckungsgefahr), Schule (Kriminalitätsprävention), Lohn für Arbeit (bessere Verfolgung von Ausbeutung, Schwarzarbeit und

---

[19] Vgl. den Jahresbericht 2002 des Polizeipräsidium Niederbayern/Oberpfalz: *"Erwartungsgemäß spielen bei den Aufgriffen an der **Grünen Grenze** die im Vorjahr mit 49% noch überproportional beteiligten **Rumänen** nach dem Wegfall der Visumspflicht zum 1.1.2002 **keine Rolle** mehr"* (PNO 2003: 12, Herv. i. O.). Ähnlich heißt es zum Sinken der Aufgriffe von Geschleusten: *"Hauptursächlich für die Verminderung der Zahlen dürfte ... die ... **Visumsfreiheit für rumänische Staatsangehörige** sein, zumal der Anteil an Rumänen 2001 mit 476 Geschleusten bei der Hälfte der Gesamtgeschleusten (926) lag" (2003, S. 17, Herv. i. O.). Und schließlich: "Auch an den **Grenzübergängen** fielen die **rumänischen** Staatsangehörigen bei den festgestellten unerlaubten Einreisen **nicht mehr** ins Gewicht."* (2003, S. 13, Herv. i. O.)

[20] So G. Sciortino auf dem Workshop "Migration und Illegalität: Problemanalyse und Handlungsmöglichkeiten" des Wissenschaftszentrums Berlin am 21./22.11.2003, vgl. auch Sassen zur Migration zwischen den USA und Mexiko nach der Legalisierungskampagne in den 1980er Jahren in Alt 2003, S. 473f.

Lohndumping), Herausnahme humanitärer Hilfe aus dem Beihilfe-Straftatbestand (Transparenz der Szene, Forschung), Verbrechensbekämpfung usw.

3.5 Politiker und Parteien erinnern, was sie in ihren migrationspolitischen Konzepten einst für richtig erachteten

Das, was im Umfeld der Arbeit der Unabhängigen Kommission Zuwanderung und deren Bericht von den Parteien in ihren zuwanderungspolitischen Konzepten an Richtigem und Wichtigem erkannt wurde, darf nicht länger pauschal durch sicherheitspolitische Hardliner blockiert werden[21] - zumal diese uns Argumente für ihre Behauptungen bislang schuldig bleiben, dass etwa die Maßnahmen der Sicherheitspakete tatsächlich eher gegen TerroristInnen als gegen ungewünschte ("illegale") MigrantInnen wirksam sind (vgl. Alt 2001a und 2004a). In der Tat muss diese Diskussion neu geführt werden und deshalb ist mein Appell, die Parteien immer wieder an ihre Positionen und Beschlüsse von vor dem 11. September 2001 zu erinnern und aufzufordern, zügig an deren Umsetzung zu gehen.[22]

3.6 Auf den globalen Kontext verweisen

Selbst wenn wir all das Vorstehende tun, halten wir uns immer noch mit Symptomkurierung auf, während wir, auch durch unseren Konsum und Lebensstil, unvermindert ursächlich mit dazu beitragen (oder zumindest zulassen), dass weltweit die Entwurzelung von Menschen - und damit die Migrationsbereitschaft - zunimmt. Sicher, es sind nicht die Ärmsten, die es bis zu uns schaffen - das ist einer der vielen Gründe für den hohen StudentInnen- und AkademikerInnenanteil unter den "Illegalen". Aber statt sich darüber zu ereifern, möge man bedenken, wie viel Elend andernorts unter jenen herrschen muss, die sich keine Migration in eine bessere Welt, eine bessere Zukunft leisten können. Wie Papst Johannes Paul II sehr richtig zum Tag der MigrantInnen 2004 sagte: Primär ist es das Recht des Menschen, nicht emigrieren zu müssen![23]

---

[21] So bejahte etwa W. Kauder, parlamentarischer Geschäftsführer der CDU/CSU Bundestagsfraktion, die Notwendigkeit einer Zuwanderungsregelung mit folgenden Worten: *"Deutschland braucht schnell eine Regelung, aber die muss vor allem die veränderten Bedingungen seit den Terroranschlägen vom 11. September berücksichtigen: bei den Auswahlkriterien für Zuwanderer, bei der Frage, wer in Deutschland leben darf, bei den Ausweisungen. Wir müssen die Diskussion im Licht der Terrorerfahrungen neu führen"* (tageszeitung, 19.12.2002).

[22] Eine Übersicht zu diesen Positionen enthält Anlage 11, vgl. Fußnote 4.

[23] *"As regards immigrants and refugees, building conditions of peace means in practice being seriously committed to safeguarding first of all the right not to emigrate, that is, the right to live in peace and dignity in one's own country."* (Botschaft von Johannes Paul II zum Welttag der Migranten 1996: Migranten ohne Aufenthaltsstatus, Nr. 3).

4. AUSBLICK

Inzwischen wird bereits kräftig an der Nachbesserung des Zuwanderungsgesetzes gearbeitet, am Zuwanderungs-Änderungsgesetz, welches z.B. wegen Hartz IV erforderlich wurde. Eine neue Nachbesserungsrunde wird im kommenden Frühsommer erforderlich, wenn eine Reihe von EU-Richtlinien im Ausländer- und Asylrechtsbereich umgesetzt werden müssen. In Bezug auf § 96 AufenthG ergibt sich ein Anknüpfungspunkt aus Artikel 1 Abs. 2 der Richtlinie 2002/90/EG vom 28. Nov. 2002. Zwar ist durch die "Kann"-Formulierung kein direkter Umsetzungsdruck auf die Mitgliedsstaaten gegeben, jedoch zumindest ein Ansatz für die Fortführung der politischen Diskussion. Weitere Hebel zur Vorantreibung der Diskussion könnte eine Petition zum Problemkomplex Illegalität bieten, die Ende Oktober abschließend behandelt werden dürfte und die auch Forderungen zu rechtlichen Klarstellungen bei den §§ 87 und 96 AufenthG beinhaltet.

Die Zivilgesellschaft darf sich nicht verbieten lassen, immer wieder ihre (berechtigten und begründeten) Forderungen auf dem Gebiet der illegalen Migration in diesen Politikdiskurs einzubringen. Die Katholische Kirche geht hier mit dem neu gegründeten Forum "Leben in der Illegalität" mit gutem Beispiel voran.[24] Der Rücken, hinter dem sich andere verstecken und dennoch aktiv werden können, wird breiter.

Verbündete im politischen Kontext gibt es durchaus: So vor allem Kommunen, die am unmittelbarsten Probleme mit illegale MigrantInnen und ihren Angehörigen haben, da diese Menschen nun einmal innerhalb ihres Zuständigkeitsbereichs leben und diese Zuständigkeit im Fall von z.B. Krankheit nicht weiter delegiert werden kann. Hier kann auf ermutigende Entwicklungen in Freiburg, München und Berlin verwiesen werden.[25] Auch auf Bundes- und Länderebene gibt es, neben Christa Nickels, immer wieder PolitikerInnen, denen dieses Thema nicht gleichgültig ist und die froh sind um jegliche Rückendeckung aus der Gesellschaft, mit deren Hilfe sie diese Punkte gegenüber ihren politischen VerantwortungsträgerInnen oder der eher zögerlichen Fraktionsmehrheit ansprechen können.

LITERATUR

Alt, Jörg (2005): Aufenthaltsrechtliche Illegalität im Städtevergleich: Leipzig - München - Berlin, in: IMIS-Beiträge Nr. 26. (In Druck)

Alt, Jörg (2004a): Auswirkungen des Zuwanderungsgesetzes auf den Problemkomplex Illegalität. Online auf URL: www.joerg-alt.de/recht /recht.html.

Alt, Jörg (2004b): Illegale Migration: Von der Grünen und Blauen Grenze zur Embedded Migration, in: Zeitschrift für Ausländerrecht und Ausländerpolitik 24 (9), S. 310-315.

[24] Vgl. www.forum-illegalitaet.de

[25] Vgl. hierzu die ständig aktualisierten Hinweise auf der Website: www.joerg-alt.de/politisches/ kommunen/kommunen.html.

Alt, Jörg (2003): Leben in der Schattenwelt - Problemkomplex illegale Migration. Karlsruhe.

Alt, Jörg (2002): Stellungnahme zum Gesetzentwurf der Fraktionen SPD und Bündnis 90/Die Grünen zur Steuerung und Begrenzung der Zuwanderung und zur Regelung des Aufenthalts und der Integration von Unionsbürgern und Ausländern (Zuwanderungsgesetz) (Drucksache 14/7387) und anderen Drucksachen, in: *IA*, Ausschussdrucksache 14/674K, S. 302-333.

Alt, Jörg (2001a): Weniger Rechte, mehr Illegalität, viele Illusionen. Bemerkungen zu den Entwürfen für ein Zuwanderungsgesetz und ein Terrorismusbekämpfungsgesetz. Online auf URL: http://www.joerg-alt.de/Recht/Antiterror-Debatte /antiterror-debatte.html.

Alt, Jörg (2001b): Die Verantwortung von Staat und Gesellschaft gegenüber ‚illegalen' Migranten, in: Alt Jörg/Fodor, Ralf (2001): Rechtlos? Menschen ohne Papiere - Anregungen für eine Positionsbestimmung. Karlsruhe.

Alt, Jörg (1999): Illegal in Deutschland - Forschungsprojekt zur Lebenssituation ‚illegaler' Migranten in Leipzig. Karlsruhe.

Bade, Klaus (2000): Europa in Bewegung. Migration vom späten 18. Jahrhundert bis zur Gegenwart. München.

Bundeskriminalamt (2002): Lagebild Menschenhandel. Wiesbaden, Online auf URL: www.bka.de (Stichwort: Kriminalitätslage, Menschenhandel).

Bundesministerium des Inneren (2003): Bundesgrenzschutz Jahresbericht 2002. Berlin, 06.03.2003.

Castells, Manuell (2003): Der Aufstieg der Netzwerkgesellschaft. Teil 1 der Trilogie "Das Informationszeitalter". Durchgesehener Nachdruck der 1. Aufl., Opladen.

EUK (Europäische Union Kommission) (2004): Mitteilung der Kommission an den Rat, das Europäische Parlament, den Europäischen Wirtschafts- und Sozialausschuss und den Ausschuss der Regionen: Studie über die Zusammenhänge zwischen legaler und illegaler Migration. KOM 412, Brüssel, 04.06.2004.

Kritz, Mary M./Zlotnik, Hania (1992): Global interactions: Migration Systems, Processes, and Policies, in: *Kritz, Mary M./Lim, Lin Lean/Zlotnik, Hania* (Hg.): International Migration Systems, Oxford.

Merkel, Wolfgang/Lauth, Hans-Joachim (2000): Systemwechsel und Zivilgesellschaft: Welche Zivilgesellschaft braucht die Demokratie? In: *Schmitz, Achim* (Hg.): IFGK Arbeitspapier Nr. 14, September 2000.

PNO (Polizeipräsidium Niederbayern/Oberpfalz) (2003): Grenzlagebild 2002. Regensburg. Online auf URL: www.polizei.bayern.de/ppnopf/statist/index.htm.

Sassen, Saskia (2000): Migranten, Siedler, Flüchtlinge - Von der Massenauswanderung zur Festung Europa, Frankfurt.

UNHCR (United Nations High Commissioner for Refugees) (2001): Ten refugee protection concerns in the aftermath of September 11th, Pressemitteilung vom 14.11.2001.

Wollny, Hubertus (2003): Illegale Migration und Schleusungskriminalität (Vortragsskript. Enthalten in der Tagungsdokumentation des Seminars an der Polizei-Führungsakademie), Münster (27.-29.10.2004).

WEITERE QUELLEN

Bundesministerium der Justiz (2001): Entwurf eines Gesetzes zur Bekämpfung des internationalen Terrorismus (Terrorismusbekämpfungsgesetz) nebst Begründung - Abstimmung innerhalb der Bundesregierung. Berlin, 17.10.2001.

TBGE (Terrorismusbekämpfungsgesetz-Entwurf mit Begründung) (2001): Gesetzentwurf der Fraktionen SPD und Bündnis 90/Die Grünen eines Gesetzes zur Bekämpfung des internationalen Terrorismus. Bundestagsdrucksache 14/7386 vom 08.11.2001.

Wissenschaftliche Dienste des Deutschen Bundestages (2004): Illegale Einwanderung in die EU - Regelung und Maßnahmen in Deutschland, Reg. Nr. WF III G - 101/04.

ZuwGE (Zuwanderungsgesetz-Entwurf) (2001): Gesetzentwurf der Fraktionen SPD und BÜNDNIS 90/DIE GRÜNEN zur Steuerung und Begrenzung der Zuwanderung und zur Regelung des Aufenthalts und der Integration von Unionsbürgern und Ausländern (Zuwanderungsgesetz) in der Fassung vom 08.11.2001, Bundestagsdrucksache 14/7387.

AUTORINNEN UND AUTOREN

Pater Jörg Alt, Dr. phil, ist katholischer Ordenspriester und Soziologe. Von 1997-1999 führte er ein Forschungsprojekt zur Lebenssituation illegaler MigrantInnen in Leipzig durch, von 2000-2002 eine Forschungsarbeit zu Migration und Illegalität in München. Er beteiligte sich u.a. bei der vom Münchner Stadtrat in Auftrag gegebenen Studie "Illegal in München". Seit 2002 arbeitet er im Büro des Jesuiten-Flüchtlingsdienst Deutschland in Berlin, zudem ist er gegenwärtig Geschäftsführer des Katholischen Forums "Leben in der Illegalität".

Philip Anderson, Dr. phil, ist Migrationsforscher in bzw. aus München. Er hat in England neuere Geschichte studiert und in München promoviert. Seine Forschungsschwerpunkte sind die Bereiche "Migration und Altenhilfe" - beides mit Praxisbezug. Er ist Lehrbeauftragter an der Stiftungsfachhochschule München. Aktuell befasst er sich mit dem Thema "ältere MigrantInnen in München".

Yolanda Bakker ist Kriminologin und Kulturanthropologin aus den Niederlanden. Ihre Forschungsschwerpunkte sind die Schnittstellen zwischen Migration und Kriminalität, insbesondere Migration und Il/Legalität, Legalisierungsprogramme, Migrationspolitik im europäischen Vergleich und Kriminalisierung von MigrantInnen.

Maritza Le Breton, lic. phil. ist diplomierte Sozialarbeiterin, Dozentin für Forschung und Projektbegleitung, Bereich Soziales, an der Fachhochschule Solothurn Nordwestschweiz.

Dragica Brügel ist tätig im Bereich Flüchtlingsberatung und Lehrerfortbildung am Landesinstitut für Lehrerbildung und Schulentwicklung in Hamburg. Ihr Beratungsfeld ist die interkulturelle Erziehung.

Helmut Dietrich ist Germanist und Historiker und arbeitet bei der Forschungsgesellschaft Flucht und Migration in Berlin. Die Forschungsgesellschaft ist eine kleinere Organisation, die vor allem mit Partnerinitiativen ein Netzwerk in den Grenzregionen aufbaut und die Auswirkungen der "Festung Europa" auf den Flüchtlingsschutz dokumentiert.

Franck Düvell, Dr. phil, promovierte zu "Einwanderung, soziale Bewegung und Ausländerintegration in England". Er lehrt an der Universität Bremen Migrationforschung und Migrationspolitik und ist beim MediNetz (Medizinische Beratungs- und Vermittlungsstelle) Bremen engagiert.

Ursula Fiechter, lic. phil., ist Soziologin und als wissenschaftliche Assistentin und Dozentin am Institut für Lehrerinnen- und Lehrerbildung, Kanton und Universität Bern tätig.

Sigrid Gòmez Schlaikier hat in Peru Soziologie studiert, ist Dipl. Sozialwirtin und hat ihre Diplomarbeit zu der Situation von Ecuadorianern, die illegal in Hamburg leben geschrieben. Momentan studiert sie an HWP MA Soziologie und Ökonomie.

Klaus Jünschke ist Sozialwissenschaftler und promoviert z. Zt. über die Kriminalisierung jugendlicher Flüchtlinge. Seit 1990 engagiert er sich beim "Kölner Appell gegen Rassismus".

Albrecht Kieser hat nach dem Studium der Sozialwissenschaften und verschiedensten beruflichen Tätigkeiten in Schule, Fabrik und sozialen Einrichtungen seit 20 Jahren sein Auskommen als Journalist; einer seiner Schwerpunkte ist das Thema Flucht und Migration. Seit 10 Jahren ist er Mitglied im Rheinischen JournalistInnenbüro. Außerdem arbeitet er ehrenamtlich im Kölner Netzwerk "kein Mensch ist illegal".

Werner Lehne, Dr. phil, Dipl. Psych., ist wissenschaftlicher Mitarbeiter am Institut für Kriminologische Sozialforschung der Universität Hamburg. Zu seinen letzten Veröffentlichungen zählen "Zum Stellenwert von Strafanzeigen in Konflikten zwischen Polizei und Bürgern über polizeiliches Fehlverhalten", in: Hanak Gerhard/ Pilgram, Arno (Hg.), Phänomen Strafanzeige, Jahrbuch für Rechts- und Kriminalsoziologie 03, Baden-Baden 2004, S. 183-204 und "Aus Fehlern lernen oder Fehlverhalten kontrollieren und sanktionieren? - Die Erfahrungen der Hamburger Polizeikommission", in: Liebl, Karlhans (Hg.), Fehler und Lernkultur in der Polizei: Beiträge zur Empirischen Polizeiforschung V, Herbolzheim 2004.

Martin Link ist Referent für Interkulturelle Arbeit & Flucht beim Diakonischen Werk Hamburg. Er ist zudem Geschäftsführer des Flüchtlingsrates Schleswig-Holstein und gibt mit diesem die Zeitung "Der Schlepper" heraus.

Krystyna Michalski ist Dipl. Sozialökonomin war viele Jahre Migrationssozialberaterin. Sie ist derzeit Fachreferentin für Migration bei einem Landeswohlfahrtsverband in Schleswig-Holstein.

Mujeres sin Fronteras ist eine interkulturelle Frauenorganisationin Hamburg, die sich für die Rechte von Migrantinnen und Flüchtlingen aus Lateinamerika einsetzt. Sie unterstützen kostenlos und anonym, vorwiegend lateinamerikanische Frauen, in folgenden Bereichen: Rechtsfragen; Pass- und Aufenthaltsangelegenheiten, Eheschließung/-scheidung; Familienzusammenführung; Vermittlung medizinischer Versorgung; Suche nach Kinderbetreuungs-/ und Schulplätzen; Begleitung und Übersetzung bei Behördengängen etc.

Gisela Nuguid ist seit 2000 Migrationssozialberaterin beim Diakonischen Werk Niendorf in Norderstedt. Ihr Schwerpunkt ist die Flüchtlingsarbeit bzw. Beratung und Betreuung von Flüchtlingsfrauen. Sie ist Vorstandsmitglied im Flüchtlingsrat Schleswig-Holstein und in der Betreuung und Ausführung des Europäischen Flüchtlingsfonds - Projektes "Beratung und psychosoziale Betreuung von Abschiebungshäftlingen" in Hamburg tätig.

Heidrun Nitschke, Ärztin für Frauenheilkunde und Geburtshilfe, ist Leiterin der Beratungsstelle für sexuell übertragbare Erkrankungen (einschließlich Aids) im Gesundheitsamt Köln. Sie hat verschiedene Projekte zur Verbesserung der gesundheitlichen Versorgung von Migrantinnen initiiert. Von 2001 bis 2004 war sie Mitglied der Härtefallkommission des Landes Nordrhein-Westfalen.

Bettina Paul, Dr. phil, ist Kriminologin und Sozialpädagogin und arbeitet als wissenschaftliche Mitarbeiterin am Institut für Kriminologische Sozialforschung. Ihre Forschungsschwerpunkte liegen in den Bereichen Drogenhandel und Schmuggel.

Prof. Dr. Fritz Sack war von 1970 bis 1996 Professor für Soziologie, Abweichendes Verhalten und Soziale Kontrolle bzw. für Kriminologie an den Universitäten Regensburg, Hannover und Hamburg. Von 1984 bis 1996 war er Leiter des Aufbau- und Kontaktstudiums Kriminologie an der Universität Hamburg, seit 1996 ist er Vorsitzender des Instituts für Sicherheits- und Präventionsforschung. Er lehrt noch heute am Institut für Kriminologische Sozialforschung.